교육과정에서 왜 지식이 중요한가?

지식의 소환을 위한 비판적·사회적 사실주의 담론

교육과정에서

왜

지식이 중요한가?

초판 1쇄 인쇄 2020년 7월 21일
초판 1쇄 발행 2020년 7월 27일

지은이 심성보
펴낸이 김승희
펴낸곳 도서출판 살림터

기획 정광일
편집 조현주
북디자인 꼬리별

인쇄·제본 (주)신화프린팅
종이 월드페이퍼(주)

주소 서울시 양천구 목동동로 293, 22층 2215-1호
전화 02-3141-6553
팩스 02-3141-6555
출판등록 2008년 3월 18일 제313-1990-12호
이메일 gwang80@hanmail.net
블로그 http://blog.naver.com/dkffk1020

ISBN 979-11-5930-151-3 93370

이 도서의 국립중앙도서관 출판예정도서목록(CIP)은 서지정보유통지원시스템 홈페이지(http://seoji.
nl.go.kr)와 국가자료종합목록 구축시스템(http://kolis-net.nl.go.kr)에서 이용하실 수 있습니다.
(CIP제어번호: CIP2020029969)

교육과정에서
왜
지식이 중요한가?

지식의 소환을 위한 비판적·사회적 사실주의 담론

심성보 지음

　이 책의 목적은 교육과정에서 지식이 왜 중요한가, 어떤 지식이 필요한가 하는 점을 비판적·실천적 사실주의의 관점에서 고찰하는 데 있다. 그동안 입시 위주의 단편적 지식교육의 폐해가 매우 컸던 만큼 이에 대한 비판이 꾸준히 제기되었다. 이른바 구성주의와 역량 중심 교육과정이 득세를 하게 됨에 따라 실생활에 당장 유용하지 않은 지식은 교육과정에서 배제되어 왔다. 또한 교육과정에서 가르치는 지식이 지배계급의 이데올로기를 반영할 따름이라는 비판적 관점도 제기되었다. 우리는 이러한 비판적 관점도 경청해야 한다. 그렇다고 하여 지식 무용론, 반지성주의로 빠지는 것도 경계해야 한다. 단편적 암기만을 중시하는 지식교육, 삶과 무관한 지식교육은 경계해야 하지만 세계의 주체로 성장하는 데 필요한 정의로운 지식, 사회를 변혁시켜 나가는 '힘이 있는 지식'은 마땅히 교육과정의 중요한 영역으로 자리 잡아야 된다.

　오늘날 우리가 살아가고 있는 '지식사회knowledge society'는 교육혁명이 누적된 결과이다. 역사상 모든 사회가 지식에 기반을 두고 있지만, 20세기 중반 이후 폭발적으로 증가한 지식의 양과 밀도, 그리고 그 활용 방법으로 인해 지식과 사회의 새로운 관계에 대해 다양한 추측이 이루어졌다. 유구한 발전과 성장을 거듭해 온 대학은 지식을 진리로 인정하는 방법을 만들고 정의를 내리는 데에 중심적인 역할을 해 왔다. 전 인류 사회에 어떻게 특정한 성격을 가진 지식과 진리에 대한 주장이 만연했는지를 살펴보면, 학교화된 사회schooled society가 지식사회에 필요한 여건을 만들어 왔음을 알 수 있다. 과학기술의 발전, 계급투쟁, 사회의 복잡성 증가 등이 학교교육의 발달과 함께 상호작용함에 따라 지식사회가 출현한 것이다.

　대중적 학교교육이 확대됨에 따라 지식을 이해하고 활용할 수 있는 개인을 길러 내어 오늘날의 지식사회를 만들어 낸 것도 사실이지만, 그보다 더 중요한 사실은 교육혁명을 통해 지식의 양뿐만 아니라 지식의 성격 자체도 변화시켰다는 점이다. 하지만 그동안 교육혁명이 지식에 끼친 잠재적 영향에 대해서는 제대로 논의되지 못했다. 단지 교육은 사회의 변화를 따르는 2차 기관이라는 역할로만 인식되어 왔다. 교육혁명의 결과로 제도교육formal education을 통해 각 개인이 지식이나 정보를 소비할 수 있게 되었다는 정도로 격하되었다. 그리고 교육혁명이 지식 자체를 생산하거나 지식이나 진리 주장의 성격 자체를 바꾼다고 인식되지 않았다. 이 역설에 대해 마이클 F. D. 영은 심각한 문제의식을 갖는다. 영은 교육과 지식의 성격 사이의 관계를 연구한 몇 안 되는 교육사회학자 중 한 사람이다. 최근 영은 초기 마르크스주의자들—영은 학교교육이 지식을 통해 사회적 불평등을 재생산한다고 주장한 마르크스주의자였다—이나 현대의 많은 포스트모더니스트들의 가정과는 달리, 지식이 누구나 차지할 수 있는 것이 아님을 설득력 있게 주장한다. 지식의 내용은 단순히 사회 권력만을 반영하는 것도, 그리고 사회적 목적을 위한 의지로 쉽게 바꿀 수 있는 것도 아니다. 게다가 사회적 계급에 상응하는 지식의 계급이 존재하는 것도 아니다.

　이런 생각에 동조한 일군의 학자들이 등장했다. 영국 런던 대학의 마이클 F. D. 영[2008] 및 데이비드 스콧[2010] 그리고 케임브리지 대학의 롭 무어[2009], 호주 멜버른 대학의 리사 힐라한[2010]을 비롯하여 동료 교수인 서던 크로스 대학의 브래드 십웨이[2011], 남아공 케이프타운 대학의 요한 멀러[2000] 및 로도스 대학의 칼 마톤[2014] 등 일군의 학자들은 최근 지식사회학의 초기 입장, 특히 상대주의를 칭송하는 후기구조주의적 접근에 대해 날카롭게 비판한다. 이들은 미국의 재생산론자들이 이끈 교육과정 이론의 비판적 전통이 상대주의에 대해 아주 문제제기적이었지만, 지난 몇십 년에 걸쳐 벌어진 세계화의 함의 및 후기의무교육의 대중화 문제로부터 제기된 교육과정에 대한 도전에 신교육사회학이 적절하게 대처하지 못했다고 지적한다. 포스트모더니스트들이 지식을 경험 자체로 환원함으로써 경험을 넘어서는 범주의 가능성을 부정했음에도 불구하고, 이에 대한 비판만 했지 적절한 대안을 제시하지 못했다는 것이다. 모든 지식을 생산조건으로 환원시키면 사회제도 및 교육과정 자체에 대한 독립적 논의는 불가능하고, 진리 준거를 적용함에 있어서도 지식의 내재적 자율성을 부정하게 될 뿐이라고 이들은 지적한다. 이들은 진보적 교육과정과 결부된 상대주의, 교육과정을 사회집단들 사이의 갈등의 산물로만 보는 환원주의, 여성주의자들이 주창하는 입장/관점의 인식론에 대해 심각하게 문제를 제기한다. 특히 영은 엘리트가 아닌 사람들도 때로는 영향력 있는 지식에 접근할 수 있도록 해야 하며, 이러한 방식을 통해 사람과 사회를 변화시킬 수 있음을 인식할 필요가 있다는 주장을 편다. 지식과 학교교육, 그리고 권력 사이의 관계성에 대한 통찰은 전통적 마르크스주의자들의 관점만으로는 파악될 수 없다고 본 것이다.

이러한 생각을 하게 된 근거에는 학교교육과정에 대한 인식론적 혁명이 광범위하게 확산되었으며, 학교교육을 통해 제도적으로 생산, 정당화, 선택, 보류, 전파, 평가되는 지식이 지배하는 세계적인 문화가 형성되었기 때문이다. 인지주의, 과학주의, 보편주의 현상으로 인해 학문적으로 형성된 인식론적 결과물이라 할 수 있는 학교교육과정은 50년 전과는 완전히 달라졌다. 그리고 지식과 진리 주장에 대한 사람들의 생각에 학교사회가 주는 영향은 지속적으로 확대되고 강화되었다. 다른 한편으로 많은 사람들이 어느 때보다 더 초중등 교육의 혜택을 누림으로써 이전의 지식이 가진 힘은 점점 감소되었다. 이런 문제의식 속에서 '비판적 사실주의critical realism'가 등장한다. '사실주의'는 인간의 지각과는 독립된 객관적 실재가 존재한다는 것이다. '비판적'이란 객관적 실재의 지각이 정신과 독립되어 있음을 인식하는 것이다. 지식의 사회적 구성(관념주의의 유형)과 지식의 사회적 생산(물질주의 유형)을 구분함으로써 지식의 비환원주의적 접근을 시도한다. 비판적 사실주의는 결과적으로 지식사회학의 맥락에서 '비판적'이란 무엇인지를 물으면서 지식의 기초로서 외부의 사회적·자연적 세계를 강조한다. 비판적 사실주의는 인식론적으로 세계와 경험 사이를 구분할 뿐 아니라 실재적인 것, 실제적인 것, 그리고 경험적인 것을 구분한다. 이에 더해 마이클 F. D. 영은 '사회적 사실주의social realism' 접근을 시도한다. 사회를 변화시키고자 하는 비판적 사실주의가 '인식론'에 머물러 있다면, 사회적 사실주의는 인식론을 포함한 '존재론'으로의 확장을 시도한다. '비판적 사실주의'가 비판적 인식론에 더 많은 관심을 갖는 반면, '사회적 사실주의'는 관계적 실체론에 더 많은 관심을 보이고 있다. 교육과정 정책은 정치적이고 교육적이거나 문화적 문제이기도 하고, 권력의 문제이기도 하다. '사회적 사실주의' 접근을 통한 지식이론과 교육과정 논의는 이러한 정치적, 문화적, 경제적 제약과 맞물린 교육적 제약을 돌파하기 위한 시도라고 할 수 있다.

영은 지식이 개인의 경험으로는 얻을 수 없는 사회적·역사적 기원을 갖고 있기에 '힘을 가진 사람들the powerful'의 지식이 아니라 삶에 유용한 도움을 주는 '힘 있는 지식powerful knowledge'을 대안으로 제시한다. 그리고 지식의 비판적 기능과 함께 사회정의를 위한 '힘 있는 교육과정'

을 주창한다. 정의로운 사회의 건설을 위한 정의로운 학교 및 교육과정과 결합된 지식의 생산을 위한 '지식의 소환'을 주창한다. '누구의 지식인가', '누가 이익을 보는가'에 초점을 둔 '힘 있는 자들의 지식'을 재생산하는 교육 기능이 아니라 모든 아이들을 위한 '힘 있는 지식'의 해방적 역할을 주창하고 있다. 이렇게 비판적 사실주의와 사회적 사실주의가 종합된 비판적·사회적 사실주의critical and social realism는 '교육과정에서 지식이 왜 중요한가'에 대한 근원적 질문을 한다. 오늘의 교육의 위기는 지식 및 교육과정의 위기로부터 비롯되었다고 판단한다. 즉 교육과정 논의에서 지식에 대한 본질적 논의가 빠져 있거나 경시되고 있다는 판단에 기인한다. 특히 경험과 역량이 중시되면서 지식에 대한 인식론적이고 사회학적인 논의가 실종되었다는 문제의식에서 출발한다. 비판적·사회적 사실주의자들은 지식교육이 절대로 구성주의 교육이나 역량 교육으로 축소될 수 없다고 본다.

비판적·사회적 사실주의는 실재reality, 實在에 대한 인식론(지식의 인지적·합리적 측면)과 존재론(지식의 실체적·관계적 측면)의 공존을 시도한다. 이론(추상화)과 실천(구체화)은 분리될 수 없는 실재의 양면, 즉 동전의 양면과 같다고 할 수 있다. 따라서 이론과 실천의 상호작용의 과정에서 형성되는 관계적 존재론/실체론이 필요하다. 이를 통해 실재의 경험적, 비판적, 발현적, 실제적, 물질적 특성이 구현되어야 한다. 비판적·사회적 사실주의자들은 실재에 대한 보수주의, 절대주의, 포스트모더니즘, 실증주의, 구성주의 접근을 비판하면서 지식/학문 및 교육과정의 '절연'과 '혼종'의 공존을 주창한다. 나아가 힘 있는 지식의 획득을 통해 정의로운 학교 및 사회를 재건하고자 한다.

비판적·사회적 사실주의자들의 이론적 원천은 에밀 뒤르켐, 레프 비고츠키, 바실 번스타인, 로이 바스카 등의 논의로부터 도출되었다. 교과는 실재를 반영하며, 교과를 가르칠 때 실재를 대변한다. 뒤르켐은 교과가 사회적 실재를 반영한다고 주장한다. 지식에 대한 비판적·사회적 접근은 그것의 대상들/존재들에 내재되어야 하고, 사회적으로 실천되어야 한다. 그렇지 않으면 비판은 인식적 근거와 인과적 힘을 갖지 못할 것이다. 비판성 없는 사회성이나 사회성 없는 비판성은 모두 지식의 한계를 노정할 것이다. 지식의 생산(연구)과 획득(가르침과 배움), 그리고 지식의 실천을 통해 대안적 미래를 재건하지 않으면 안 된다. 지식은 이론적 차원에서도 생산되지만 실천적 차원에서도 생산된다.

지식, 특히 이론적·개념적 지식은 세상의 질서를 변화시키는 힘을 가지고 있다. 세상의 질서를 변화시키려면 이론적·개념적 지식을 획득해야 한다. 세상의 질서를 변화시키려면 이론적 지식의 획득을 통해 일상생활 속에서 얻어지는 상식적 지식을 넘어서지 않으면 안 된다. 상식적 지식은 일상적인 일을 처리할 수 있지만, 궁극적으로 세상의 질서를 변화시키는 잠재력을 갖고 있지는 않다. 그람시가 역설하듯 상식common sense을 넘어선 양식good sense을 가져야 한다. 비고츠키가 강조하듯 개념적 지식을 가져야 세상의 질서를 변화시킬 수 있다. 이론적·개념적 지식은 교육을 통해서만 획득될 수 있다. 사회의 변혁을 위해, 그리고 이 변혁을 위한 인간의 혁신을 위해서는 자연적·사회적 세계에 대한 이론적 지식의 획득과 함께 지식의 실천이 동시에 이루어져야 한다. 지식은 관념이 아닌 실천이 함께 작동하는 사회적 분야로서 사회를 변혁시키는 주요한 동인이다. 백인 정권하에서 27년간 감옥 생활을 했던 남아공의 흑인 대통령 만델라는 교육이 사회를 변화시키는 최대의 무기라고 역설했다.

따라서 교육을 통한 사회의 변혁을 이루려면 지식의 발현적 속성과 그것이 터한 더 넓은 사회적 토대를 이해해야 한다. 교육활동에서 가장 중요한 일은 이론적·개념적 지식으로 구성된 교과를 가르치고 배우는 활동이다. 이론적·개념적 지식은 휴대폰 정보로부터 나올 수 없다. 하지만 오늘날 '이론적·개념적 지식theoretical/conceptual knowledge'은 학교의 교육과 정으로부터 밀려나고 있다. 20세기에 접어들면서 학교교육이 대중화되면서 학문 중심의 교육이 쇠퇴하고 실용적 지식이 강조되고 있기 때문이다. 요즘 손 안의 컴퓨터와 같은 스마트폰의 대대적 보급이 더욱 그렇게 만들었다. 그런데 더욱 근본적인 문제는 계층상승의 도구로 전락한 우리나라의 입시 위주의 교육이 낳은 사회구조적 제약이다. 아는 것은 많으나 이를 적용하거나 실천할 줄 모르는 아이들이 많아지고 있다. '아는 지식'만 쌓였지 깨닫고 행하는 지혜를 배우지는 못한 것은 학벌주의 체제와 무관하지 않다. 그래서 세계에 대한 이론적/개념적 지식을 체득할 기회를 원초적으로 상실하게 된 것이다. 이론적·개념적 지식이 학교교육과정에서 밀려남으로써 근원적으로 '세계상실'을 초래했다. 이러한 사태는 곧 과거와 미래를 이어 주는 교육의 기능 상실이나 다름없다. 한나 아렌트는 이를 매우 염려했다.

그런데 오늘날 학교의 교육과정 논의에서 이러한 문제의식을 전혀 찾을 수가 없다. 1990년대 이래 우리의 교육과정 논의는 구성주의 교육이나 역량 중심 교육 중심으로 치달아 지식을 더욱 상대화하고 개인주의화 했다. 세상의 질서 변화하고는 아무런 상관성을 갖지 못하게 되었다. 지식의 성격을 개념적 사고로 이해하기보다 경험적이며 일상적인 사고로 이해하도록 유도했기 때문이다. 교육과정 논의의 이런 흐름은 반주지주의적 학교문화를 낳고 말았다. 설상가상으로 세계화 현상과 함께 도래한 신자유주의 교육정책의 파고는 이를 더욱 부채질했다. 그래서 지금 교육과정의 중심에서 밀려난 '지식의 소환'을 주창하는 목소리가 커지고 있다. 지식이론과 교육의 형식, 그리고 사회관계에 대한 논의가 촉발되고 있다. 결국 실천과 연계된 지식 구성 작업을 하는 교사들의 자율성 확보가 교육에서 무엇보다 중요해졌다.

우리나라의 경우 1995년 문민정부 등장 이후 구성주의의 도입으로 '만들어 가는 교육과정'이 도입되기 시작하였으나, 교육 내용에 대한 비판적 분석보다는 주로 교육 방법에 대한 논의에 치중했기 때문에 사회변화의 힘을 이끌어 내지 못했다. 열린 교육 운동이 번창하던 시대에는 교육 내용의 열림보다는 교육 방법의 열림이 압도적이었다. 이러했기에 수업혁신에 대한 논의와 실천이 사회정의 및 민주주의와 결합하지 못했다. 교사는 지식의 생산자나 해방자가 되지 못하고 국가가 제공하는 지식의 소비자 역할에 머물러야 했다.

이러한 가운데 최근 혁신교육 운동이 활발히 전개되고 있는 것은 다행이지만, 국가의 교육과정 통제 장벽에 가로막혀 있는 상황이다. 특히 시민으로서의 교사가 표현의 자유 및 정치적 자유를 갖고 있지 못한 것은 커다란 딜레마다. 시민의 정치적 자유가 없는 교사들에게 어떻게 능동성과 창의성을 기대할 수가 있겠는가? 교사가 능동적으로 대처하지 못하는 것은 바로 이러한 교사의 조건과 무관하지 않다. 단순 사무노동자로 전락시키는 교육체제에 휩쓸려 있는 교사의 위치를 그대로 방치하고서는 사회의 변화를 기대하기란 쉽지 않을 것이다. 인공지능 시대에는 더욱 그럴 것이다. 교육과정 논의에서 지식에 대한 논의가 거의 이루어지지 않는 것은 바로 이런 상황과 무관하지 않다. 교사가 하루 종일 학생들에 지식을 가르치고/팔고(?) 있음에도 학생들은 배울/살(?) 생각이 별로 없다면 이것은 심각한 상황이 아닐 수 없다.

이러한 상황이 초래된 것은 역사적으로 우리 교사들을 오랜 기간 동안 억압적 권력 속에서 문화적 재생산자 역할에 머물게 한 누적된 결과에서 비롯되었다고 할 수 있다. 그렇다고 권력 탓, 교육제도 탓만 할 수 없다. 대학입학을 위한 수단으로 전락한 입시 위주 교육에 균열을 내야 한다.

제도적 제약을 넘어서는 실천이 필요하다. 실천을 해야 제도의 벽을 넘어뜨릴 수 있다. 여기에서 민주화 이행기에 접어든 우리 교육의 시대적 과제로 정의로운 지식 생산의 주체가 되는 교육과정 논의가 절실하다. 권위주의 세력의 퇴출에 도움을 주었던 재생산과 저항 이론을 넘어서야 한다. 혁신교육은 지식의 재생산으로부터 지식의 생산과 획득으로, 이는 다시 지식의 혁신과 실천으로 나아가야 한다. 물론 민주화 이후의 이행기 과정에서 구세력의 영향은 사회 곳곳에 포진되어 있기에 지식에 대한 비판적 접근은 여전히 필요하다. 다만 그것이 비판에만 머물러서는 안 된다. 대안적 미래를 만들어 내는 가능성의 언어와 대안적 지식을 창출하지 못한다면, 우리는 영원히 식민화 상태를 면치 못할 것이다. 이제 사회를 재생산하는 우민화 역할을 넘어 교육이 사회적 혁신을 직접 수행하는 근본적 교육혁명을 요청하고 있다.

이러한 차원에서 촛불시민혁명 이후 새로운 사회의 건설을 모색하고 있는 '비판적·사회적 사실주의' 접근은 기존 지식에 대한 비판적 해석과 함께 새로운 사회를 위한 대안적 지식 또는 미래 교육과정을 만들기 위한 대안적 상상력을 불어넣을 수 있을 것이다. 비판적·사회적 사실주의 접근은 교사가 지식의 재생산 역할을 넘어 지식의 생산자가 되어 사회의 변화 및 정의를 구현할 것을 요구하기 때문이다. '비판적·사회적 사실주의' 교육이론은 힘 있는 정의로운 지식 및 교육과정을 구성하기 위한 소중한 마중물이 될 수 있을 것이다. 교육과 사회의 동시적 변화를 꿈꾸는 사람들의 지적·실천적 자극제가 되기를 고대한다.

2020년 7월

도봉산 기슭 아래에서 저자 씀

차례

머리말 5

1   지식사회의 위기와 지식이론의 요청 17
지식이란 무엇인가 19 / 지식사회의 위기 23 / '실재'로서의 지식 요청 30 / 자연현상에 관한 지식과 사회현상에 관한 지식의 차이 37 / 지식의 인식론적 차원과 존재론적 차원 49 / 인식론적·존재론적 오류의 극복 61

2   구舊교육사회학과 신新교육사회학 사이의 논쟁 69
재생산을 넘어 71 / 구교육사회학과 신교육사회학 사이의 논쟁 84 / 자유인문주의 교육과 직업주의 교육 사이의 논쟁 93 / 진보주의 교육을 둘러싼 논쟁 103 / 구성주의자와 실증주의자, 그리고 사실주의자 사이의 논쟁 112

3   뒤르켐의 지식사회학 121
뒤르켐 이론의 재부상 123 / 사회적 현상으로서의 교육과 도덕 127 / 과학·사회·지식과 교육의 문제 133 / 근대성의 복잡성과 사회질서의 개체성 요청 139 / 기계적 연대와 유기적 연대 142 / 거룩한 실재와 세속적 실재 145 / 뒤르켐의 세속적 합리주의 151 / 뒤르켐의 지식사회학 155 / 뒤르켐 이론에 대한 평가 161

4   바실 번스타인의 교육과정사회학 165
번스타인 이론의 독특성 167 / 뒤르켐 이론의 새로운 해석 172 / 번스타인의 사회학과 비판적 사실주의 178 / 지식의 순일적, 영역적, 일반적 유형 그리고 3학4과의 뒤집기 179 / 재생산을 넘어선 지식의 재맥락화 187 / 경계선의 설정과 권력의 목소리 190 / 지식의 분류화와 얼개화 196 / 수직적·수평적 담론과 위계적·수평적 지식구조 209 / 지식의 강한 문법과 약한 문법 214 / 가시적·비가시적 교수 217 / 전통적 교수학과 진보적 교수학의 접점 221 / 번스타인 이론에 대한 평가 227

5   마이클 F. D. 영의 지식이론과 교육과정 비판 233

마이클 F. D. 영의 학문적 전환 235 / 비고츠키의 지식이론 수용 242 / 보수적·도구적·포스트모던 교육과정 논의에 대한 비판 252 / 진리의 요청과 진실성의 목소리 258 / 지식의 사회적 사실주의 접근 268 / '사실'로서의 교육과정과 '실천'으로서의 교육과정 272 / 사회적 구성주의와 사회적 사실주의의 공통점과 차이점 275 / 지식 및 교육과정의 절연과 혼종 276 / 지식의 분류 및 교수의 통제 그리고 코드화 281 / 미래를 위한 대안적 교육과정 283 / '힘 있는 사람의 지식'에서 '정의로운 힘을 가진 지식'으로 303 / '힘을 가진 지식'이 이끄는 학교 312 / 마이클 F. D. 영 이론에 대한 평가 314

6   지식과 교육과정에 대한 비판적·사회적 사실주의 접근 319

포스트모더니즘과 구성주의의 인식론적 오류 321 / 사회적 구성주의와 사회적 사실주의의 관계 325 / 이론적 지식과 일상적 지식의 구별 327 / 지식 및 교육과정에 대한 비판적·사회적 사실주의 접근 333 / '비판적' 사실주의와 '사회적' 사실주의의 융합 345

7   교육과정 이론의 위기와 교육과정 정책의 방향 361

교육과정 이론의 위기 363 / 교육철학과 교육과정 367 / 갈등하는 교육과정 그리고 모순의 발생 377 / 교육과정을 개념화·이론화하기 385 / 우리는 무엇을 가르쳐야 하는가? 393 / 우리는 어떤 유형의 교육과정을 필요로 하는가? 397 / 지식의 생산·획득 및 혁신을 위한 교육과정 정책의 전망과 과제 407

참고 문헌 421

1.

지식사회의 위기와
지식이론의 요청

지식이란 무엇인가

지식이란 무엇인가? 지식은 어떻게 획득되는가? 우리가 안다는 것을 어떻게 아는가? 실재를 인식하는 '지식'이란 정확히 무엇을 말하는가? 사람들이 배워야 할 가치 있는 지식이란 무엇인가? 무엇이 특정 종류의 지식을 다른 종류의 지식들과 대비되는 과학적 지식으로 만드는가? 사회가 가진 어떤 속성들이 사회를 우리의 지식 대상으로 만들 수 있는가?

지식knowledge이라는 개념은 시대와 장소, 그리고 무엇보다도 언어에 따라 다양하게 정의된다. 지식知識은 '앎'으로서의 '知'와 '인식'을 규정하는 '識'의 합성어로서 지식의 범주 또는 인간이 인식할 수 있는 모든 대상으로부터 확장된다. 지식은 인간이 자연세계에서 생존하면서 누적한 일차적 정보의 형태에서 점차 추상적·고차원적 형태로 발전한다. 그리하여 세계의 문명을 변화시켜 왔다. 고대 그리스 이래 철학자들은 줄곧 인식론에 몰두했다. '지식은 무엇인가?', '우리는 어떻게 무언가를 알게 되는가?', '우리의 지식은 신뢰할 수 있는가?' 등과 같은 질문을 던지곤 했다.

진실로 세계를 올바로 알고 이해하려면 누구든지 지식으로
주어진 명제들을 버리고 넘어서야 한다. 그때에야 우리는 세상

을 올바로 알고 이해할 수 있을 것이다.Wittgenstein, 명제 6.54

우리는 어느 정도의 지식을 가지고 그것을 알아 가면서 살아간다. 앎이나 지식이 삶을 결정하고 앎은 곧 삶이기도 하다. 우리의 삶은 외부 세계내지 주변 세계에 대한 인식으로부터 시작된다. 어떤 의미에서 보면 지식이라는 것은 우리가 당연한 것으로 받아들이는 것을 가리킨다. 지식은 완전히 알고 있는 것, 확실하다는 것, 끝난 것, 확립된 것, 보장된 것, 인간의 통제하에 있는 것을 뜻한다. 지식은 단순히 확실하다는 느낌 같은 감정을 나타내는 것이 아니라 실제적 태도, 즉 머뭇거리거나 서슴지 않고 행동하려는 태세를 보여 준다. 물론 어떤 주어진 시점에서 지식이라고 받아들인 것이 사실과 다를 수 있다.

지식을 가진다는 것은 활동과는 유리된 그 자체로서 완전한 어떤 것이아니라 활동을 재조직하는 것과 관련되어 의미를 갖는다. 우리가 의심의여지가 없는 것으로 받아들이는 것, 우리가 서로서로, 또는 세계(자연, 사회)와 상호작용하는 가운데 당연한 것으로 받아들이는 것을 그 시점에서'지식'이라고 부른다. 지식이라는 것은 한 대상이 어떤 주어진 사태에 적용할 수 있는가의 관점에서 그 대상이 가지고 있는 여러 가지 관련성을파악하는 것을 가리킨다.

우리는 대상(혜성 등)을 하나의 고립된, 따로 떨어진 사건으로 보지 않고, 다른 사건들과 관련하여 파악한다. 우리는 단순히 당장의 그 사건 하나에 대해 반응하는 것이 아니라, 그 사건이 가지고 있는 '관련들'을 파악한다.Dewey, 1993: 510 우리는 우리의 판단에 따라 그것과 관련된 사물 중의어느 것에 대해서든지 그것에 적절한 습관에 따라 행동한다. 이렇게 하여우리는 새로운 사건에 대해 직접적으로 대응하는 것이 아니라 간접적으로 발명·독창성·자원 활동 등을 통해 대응한다.

그러면 우리가 안다는 것을 어떻게 아는가? 지식의 개념에 대한 답을 구하는 일이 가능한가? 이것이 가능하다고 확신하는 지식철학은 '인식론epistemology'이다. 인식론은 '지식에 관한 이론the theory of knowledge'이다. 인식은 사물을 분별하고 판단하여 아는 것이다. 인식론은 지식의 문제, 우리가 알고 있는 것을 어떻게 알고 있는지, 우리가 모르는 것은 어떻게 방향을 잡을 수 있는지에 대한 질문들에 관심이 있다. 지식의 원천, 지식의 역사, 지식의 증명, 권위에 대한 주장과 그것들이 어디에서 유래하는지에 대해 질문을 던진다. 인식론은 지식의 조건, 가능성, 성질, 한계에 대한 검토에 관심을 갖고 있다.

지식은 정보 이상의 것이다. 정보는 '날것' 상태인 반면, 지식은 '익힌' 상태, 즉 가공한 상태이다.Burke, 2017: 42 무엇보다 지식은 세계에 대한 통찰이며, 세상을 인식하고, 이해하고, 파악하는 능력이다. 지식은 인식을 동반하고, 진리에 대한 물음은 지식의 기본 전제이다.Liessmann, 2018: 54 세상의 지식은 다양한 여러 지식들의 정확한 재현 집합체이다.Burke, 2017: 20, 208 검증과 정교화, 체계화 등 정보의 가공 과정은 '과학화'라고 할 수 있다. 지식은 수많은 데이터에서 정보 가치가 있는 것을 걸러 내기만 하지 않고, 관계의 연관성과 내적인 논리적 연결성에 따라 데이터를 해석한다. 지식에 대한 물음은 당연히 체계적인 근거에 바탕을 둔 정보의 유용성에 대한 물음과는 분명하게 구분된다. 지식이 쓸모가 있는지는 결코 지식의 문제가 아니라 인간이 처한 상황의 문제이다. 이 세상에는 인간 이외에 다른 그 어떤 사회적, 지적 능력을 가진 주체가 없기 때문에 지식 자체는 오직 인간에게만 적용된다. 그래서 모든 지식은 사실과 다를 수 있고, 주관성의 오류를 내포하며, 늘 불완전하고 모순적이며, 우연적인 특성이 아주 강하다.

인식론 부활을 선도했던 푸코는 철학에서 의학의 역사로, 광기와 치료

연구에서 지식-권력관계의 보편적 성찰로 나아갔다. 권력 행사는 언제나 지식을 만들어 내고, 지식은 늘 권력의 효과를 낸다. 지식 혹은 특정 사회 환경에서 지식으로 여겨지는 것에 영향을 미치는 사회적 요소들은 오랫동안 사회학자들의 관심사였다. 지식은 역사적으로 특정한 사회 형태 속에서 구성되는 사회적 생산물이라는 것이다. 인간은 새로운 지식을 창출하는 것이 아니라 자신이 사용할 수 있는 도구를 가지고 변화시킨다. 이것은 서로 다른 함의를 수반하는 서로 다른 방식으로 이해될 수 있다.

그런데 오늘날 교육과정에서 지식은 밀려나 있어서, 부분적으로는 일반적 기량 및 속성에 중점을 두게 되고 있고, 또한 지식의 구조보다 학제 간 프로그램을 강조하는 '잡동사니' 연구 경향이 나타났다. 지식이 단편지식으로 전락하여 교양Bildung을 잃어버리고 말았다.Liessmann, 2018: 75-98 '교양'은 절차탁마의 과정으로서 부단한 정신활동의 과정임에도, 정신이 부재한 곳, 즉 전혀 사유하지 않거나 사유를 거부하는 사회에서는 지식이 '사이비 지식'이나 '정보'로 전도되고 교양 대신 '몰교양'[1]이 미덕으로 치부되기도 한다.

그러기에 우리는 지식의 철학과 역사를 다시 정립할 필요가 있다. 지식 패러다임의 변화가 역사 발전의 원동력이기 때문에 역사 속에서 일종의 '패턴'을 찾아내는 것이 중요하다. '지식이란 무엇인가'에 대한 질문의 답을 찾는 연구(책)는 정보의 바다를 항해하는 지식 탐구자에게 나침반과 같은 것이다. 나침반은 일종의 길잡이다. 특히 최근의 디지털 혁명을 장기적 변화 관점에서 파악하려면 더욱 그렇다. 과거의 몇몇 순간 인류의 지식 체계는 중대한 변화를 겪었다. 그리고 변화는 항상 새로운 기술의 등

---

1. 이런 '몰교양'을 '어설픈 교양', '짝퉁 교양'이라고도 칭한다. 극단적으로 말해 몰교양을 가진 인간은 자기 머리로 사유하는 것이 아니라 정해진 공식과 매뉴얼대로 사유한다. 이런 의미에서 몰교양은 정신의 활동과 사유가 멈춘 상태라고 할 수 있다.

장과 함께했다. 이런 변화는 긍정적으로도, 부정적으로도 예기치 않은 결과를 낳았다. 인터넷의 사례만 해도 이 새로운 의사소통 매체가 장밋빛 약속과 위협을 동시에 준다는 사실을 모든 사람이 깨닫게 된 지 오래다. 따라서 지식의 본질적(인식론적, 존재론적, 사회적, 역사적) 의미를 재인식할 필요가 있다.

지식사회의 위기

우리는 지식사회knowledge society에서 살고 있다. 지식사회는 현대세계에 늘어나는 지식의 중요성을 반영하는 개념이다. 지식사회는 과학기술이 스스로 행동할 수 있는 역량, 제도 및 자연환경과의 관계를 광범위하게 강화한 사회라고 할 수 있다.Muller, 2010: 34 지식사회는 우리의 현대 세계에서 증대하는 지식의 중요성을 반영하는 개념으로서 평생학습, 교육 민주화, 학습 기회 확대의 근거를 제공하였다.Young, 2013: 112

지식의 지위는 지식사회에서 매우 중요하다. 부가가치를 창출하는 원천이 곧 지식이다. 지식은 언제나 새로운 가치를 만들어 내는 자원이었다. 사람들은 자원이 부족한 사회에서 지식과 교육이야말로 가장 중요한 원동력이고, 교육에 대한 투자가 곧 미래에 대한 투자라고 생각한다. 세계를 움직이는 기본적 힘이 육체의 힘에서 기계의 힘으로, 나아가 지식의 힘으로 이동했다. 지식이라는 비물질적인 가치의 중요성이 현대에 와서 보편적으로 인식되었다. 그 배경에는 대중화 혹은 민주화의 힘이 존재한다. 지식사회 개념은 중차대한 사회적 전환 과정의 징후를 보였다. 전통적인 산업사회에서 이제는 원자재의 채굴, 산업사회의 생산 및 교역 방법이 아닌 지식의 획득과 활동으로 이루어지는 사회로 전환되었다. 물질적인 경제가

상징적인 경제로 대체되는 추세를 보인다.Liessmann, 2018: 57-58

지식사회 개념이 산업사회 개념을 해체했다고 한다면, 그것은 사회 자체를 구성하는 하나의 생산양식이 사회를 형성하는 다른 힘에 의해 해체되었다는 것과 다름없다.[2] 지식혁명은 또다시 새로운 방향으로 자원을 이동시킨다. 결국 지식사회는 세 가지 차원으로 이루어진다. 첫째, 지식사회는 확장된 과학과 기술 및 교육 분야로 구성된다. 둘째, 지식사회는 서비스에 토대를 둔 경제로서 지식과 정보가 복잡한 방식으로 처리되고 순환된다. 셋째, 지식사회는 기업 조직의 기능 방식에서 근본적인 변화를 수반하므로 상호적이고 자발적인 학습 기회를 극대화하는 시스템 및 문화와 팀을 창조함으로써 제품과 서비스의 지속적인 개혁을 강화한다.Hargreaves, 2011: 46

지식이론은 세계화[3]의 한 양상으로서 지식사회, 네트워크사회, 학습사회와 연계되어 있다. 지식사회는 곧 '학습사회learning society'라고 말할 수 있다. 모든 사회가 교육적 역할을 수행하지만, 학습사회의 지배적 학습 형태는 다른 사회와 구분된다고 할 수 있다.Young, 2013: 120 '학습사회'란 학교에서는 물론 다양한 경제적·사회적·문화적 삶에서도 보다 많고 다양한 학습의 기회를 제공하는 사회를 말한다. 학습사회는 정보와 지식에 초점을 둔 사회의 필연적 결과이다. 글로벌 사회와 지식경제는 급속한 사회

---

2. 물론 현재의 지식사회가 산업사회를 해체한 것이 아니라 오히려 지식이 빠른 속도로 산업화되었다고 해석되기도 한다. 말하자면 지식사회도 산업사회의 연장선에 있다는 것이다.

3. 세계화와 함께 발생한 위험사회에 대한 성찰적 근대화는 노동과 자본의 새로운 관계, 지식과 사회의 새로운 관계를 요구하고 있다. 이것은 한편으로 변화의 사회적, 경제적, 문화적 과정의 결과이기도 하고, 다른 한편으로는 이런 사회변화를 매개시킨 정부 정책의 변화 결과이기도 하다. 현대사회의 역사, 사회적 분화, 그리고 이해관계와 가치 체계는 정부조직 또는 직업 구조만큼이나 교육과정을 통해 나타난다. 따라서 교육과정에 관한 논쟁은 명시적이든 암시적이든 사회와 미래의 비전에 관한 논쟁으로 귀결될 수밖에 없다.

변화를 보여 주는 세계를 만들어 냈다. 사람들이 살고 있는 환경은 급속하게 변화하고 있고, 개인과 집단더러 뒤처지지 않으려면 학습하라고 요구하고 있다.Jarvis, 2010: 37 사회는 점점 학습의 필요성을 강조하면서 학습의 재개념화가 시도되고 있다. 학습은 인간의 개인적·사회적 상황 속에서 연계적으로 이루어지는 행위이다. 학습의 재개념화는 첫째, 교육이 사회의 주요한 기능이라는 것이다. 개인은 사회의 구성원이 되면서 학습하고 사회를 구축한다는 것이다. 따라서 모든 사회적 활동은 의식적이든 무의식적이든 학습을 동반한다. 모든 학습은 명시적이면서도 묵시적인 사회화의 과정이다. 둘째, 학습사회의 관점에서 볼 때, 다양한 학습 형태를 구분하는 것이 매우 중요하다.

그래서 지식사회는 신자유주의적 지식경제보다 지식의 공동체적이고 민주적인 측면과 공적 개입을 필요로 한다.Sörlin & Vessuri, 2007: 11-12 민주적인 결핍을 인식하면서 교육의 경제적 목적과 사회적 목적을 동시에 추구하는 지식사회 기반 교육은 공동체와 민주주의, 인도주의와 세계시민적 정체성을 촉진하는 교육을 요구하고 있다.Hargreaves, 2011: 115 지식과 권력의 관계―조직, 행위자, 구조, 지식 생산의 맥락에서 국가의 역할, 전문화의 과정에서 지식 파편화의 영향, 보편성과 정체성, 언어와 가치, 지식인의 역할, 이념과 사상 그리고 비판적 분석, 지식규범의 헤게모니―를 논의하는 지식사회론이 말한 것처럼, 일상의 일과 생활의 핵심인 지식이 사회적 힘의 원천일 정도로 강력하다면, 우리는 분명 지식이 어떻게 사회를 만들어 갈지에 대해 탐구를 시작해야 한다. 지식사회가 지식의 수많은 성좌를 만들어 냈지만, 역설적으로 새로운 지식에 또다시 얽매이게 한 것은 바로 기술적 과잉화의 의도하지 않은 귀결이다. 지식이 학습사회의 핵심임에도 불구하고, 현재 상황은 지식의 기반이 취약하여 각각의 개인은 특정의 학습능력을 개발하도록 요구받고 있다. 지식사회의 출현은 어떤 기술과 지식이 우리에게 필요한지 새로운 질문을 제기하고 있다. 지식을 창출하고 확장할 수 있는 능력은 네트워크를 만들고 유지할 수 있는 능력—네트워크 내에서 대화하고 경계를 넘어 관계를 유지할 수 있는 능력—을 필요로 한다.Lingard, Nixon & Ranson, 2011: 21

그러므로 학습사회를 위한 교육의 목적은 지식의 생산에 두어져야 한다. 평생교육과 직업교육을 포함한 모든 교육학은 사회 속의 교육에 대한 '지식'과 '교육'을 통해 사회에 관한 지식을 생산하지 않으면 안 된다. 이상적으로 이 두 가지는 상호보완적이어야 한다. 전자와 관련하여 상당한 노력이 교육, 특히 학교교육, 그리고 교실의 내적 과정을 연구하는 데 이용된다. 의심할 것 없이 이러한 노력은 우리로 하여금 포착하기 어려운 교실에서의 상호작용의 역동성에 민감하게 반응하도록 했다. 그러나 이는 사회적·교육적 규칙성과 변화의 거시적 역동성을 이해하는 데 별다른 기여를 하지 못했다. 이것이 바로 '약한' 효과를 가진 사회학, 즉 '교육을 위한 사회학sociology for education'이다. 따라서 교육의 과정에 대한 논의는 거시 구조적 모델의 역동성 안에서 진행될 필요가 있다. 그렇게 함으로써 '강한' 효과의 사회학, 즉 '교육의 사회학sociology of education'을 구성할 수 있을 것이다.Moore, 2004: 177-178

그런데 지식사회는 지식을 가장 중시하지만, 동시에 교육의 직업적 목적에 강조점을 두기 때문에 지식이 교육과정의 중심에서 밀려 나가는 역설을 야기한다. 교육이 학생들에게 지식사회를 준비시키는 것이지만, 오늘의 교육과정은 지식, 특히 이론적·학문적 지식을 덜 강조하기에 이런 불일치가 발생한다. 교육과정에서 지식으로부터의 퇴각을 정당화하는 논증의 성격은 지식사회가 지식의 본질을 변화시킴으로써 한편으로 암묵적·맥락적 지식을 강조하고, 다른 한편으로는 일반적 기량과 능력을 강조하기 때문에, 학문화되고 코드화된 것보다 즉시 적용할 수 있는 것이 더 생산적·효용적이라고 생각하는 경향이 있다. 이것은 모든 교육/훈련에, 특히 고학년의 직업교육·훈련과 고등교육을 포함한 후기의무교육/훈련에 적용되는 이유이다. 학습 성과는 작업장에 점점 묶이도록 재정의되었으며, 교육과정의 강조는 비교적 실제적이고 적절한 학습 경험의 결과로 '일할 준비'가 되도록 하는 데 중점을 두고 있다. 이것은 많은 나라에서 정부의 자격증 개혁에 반영되어 일반 기량이나 일할 능력 기량에 더욱 확고하게 기반을 두고 있는 상황과 맞물려 있다.Young, 2007 맥락적인 것과 구체적인 것에 중점을 둔 것은 일부 학생들에게, 학문의 의미체제를 통해 관계적으로 조직된 탈맥락적 지식에 접근할 수 있도록 하기 위한 교육과정의 전통적 관심사에서 멀어지게 한다. 직업화 과정은 직업교육·훈련과 고등교육에서 직업 지향적 프로그램에 가장 큰 영향력을 미쳤으나, 또한 전통적 학문 프로그램에도 영향을 미쳤다.

지식사회의 도래로 더 이상 지식 생산은 폐쇄적 엘리트의 배타적 독점물이 아니게 되어 버렸다. 이제 학교와 삶 사이의 인위적인 구분은 사라졌고, 학교는 삶을 준비하는 장소가 되었다. 대중교육의 대두로 요약되는 이러한 교육적인 변화는 학교에서 가르치는 교과의 수적인 증가를 가져왔다. 기존의 전통적 학문(고전학, 수학 등)을 중심으로 편성되던 교육과정은 새로운 교육적 요구, 즉 삶의 유용성을 충족시키는 데 한계를 노정했기 때문이다. 따라서 실생활에 도움이 되는 내용들이 새롭게 학교의 교육과정에 추가되기 시작했다. 학교의 교육과정은 지적인 문화유산을 대표하는 교과들의 합이 아니게 되었다. 새롭게 학교의 교육과정 안으로 들어온 것이 한두 가지가 아니다. 실용적 정보가 앎의 기초를 이루는 기본적 지식을 밀어냈다. 그래서 교육과정의 중핵 지식이 설 자리를 잃었다.

그래서 지식사회에서 지식의 변화된 성질에 대한 논의는 교육과정에 대한 이론화와 교육의 목적과 교수학pedagogy[4]의 본질에 대한 새로운 이해로 이어졌다. 의무교육 이후 교육 및 훈련 분야에 따라 교수학의 이해와 그에 따른 실천이 다양하게 나타났지만, '새로운 교수학new pedagogy'[5]이 등장하고 있으며, 이는 구성주의 이론과 실천을 이해의 주요한 원천으로 삼고 있다.Wheelahan, 2010: 5 교육 전체의 맥락뿐만 아니라, 교수학 내에서 그리고 교육과정의 구성 및 재구성에서 얻은 맥락은 '새로운 교수학'의 매우 중요한 요소가 된다. 여기에서 지식의 본질은 다르게 인식된다. 교육과정은 내용 및 과정의 관점에서 볼 때 맥락적이고 우발적인 것일 뿐만 아니라, 종종 명제적 지식으로부터 멀어졌다. 맥락에 대한 강조는 교육과정에 대한 주요한 접근인 사회적 구성주의와 기술적 도구주의에 의해 공유되고 있지만, 교육과정에 대한 제3의 주요한 접근으로 새롭게 대두된 보수주의는 전통을 옹호하면서 맥락을 계속 회피하고 있다. 교육과정에 대한 지배적 접근, 즉 구성주의, 기술적 도구주의, 보수주의는 각기 자기 방식으로 지식을 다른 교육과정의 목표에 종속시키기 때문에 교육과정의 위기를 초래했다.

그리고 신자유주의의 도구주의 경향은 시장을 지식, 상품, 사람의 자유로운 흐름을 위한 궁극적 기제로 간주함으로써 교육과정의 문제를 발생시켰다. 이러한 시장국가의 논리는 더 폭넓은 정치과정에 방해받지 않는다면 지속될 것이다. 사실, 신자유주의는 새로운 껍데기를 획득할 수도 있다. 이런 껍데기는 신자유주의 자체보다도 인간 삶을 더욱 환원적으

---

4. 'pedagogy'를 교실 속의 행위, 즉 가르침/교수로 한정해서 해석하면 미시적 수준, 즉 수업 방법에 초점을 맞추게 된다. 이와 달리 'pedagogy'를 문화적 (재)생산의 모든 행위로 해석하면 미시적 수준(학교에서의 가르침)뿐 아니라 거시적 수준(학교를 넘어선 더 넓은 사회까지)의 분석을 포함하게 된다(Cho, 2014: 66).

5. '새로운 교수학'은 교육과정에 대한 이론화와 교육의 목적과 교수학의 본질과 방법 및 실천에 대한 새로운 이해이다. '새로운 교수학'은 다양한 철학과 방법론이 가능할 것이다. 새로운 교수학의 한 분야로서 '비판적 교수학(critical pedagogy)'은 '비판적 교육학'의 하위 영역이라고 할 수 있다. 'critical pedagogy'를 '비판적 교육학으로 번역할 경우 광의의 의미를 갖는다. 이 경우 '비판적 교육(critical education)'으로 부르기도 한다.

로 이해하는 사회진화론의 또 다른 버전이나 다름없다. 또한 새로운 지식사회가 번영과 선택의 세계를 가져왔을 뿐만 아니라, 우리는 커다란 위험과 부작용에도 직면하고 있다. 이러한 번영의 시대가 당면한 가장 커다란 문제는 가족의 해체, 공동체의 붕괴, 그리고 인간의 존엄성을 유지하려는 노력에 대한 도전이라고 할 수 있다.Hargreaves, 2011: 97

지식이 사회적으로, 역사적으로 구성되기는 하지만 역사적·사회적 구성물로 환원될 수 없다. 사회적 사실주의 접근의 '사회적'은 사회적 구성주의에서의 '사회적' 개념과는 좀 다르다. 사회적으로 구성되었다고 해도, 그것은 실재일 수도 없고 진리일 수도 없다. 그래서 사회적 구성주의의 '구성주의'를 '사실주의realism'[6]로 대체하여 '사회적 사실주의social realism'[7]가 제창되었다. 사회적 구성주의에서 '사회적' 개념은 진리를 추구하도록 하는 데 아무런 경계가 없기 때문이다.Young & Muller, 2016: 22 사회적 사실주의 접근은 지식은 사회적으로 '구성'되어 있다기보다, 오히려 사회적으로 '구분'되어 생산되고 있다고 본다. 지식이 사회적으로, 맥락적으로 그리고 역사적으로 구성되기는 하지만, 역사적·사회적 구성으로 환원될 수는 없다. 인식론적으로나 교육적으로 사회적 구성주의social constructivism 접근은 새로운 사회를 만들어 내는 '지식사회knowledge society'에 필요한 힘 있는 지식을 제공할 수 없었던 것이다.

---

6. 'realism'은 'res(실물)'에 어원을 두고 있으며, 사실주의 또는 현실주의, 실재론으로 번역될 수 있는데, 본고는 주로 '사실주의'를 사용한다. 관념론/이상주의(idealism)와 반대된다. 사실주의는 '현실을 있는 그대로 보여 주려는 관점'이다. '사실주의'는 '그 장면과 매우 흡사한' 사물의 실재성/사실성(reality)을 의미하기도 한다. '사실주의'는 사실성, 현실성, 실재성, 진정한/참모습 등 다양한 내포를 갖는다.
7. 6장에서 자세하게 논의된다.

'실재'로서의 지식 요청

무엇이 실제 존재하는가? '존재'라는 것은 어떤 것을 '있는 것being'으로 만드는 '실재성實在性'을 가리킨다. 존재는 '그것은 어떻게 있는가'라는 질문에 대한 대답으로 제시되는 개념이라고 볼 수 있다. 존재는 사물의 본질에 의해서 수용되는 현실성actuality을 말하고, 본질essentia[8]은 존재의 가능성이다. '본질'이라는 것은 '있는 것'을 '어떤 것whatness'으로 만드는 가지성可知性이다. 실재reality, 實在란 '밖에서' 대기하는 것이 아니라, 우리가 지식을 가지고 있다고 주장하는 '실재적인 것the real'을 구성하는 그 자체다.Moore, 2004: 150 실재는 인식 주체로부터 독립하여 객관적으로 존재한다. 실재하는real 존재의 성질은 '진짜로 있는 것'이다. 지식의 실재는 그 자체가 사회적 사실/실재/실체/원천이라고 할 수 있다. 지식은 항상 역사의 일부분이고, 언제나 오류를 범하기 쉽기 때문이다. 양식과 상식 간의 강고한 불연속성은 미래를 극복하기 위한 어떤 일시적인 분리가 아니라, 세계에 대한 새로운 지식을 얻을 수 있는 현실적 조건이기 때문에 '실재적realist'이라고 할 수 있다.

그런데 무엇이 '진짜로 있는 것'인가? '참으로 있는 것', 또는 '참모습'은 우선 공간의 축과 시간의 축을 무한히 연장하여 그 안에 들어 있는 사물뿐 아니라, 사람들의 생각과 말과 행동을 모두 포함하게 된다. 그것은 그야말로 '모든 것', 달리 말하면 그것 이외의 것 또는 그것의 '바깥'이라는 것이 있을 수 없는 그런 것이다. '참으로 있는 것'은 이 세상에 있는 사물의 가장 완전한 모습, 다시 말하면 현재에 있는 사람의 진위나 가치를 그

---

8. 존재자는 '존재(esse)'/'있음'과 '본질(essentia)'/'무엇임'이라는 두 가지 형이상학적 원리의 결합에 의해 존재하게 된다. 존재자는 어떤 주체와 그것이 발휘하는 존재 행위를 동시에 가리킨다.

것에 비추어 판단할 수 있는 그런 완전한 모습, 또는 사물의 표준이라고 할 수 있다. 그 표준을 우리의 것으로 하여 우리가 좀 더 완전한 인간이 되고자 하는 것이다.[이홍우, 2017: 400-401, 403][9] '있는 현실'과 함께 '있어야 할 현실' 및 '상상의 현실'을 각기 따로 생각하는 일이 불가능하다. 다시 말해 '현실'은 언제나 '있어야 할 것'을 일부라도 배태한 '있음'이요, '없는 것'들이 '흔적으로 있다'는 인식이다.[황정아, 2019: 33] 그런 의미에서 '온전하게 눈앞에 있다'는 관념을 비판하는 일이 가능해진다.

헤겔의 'Wirklichkeit'는 영어로는 'reality'에 가깝다. 우리말로는 매우 번역하기가 어렵다. '실재성', '사실성', '현실성/실제성', '참모습' 등 여러 가지다. 헤겔 전문가들은 세계의 무질서 속에 실존하는 모든 것들을 망라하는 현실은 이성적이기 때문에 참으로 있는 현실의 부분으로서 구분하기 위해 헤겔이 이러한 개념을 사용했다고 본다.[Jackson, 2018: 46] 헤겔의 체계에서 현실의 이성적인 부분은 현실적인 것이다. 현실적인 것은 플라톤의 경우처럼 형상들의 변치 않는 진리가 아니라, 헤겔이 『정신현상학』에서 설명했듯이 역사 속에서 전개되는 그 무엇이다. 합리성이 점진적으로 발생할 뿐 아니라 현실 속에서 존재하는 어떤 합리성이 존재한다.

브루너는 '실재'를 '자연의 영역'과 '인간사의 영역'으로 나눈다.[Bruner, 2011: 162-170] '자연의 영역'은 논리학과 과학의 전형적인 방식으로 더 구조화되는 반면, '인간사의 영역'은 스토리나 내러티브의 방식으로 더 구조된다고 한다. '자연의 영역'은 인과관계에 대해 똑같이 강제적이고, 똑같이 자연적인 아이디어들 주변에 초점을 맞추고 있는 반면, '인간사의 영역'은 인간 의도와 그 변화에 대한 극적인 사건 주변에 집중되어 있다. 자연의 영역은 우리의 인식과는 무관하게 존재하는 것이고, 인간사의 영역은 우

---

9. 이홍우 교수는 '실재'를 불교 용어로는 '眞如(참으로 그러한 것)'로 이해하기도 한다(이홍우, 2017: 399).

리의 인식을 통해서 파악되고 이해 가능한 영역이다. 세계에 관한 개인의 이해를 구성하는 '심리적 실재'는 대개 자연적인 것과 인간적인 것으로 이루어진다. 물론 양자 간에는 혼합과 중복이 있다. 이러한 심리적 과정들이 세계의 구성을 어떤 방법으로 낳을 수 있느냐는 새로운 과제이다. 우리 마음속의 '심리적 실재'는 한 영역, 즉 언어 영역, 인간 지식을 조직하는 양식, 그 밖의 다른 영역 안에서 만들어진 구별로서 사람들이 세계와의 상호작용을 교섭하고 협상하는 데 사용하는 심리적 과정에서 기본을 이룬다.

지식의 가능성Benton, 2005: 191

자연적 영역	인간적 영역
1. 사람과 무관한 기제들	1. 사람에 의존하는 기제들
2. 예측적 과학이 가능함	2. 예측적 과학이 불가능함
3. 실험적 실천이 유지됨	3. 실험적 실천이 불가능함
4. 과학적 지식의 자동적 객체들	4. 과학적 지식의 타동적 조건들

실재를 이해하려면 우리의 지식(인식론적 차원)과 그 지식 대상의 독립적 실재성(존재론적 차원)을 구분할 필요가 있다. 존재의 영역에서 경험적인 것, 실제적인 것, 실재적인 것 등 세 영역의 일치는 이런 매우 제한된 상황에서만 일어난다. 이렇게 구분한 존재론적 지도는 '존재적 간격'이라고 할 수 있다. 실재적인 것의 영역은 현실적인 것의 영역보다 크거나 같고, 현실적인 것의 영역은 경험적인/현상적인 것의 영역보다 크거나 같다. 그리고 실재적 영역=현실적 영역=경험적 영역과 같은 이러한 특별한 경우는 사실상 과학이라는 사회적 활동에서 만들어진다. 앎의 과학이라고 할 수 있는 인식론은 또한 다른 모든 활동들과 함께 인간 활동에 의해 발생한다. 우리는 세 영역이 일치하는 상황을 구성할 수 있다.

존재의 세 영역Collier, 2010: 72-78

	실재적인 것의 영역	실제적인 것의 영역	경험적인 것의 영역
기제	∨		
사건	∨	∨	
경험	∨	∨	∨

　실재는 꿈이나 망상과 같이 인식 주체에 의해 만들어진 것과는 다르다. 실재는 표상表象을 변화시키는 사물의 배후에 있다고 하는 불변의 실체substance, 實體로서 '바탕이 되는 것 가운데 있는 것'을 의미한다. '실재'는 상이한 세 영역으로 구분된다. 기본적인 것은 실재적인 것의 영역이다. 여기서 우리는 '기제들'을 발견할 수 있다. 기제들은 그것이 어떤 사건을 발생시키는지 여부와 무관하게 존재한다. 그 사건은 그것을 관찰하는지 여부와 관계없이 현실적인 것의 영역으로 들어온다. 우리가 그 사건을 경험할 때 그것은 경험적 사실이 되며 경험적인 것의 영역에 들어온다.

　사회 이론과 사회적 실재는 인과적으로 상호의존적이다. 이것은 사회이론가들이 사회적 실재를 '구성한다'는 말이 아니라, 사회 이론이 실천적으로 조건 지어지며, 또한 사회 속에서 잠재적으로 실천적 결과를 낳는다는 말이다.Bhaskar, 2007: 19 사회에서 이 변화를 위한 이론적 지식의 획득은 지식의 실천으로까지 나아가야 한다. 사회 이론은 늘 사회생활에 대한 실천적 개입 속에 존재하며, 때로는 논리적으로 가치와 행위를 수반한다. 바스카는 사실과 가치, 이론과 실천 사이의 이분법을 허물고 간격을 좁혀야 한다고 주장한다.Bhaskar, 2007: 179 아는 것과 행위 사이에는 논리적 간격이 존재하기 때문이다. 이론과 실천 사이에는 분명히 상호관계가 존재한다. 이론적 실천이나 실천적 이론이 있을 수 있다. 실천적 이론은 가치 판단을 포함한다. 그렇기 때문에 적절한 사회과학은 가치를 함의하는 것이어야 한다. 물론 사회과학은 사실에 대한 인과적 설명을 하는 조건에서 가치로 적절하게 이행될 수 있다.

사회적 실천이란 지식의 대상을 달리하기에 각 학문마다 차이가 나며, 이는 그 대상을 탐구하기 위해 또 다른 방법이 필요하다는 것을 말해 준다. '실천practice, praxis'[10]은 사회구조와 개인이 서로 영향을 주고받는 과정을 설명하고자 하는 현상학적 접근과 구조기능주의 접근 사이에 있다. 교육과정의 '실천'은 탐구 지향적이기보다 행위 지향적이다. 무언가를 행한다는 것은 교육과정 실천의 핵심이다. 탐구가 있기 전에 행동과 실천이 있고, 혹은 최소한 행할 필요가 있다. 근본적으로 사회적·역사적 토대를 부정하지 않으면서 교육과정에 대한 논의를 위해 지식을 다시 소환해야 한다. 지식은 실천의 사회적 분야로서 교육의 가장 기초가 될 수 있다. 그리고 교육을 이해하기 위한 지식의 발현적 속성과 더 넓은 사회적 기반을 모두 고려해야 한다.

물론 모든 학문에서 탐구의 방법이란 시간의 흐름에 따라 변하지만 체계적이어야 한다. 또 탐구의 과정, 절차, 규칙 그리고 지식 창출을 다스리는 어느 정도의 체계적인 사회적 실천으로 이루어져야 한다. 사회과학과 인문학은 자연과학과는 다르다. 이것들은 통일된 위계적·이론적 틀보다는 일련의 언어로 구성되지만, 각 언어 '내에서' 공유된 사회적 실천의

---

10. 실천(practice)의 어원인 'praxis'는 이론을 실제화하려는 '이론적 실천'이다. 'praxis'는 하늘에만 존재하는 이데아를 지상의 유용한 기능을 가진 사물로 만들기 위한 정신적 훈련이다. 실천적 삶을 추구하는 지식, 비판적 사고에 인격과 시민성이 결합된 지식이 '실천적 지혜(phronesis)'이다. 최고의 지성적 덕으로 간주되는 '실천적 지혜'를 체득한 삶이 능동적 삶에서 가장 높은 단계의 삶이며, 그것이야말로 인간다운 삶이다. 고대 그리스에서는 일(노동)하는 행위를 여러 단어로 세분했다. 방법을 아는 것을 '테크네(techne/기술)', 대상을 아는 것을 '에피스테메(episteme/인식)', 그리고 실천하는 것을 '프락시스(praxis)'로 나누었다. '기술'은 보편적 규칙을 개별적 상황에 기계적으로 적용하여 제작(poiesis/making)하는 능력인 반면, '실천적 지혜'는 인간의 실천적 행위를 주도하는 규범으로서 이미지를 제공하며, 구체적 상황마다 적용하기 위해서는 늘 반성적 성찰을 필요로 한다.

종합이 사용되어 지식을 창출한다.Bernstein, 2000 과학이 우리에게 진정한 지식을 줄 것이라는 우리의 합당한 확신은 그 지식이 만들어지는 기제의 본질에 정확하게 바탕을 두고 있다. 또한 학문적 실천의 체계적 본질은 비록 지식 생성의 일부일지라도, 수동적 관찰이나 사색의 과정이 아니라 지식의 창출이 '작업work'이라는 점을 보여 준다. 지식의 창출은 그 목적이 인과적 기제에 대한 우리가 가진 지식을 심화시키는 것이며, 이러한 인과적 기제가 경험이나 사건으로부터 항상 즉시 식별되는 것은 아니기에 그것을 창출한다는 면에서 '작업'이라고 할 수 있다. 학문은 복잡하고 층화된 대상의 지식을 생성하고, 대부분의 학문에서 작업의 본질은 명백한 현상에 대한 지식에서부터 그것을 생성하는 구조에 대한 지식에 이르기까지 어떤 차원에서는 '운동movement'이라고 할 수 있다.

그런데 지식을 권력으로 환원시키는 상대주의 논변은 학문이 지식을 창출하기 위해 사용하는 다양한 사회적 실천과, 그것이 경제적 생존을 확보하면서 자신의 지위, 권력 및 배타성을 유지하기 위해 사용하는 것을 구별할 수가 없다는 점이다. 자동적 대상의 지식을 심화시키기 위해 고안된 사회적 실천으로 구성된 과학의 내재적 측면과, 과학계에 가해지는 이념적 편견과 정치적 또는 경제적 압박은 구별되어야 한다. 이러한 사회적, 정치적, 이념적 기제들은 지식의 생산을 공동 결정한다. 인종차별적 지성 이론이 정치적 편견에 의구심을 불러일으키는 탐구가 아니라면, 과학적으로 신뢰할 수가 없어 이러한 세속적 실천들을 식별하는 일은 지식을 탐구하는 데 필요한 부분이다.

사실 지식을 창출하는 사회적 실천과, 권력과 사욕의 표시인 것을 식별하고 구별하는 것은 항상 직설적이거나 즉각적으로 나타나는 것은 아니다. 단지 그들의 지지자가 그들이 진실하기를 원하는 동기가 있다고 하여 지식의 '내재적intrinsic' 측면을 무시하는 것은 상당한 기초가 될 수 있는 지식을 부정하는 결과를 초래할 수 있다.Wheelahan, 2010: 77 철학과 지식사회학 작업의 한 부분은 지식의 생산에 있어서 그러한 내재적 측면과 권력의 관계에서 생기는 측면을 구별하는 것이어야 하며, 전자를 후자로 환원해서는 안 된다는 것이다.Wheelahan, 2010: 78

이렇게 본다면 경제적, 사회적, 문화적, 생태적 등 서로 다른 종류의 자본 특성을 지닌 사용가치와 교환가치를 구별하지 않으면 안 된다. 사물의 질이나 사용가치의 평가는 선호도와 행동의 설명으로부터 제외시킬 필요가 있기 때문이다. 다시 말하면 지식 생산자 공동체는 자기 분야에서 그들의 사회적 지위를 향상시키면서도, 동시에 내재적 가치를 지닌 지식을 발전시킬 수 있다. 학문적 지식의 구조는 지식의 생산을 매개하는 사회적 실천이 그렇듯, 스스로의 인과적 속성을 가지고 있다. 이런 분석은 지식을 생산하는 학문에 의해 사용된 서로 다른 사회적 실천의 비교뿐만 아니라, 일상적 지식과 학문적 지식을 비교하도록 한다. 학문적 지식은 일상적 지식과 구별될 필요가 있고, 그 자체로서 존재론적 대상으로 간주할 필요가 있다. 이것은 서로 다른 지식의 속성과 지식의 대상, 그리고 각각의 실현에 필요한 조건이다. 학문적 지식은 장 내의 행위자, 사회적 맥락, 사회적 자원, 지식 생산자 간의 사회적 관계, 학문이 초점을 두는 세계의 측면, 그리고 객관적 구조가 상호작용하는 '발현적' 결과라고 할 수 있다.Wheelahan, 2010: 84

지식은 하나의 개념이 아니라 다양한 여러 지식들의 집합체이다. 한 문화 내에서조차도 여러 종류의 지식이 존재한다. 순수지식과 응용지식, 추상적 지식과 구체적 지식, 명시적 지식과 암묵적 지식, 학술적 지식과 대중적 지식, 남성의 지식과 여성의 지식, 지역적 지식과 보편적 지식, 행동에 관한 지식과 상황에 관한 지식 등으로 다양하게 구분할 수 있다.Burke, 2017: 20-22 지식이란 경험이나 교육을 통해 얻어지는 '인식'으로서 정보,

사실, 묘사, 기능 등을 포함한다. 지식은 이론적 이해의 결과이다. 아울러 지식은 실제 경험을 하고 난 다음의 이해이기도 하다. 즉 지식은 이론적 차원에서도 형성되지만 실천적 차원에서도 형성된다.이상오, 2016: 97 달리 말하면 지식은 내포적일 수도 있고 외현적일 수도 있다. 또한 지식은 형식적일 수도 있고 체계적일 수도 있다.

자연현상에 관한 지식과 사회현상에 관한 지식의 차이

우리는 쓰레기가 수집되는 이유가 반드시 쓰레기 수집자의 이유(동기 등)와 동일하다고 생각하지 않는다. 물론 사회적 지식과 심리적 지식 사이의 구별이 자의적인 것은 아니다. 우리는 여기서 두 개의 구별되는 충돌에 관심을 가져야 한다. 이것은 실재하는 존재론적 차이다. 사람들은 관계들만이 아닐 수 있으며, 사회는 의식을 가진 행위 주체가 아닐 수 있다. 상이한 충돌들은 상이한 종류의 기제들에 의해 특징지어진다. 사회과학은 구조적 설명에 주로 관심을 갖는다. 이 설명은 관계의 그물로서 사회가 갖는 존재의 종류에 대응하기 때문이다. 우리는 문법이 용법과 무관하게 존재한다거나(물상화) 또는 문법이 우리가 말하는 것을 지배한다고 상정하지 않으면서도 말하기가 문법에 의해 지배된다는 것을 인정할 수 있다. 심리과학과 사회과학의 자율성과 공존성, 그리고 결합 적용에 근거를 제공할 수 있어야 한다. 이것은 하나의 '문법grammar'이라고 할 수 있다. 문법이란 이론이 세계를 다루는 방식, 또는 이론적 진술들이 그들의 경험적 술어를 다루는 방법이다. 물론 문법에는 강한/견고한/절연의 문법과 약한/열린/혼종의 문법이 존재한다. 이러한 문법을 통해 우리는 세상을 움직이는 질서를 설명하는 문법의 작동 이치를 이해하고 신뢰하며 세상을 살아간다.

세계(자연세계+사회세계)는 함께 존재하고 작동해 사건들을 만들어 내는 수많은 기제들의 복합체다. 우리는 세계 자체와 세계에 관한 지식을 구별하지 않으려 하고, 구별할 필요도 느끼지 않는다. 둘을 동일시하는 것은 '자연스러운 태도'다. 하지만 양자는 분명 다르며, 지식을 의심할 때 또는 지식 주장들이 경쟁할 때 양자를 구별해야 한다. 세계는 층위stratum로 이루어져 있다. 즉, 그 자체의 기제들을 보유하는 구별되는 층위들로 나뉘어 있다. 층위는 개략적으로 물리적, 화학적, 생물학적, 심리적, 사회적 층위로 구분될 수 있다. 그렇지만 층위들에 대한 판별은 지속되는 과정이다. 규모의 적층 체계는 기본적으로 기제의 존재론적 적층 체계에서

존재론적 적층 체계와 규모의 적층 체계의 관계곽태진, 2018: 169

규범적 층위	Mn		지구적·행성적 전체(수준)
사회문화적 층위	Mc		거대 수준
사회경제적 층위	Mse		거시 수준
사회심리적 층위	Mps		중간 수준
심리적 층위	Mp	Eo	미시 수준
생명적 층위	Mb		개인 수준
물리적 층위	Mp		개인 내부 수준

교육과학의 일반적 적층 체계: 인과기제의 존재론적 층위곽태진, 2018: 166

규범적 층위	교육에 의해 형성된 혹은 교육에 관한 규범들
사회문화적 층위	개인과 사회의 교육에 대한 신념들
사회경제적 층위	교육의 사회경제적 기능 및 결정
사회심리적 층위	상호작용 속에서의 교수-학습의 문제 등
심리적 층위	개인의 내적 동기와 학습의 내적 작동 기제
생명적 층위	적절한 영양, 교육의 진화생물학적 필요
물리적 층위	교육의 물리적 환경 등

심리적 층위 이상의 층위에 관한 것이다. 규모의 적층 체계에서는 여러 층위에 놓인 기제들의 작동 속에서 다중적 결정이 이루어질 것이다. 존재론적 적층 체계와 각 층위에 여러 기제들이 포함된다. 교육과학도 대상의 적층 체계와 연동된다. 물리적 층위는 단지 교실 환경과 같은 것만이 아니라, 교육이 가능하기 위한 물리적 조건들 일반을 다룬다.곽태진, 2018: 166 우리가 경험하는 사건들은 원칙적으로 설명할 수 있는 것이지만, 어느 한 분과만으로는 충분히 설명할 수 없다.

대부분의 자연현상과 마찬가지로 사회현상들은 수많은 구조들의 산물이다.Bhaskar, 2007: 15 사회적 세계는 사회적 관계의 상호작용 및 역사적·자연적·물질적 산물이라고 할 수 있다. 지식 생산의 기초와 자료는 그 자체가 사회적 산물이며, 생산된 지식도 사회적 생산물이다. 사회구조는 그것을 만들어 내는 인간의 활동과 분리되어 그 자체로 존립할 수 없는 대상이라고 특징지을 수 있다. 그렇지만 동시에 일단 창출되면, 그것은 외부적 사실성과 강제적 도구성으로서 개인에게 맞선다. 그것은 개인이 바라는 소망에 영향을 받지 않으면서 개인 자신과는 다른 것으로 또는 자신에게 반발하면서 자기 안에 존재한다.Bhaskar, 2007: 150

사회들이 존재하고, 사회들이 그러한 종류의 속성들을 가졌다고 한다면, 사회는 어떻게 지식의 대상이 될 수 있는가? 사회가 독자적으로 실재한다는 가정에 근거한 발현적인 사회적 속성들로부터 사회과학의 영역에서 있을 수 있는 자연주의naturalism의 몇 가지 존재론적 한계를 곧바로 이끌어 낼 수 있다.

- 사회구조들은 자연구조와 달리, 그것들이 지배하는 행위들로부터 독립하여 존재하지 않는다.
- 사회구조들은 자연구조들과 달리, 행위 주체들이 활동하면서 그들

자신이 하고 있는 것에 대해 갖는 관념 없이는 존재하지 않는다.

• 사회구조들은 자연구조들과 달리 오로지 상대적으로만 지속적일 것이다. 그러므로 그것들이 근거 짓는 경향들은 시간과 공간에 걸쳐 변함없다는 의미에서의 보편적인 것은 아닐 것이다.

Bhaskar, 2007: 157

이렇게 자연주의의 가능성을 제약하는 주요한 존재론적 한계는 사회구조들의 활동 의존성, 개념 의존성, 시·공간 의존성을 통해 도출될 수 있다. 사회는 자연적인 경향과는 달리 오직 적어도 그것들의 일부가 행사되는 한에서만 존재하고, 최종 심급에서는 인간들의 의도적인 활동을 통해 행사되고, 그리고 반드시 시공간적으로 변화하는 경향들과 힘들의 결합된 총체라고 할 수 있다.Bhaskar, 2007: 158 자연주의가 짊어진 주요한 인식론적 한계는 사회과학적 탐구의 대상들이 필연적으로 지각 불가능하기 때문에 생기는 것이 아니라, 그 대상들이 오로지 '개방 체계'에서만, 즉 변함없는 경험적 규칙성을 얻을 수 없는 체계에서만 자신을 드러내기 때문이다.Bhaskar, 2007: 165-167 이 모든 것은 자연과학들과 사회과학들의 사례에서 지식의 대상들이 실재의 차이를 가지고 있음을 보여 준다.

물론 이들은 연관되어 있다. 그렇지만 사회는 오로지 인간의 활동에 힘입어 존재한다. 인간의 활동은 의식적인 것이다. 사회는 인간 활동의 조건이며, 인간 활동은 사회 재생산의 장치다. 이렇게 사회와 개인은 분리하여 존재할 수 없으며, 동시에 사회와 개인은 서로 환원될 수 없다. 사회는 개인들 또는 집단들로 구성되는 것이 아니라 개인들과 집단들이 그 속에 자리하고 있는 관계들의 총합이다. 사회는 개인이 재생하거나 혁신시키는 구조와 관행 및 관습의 총체이며 개인이 그렇게 하지 않는다면 존재하지도 않는다.

베버적 정형 '자원론'Bhaskar, 1998: 32   뒤르켐적 정형 '물상화'Bhaskar, 1998: 32

사회   사회

개인   개인

사회사상에서의 네 가지 경향들Bhaskar, 2005: 52

	방법	대상
공리주의	경험주의적	개인주의적
베버	신칸트주의적	개인주의적
뒤르켐	경험주의적	집합주의적
마르크스	사실주의적	관계적

결국 방법의 개념들이라고 할 수 있는 사회의 인식론은 일반적인 존재론에 의해 지탱되며, 대상의 개념들이라고 할 수 있는 사회의 존재론은 일반적인 인식론에 의해 지탱된다. 사회적 객체들을 의도적인 또는 의미 있는 인식 행위의 결과로 또는 그것에 의해 구성되는 것으로 간주하는 것을 무엇보다도 중시하는 진영(베버 등)과 사회적 객체들이 개인에 대해 외부적이고 개인에게 강제를 행사하며 그것 자체의 삶을 갖는 것으로 보는 진영(뒤르켐 등)으로 구분 지을 수 있다. 그리고 마르크스는 실재론적 존재론과 관계적 사회학을 결합하고자 시도했다. 사회학의 적절한 주제가 되는 관계들 사이의 관계들이 내적인 것일 수도 있기 때문에 총체성[11]이

---

11. '총체성'/'총체화'는 사유 속의 과정이지만 실재적이다. 우리가 어떤 현상을 총체의 한 측면으로 이해해야 하는가의 여부는 우연적이지만, 우리의 인지적 이해관심에 따라 그것이 그러한 측면인가 아닌가 하는 것은 우연적이지 않다. 사회과학은 그 자체가 그것이 드러내는 총체성의 한 측면일 수도 있지만 그 총체성들을 창출하는 것은 아니다(Bhaskar, 2005: 73).

라는 범주만이 일반적으로 이것을 적절히 표현할 수 있다는 점을 지적하지 않을 수 없다.Bhaskar, 2005: 52-53 사회와 사람들 사이의 변증법적 상호관계라는 가정에 바탕을 두고 갈등하는 이 시각들을 종합할 수 있는 일반적 모델을 개발해야 한다.

사회적인 것으로서 지식을 물질 생산의 장과 마찬가지로 지식 생산의 장 차원에서도 이해할 필요가 있다. 즉 단순히 지식의 '구성 방식' 문제를 넘어 지식의 '생산 주체'가 되어야 한다. 장場, fields[12]은 구별되는 생산의 사회적 관계(생성 원리)에 의해 구조화된다. 행위자들이 속한 특정한 사회적 구조나 맥락인 '장'은 개인들이나 제도들에 의해 점유된 위치들 사이의, 객관적인 관계들 사이의 지배와 종속, 협력 혹은 대립의 연결망이므로 위치들의 속성은 그 공간 내에서의 다른 위치들에 의존하며, 위치 점유자들의 특성과는 독립적으로 분석될 수 있다. 그리고 사회적 위치는 지식 생산의 장 내에서 불균등하게 분포되어 있는 제 자본의 총량과 구성비에 의해 결정된다. 즉, 지식 생산의 장은 객관적인 위치들이 구조화되어 있는 동시에 장 내에서 통용되는 특수한 자본의 불균등한 분포 상태인 것이다. 이 위치는 행위자들에게 제시된, 그러나 해당 장의 논리를 체화한 사람에게만 부여되는 객관적인 가능성의 공간 내에서 위치 점유자의 성향과 그가 소유한 자본, 그리고 사회적 궤적에 따라 투쟁을 위한 차별적인 실천의 전략과 그에 따른 입장 표명/문화적 산물을 발생시킨다.

이러한 부르디외 이론의 출발점이라고 할 수 있는 인식론적 전제는 사회적 공간과 사회적 실천이다. 사회적 공간은 사회의 세계를 실체론

---

12. '장(불어 champ, 영어 field)'은 다양한 사회 부문(경제, 정치, 법, 교육, 학문, 예술, 문학, 스포츠, 언론 등)에서 고유한 내적 논리에 따라 인간 행위자들의 실천이 전개되는 사회적 공간이다. 인간 행위자들은 사회적 공간 내에서 위치 지어져 있으며 객관적 구조나 제도는 이 공간의 역학 관계로부터 파생한다. 이 사회적 공간의 구체적이고 경험적인 세계가 바로 장이다.

적substantialist 방식으로 생각하는 경향을 거절하고 새로이 관계론적 relational 방식으로 이해하려는 것이다. 반면 현존하는 상징적 물질은 새로운 아이디어나 인공물(예술품 등)로 변형된다. 이것이 지식으로 구성된 대상의 사회적 변형이다.Moore, 2004: 172 이러한 '장'의 수준은 주의와 활동의 초점을 형성하는 문제틀이라고 할 수 있다. 이러한 문제틀은 심원적 고민deep troubles이라고 할 수 있다. 이 고민은 대안적 경로들이 보이지만, 그것들 또한 더한 어려움을 안고 있다. 이렇게 어려운 문제틀의 탐색은 철학적 추상성과 성찰성 절차의 보다 높은 단계에 도달하기 위한 매개체로서 중요한 원동력이 된다.

지적인 삶은 그 에너지를 반대로부터 얻는다. 지적인 삶은 심원적 고민들 위에서 번성한다. 왜냐하면 심원적 고민들은 확실한 논증거리를 제공하기 때문이다. 일단 심원적 고민이 발견되면, 지속적인 추상화 수준을 통해 순환되는 경향이 있다. 심원적 고민의 인식은 우리로 하여금 지적인 창조성의 기본 원리를 더욱더 엄밀하게 재공식화할 수 있도록 한다. 이러한 심원적 고민은 단순한 고안이 아니라 네트워크에 의해서 발견될 것이다.

이에 대해 콜린스의 기념비적 연구라고 할 수 있는 『철학의 사회학』2000으로부터 세 가지 핵심을 끄집어낼 수 있다. 첫째, 지적인 문제의 장은 하나의 심원적 고민에 대한 대략 세 개에서 다섯 개의 반응을 중심으로 구조화되는 경향이 있다. 둘째, 그들은 분화의 역동성과 위치의 정련화를 통해 발전한다. 셋째, 이들 분화의 역동성은 추상성·성찰성 절차—역사적 사건에 대한 개념의 정교화—를 통해 계속 보다 높은 수준의 주요 지점에서 되풀이해서 주장된다. 지식 생산의 장은 대체로 시간과 공간으로 확장된다. 장은 이제 막 설명된, 경쟁하는 입장들의 집합과 시간적으로 앞뒤로 움직이는 '스승-제자' 연결고리를 중심으로 구조화된 동시대

것들의 네트워크에 근거한다. 그리고 지식 생산의 장은 정전正典이나 논쟁들과 관련되어 있다. 콜린스의 치밀한 저작은 세계의 주요 문명을 중심으로 그러한 장을 조사했다. 또한 이 분야의 후속 연구를 위해 근간이 되는 연구와 참고할 거리를 제공한다.

현대 과학의 특징은 늘 새로운 것의 생산에 대한 관심이라고 말할 수 있다. 독창성의 추구는 지식 생산 체제의 추동력이고, 이것은 연구하는 사람들에게 독특한 가치와 일련의 동기를 제공하고 혁신과 독창성을 통해 평판을 얻게 한다. 이는 지적 작업에서 높은 수준의 개인적 자율성을 수반하고, 다른 한편으로 장 그 자체는 타당성의 집합적 수단과 근거를 제공한다. 지식은 고립된 개체가 아니라 장의 산물이다. 지식은 연구자 공동체의 사회적 산물이고 무한한 공동체의 관심들과 동일시된다.Moore, 2004: 173 왜냐하면 진리란 서로 다른 정신들을 그들 밖의 힘에 의해 아주 똑같은 결론으로 이끄는 탐구과정에 의해 도달할 수 있다고 기대하기 때문이다. 그러므로 학문적 공동체 안에서 비판적 토론을 거쳐 통과되기 전까지는 개별 과학자의 어떠한 결론도 과학의 결과가 될 수 없다. 그러나 기본적으로 지속적인 혁신이나 신속한 발견을 강조한다는 점에서 차이가 있다. 특별히 학자들은 계속적으로 외부의 이해관계나 이용자들에 적절히 반응하도록 압력을 받지만, 적절하게 혁신하는 한편, 또한 평판을 부여하고 억누르거나 얻으려 애쓰는 것이 오직 장 안에서만 가능하기 때문에 가장 우선하여 서로를 위해 연구를 생산한다. 이러한 조건은 독특하고 환원 불가능한 인지적 관심, 그리고 세상을 인지하는 기본적 실재를 지식 생산자들에게 제공한다.

가장 존중할 수 있는 지적 실천으로서 사회과학은 인간의 자유로운 발전을 위한 조건의 하나로 무지에서 벗어나는 하나의 통로이며 필연적으로 설명적 비판의 형식을 취한다. 설명적 비판의 가능성은 인간과학의 해방적 잠재력의 핵심을 구성한다. 인간의 역사 속에서 그 효력의 가능성은 아마도 인류의 야만적이지 않은, 즉 계몽된 존속의 유일한 기회를 형성할 것이다. 그러므로 지식과 실천에서 비판적·사회적 사실주의를 옹호하는 것은 불가피하며, 새로운 계몽된 상식의 핵심이기도 하다. 세계를 적절하게 해석하지 않고서는 이성적으로 변혁할 수 없기 때문에 각성된 정신을 필요로 한다. 해방적 실천 작업의 핵심은 인식적인 차원뿐 아니라 투쟁, 분쟁, 갈등, 권력관계의 변화, 그리고 기존 사회구조의 타파와 새로운 사회구조의 수립으로 이루어진다.

자연주의의 가능성에 한계를 부과하는 자연적 구조들과 사회적 구조들 사이의 일차적인 존재론적 차이에 있어서, 사회구조들은 자연적 구조들과는 달리 '그것들이 지배하는 활동들'로부터 독립하여 존재하지 않는다.^{Benton, 2005: 196-197} 자연과학과 비교해서 특별한 점으로, 사회과학자는 단지 '사회적으로 정의된' 실재를 넘어 '사회적으로 생산된' 실재에 관한 지식을 추구한다.^{Danermark, 2005: 328-329} 자동적 대상이 없는 과학은 상상할 수 없고, 타동적 대상들이 없는, 과학적이거나 전前 과학적인 선행물이 없는 과학도 상상할 수도 없다. 자연과학이 전제하는 가정이란 존재론이 실재론이 되는 것이다. 자동적 대상들에 대해 과학들은 이미 존재하는 이론과 선행적으로 확립된 사실들을 포함하는 주어진 자료를 바탕으로 지적이고 기술적인 도구들의 총화—이전 패러다임 가운데 모델, 비유, 그리고 유추를 포함하는—를 수단으로 작업하여 새로운 이론들과 사실들을 생산한다. 이것들이 과학이 실천적 작업에서 사용하는 원료다. 즉 과학은 주어진 재료들을 동원하고 상상력과 훈련된 노동을 사용하여 지식을 생산한다. 그렇지만 상상력의 도구 자체는 지식에 의해 제공된다. 그러므로 지식은 지식에 의해 생산된다. 지식을 발생시키는 원천과 수단은 그 자체가 사회적 산물이며, 생산된 지식도 그러하다. 이것은 구성주의나 상대주의 지식이론과는 아주 다르다.

비판적 실재론자[13] 바스카는 반反일원론과 반反연역주의의 합리적 요소들을 존재론과 인식론의 구분과 결합하여 과학의 자동적-타동적 차원으로 발전시키고, 과학의 자동적 차원을 타동적 차원보다 존재론적으로 우선시한다.이기홍, 2017: 21 과학은 지속적으로 객체들에 대한 더 발전된 지식으로 변형하면서 이론들을 생산한다. 이론들은 과학의 타동적 대상들로서 과학과 자동적 대상들을 간접적으로 연결한다. 자동적 차원을 간과하면 과학 지식은 사물들의 초超담론적 조건과 경험적 통제를 결여한 채, 사유의 단순한 표현 또는 재현, 외부화 또는 체현이 된다. 그리고 타동적 차원을 무시한다면, 지식은 상호 담론적 조건과 합리적 통제를 박탈당한 채 객체들의 단순한 날인, 유출, 내부화 또는 복제가 된다. 따라서 적절한 과학철학이라면, 지식 생산의 타동적 과정이라는 과학의 사회적 성격과 자동적 대상들의 독립성 모두를 고려해야 한다. 이 두 차원은 지속적인 상호작용 관계에 있다.

관계적 측면에서 자연세계의 객체들은 이것이 대상으로 하는 지식의 생산 과정과 무관하게 존재하고 움직이는 반면, 사회세계의 객체들은 사회과학의 개념들과 법칙들에 입각한 설명에 민감하게 영향을 받는다. 이뿐 아니라 사회과학 그 자체가 탐구 영역인 사회세계의 일부다. 그러므로 사회과학은 자연과학과 달리 대상이 되는 주제와의 내부적 관계를 맺고 있으며, 이러한 인과적 상호의존성은 자동적 차원과 타동적 차원을 명확하게 구분하기 어렵게 한다. 이러하기에 사회의 변형이나 위기의 순간에 이전까지 행위 주체들에게 불투명하던 사회구조가 훨씬 더 분명하게 드러날 수도 있고, 이것이 자연과학의 실험 활동과 부분적으로 유사한 역

---

13. 비판적 실재론/사실주의는 초월적 사실주의(transcendental realism)와 비판적 자연주의(critical naturalism)를 종합하고 있다.

할을 할 수도 있다. 자연세계도 인식론의 측면에서 개방적 체계이기 때문에 예측의 성공 여부는 자연과학에서도 이론에 대한 검토의 기준이 되지 않으면 안 된다. 통제된 실험과 예측 그리고 이론에 대한 결정적 검토는 실험적 폐쇄가 가능한 일부 자연과학에서만 제한적으로 가능하다. 그러므로 사회에 대한 '실험'[14]이 주체와 객체 사이의 인과적causal[15] 상호작용이라는 점을 고려하면, 주체와 객체의 인과적 상호작용과 부분적으로 동일하다고 할 수 있는 사회과학의 특수성은 관계적 측면에서 자연주의의 한계를 드러낼 수 있다.

인간과학에서 자연발생적 폐쇄 체제나 인위적 폐쇄 체제를 만들어 낼 수 없다는 존재론적 조건으로 인해 이론들에 대한 합리적 평가와 발전의 기준은 예측적일 수 없고, 전적으로 설명적일 수밖에 없다. 또한 개방 체제의 현상들은 다수 인과적 기제의 복합적 작동에 의해 발생하므로 사회적 사건들의 국면과 사회성은 형이상학적으로 '복합물'로 볼 수 있다.이기홍, 2017: 92 사람은 생물학적으로 주어진 원료로부터 발생하며, 사회는 사람을 인생 전체에 걸쳐서 계속 변형시킨다. 만일 우리가 사회적 관계들을 언제나 재생산/변형하지 않는다면, 그것들은 존재하지 않을 것이다. 사회화(주어진 사회적 맥락에 적합한 능력과 습관의 복합체가 획득되고 유지되는 과정)를 넘어선 사회의 재생산(능동적인 주체들의 숙련된 업적물·성취물) 또는 변혁으로서의 행위는 일반적으로 사회적 기제들이 수행하는 것으로서의 행위, 즉 '인간주의'의 진리이다.Collier, 2010: 213 그러나 모든 인간 행위는 사회의 선존재先存在를 전제하며, 사회가 없다면 성립될 수 없다.

---

14. '실험'은 실재에 대한 실험자의 능동적 개입이라고 할 수 있다. 실험의 목적은 실재에 대해 아직 알려지지 않은 어떤 것을 발견, 탐지, 노출, 색출하는 데 있다(Danermark, 2005: 43).
15. '인과적'이란 원인과 결과로서 객체의 성질의 문제로 그 성질이 특정한 객체가 할 수 있는 것과 할 수 없는 것을 결정한다.

동시에 어떤 인간 행위가 가능한지, 그리고 행위의 결과는 무엇인지를 결정하는 것은 행위의 사회적 맥락, 즉 '구조주의'의 진리이다.Collier, 2010: 213

사회는 인간 행위 주체의 무조건적인 창조물(자원론)도 아니고, 행위 주체와 독립적으로 존재하는 실체(물상화)도 아니다. 그리고 개인의 행위는 사회 형태를 완전히 결정하는 것(개인주의)도 아니고, 사회 형태에 의하여 완전히 결정되는 것(결정론)도 아니다. 의도하지 않은 결과들, 인식되지 않은 조건들, 그리고 암묵적인 숙련들이 사회세계에 대한 행위자의 이해를 한계 지으며, 인식되지 않은 무의식적인 동기가 행위자의 자아에 대한 이해를 한계 짓고 있다.Manicas, 2005: 22 사회구조와 행위 주체는 서로 존재론적[16]으로 상호의존적이지만 분석적으로 구분된다. 사람은 관계만이 아니며, 사회 또한 의식을 가진 행위 주체만이 아니다. 사회는 인간 행위 주체에 의존해 존재하고 작동하며 행위 주체는 일정한 사회구조들을 전제하고 표현하지만, 양자는 서로 환원되거나 서로에 의해 구성될 수 없다. 양자 사이에는 연관의 양식과 아울러 존재론적 간격이 있다. 사회구조의 속성은 개인이 보유한 속성과 매우 상이하다. 인간의 행위는 목적성과 의도성, 그리고 때로는 성찰성을 특징으로 하지만, 사회구조의 특징은 아니다.

따라서 인간의 실천과 사회구조[17] 사이뿐만 아니라, 그것들 각각의 두 측면들 사이에도 실질적인 차이를 구분할 수 있어야 한다. 사회와 인간 모두 이중적 특징을 가져야 한다. 사회는 인간 행위에 있어 항상 존재하는 조건(물질적 원인)이며, 지속적으로 재생산되는 결과다. 그리고 실천은 노동, 즉 의식적인 생산이면서, 동시에 사회구조를 포함한 생산조건들/

---

16. '성찰성(reflectivity)'은 지식을 위한 조건이고 운동성과 불안정화를 위한 수단이다. 이것은 책임 있는 사회적으로 각성한 과학적 실천을 위한 특별한 도전을 제기한다 (Muller, 2016: 2).

사회의 (보통은 의식되지 않는) 재생산이다. 우리는 앞의 것을 '구조의 이중성duality of structure'이라고 말하고, 뒤의 것을 '실천의 이중성duality of praxis'이라고 말할 수 있다.Bhaskar, 2005: 58; Collier, 2010: 216 실천의 이중성은 실천의 사회적 측면과 개인적 측면 사이의 이중성이라고 할 수 있다. 지식의 인식적·사회적 관계는 지식이 생산되는 방식을 형성하는 인과적 속성을 가지고 있다.

지식의 인식론적 차원과 존재론적 차원

실재의 자동적 차원과 타동적 차원은 세 가지 종류의 존재로 층화된 것으로 이해할 수 있다. 존재는 크게 물질적 존재, 생명적 존재, 관계적 존재로 구분되며 층화되어 있다. 가장 기본적인 것은 물질적 존재이며, 그 가운데 일부가 생명적 존재이고, 다시 생명적 존재 가운데 일부가 관계적 존재이다.

지식은 그 자체와 무관하게 존재하며 움직이는 '자동적' 대상을 가지고 있다. 객체의 자동적 차원이 일단 확립되면, 인간으로부터 독립하여 존재하고 작동하는 객체들에 대한 새로운 지식, 변동하는 지식에 대해 생각하는 것이 가능해진다. 하지만 지식 자체는 사회적 과정이며, 그 과정의

---

17. '사회구조'는 사회적 위치들을 차지하고 일정한 사회적 실천을 수행하는 사람들이 맺고 있는 지속적 관계들의 체계이다. 첫째, '사회적 구조'는 '자연적 구조'와 달리 그것이 지배하는 행위들에서 독립하여 존재하지 않는다. 둘째, '사회적 구조'는 '자연적 구조'와 달리 활동하면서 자신이 무엇을 하고 있는가에 대해 행위 주체들이 갖고 있는 개념에서 독립하여 존재하지 않는다. 셋째, '사회적 구조'는 '자연적 구조'와는 달리 단지 상대적으로만 지속적일 것이다. 따라서 사회구조에 근거한 경향들은 공간-시간에 걸쳐 불변적인 것이라는 의미의 보편적인 것은 아닐 것이다(Bhaskar, 2005, 64; Collier, 2010: 221).

존재의 종류와 층화Collier, 2010: 162

물질적 존재
생명적 존재
관계적 존재

목표는 그러한 대상에 대한, 즉 자연 속의 현상들을 발생시키는 기제들에 대한 지식을 생산한다. 그런데 만일 그러한 지식이 진공眞空, 無, nowhere으로부터 생산된다는 터무니없는 가정을 하지 않으려면, 지식은 선행하여 존재하는 인지적 재료들(지식의 타동적인 대상)의 활용에 의존하여 생산할 수밖에 없다.Bhaskar, 2007: 44, 138

실재에 대한 우리의 이론들과 개념들이 그것에 대한 우리의 지식을 형성한다. 이것이 과학의 타동적 대상, 즉 인식 주체로서의 인간과 객관적 실재 자체를 연결하는 것을 구성한다. 타동적 차원은 사회적으로 결정되며 변동될 수 있다. 이것은 모든 지식에 해당된다. 실재의 자동적 차원과 타동적 차원 사이의 관계는 추상화와 구체화의 상호작용의 관계 속에 존

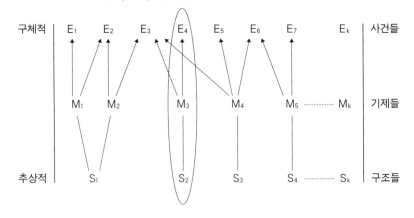

구조, 기제, 사건과 입체적 추상화곽태진, 2018: 86

구별되는 지식의 연속체 Muller, 2006: 11

저자	추상화(맥락으로부터 독립된)	구체화(맥락 의존적)
부르디외	이론적 논리	실천적 논리
푸코	프로그램	테크놀로지
프로이트	에고	이드
레비스트로스	과학	브리콜라주(땜질하기/임시변통하기)[18]
레비브륄	근대적 사고	원시적 사고
로트만	규칙의 지배	사례적 텍스트
루리아	추상적 사고	상황적 사고
피아제	과학/효과적 사고	테크닉/감지 모터
손-레텔	지성적	육체적
비고츠키	개념적 사고	복합적 사고
워크다인	형식적 추리력	실천적 추리력

재한다. 맥락으로 독립된 '추상화'와 맥락에 의존한 '구체화'는 따로 분리
해서 존재할 수 없다. 우리의 경우는 교과의 추상과 생활의 구체가 완전
히 분리되어 있다.

합리적 추상화들은 실재적인 것의 수준과 관련되고, 구체
적 개념들은 현실적인 것의 수준과 관련된다. 또한 그것들이 우
리에게 가능한 경험적인 대상들인지의 여부는 우연적인 것이

---

18. bricolage: 일반적으로 '손에 닿는 대로 아무것이나 이용하는 일 또는 그렇게 해서 만
든 작품'을 말한다. 남미 브라질의 원시 부족사회를 오랫동안 깊이 연구해 온 프랑스의
인류학자인 레비스트로스가 자신의 연구 결과를 토대로 1962년에 발간한 『야생의 사
고』에서 처음 사용한 용어다. 창의력 넘치는 사람들이 기존의 물건이나 기계 등을 연결
하고 응용하고 통합해서 완전히 새로운 무언가를 만들어 내는 기술을 말한다. 다양한
방면에서 두루 능력을 발휘하는 사람, 즉 재주꾼을 프랑스어로 '브리콜레르(bricoleur)'
라고 한다. 현대에선 창의력을 발휘해 많은 성과를 내는 사람을 지칭하는 말이다. 브리
콜라주(bricolage)란 이들이 만든 새로운 기술을 통칭하는 셈이다.

다.Sayer, 2005: 242-242[19]

구체화와 추상화는 비판적 실재론/사실주의의 구조 및 인과기제와 사건들 및 경험들, 혹은 실재적인 것과 현실적인 것/실제적인 것 및 경험적인 것이 맺고 있는 관계를 적확하게 파악하는 것이다.곽태진, 2018: 87-88 구체적인 것은 여러 규정들의 총체이어야 한다. 복수의 기제들은 여러 사건들을 발생시킨다. 인식(지식)과 실재(궁극적 기초)는 상호의존적이다. 자아는 변화하는 인과적 힘들과 함께 형성되는 주체의 배열적 정체성과 다름없다.

비판적 사실주의자들critical realists은 실재가 우리의 지식과 떨어져서 독립적으로 존재하는 것이 틀림없다고 주장한다. 왜냐하면 우리는 언제나 실수를 저지를 수밖에 없는데, 이를 교정하기 위해서는 비교할 수 있는 기준(실재)이 필요하기 때문이다. 우리는 한때 지구가 평평하다고 믿었고, 지금도 태양이 지구 위로 솟아오른다는 잘못된 표현을 하지만, 인식에 의해 왜곡되었던 실재, 즉 '둥근' 지구의 실재實在, reality가 교정해 준다는 사실을 지금은 의심없이 받아들이고 있다.

지식의 대상들은 현상(경험론)이나 현상에 부과된 인간의 구성물(관념론)이 아니라, 우리의 지식과 경험 그리고 우리가 그것들에 접근할 수 있는 조건들과 독립해 존재하고 운동하는 실재들이기도 하다. 세계의 실재들은 '존재적 자동성existential intransitivity'을 갖고 있으며 과학은 그 부수현상이다. 다윈이 진화이론을 만들지 않았더라도 자연선택 기제와 과정은 지속될 것이며, 뉴턴이 중력이론을 제시하지 않았더라도 물체는 그 이전과 똑같이 지상으로 떨어질 것이다. 대상의 이러한 독립성은 과학 지식

---

19. 자동적/타동적 구분은 자동사는 '목적어'를 필요로 하지 않는 반면, 타동사는 '주어'와 '목적어' 사이의 관계를 함축하는 점에 착안한 것이다.

의 '자동적 차원intransitive dimension'이라고 할 수 있다.^{이기홍, 2017: 19-20} 실재의 자동적 객체는 인간이 만들어 내는 것이 아니라 '있는 그대로의 것'이라는 측면에서 '자동적'이다.

그러기에 실재하는 존재에 대한 우리의 지식(인식론적 차원)과 그것의 지식 대상이 독립적으로 존재하는 실재성(존재론적 차원)을 구분해야 한다. 인식론과 존재론 사이의 전통적 구분을 지식의 필수적 두 차원 또는 측면으로 개편해야 한다. 그 하나는 지식이 선행하는 사회적 생산물에 의존하는 사회적 과정의 차원이고, 다른 하나는 그것이 특정의 객체와 그것의 성질에 대한 지식이라는 점이다. 지식은 역사적으로 특정한 사회 형태 속에서 구성되는 사회적 생산물이다. 지식 생산의 기초와 자료는 그 자체가 사회적 생산물이며, 생산된 지식도 마찬가지다. 지식은 인간에게 늘 주어진 생산물로, 즉 그들 자신이 재생산하거나 또는 부분적으로 변형해야 하는 사회적 전승물로 나타난다. 지속적인 사회적 활동으로서 과학적 탐구과정에서 인간은 새로운 지식을 창출하는 것이 아니라, 자신이 사용할 수 있는 도구를 가지고 변화시킬 뿐이다.

과학은 자동적 차원과 타동적 차원을 모두 가지고 있다는 사실에 주목해야 한다. 자동적 차원은 근본적으로 과학적 지식의 대상 그 자체의 차원이지만, 존재하는 모든 것을 포괄하도록 확장될 수 있다. 즉, '존재론적' 측면이다. 자동적 존재론은 자연적 과학철학이라고 할 수 있다. 타동적 차원은 존재하고 있는 것에 대한 '인식론적' 측면이다. 과학은 과학에서 독립해 세계에 존재하고 활동하는 객체들의 속성과 작동 방식에 대한 지식을 생산하는 것을 목표로 하는 사회적 활동이다. 우리는 과학이 없는 자동적 대상들의 세계를 상상할 수 있다. 과학의 목표는 실재에 가능한 한 '가깝게' 도달하는 것이다.^{Danermark, 2005: 327} 과학적 지식의 구축은 해석(추론, 가설, 이론의 경합)의 행위를 포함한다.^{Shipway, 2011: 17-19}

번스타인은 지식의 사회적 관계 분석—지식의 인식적 조건보다는 사회적 조건을 중시하는—이 지식의 '무엇에 관한 것이라는 성질aboutness, 본질' 등 지식의 인식론적 관계를 포함하는 것으로 확장될 필요가 있다고 주장한다.Wheelahan, 2010: 39 이는 사회학이 철학을 포함하는 것이라고 할 수 있다. 전통적으로 인식론에서 제기된 물음은 "앎이란 무엇인가?"에 대한 물음이었다. 이에 대한 답변은 인식론에서 가장 큰 논쟁거리가 되어 왔다. 콰인W. V. O. Quine은 지식의 가능성에 대한 의심을 통해, 인식론의 기본 사유가 되어 온 정당화나 참의 개념을 다른 관점으로 해석하여 인식론의 방향을 다시 설정하게 만든다. 정당화는 "어떻게 확실한 지식을 확보할 수 있을까?", "확보할 수 있는 지식은 어떠한 경우에 가능한가?"라는 물음에 대한 대답의 형식이다. 이러한 물음은 "어떠한 경우에 사실과 다르지 않은 지식을 가질 수 있는가?", "어떤 조건이 만족되었을 때, 사실과 다르지 않은 지식이 되는가?"와 같은 물음이다. 인식론이 지닌 숙제이자 최종 목표는 위의 물음들에 대한 대답을 틀리지 않게 하는 데 있다. 많은 조건 속에서 우리가 알고자 하는 지식을 올바르게 찾아야 했기 때문에 인식론에서 핵심 과제가 되어 왔다. 전통적 인식론자들은 먼저 오류 불가능한 기초 신념들을 확인하고, 그다음에 세계에 대한 좀 더 복잡한 신념들을 이 기초 신념들로부터 오류 불가능한 방식으로 도출하려 한다. 감각 경험에 관한 이러한 신념들로부터 우리는 세계에 관한 좀 더 흥미로운 신념들을 연역해 내야 한다. 이를테면 "나는 붉고 둥근 조각에 대한 인상을 갖는다"로부터 우리는 "내 앞에 사과가 있다"를 연역해야 한다. 전통적 인식론은 이 안에서, 즉 우리 정신 속으로부터 저기 바깥, 즉 자연을 합리적 재구성이라고 말한다. 하지만 기존의 전통적 인식론을 전면적으로 거부하는 콰인은 합리적 재구성을 시도하는 전통적 인식론 대신 심리학으로 대체하는 것이 낫다고 주장한다. 이 세계에 관한 우리의 신념들은 우리의 감각경험에 관한 신념들로부터 도출될 수 있다는 것을 증명할 수 없기 때문이다. 인식 규범 인식에 대한 정당화는 '진리'와 밀접한 관련을 맺는다. 그러나 인식론은 확실한 진리를 정의하려는 것이 아니다.

규범적 인식론은 논리적으로 지식의 선험적 원리를 재구성하려고 하는 반면, '자연화된 인식론naturalized epistemology'은 어느 정도 신빙성 있는 방식으로 생산되는 신념을 견지하면서 정당화되는 지식의 생산 및 수용의 사회학적 조건을 추구한다.Moore, 2004: 157 비판적 자연주의자들은 전통적 인식론에 대한 자연적 인식론자들의 관점을 근거로 최소한의 공통 특징을 찾아보려고 한다. '자연화된 인식론'은 인식의 선천적 성격, 규범적 성격, 자율적 성격을 따로 떼어서 생각할 수 없으며, 그래서 자연화된 인식론은 대략적으로 전통적 인식론의 이러한 특징들 중 적어도 하나 또는 그 이상을 거부하는 인식론이라고 할 수 있다.

인식론은 기본적으로 '규범적' 인식론과 '자연화된' 인식론으로 구분할 수 있다.Moore, 2004: 157 전자는 참이라는 어떤 신념(논리적 정당화의 선험적 형식으로)을 갖기 위한 형식적 조건과 연관된다. 후자는 참된 신념들이 생산되고 받아들여지는 사회적 조건들과 관련된다. '규범적' 인식론은 지식의 선험적 원리들의 논리적 재구성을 시도한다. 반면에 '자연화된' 인식론은 지식 생산과 수용의 사회학적 조건들을 찾으려 한다. 즉, 신뢰할 만한 방식으로 생산된 신념을 갖는 것이 옳다. 과학에 대한 '자연화된' 인식론은 어떤 선험적 근거에 따른 과학적 합리성의 원리들을 구체화하는 것이 아니라, 올바른 과학방법론을 결정하기 위해 서로 다른 과학적 실행 방법의 효과성에 관한 경험적 정보를 찾는다. 규범적 인식론은 보다 나은 지식을 생산하기 위해서 어떻게 그것이 가능한지를 확실히 하고자 한다는 점에서 '규범적'이다. 자연화된 인식론도 이러한 규범적 열망을 공유한다는 점을 아는 것이 중요하다. 두 접근의 차이는 규범적인 것과의 관계보다는 선험적인 것과의 관계다. 그것은 자신의 이익에 대한 강력한 힘에 의해 경계가 부과되는 방식을 폭로하고, 사회 전체와 관련된 이상으로 보편화되고 자연화naturalized[20] 되었기 때문이다.

비판적 자연주의를 따르는 '비판적 사실주의자들'은 타동적transitive이고 자동적인intransitive 차원을 사회과학에 적용할 것을 강조한다. 동일한 방식으로 사회과학의 타동적 차원은 자연과학처럼 사회이론과 연구의 결과 및 결론이 존재한다. 하지만 사회과학의 자동적 차원은 자연과학의 자동적 차원과 다르다. 사회과학의 자동적 차원은 실재하는 물리적 물질(원자 등)에 의해 작동되는 대신에, 실재의 사회구조와 메커니즘(사법체제, 공교육 등)을 포함한다.Shipway, 2011: 65-66 비판적 사실주의critical realism[21]는 사회적 세계에서 이들 구조와 메커니즘이 바로 자연과학의 자동적 영역에서의 대상처럼, (아마도 지속적이지는 않지만) 구체적으로 실재적이다. 그리고 이것은 인과적으로 효과를 가진 자연적 경향과 속성을 가질 수 있다. 게다가 사회과학 연구자가 타동적 차원에서 가정하는 이론적 실체가 자동적 차원에서 실재하는 것처럼 보이는 것도 가능하다.Shipway, 2011: 66

로이 바스카Roy Bhaskar, 1944~2014[22]는 인식론과 존재론의 구별을 강조하며, 둘 사이의 상호작용을 이해해야 세계에 대한 정확한 과학적 결론

---

20. 지식도 다른 자연현상들처럼 자연의 일부이므로 인식론은 자연과학의 한 부분이 되어야 하고, 그에 따라 인식론도 자연과학들처럼 경험적 방법을 사용해야 한다. 인식론은 규범적 특성들을 자연적 속성들에 의해 설명되어야 한다.

21. 일반적으로 '비판적 사실주의'는 물리적 세계의 인지적 파악에서 정신적인 것의 매개를 인식하는 철학적 패러다임이다(Rogers, 2009: 74-78). '비판적 사실주의'는 실제의 외적 세계가 인간의 지각과는 분리되어 존재하지만, 실재의 세계는 정신에 의해 지각되지 않으면 안 된다는 관념주의와 사실주의의 중간의 위치에 있다고 인식한다(Rogers, 2009: 74-75). '비판적 사실주의'에서 '사실주의'는 인간의 지각과는 독립된 객관적 실재가 존재한다는 것이다. '비판적 사실주의'에서 '비판적'이란 객관적 실재의 지각이 정신과 독립되어 있고 그래서 문화 의존적임을 인식한다(Rogers, 2009: 107).

에 도달할 수 있다고 주장한다. 그는 존재being의 자동적 세계(존재론적 영역)와 앎knowing의 타동적 영역(인식론적 영역)을 구별한다. 전자가 구조화된structured 영역이라면, 후자는 관념적ideational 영역이라고 할 수 있다.Scott, 2010: 96 인간적 영역과 자연적 영역의 대립을 제한적으로 해소하는 것—자동적/타동적 것의 경계에 대한 수정에 의한—, 즉 '자연주의적 가능성'을 도입하는 비판적 사실주의는 대립을 넘어 자연주의에 대한 일련의 존재론적, 인식론적, 그리고 관계적·사회적 '한계limits'의 형태를 재통합하는 데로 나아간다. 다시 말해 자연과학과 사회과학을 구별하는 존재론·인식론·관계론의 삼중적 한계(실재적, 현실적, 경험적 한계)를 넘어서고자 한다. 지식은 잠재적으로 인간에게 세계에 대한 더욱 큰 이해를 제공할 수 있고, 또 그 세계에서 평등하고, 지속가능하도록, 목적의식적으로, 창조적으로 우리의 능력을 풍부하게 할 수 있다. 세계의 지식을 찾는 것은 우리가 알고 있는 세계에 대한 지식과 독립하여 세계가 존재한다는 것을 가정하는 것이다. 이것은 가능한 한 교육과정이 세계가 어떤지에 대한 우리의 최고의 이해를 나타내야 한다는 것을 뒷받침하는 존재론적 약속을 전제로 한다. 그래서 지식이 우리가 '생각할 수 없는 것'과 '아직 생각하지 못한 것'을 생각하기 위해 사용하는 수단이라면, 현재를 미래 및 대안적 미래와 연계시킬 수 있는 능력에 의존하지 않을 수 없다.Bernstein, 2000; Young, 2008a 어떤 대안적 미래는 세계가 존재하는 방식 때문에 가능하지 않을 수 있고, 반면 또 다른 미래는 우리가 현재 할 수 있는 것을 변화시킬 수 있을 때만 가능할 수 있다.Wheelahan, 2000: 68

---

22. 바스카는 사회학, 경제학, 정신분석, 언어학, 역사, 지리학, 생태학, 여성주의 이론 등 자연과학과 사회과학 사이의 경계에 지대한 영향력을 미친 실재론적 과학철학자이고 신마르크스주의자이다. 바스카는 마르크스의 작업이 비판적 실재론을 최상의 형태로 제시했다고 하면서 비판적 실재론이 마르크스주의와 상호보완적 관계에 있다고 주장한다.

지식의 구성은 자연세계와 인간세계 모두 발현성emergence[23]을 특징으로 한다. 예컨대 성냥은 '발화하는 성질/발현성'을 가지고 있는데, 어떤 경우 현실적으로 발화하기도 하며, 발화한 것들 가운데 일부는 경험적으로 관찰된다. 이것들 각각을 실재적인 것, 현실적인 것, 경험적인 것으로 영역 구분을 한다. 기저를 구성하는 층위들의 속성이 결합되면 질적으로 새로운 객체들이 존재하게 되며, 이 객체들은 그 자체의 고유한 구조들과 힘들과 기제들을 갖는다. 이러한 '새롭고 독특한 발생의 출발'을 '발현적'이라 부르며, 그 객체는 '발현적 힘들'을 보유한다고 말할 수 있다.Danermark, 2005: 107-108

라우Lau[2004, 2012]는 비판적 사실주의자 바스카를 인용해 실재의 영역을 세 가지로 구분한다. 첫째는 '실재reality의 영역', 둘째는 '실제actuality의 영역', 셋째는 '경험experience의 영역'이다. 이 영역은 모두 '실재'다. '경험의 영역'에서는 사건의 전모가 아닌 일부만을 지각할 뿐이다. 물론 숙련된 지각은 이 차이를 줄일 것이다. '경험의 영역'은 인간이 경험의 주관적 주체로서 경험의 객관적 대상과 상호작용해서 생산하는 주관적 구성물이다. '실재의 영역'은 이렇게 벌어지는 일 이면에 존재하는 실재의 본질에 가까운 것이다. '실재의 영역'은 인간의 오감으로 확인되지 않으며, 실험실에서나 '실제의 영역'과 비슷해질 뿐이다. 현실의 장에서 이 셋이 같아지는 일은 거의 없다. 그런 면에서 실재는 층화되어 있다. 이를 사회적 세계로 옮기면 '실재의 영역'은 일종의 사회구조로 구성된다. 사회구조는 개인과 집단 지위 실천의 체계와 사회관계 및 그 산물의 총합이다. 이런 구조는 사회적 구성인자나 그들의 실천과 분리되지 않으나 일정하게 독립된 관계를 가진다. 예를 들면 물은 산소와 수소로 구성되나 산소와 수소로

---

23. 발현성(發顯性: 숨어 있는 것이 밖으로 나타남, 새로운 것이 생겨남)은 객체들이 다른 객체들로 구성됨으로써 새로운 구조들, 힘들, 기제들이 생겨나는 것을 말한다.

환원되지 않는다. 그래서 물은 불을 끄지만 산소와 수소는 불을 붙인다. 실재의 영역은 특수한 조건 아래서만 확인이 가능할 뿐, 현실에서는 지각되지 않는다. 물론 그렇다고 존재하지 않는 것은 아니다. 비판적 사실주의자들은 실재의 존재를 인정하고 사실성facticity이 사실이 될 수 있게끔 합리적 판단을 하고 노력할 뿐이다.

우리는 지식을 무無로부터 생산하는 것이 아니라, 이미 존재하는 인지적 재료들을 사용하여 생산을 한다. 이것은 지식의 '타동적 차원transitive dimension'의 성과라고 할 수 있다.이기홍, 2017: 18-19 이러한 타동적 대상들은 과학[24]의 원료로서 당시의 과학이 지식의 항목들을 기초로 형성한 인공의 객체들이다. 이것들은 특정 과학 학파나 작업자가 사용할 수 있는 이전에 확립된 사실과 이론, 패러다임과 모델, 탐구의 방법과 기법 등을 포함한다. 예컨대 찰스 다윈의 자연선택이론은 자연변이의 사실들, 인공선택이론 및 토머스 맬서스의 인구이론, 스펜서의 사회진화론 등이 요소로 사용되었다. 이 이론들은 세계의 질서를 설명하는 원리이며 관점이다. 과학 지식의 또 다른 측면은, 그것이 특정 대상과 그것의 성질[25]에 대한 지식이라는 점이다. 과학 지식은 역사적으로 특정한 사회 형태 속에서 구성

---

24. 과학은 체계적이고 중립적인 경험적 관찰에 의해 그 대상, 즉 존재와 실재에 대한 일반적이고 객관적인 지식을 꾸준히 축적해 가는 활동이다. 과학은 자연과학과 사회과학을 모두 포괄한다.

25. '성질(nature)'이라는 용어는 그것이 자연적으로 생산된 것이거나 사회적으로 생산된 것이거나 일반적으로 객체의 형태를 가리킨다. 다시 말하면 특정한 순간에 특정한 객체를 바로 그것이도록 결정하는 것을 가리킨다. 객체의 성질은 변할 수 있다. 성질은 객체가 어떤 고정된, 즉 자연적으로 생산되고 변동 불가능한 본질을 가지고 있다는 추정을 전혀 포함하고 있지 않다. 그러나 그렇게 되면 다른 구성적 속성들을 가진 새로운 객체를 다루게 되는 것이다. 하지만 어떤 주어진 시점에서의 추상화는 객체의 필연적 속성들을 그것의 우연적 속성들로부터 분리해야 하며, 객체를 바로 그것으로 만드는 객체속의 어떤 것을 보여 주어야 한다. 추상화는 분리할 수 없는 것을 분리하지 말아야 하며, 분리 가능하고 따라서 이질적인 것을 한 덩어리로 묶지 말아야 한다(Danermark, 2005: 83).

되는 사회적 생산물이다. 그러나 과학이 발견하고 탐구하는 객체들은 그이전부터 발견과 무관하게 존재한다. 사람들이 더 이상 존재하지 않더라도 사물들은 그것을 알아낼 사람은 없겠지만 고유의 방식으로 계속 작용하고 상호작용할 것이다.

지식이 만들어지는 과정 그 자체는 성격상 언어로 명쾌하게 포착되기가 어려울 뿐만 아니라 객관화하기도 용이하지 않다. 특히 지식 생성 과정에 사람들이 얼마나 깊게 참여해서 어느 정도 영향을 미치게 되는지를 규명하는 일은 거의 불가능에 가깝다. 그러나 우리가 지식 또는 지식 추구 활동이라고 부르는 영역 중에서 눈에 분명하게 들어오고, 객관적으로 인정할 수 있는 부분보다는 지식의 '묵시적 측면tacit dimension'이 훨씬 더큰 비중을 차지하고 있다는 점 또한 인정하지 않을 수 없다.김승호, 2019: 244 비유하자면 지식의 '명시적 측면explicit dimension'은 지식의 묵시적 측면에 비해 이른바 '빙산의 일각'에 불과할 수 있다.

폴라니M. Polanyi의 표현을 빌리면 지식의 묵시적 측면은 우리가 말로할 수 있는 것보다 훨씬 많은 것을 지닌다고 할 수 있다. 인식은 인식 주체인 사람의 적극적인 참여에 의하여 성립되며, 따라서 지식의 형성 과정에서 사람이 중추적 위치에 있는 것으로 설명되어야 한다. 사람들은 흔히대상 인식은 바깥에 있는 것들에 의하여 결정된다고 생각하지만, 실제로인간은 아동들이 일상적으로 그렇게 하고 있는 것처럼 신체 내부에 있는단서들(묵시적 차원)에 의존해서 바깥에 있는 대상들의 의미를 파악해 내야 한다. 그렇다고 모든 실재가 묵시적 차원에 의해 명시적 차원을 밀어내는 것이어서는 안 된다. 맥락에 따라 실재의 구성은 달라지기 때문이다. 지식은 명시적 측면과 묵시적 측면이라는 양면성을 구성 요소로 한다. 이렇게 지식의 명시적 영향력과 묵시적 영향력은 늘 긴장과 대치 관계에 있다.

교육적으로 가르쳐야 할 가치 있는 것이 무엇인지에 대해 말한다면 교육철학과 교육사회학적으로 교육에 관해 가치 있는 지식의 생산 방식은 분명히 존재한다. 지식에 대한 논의는 오랜 세월 동안 철학자들의 주된 관심 분야가 되어 왔다. 지식의 문제는 지식사회학과 교육철학 및 교육사회학의 중심 과제로 다루어진다. 일반적으로 철학자들은 주로 지식의 명시적(분명하게 진술된) 측면에 주목하고 그것을 범주화하거나 상징적인 형식으로 만들어서 조작하는 일에 치중하는 경향이 있다. 사람들은 그러한 활동의 흔적들로서 언어 또는 그 밖의 상징으로 표현된 것, 수학적 공식이나 정리定理, 법규나 도덕적 준칙, 명제화된 이론과 같은 것만이 온당한 지식이라고 생각한다. 그러나 그것이 결코 지식의 전부는 아니다. 그것들은 오로지 철학자들의 책상머리 생각에 근거한 것으로 실천 현장에서 지식이 실제 생성되는 과정과는 상당한 거리가 있다. 지식의 명시적 측면과 객관적인 측면만을 추구하는 사람들은 지식이 생성되는 역동적인 과정을 수행하게 되는 '인식 주체', 곧 사람의 요소를 배제할 가능성이 크다.김승호, 2019: 243-244 따라서 지식 형성 과정에서 사람을 배제할 수는 없다. 지식은 감각자료에서 출발하여 정보로 체계화되고, 그것을 내면화한 사람의 사고가 되어 때로 임박한 문제를 해결하는 판단으로 작용한다. 나아가 그 판단이 자신의 삶을 개척하는 데 지혜가 되어 준다. 나아가 주변 사람과 더불어 잘 사는 데 지침이 되면서 궁극적으로 나와 세계가 조화되는 수준에 이른다.

인식론적·존재론적 오류의 극복

바스카[26]는 판단의 상대주의judgemental relativism보다 합리적 이론의 선택 가능성을 유지하는 판단의 합리성judgemental rationality을 옹호한다. 바스카는 인식의 상대성이 갖기 쉬운 오류 가능주의에 한계를 긋는다. 오류 가능주의는 극단적 상대주의나 관념주의 및 유아주의로 치닫게 하는 위험한 비탈길로 유도될 수 있다.Shipway, 2011: 62-63 상대주의가 극단으로 치달을 때 '어느 것도 상관없다'는 식의 무정부주의를 초래할 수 있다. 모든 것이 조건부라면 아무것도 존재할 수 없다. 바스카에 따르면 '과학적 사실주의scientific realism'가 사회과학으로 확장함으로써 '비판적 자연주의 critical naturalism'라는 형태를 갖춘다. 그의 비판적 자연주의는 사회적 세계가 과학적 세계의 중요한 부분으로 통합되도록 하는 것이다. 사실상 '경험'은 인간 의식 영역의 범주에 속하는 것이다. 이렇게 본다면 경험적 실재론은 인간의 경험을 곧 실재 자체로 다룬다는 점에서 '인식론적 오류'를 범하기 쉽다. 더 근본적으로는 경험적으로 확인되는 것에 대해서만 존재를 인정한다는 것은 인간의 의식 속에 있는 것에 대해서만 존재를 인정한다는 것을 뜻한다. 그래서 경험주의적 존재론은 인식의 범주와 존재의 범주를 혼동하는 오류 혹은 '인식적 오류'에 빠져 있는 것이다. 존재론의 범주는 인식론적 범주로 환원 불가능하다. 이 오류는 인식적 오류, 즉 존재를 지식에 입각하여 정의하는 오류, 또는 존재를 언어나 담론에 입각하여 정의하는 오류로 얻어진 '언어적 오류'이다. 이러한 오류들은 법칙에 대한 현상론적 설명에 의해 설득력을 얻는다. 즉 존재적 오류 속에 들어 있는 인식적 오류의 의미·지식의 존재론화 및 그에 따른 자연화, 그리고 그것으로부터의 영구화, 그러므로 존재에 의한 지식의 강제 결정을 드러낼 수밖에 없다.Bhaskar, 2007: 345

---

26. 바스카(Roy Bhaskar, 1944~2014)가 주창한 비판적 실재론/사실주의(critical realism)는 1970년대부터 활발하게 전개되고 있는 철학 및 과학철학의 한 조류이다. 그는 자연주의의 문제, 즉 인문사회과학—바스카가 '인간과학'으로 부른—이 자연과학과 같은 의미에서 과학일 수 있는지, 자연과학과 같은 방법을 사용할 수 있는지에 탐구했다. 비판적 실재론은 인간과학철학을 포함하는 과학철학의 한 국면으로 이해할 수 있다.

'있는 그대로의 객관'을 '인간이 인식한 객관'으로 대체하는 견해, 즉 '존재론적 문제'를 인식론적 문제로 언제나 변형할 수 있다는 견해를 '인식론적 오류epistemic fallacy'라고 한다.이기홍, 2017: 9-13 '인식론적 오류'는 이면의 실재에서 지식을 직접 도출한다거나 실재가 지식을 결정한다고 믿는 '존재론적 오류ontic fallacy'를 동반한다. 존재론적 오류는 지식을 존재로 환원시키는 오류로, 존재의 지식으로의 환원인 '인식론적 오류'의 뒤집음이며, 이것과 함께 일어난다. 이렇게 '인식론적 오류'[27]는 존재를 인식으로 환원하는 반면, '존재론적 오류'는 인식을 존재로 환원하는데, 둘은 인간의 인식이 확실한 기초를 갖는다는 믿음을 만들어 내는 데 상호보완적으로 작용하도록 해야 한다. 바스카는 경험론적 실재론을 경험이라는 인식론적 범주에 존재론적 특권을 부여하는 '형이상학적 독단'이라고 비판한다.이기홍, 2017: 10

신념이 지식으로서 정당화되기 위해서는 어떤 검증을 거쳐야 하는가? 주관적인 진리들이 지식으로 간주될 수 있는가? 인식론은 이러한 물음에 대답하려고 한다. 세계에 무엇이 존재하는가의 문제는 '존재론ontology'의 영역에 속하는 사항이고, 반면 그러한 존재를 인간이 어떻게 경험하는가의 문제는 인식의 영역, 즉 '인식론epistemology'에 속하는 사항이다. 인식론은 통념과는 다른 확실한 지식episteme'[28]을 탐구한다. 인식론은 '지식에

---

27. 바스카는 하버마스가 지식이 이해관심에 따라 다르다고 보는 지식의 이해관심에 대한 상대성 명제가 지식 객체의 존재적 자동성과 완전히 양립한다는 주장을 비판적으로 바라본다. 그는 하버마스가 의욕적으로 데카르트가 강조한 기초주의의 존재적 오류를 벗어나려 했지만, 인식적 오류로부터 이탈하여 존재론을 특수하게 주체화하는 것을 인식하지 못했다고 지적한다.

28. 그리스어 '지식'을 뜻하는 'episteme'은 경험적 산물이 아니라 이성적 산물이다. 하지만 경험은 앎의 필수조건이다. 경험의 성격은 그것이 지향하는 것의 질에 의존한다. 인식론적 질문은 무엇이 지식으로서 그리고 앎으로서 중요한지, 지식은 인지적, 정서적, 그리고 정신 운동적 영역의 과정으로 간주되어야 하는지, 아니면 각자 분리된 부문으로 간주되어야 하는지를 묻는다.

관한 이론the theory of knowledge'이다. 지식의 개념에 대한 답을 구하는 일이 가능하다고 확신하고, 지식에 대한 논리와 담론을 다루는 이론이다.

절대주의와 상대주의의 대비는 지식사회학과 인식론(지식을 다루는 철학의 분야) 사이의 보다 일반적인 긴장을 보여 주고 있다. 둘의 관계는 생각했던 것처럼 적대적이기보다는 같은 동전의 양면을 보여 준다. 인식론은 객관적 지식이 사회적이지 않은 지식에 의존한다고 주장하는 반면, 지식사회학sociology of knowledge[29]은 이러한 조건이 불가능하며 절대적이고 실증주의적인 의미에서 어떠한 지식도 불가능하며, 절대적이고 실증주의적인 의미에서 어떠한 지식도 존재하지 않는다고 말한다.Moore, 2004: 148-149[30] 지식의 사회적 위치성social locatedness에 대한 인식에 기본적 반발이 제기된다. 지식사회학은 그동안 지식의 상대화의 결과에 대해 다양한 방향에서 의문을 상당히 제기했지만, 사회의 변화를 적극적으로 이끌어 내는 지식이론/인식론을 만들어 내지는 못한다. 그래서 지식의 사회학적·인식론적 관계의 동시적 복원을 통해 정당성을 확보하려고 한다.

물론 상대주의자들은 모든 지식이 동등하다고 보기 때문에 규범적 기

---

29. '지식이란 무엇인가'는 철학적인 물음이지만, 지식역사학자들의 입장에서는 철학자들에게 무조건 넘겨 버릴 수만은 없는 문제다. 훗날 '지식사회학(Wissenssoziologie/sociology of knowledge)'으로 분야를 만들어 누가 무엇을 아는지, 그리고 과거와 현재의 다양한 사회가 서로 다른 지식을 어떻게 활용하는지의 문제를 탐구했다. 자연과학의 역사를 모델 삼아 사회과학이나 인간과학의 역사인 인문학의 연구를 연구했고, 마침내는 지식 전반의 역사 연구로 나아갔다. 지식을 획득하고, 또 그 지식이 단순한 의견이 아닌 확실한 방법인 발견과 증명은 지식의 이론에 변화를 가져온 또 하나의 중요한 힘이다. 이러한 지식이 사회에서, 그리고 일터에서 생산되고 이용되는 방식의 변화는 지식과 사회의 변화된 결과라고 할 수 있다.

30. '실증주의(positivism/實證主義)'는 객관적이란 이름하에 자연과학적 방법론에 맹목적으로 매달리면서 '가치로부터 자유로운' 사회과학을 만들어 내려 했다. 그러나 이러한 실증주의는 모든 '비현상적 실재(nonphenomenal reality)'에 눈감아 버림으로써 인간의 삶의 의미에 답할 수 없게 된다. 이들에게 인간은 목적이 아니라 연구 대상 혹은 수단일 뿐이다. 마치 플라톤의 동굴 우화에 나오는 사람들이 동굴 속에 앉아서 보이지 않는 동굴 밖의 세상에 대해 보이지 않으니 존재하지 않는다고 단정 짓는 것과 같은 태도이다.

준이라는 관념을 거부한다. 규범적 인식론은 정합주의와 기초주의로 구분할 수 있다. 정합주의와 기초주의의 대결은 철학사에서 오랫동안 벌인 쟁점 사안이다. 정합주의coherentism[31]는 신념들이 그 정당화를 위해 서로를 강화하고 지지하는 방식을 말하며, 기초주의foundationalism[32]는 참된 신념이 일단의 다른 것들이나 명제들로부터 그들 자신의 정당화를 끄집어내지 않는 어떤 정초적 조건이나 명제들 위에서 형성된다고 주장한다. 이것은 이성적 직관이나 경험주의 전통 안에서 기본적 감각경험 또는 감각자료일 수 있다. 여기서 특히 중요한 것은 기초주의의 경험주의적 유형이자 실증주의로 알려진 학파다. 실증주의는 사회과학이 대학에서 자리 잡고, 합법화되기 시작했던 20세기 전반에 과학적 방법의 모형으로 영향력이 있었다. 실증주의는 단어들과 감각들 사이의 일대일, 그리고 명료한 관계—단어는 그것이 명명names하거나 '그리는pictures' 것—에 근거하면

---

31. '정합주의'는 이성과 이성적 직관에 의거한 선험적 인식에 회의적인 경향을 보인다. 정합주의란 우리의 믿음이 어떤 믿음 체계 안에서의 정합(整合)을 통해서만 성취될 수 있는 것이란 주장이다. 여기서는 믿음 외의 다른 원천이나 토대를 인정하지 않으며, 직접적인 정당화나 명증성에 대한 가능성을 인정하지 않는다. 기초주의에서 직접적으로 정당화되는 기초 믿음이 없다면 그 어떠한 정당화도 불가능하다고 말하겠지만, 정합주의자의 시선에서 봤을 때 이는 굳건한 토대를 긍정함으로써 불안을 해결하려는 심리적인 결과물에 불과하다. 차라리 직접적으로 정당화되는 기초 믿음이 없다면 그 어떤 정당화도 불가능하다는 회의주의자들의 결론이 솔직한 편이라고 볼 것이다. 게다가 보다 엄밀한 정합주의자라면 무한후퇴라는 생각 역시도 거부할 심산이 크다. 실제로 정합주의는 진리란 구성주의적 사고틀 속에서만 유효한 것이라는 견해를 가지기 때문에, 이 사고틀을 벗어난 세계에서 무한퇴행이 일어날 것이란 확신적 추론을 도출할 수 없다고 보기 때문이다.

32. '기초주의'는 기초적 믿음을 긍정한다는 점에서 '정초주의'라는 이름으로 명명되기도 한다. 기초주의자들의 계보는 서양철학의 정전을 통해 살펴볼 수 있으며, 현대과학의 초기에 실험 방법의 발전에 중요한 기여를 했다. 전형적으로 포스트모던은 전체 또는 심지어 모든 서양철학 전통으로서 계몽주의 기획을 기초주의로 확대해 비판한다. 기초주의는 지식이 비사회적으로 간주될 수 있는 세 가지 방법 중 한 가지 중요한 예를 제공한다. 세 가지 방법이란 첫째, 지식은 신성한 계시를 통해 받아들이게 된다는 것, 둘째, 지식은 직관적으로 자명해진다는 것, 셋째, 지식은 직접적 감각 경험에 근거한다는 것이다. 마지막의 경험주의 입장에서는 '사회적인 것'이란 직접적인 경험을 이미 경험했거나 인식된 편견과 전제에 의해 거르고 중재하는 것으로 간주된다.

서 그리고 사회적인 것에 의해 매개 혹은 왜곡되지 않는다는 점에서 지식과 신념을 구별하는 비매개된 의미들을 통한 언어의 완전성을 추구했다.Moore, 2004: 158 지식은 개념의 조작화와 명제의 경험적 확증을 통해 방법론적으로 실현되는 순수한 관찰 언어를 통해서 정당화될 수 있는 것이다. 이러한 언어의 형식이 명제적 논리다.

오늘날 인식론적 오류는 포스트모더니즘 담론에서 특징적으로 드러난다. 포스트모더니스트들은 '무엇이 존재하는지'보다는 '우리가 무엇을 아는지'의 문제에 지나치게 초점을 맞추면서, 지식(인식론적 차원)과 그 지식의 대상(존재론적 차원: 물질적 존재, 생명적 존재, 관계적 존재)의 구별을 소거시키는 심각한 문제를 야기했다. 절대주의적 인식론을 거부했던 구성주의는 진리의 존재 자체를 부정했다. 만약 실재가 사회적으로 구성되는 것이라면 그것은 아무런 객관성도 없고 실재도 없다. 왜냐하면 시간이 존재하고, 생각이 존재하고, 공간이 존재하기 때문이다.Collins, 2000: 858-859 포스트모더니즘은 객관적 지식이나 진리를 추구하는 것을 무너뜨림으로써 더 나은 이해의 가능성을 차단하였다.Young & Muller, 2010: 117 많은 급진주의자들에게, 특히 포스트-모더니스트들에게는 학문적 교과와 지식의 구조가 교육을 지배한 사람들의 세계관을 대표하고 있고, 지배받는 사람들의 목소리voice[33]를 탈정당화하고 평가절하하고, '중요한 것'을 배제시키는 수단으로 여겨질 수 있다.Muller, 2000: 급진주의자들radicals—항상 구성주의자로 보이는—과 도구주의자적 신자유주의자들(보수주의자와 대조되는)의 구상은 경계 없는 사회적 실재를 달리 구성하는데, 이들은 학문적 경계를 뛰어넘고 있다. 이러한 극단적 상대주의는 비판적·사회적 사실주의에 바탕을 둔 인식론과 존재론을 탄생시키는 동인으로 작용하였다.

33. '목소리'는 '사람이 말하는 소리'이다. 목소리 중심주의(phonocentrism)를 강조하는 데리다는 자연주의적 진정성을 가진 목소리 담론을 제창했다. 라캉주의자들은 목소리를 '의미에 저항하는 물질적 요소'라고 정의한다. 목소리의 일차적 과정으로서 자신을 그리고 그 과정의 직접적인 조건과 질을 설명하는 행위가 존재하고, 그리고 목소리는 이차적 가치, 즉 목소리의 중요성에 대한 믿음을 옹호한다. 따라서 '목소리'의 의미는 첫째, 우리가 스스로에 대해 이야기하는 내러티브 과정을 의미한다('과정'으로서의 목소리). 우리는 우리 자신의 경험과 세계를 바라보는 관점을 표현하고 이야기할 수 있고 할 수 있어야 한다. 둘째 의미는 이런 목소리의 내러티브 과정이 우리의 삶을 유지하는 데에서 나아가 우리 삶 그 자체에서 근본적이고 필수적임을 인식하고 인정하는 태도와 행동을 의미한다('가치'로서의 목소리). 또 목소리는 정치 안에서 그리고 정치를 뛰어넘어서 동시에 작동한다. 아리스토텔레스는 『정치학』에서 '단순한 목소리(phone)'와 '말하기(logos)'를 구분했다. 단순한 목소리는 고통과 같은 기본 감각을 소통하는 능력으로서 인간이 다른 동물과 공유하는 것이었다. 아리스토텔레스에게는 오직 '말하기'로서의 목소리만이 정치적 숙의와 행동의 매개였다. 그런데 오늘날 디지털 미디어 시대의 노동 체제와 신자유주의적 이데올로기가 증대되면서 생활세계와 체제 사이의 통합이 강화되어 이러한 목소리가 표현되는 기본 공간이 와해되고 있다.

2.

구舊교육사회학과 신新교육사회학 사이의 논쟁

재생산을 넘어

사회학과 교육학의 장을 지배했던 실증주의와 구성주의, 전통주의와 진보주의의 평행 상태는 후기 계몽주의의 반전으로 인해 인식론적으로 강력하고 합리적인 지식 양식을 보수주의에 효과적으로 넘겨주고 말았다. 따라서 사회적으로 진보적인 목적을 위한 지식 기반 교육과정 논의는 교육적으로 부재했다. 교육 담론의 장에서 이러한 결핍은 '진보적' 입장이 인식론적으로 '허약한' 교육과정과 교수법의 형태를 똑같이 보여주고 있음을 말해 준다. 또한 이렇게 인식론적으로 '허약한' 진보적 교육의 형태는 노동자 계급, 소수 인종, 여학생들에게 가장 좋은 교육적 관심을 보였음을 반증한다. 이러한 연동은 교사로 하여금 학생들에게 학문적 방식보다는 오히려 치료/보상의 목적을 가지고 '희생자'로 접근하도록 체계적으로 조장한 것이라고 할 수 있다.Moore, 2004: 178 그랬기에 사회적 엘리트들은 인식론적으로 강한 지식의 형태에 대한 특권적 접근을 고수해 왔다. 지식사회의 이념이 정치와 교육 담론의 중심이 되면서 지식의 범주는 더욱 결정적 영향을 미쳤다. 그래서 진보적인 목적을 위해 지식을 발견하고 모두에게 그것이 개방되도록 하는 언어를 발견하는 것이 긴요하게 되었다.

교육 이론과 실천이 위기에 봉착했을 때 미국의 갈등론자와 기능주의자, 그리고 영국의 구교육사회학자와 신교육사회학자 사이에 열띤 논쟁이 벌어졌다. 기능주의자들은 교육체제를 개인의 사회적 이동을 가능케 하는 기회를 제공하는 제도로 보는 반면, 갈등론자들(마르크스주의자들)은 일반적으로 사회의 구조적인 불평등 체제를 유지하는 교육제도라고 비판했다. 갈등론자들은 오랫동안 학교를 '블랙박스'처럼 취급했다. 이들은 학교 안에서 일어나는 일에 대한 관심보다는 학교 밖에서 관찰 가능한 학교교육의 투입과 산출에 큰 관심을 보였다. 학교에서 일어난 일은 교육과 생산의 상응 관계로 이해될 수 있다. 상응 관계는 교육과 경제의 구조적 관계를 묘사하는 것처럼 교육의 과정을 분석하는 방식이다. 생산의 사회적 관계와 학교교육의 사회적 관계 사이의 '상응correspondence'으로 보는 갈등론자들은 종종 학교제도가 자본주의적 생산 내의 사회적 관계의 조직을 '재생산reproduction'한다고 인식한다. 재생산 이론의 접근은 교육적 지식의 내용이 아니라, 학교교육의 사회적 관계를 구조화하는 데 초점을 맞춘다. 상응 이론은 교육의 형태를 즉각적 생산의 관계 체제로부터 도출한다. 따라서 사회적 관계는 똑같은 채로 남아 있기에 학교 지식의 변화만으로는 교육 성격의 근본적 변화가 가능하지 않다고 본다.

갈등주의자들은 권력 및 계급과 학교교육의 재생산 관계를 비판하는 학문의 선봉에 섰다. 보울스와 진티스의 경제결정론이나 알튀세르의 이데올로기 국가장치론, 부르디외의 문화재생산론 등은 학교체제가 경제적·문화적 불평등을 대물림한다는 '비판적 교육학critical pedagogy'[1]을 선도했다. 이들이 보기에 자본주의 사회에서 가난한 학생들이 아무리 열심히 공부를 하더라도, 경제적·문화적 구조로 보아 이들이 계층이동을 할 가능성은 매우 희박하다는 것이다. 무상교육이나 평준화 등을 통해 교육의 기회균등을 확충하더라도 그 결과는 크게 다르지 않다고 본다. 한마디로 자본주의 사회에서의 교육은 '계급 재생산의 장'이거나 '불평등을 정당화하는 이데올로기적 장치'[2]에 불과하다는 것이다. 학교는 여전히 자본주의의 관리인 역할을 하며, 자본주의의 생산관계를 재생산하고 있기 때문이다.

보울스와 진티스의 『자본주의 미국의 학교교육』[1976]은 교육사회학 논의의 최전선에 있었다. 보울스와 진티스[1976]의 정치경제학은 교육 불평등을 자본주의 사회구조에서 필수적인 부분으로 간주하며, 따라서 교육 불평

---

1. 미국의 비판적 교육학은 피억압자가 자신의 사회-경제적 환경을 심도 있게 성찰하고, 현상 유지를 개선하기 위한 조치를 취하는 교육학을 총칭한다. 독일의 비판적 교육학은 나치즘이 자신의 이데올로기를 촉진하기 위한 효과적인 도구로 교육을 이용했던 방식에 두드러지게 나타난 교육의 도구화를 비판하는 데 목표를 두었다. 그래서 비판적 교육학은 간접적으로, 그러나 암묵적인 것이 아닌, 유럽 계몽주의의 근대적 교육 프로젝트의 실패에 대한 근본적 성찰이었고, 계몽의 순종적 아이들이라고 할 정도의 교육 그 자체의 실패에 대한 반성에서 출발한다. 비판적 교육학은 초기에는 거시적 관심에서 출발하여 미시적 관심으로 이동했고, 오늘날은 양자의 종합이 시도되고 있다고 할 수 있다. 비판적 교육학은 미시적/실제적 관점(교육자가 직접적 영향을 미치는 개인, 교실, 가르침, 교육과정, 교수법)과 구조적/거시적 분석(학교와 권력관계, 거대사회와의 관계)의 결합이 필요하다. 미시적 수준에 지나치게 초점을 맞추게 되면, 목표물의 궤도를 잃어버릴 수 있다. 그래서 확실하게 목표물을 사회변화의 과녁을 잃어버려서는 안 된다. 또한 비판적 교육학은 부정적 비판 기능뿐 아니라, 긍정적 희망의 기능도 동시에 필요로 한다. 전자 없는 후자, 후자 없는 전자는 모두 일면적이고 이분법적 분류이다. 오늘날 비판적 교육학은 '진보적 교육학', '급진적 교육학', '해방적 교육학', '혁명적 교육학', '대항적 교육학' 등 여러 가지 말로도 호환하여 사용된다. 비판적 교육학은 현실을 신화화하고, 인간의 존재 방식을 왜곡하고, 대화의 가능성을 차단하면서 피지배자들이 참된 인간이 되는 것을 가로막는 길들이기 교육/교육과정, 즉 지배적 교육학(dominant pedagogy)을 신랄하게 비판한다.
2. 알튀세르(1971)는 개개의 주체가 이데올로기의 요청에 호응하면서 자발적으로 복종하는 신민이 된다고 보았다. 인간은 국가에 강제로 지배를 당하는 것이 아니라 자발적으로 지배 세력 밑으로 들어간다는 것이다. 그는 자발적으로 자유로운 주체(subject)가 실제로는 지배에 복종하는 신민(subject)이라고 생각했다. '이데올로기(ideology)'는 첫째, 하나의 물질적인 존재로서 학교의 일상생활에서 발생하는 일들을 구조화하는 종교의례, 실행, 사회적인 진행을 말한다. 둘째, 이데올로기는 의식을 생산하는 것도 아니며, 의지의 수동적인 존중을 생산하지도 않는다. 대신에 이것은 하나의 체제를 상징하는 것으로서 학생들의 무의식을 구조화하는 의미와 생각들을 수행하는 기능을 한다. 학교는 '이데올로기적 국가장치(ISA)'로서 지배계급의 특정한 이데올로기를 전달하는 역할을 한다.

등은 자본주의가 유지되는 한 지속될 것이라고 본다. 그들은 소련과 같은 사회주의 사회에서의 학교교육과 노동의 위계적 성격도 충분히 인식하고 있었지만, 학교와 노동에서의 위계구조를 자본주의와 동일시하는 것은 매우 지나친 단순화 논리라고 할 수 있다. 왜냐하면 소련도 불평등의 뿌리가 생산수단의 사적 소유를 훨씬 넘어서 노동의 분업 그 자체에까지 이르고 있기 때문이다. 하지만 보울스와 진티스가 간파했듯 노동의 위계적 조직은 소련식 사회주의와도 완벽하게 양립할 수 있다. 그들이 말하는 것처럼 교육 불평등은 자본주의가 유지되는 한 지속될 것이다.

그러나 자본주의 폐기가 곧바로 비위계적 학교체제의 출현을 보장할 수는 없다. 경제 영역의 생산양식(생산력+생산관계)[3]과 교육체제 사이의 상응 논리는 자본주의가 폐기되면 위계적 교육체계도 자동적으로 소멸되는 것이 아니기 때문이다. 이렇게 갈등이론은 모든 관심을 교육에 의한 계급 재생산에 쏟고 있기 때문에 계급과 연관된 교육 성취의 형태에 대해 별다른 언급을 하지 않았다. 학교교육을 '블랙박스' 또는 '빈 박스' 속에 남겨 두면서 학교의 내부 활동에 대해 특별히 다루지 않은 것은 기능주의와 방법론적 경험주의 방식과 유사성을 보였다고 할 수 있다. 갈등론자들은 그들의 주요 반대자들과 마찬가지로 해묵은 문제인 노동자 계급의 '교육 가능성educability'을 해결하지 못한 채 비슷한 유사한 결과를 낳고 말았다.Halsey, 2011: 85-86 이들의 거시사회학적 접근은 정치적·이념적 태도가 어떠하든 학업성취 문제를 해결하는 데는 별다른 효력을 발휘하지 못했다. 사실 갈등주의자들의 주장을 액면 그대로 받아들인다면, 정말 우리가 할 수 있는 일은 아무것도 없을 것이다. 이들의 주장이 '비판

---

3. 알튀세르는 노동력의 생산이 물질적 조건의 재생산과 노동력 역량을 재생산하는 것으로 이루어진다고 설명했다.

의 언어'는 될 수 있지만, '가능성의 언어'가 되기는 힘들 것이다.[4] 그래서 샤프와 그린Sharp & Green[1975]의 마르크스주의의 입장과 젠크스Jenks[1977]와 케디Keddie[1977]의 급진적 사회현상학 관점으로 갈렸다.

마이클 F. D. 영은 교육과정 연구에서 지식이 간과되고 있음을 비판하면서 교육적 지식의 사회학을 제창한다. 영의 『지식과 통제』[1971]는 교육사회학의 관심사를 교육 기회의 분배 문제로부터 지식과 교육과정 문제로 더 넓혀 갔다. '신교육사회학new sociology of education'은 현대사회에서 문화적 전승이 형식교육과 학교교육의 특별한 역할이라는 사실을 인식했다. 사회학의 주요 문제는 교육 및 학교 지식의 공통문화와 학생들이 그들의 가정, 또래집단 및 지역사회에서 습득하고, 학교로 가져오는 서로 다른 문화 간의 비연속성이었다. 이런 비연속성은 교육사회학의 중심 문제일 뿐 아니라, 교사의 '교수적 문제pedagogic problem'로 정의되었다.

이러한 문화적 불연속성의 사회적 토대는 영국에서 제일 먼저 바실 번스타인Basil Bernstein의 언어 코드와 교육 가능성에 대한 작업과 부르디외의 문화적 자본으로 분석되었다. 많은 경험적 연구가 적어도 번스타인과 부르디외의 비명시적인 것에 대한 연구로부터 도출된 것이지만, 이들은 상이한 사회계급의 배경을 가진 아이들의 차별적 학업성취에 영향을 미치는 사회적 요인에 협소하게 초점이 맞추어져 있다. 이와는 대조적으로 문화적 전승과 같은 관심사에서 발전된 신교육사회학은 학교교육과정의 사회적 배분 효과와는 정반대 방향에 맞춰졌다.Young, 2008: 164-165 학교가 '학생'을 선별하여 처리할 뿐만 아니라, '지식'도 선별하여 처리하기 때문에 학교에서 가르치는 지식과 가르치는 과정도 사회학적 탐구의 대상

---

4. 자본주의 교육체제를 비판적으로 분석하고 해석한 신교육사회학은 1980년대 초 우리 나라의 비판적/저항적 교육학 또는 의식화 교육으로 교육 민주화운동에 엄청난 영향력을 미쳤다.

으로 삼아야 한다는 것에 초점을 두었다. 영은 지식을 객관적이고 절대적인 자율성을 갖는 고정되고 불변적인 것으로 보는 전통적인 교육관에 의문을 가졌다.

이렇게 문화적 전승에 대한 초점이 학교 밖의 요인과 관련된 '외부주의적externalist' 관심에서 학교 내의 요인과 관련된 '내부주의적internalist' 관심으로 바뀌었다. 하지만 이것은 또한 방법론과 연계된 급진적인 이론적 지향성과 관련이 있으며, 나아가 일부 사람들에 의해 패러다임[5]의 변화를 보였다.Moore, 2009: 101 그들은 주로 후설과 슈츠, 버거와 루크만의 『실재의 사회적 구성』1966, 더글라스의 『일상생활의 이해』1971에 근거한 민족지학, 비트겐슈타인의 언어철학 등 '현상학적 사회학'에 뿌리를 두고 있다. 이런 지평은 교육사회학에 지대한 영향을 미친 미드에 뿌리를 둔 상징적 상호작용의 전통, 이를 더 전문적으로 적용한 낙인 및 일탈 이론과 맞물려 있다. '지식사회학'은 사회학이 그 자체를 형성하는 방식, 즉 사회학이 사회학을 만드는 방식에 관한 관점을 최소한 수반한다. 이것은 사회학적 관점이 다를지라도 '사회적인 것'이 이해되는 방식과 연관된다. 지식이 사회적으로 생산된다는 입장을 취한다면, 지식이 의미하는 것은 '사회적인 것'이 이해되는 방식에 의해 영향을 받을 것이다. 지식이란 그것을 생산한 사람들과 독립해 있는 것이 아니며, 그 자체의 기술자와 장인 그리고 표준과 숙련을 가지고 있고, 다른 생산물이 그러하듯 변화를 겪는

---

5. 토머스 쿤에 대해 특별하게 급진적인 해석을 한 것은 '패러다임(paradigm)'이라는 용어를 폭넓게 사용한 것과 관련이 있다. 보다 구체적으로 사회학적인 흐름은 또한 일반적인 접근 방식에 영향을 미쳤다. 토머스 쿤은 '패러다임'을 어떤 한 시대 사람들의 견해나 사고를 근본적으로 규정하고 있는 테두리로서의 인식의 체계, 또는 사물에 대한 이론적인 틀이나 체계를 의미하는 개념이라고 정의했다. '패러다임'은 패턴, 예시, 표본 등을 의미하는 그리스어 *παράδειγμα*(파라데이그마)를 영어화하여 만들어 낸 신조어이다. 토머스 쿤이 『과학혁명의 구조』에서 처음으로 제안한 '패러다임'은 한 시대의 사회 전체가 공유하는 이론이나 방법, 문제의식 등의 체계를 뜻한다. 예를 들어 천동설이 진리로 받아들여지던 시기에 다른 모든 천문 현상은 천동설의 테두리에서 설명되었다.

다. 지식은 개인의 획득물일 수 없고, 감각 경험의 함수로 간주할 수도 없다. 지식은 다른 사회적 생산물이 그러하듯 사람들의 활동에 힘입어 존재하지만, 사람들의 행위로 환원할 수도 없다.[5] 사회는 사람을 만들고, 사람은 사회를 만든다. 하지만 사회나 동시에 사람은 아무것도 없는 데서 또는 아무것도 갖지 않은 채 사람이나 사회를 만드는 것이 아니다. 또한 사회가 사람을 만드는 방식과 사람이 사회를 만드는 방식은 동일하지 않다. 사회는 개인들이 결코 만들어 내지 않은 어떤 것으로 이미 존재한다. 사회가 이미 만들어져 있다면, 인간 행위 주체는 그것을 재생산하거나 변형할 뿐이다. 사람과 사회는 동일한 과정의 두 계기가 아니라 근본적으로 상이한 종류의 실재들을 가리킨다. 사회는 의식적인 인간 활동과 독립해 존재하지 않는다. 개인들은 그가 진입한 여러 사회구조들[6]의 그물 매듭으로서 구조들(일련의 내적으로 관계된 객체들)의 속성과 힘을 표현하는 행위를 통해 구조들을 재생산하기도 하고 변형하기도 한다. 사회적 장치는 늘 사람보다 먼저 존재하며, 인간 행위의 조건인 동시에 결과물이라고 할 수 있다.

마이클 F. D. 영은 마르크스주의자들에 의존하기보다는 교사의 주체적 역할을 인정하면서도, 현대 자본주의의 사회계급적 토대와 학교에 내재된 권력의 불평등 또한 진지하게 고려하는 방법을 찾으려고 했다. 이후 비판적 교육사회학으로 알려지게 된 새로운 접근은 레이먼드 윌리엄스[7]와 안

---

6. '사회구조'는 자기장이 존재하는 방식으로 존재하는 않는다. 사회는 개인들의 실천들과 분리되어 존재하지 않는다. 그것은 사회가 그 구성원들의 실천들과 생산물 속에 체현되기 때문이다. 사회구조는 행위 주체, 그리고 사회적 실천의 구성에 동시에 들어가며, 이러한 구성의 생성 계기 속에 존재한다. 구조는 매개물이면서 생산물이고 '할 수 있게' 해 주면서 동시에 제약한다. 사회구조들이 행위들로부터 독립하여 존재하지 않기 때문에 그것들은 단순히 재생산되는 것이 아니라, 재생산되고 그리고 변형된다. 사회구조는 '오랜 시간에 걸쳐 안정적인 집합적 행위의 유형으로서의 구조', '사회적 사실들 사이의 법칙적 규칙성으로서의 구조', '사회적 위치들 사이의 인간관계로서의 사회구조', '규칙과 자원으로서의 사회구조' 등으로 개념화할 수 있다(Manicas, 2005).

토니오 그람시[8]의 사상에 토대를 둔 것이었다. 이들 사상을 중심에 둔 애플Michael Apple은 '실재는 사회적으로 구성되어 있다'고 주장하면서 『교육과 이데올로기』1979[9]에서 오늘날의 학교는 기성세대가 갖는 사회체제와 권력관계를 다음 세대에 그대로 전달해 주는 '문화 재생산'의 기능을 하고 있다고 비판했다. 교육제도에서 발견되는 교육과정적 지식의 형식을 정의롭지 못하고 불공정하게 왜곡된 사회권력의 배분 관계를 그대로 유지하고 계승시키는 이데올로기적 선택의 기제로 이해한다. 지식은 곧 '문

---

7. 레이먼드 윌리엄스(Raymond Williams, 1921~1988)는 제2차 세계대전 이후 영국의 가장 위대한 좌파 지식인이다. 1960년대부터 전 세계적으로 부상하기 시작한 문화유물론과 문화연구에 이론적 토대를 놓았다. 노동계급 태생이고 평생 사회주의자였던 그는 마르크스주의로부터 지배계급의 정치, 경제, 문화적 힘에 대한 급진적인 비판과 유물론을 배웠지만 토대와 상부구조의 경제결정론은 반대했다. 언제나 경계인 의식을 지녔던 윌리엄스는 상반된 이 두 전통 속에서 자신만의 새로운 영국적 좌파 문화이론을 구축했다. 초기 주저 중 하나인 『기나긴 혁명(The Long Revolution, 1961)』에서 그는 혁명을 '민주주의 혁명', '산업 혁명', '문화 혁명' 세 가지로 나누었다. 그는 교육 기능을 수행하는 학교 외의 다양한 제도들(가족, 교회, 도서관, 박물관, 출판사, 라디오, 연구기관, 군사조직 등)이 지니는 지배적 기능과 저항적, 변혁적 기능에 착목한 민주적 참여에 기반을 둔 대안적 '공적 페다고지(public pedagogy)'를 역설했다. 그는 세계에 대해 깨어 있고, 스스로의 가능성을 실현하면서 공동체적으로 교육하는 '영속적인 교육'을 요구했다. 이러한 영속적인 교육의 장은 학교나 특정 제도에 제한되지 않으며, 공적 페다고지가 이루어지는 모든 장과 관련된다.

8. 그람시(Antonio Gramsci)에게 있어 계급전쟁은 국가권력을 둘러싼 투쟁(기동전)뿐만 아니라, 이데올로기와 의식의 수준에서 투쟁(진지전)이 일어나야 한다. 그래서 그람시는 물질적 토대보다 중요한 것은 아니지만, 그것만큼 중요한 것이 상부구조임을 분명히 했다. 그에 따르면, 사람들이 체제에 순응하는 것은 자신들의 '진정한' 이익을 보지 못하기 때문이 아니라, 지배계급이 피지배 집단으로부터 '헤게모니'를 통해, 그리고 양보(더 높은 고임금과 더 짧은 노동시간 같은)를 통해 동의를 얻을 수 있기 때문이다.

9. 애플은 자신의 교육사상이 담긴 『이데올로기와 교육』에 영향을 미친 주요한 사상으로 마르크스 이론 및 문화적 마르크스주의(그람시, 알튀세르, 윌리엄스), 사회현상학(슈츠), 지식사회학(마르크스, 골드만, 만하임, 마톤, 굴드너, 버거와 루크만), 교육 안팎의 분석철학(비트겐슈타인, 라일, 햄셔, 솔티스, 셰플러), 비판이론(하버마스, 마르쿠제), 철학과 사회학 및 과학철학(카프란, 쿤, 툴민, 해그스트롬, 라카토스, 무스그라브), 미학과 예술철학(수잔 랭거), 정치경제학과 노동과정(브레이버만), 신교육사회학(번스타인, 부르디외, 영, 데일, 위티, 아노트), 교육의 비판적 전통(휴브너, 맥도널드, 그린, 클리바드) 등 상당한 이론과 사상을 망라하고 있다(Apple, 2006: 204-205).

화적 자본'이다. 교과서는 '선별의 전통'을 반영하며, 그것이 적법성을 인정받은 유일한 공식적 지식official knowledge이 되어 실재처럼 권력을 통해 전파된다. 학교는 또한 '잠재적 교육과정'을 통해 사회가 가진 기존의 권력관계를 묵시적으로 유지하도록 한다. 애플은 신마르크스주의자인 그람시의 이론을 수용하여 공교육에 대해 지배집단의 패권, 교육과 권력의 광범위한 상호작용, 교과서의 정치성, 공립학교와 지식 통제의 권력관계 등을 분석하고, 이를 교육과정 논의의 주요 담론으로 삼았다. 애플의 이러한 교육과정에 대한 분석과 비판은 그의 정치적, 도덕적 이상에 대한 신념에서 나왔다고 할 수 있다.

1979년 이래 영국의 신우파 보수당 정부는 신자유주의적 교육개혁을 추진했다. 교육에 대한 신자유주의자들의 위기의식은 국가의 경제 쇠락 및 사회적 붕괴—관대한 진보주의[10]의 영향에 기인하는 빈번한 경향—와 맞물려 있다. 진보주의 교육은 민주적 관계 형성보다는 관리주의—삶의 크고 작은 영역에서 보이지 않는 규율 메커니즘을 심어 놓는—를 선호하는 신자유주의에 매우 비판적이다. 하지만 사회에 팽배한 신우파 정치에서 교육은 희생양으로 간주되었고, 교육체제의 자유주의 옹호자들은 점점 더 수세에 몰렸다. 신자유주의 교육개혁 프로그램은 전형적으로 급진적 분석과 이념적 헌신에 의해 동기화된 신우파의 정치적 방안으로 보였다. 교육계의 대응은 전후 초기에 사회민주주의 해결(전문적 자율성의 옹

---

10. 영국의 진보주의 교육의 분수령은 1967년 영국 정부가 「플라우든 보고서」를 발표함으로써 아동중심주의 교육 방식을 공식적으로 받아들였고, 학교현장에서 이 보고서에 담긴 교육 이념을 실천하도록 독려한 시점이다. 하지만 1971년부터 2년간 전 세계에 불어 닥친 오일쇼크는 영국의 정치 지형 자체를 뒤바꿔 놓았을 뿐 아니라, 제2차 세계대전 이후 여야가 합의한 '복지적 자본주의 협약'—교육적 변화를 위한 진보주의 교육(아동의 자유, 민주주의를 교과목으로 가르치기, 학교 운영에서의 민주주의, 아동의 발달과 학습에 대한 이해, 교육과 불평등의 보정 등)을 포함한—을 더 이상 지킬 수 없게 만들었다(이병곤, 2018: 235-240).

호, 종합학교 원리, 그리고 지역교육청의 역할) 아래 확립된 제도를 수세적으로 방어하는 경향을 보였다. 교육의 주요한 이슈는 사회민주주의 유산과 신우파 자유시장주의자 사이의 기본적인 이념적 갈등으로부터 발생한 것이었다.

그런데 비판으로부터 출발했던 영국의 교육사회학은 1980년대부터 쇠퇴하기 시작했다. 정치 풍토가 점점 비우호적으로 변한 것이 가장 큰 요인이었다. 당시 보수당 정부는 젊은 교사들을 비판적인 교사로 길러 낸다는 이유로 교육사회학을 공격했다. 1990년대에 들어서는 전 지구적 사회변화와 탈脫분화/통합이 진행되면서 전혀 새로운 문제가 발생했는데, 현장의 교육기관이나 이론을 개발하는 중심적 교육학은 적절한 대응을 하지 못했다. 사회 전체의 학습이나 전통적 지식 생산 체제에 구애받지 않는 새로운 형태의 지식 창출을 촉발하는 요인들이 발생했기 때문이다.Young, 1993: 143 대학 같은 학습기관이 계획된 학습과 지식 창출을 독점하던 시대가 종말을 맞이하기 시작하여, 다른 유형의 기관들과 새로운 관계를 구축하는 것이 불가피해졌다.

따라서 미래의 비판적 학습이론은 학교와 같은 교육기관이나 교과 및 교육과정보다는 학습 자체에 중점을 두게 되었다. 즉, 미래 사회에 대한 비전과 관련된 미래교육 개념, 다양한 교육 분과에서 개발한 개념과 전력의 연계, 학습과 지식 창출에서 최우선 순위 부여, 모든 사람들의 평생학습을 구현한다는 교육적 목표, 대중적 학교교육, 공식 교육의 팽창뿐 아니라 작업장, 지역사회교육의 한계 등에 비판적 입장을 보인다. 이러한 비판이론은 학습에 대한 다양한 학문적 관점을 통합하는 기준의 개발, 공식 학습의 기회 확대에서 탈피한 정책 변화가 새로운 형태의 층화를 유발할 가능성에 대한 규명, 학교와 대학에서 사회 참여로서의 학습과 실천 공동체 개념을 도입하고, 이들 교육

기관과 학습이 이루어지는 다른 유형의 기관과의 관계 구축, 학교학습과 비非학교학습, 그리고 학문적 지식과 비학문적 지식을 연계하고 이들 영역이 서로 강화할 수 있는 여러 가지 전략을 개발하는 것 등이다.Young, 1993: 144 이는 엄청난 연구가 필요한 의제이며, 교육정책에 새로운 의미를 부여해야 하는 가장 우선적인 정치적 사안이기도 하다.

번스타인1977은 보울스와 진티스의 『자본주의 미국의 학교교육』1976을 인용하면서 교육적 산물의 일부만이 생산 요구와 직접적 관계가 있다고 주장했다. 생산관계에서 상이한 위치에 적절한 성향은 학교가 아닌 가정에서 주로 획득된다. 교육체제와 직업체제 사이의 관계를 이해하기 위해서는 '체제적 관계'와 교육 및 생산의 범주 간의 분류화를 구분할 필요가 있다. '체제적 관계systemic relations'는 교육 내부의 관계 및 생산 간의 관계와 체제 간의 관계를 말한다. 반면 '분류화classification'는 교육 및 생산의 범주들 사이/외부 관계를 말한다.Moore, 2007 더 세부적으로 말하면 체제적 관계는 각 체제에서 '범주의 분배' 사이의 관계라고 할 수 있으며, 두 체제(교육자와 고용주) 사이에 지식, 기능, 태도와 성향 등과 관련된 기대의 상호성 차원에서는 '범주의 실현'으로 볼 수 있다. 교육과 생산 사이의 '강한 분류화'는 교육의 이데올로기와 실천에서 재생산될 뿐 아니라, 노동자로서 그리고 시민으로서 교육에 관련된 사람들의 사회적·문화적 장에서 재생산된다. 하지만 '약한 분류화' 과정에서는 틈새(긴장, 갈등, 모순, 저항)가 발생할 수밖에 없다.

많은 진보주의 교육자들은 학생들에게 마치 세상의 근본적 변화가 일어날 수도 있으며, 그렇게 되어야 할 필요성이 있다고 역설한다. 그들은 '급진적 교수학radical pedagogy' 또는 '혁신적 교수학transformative pedagogy'을 적용하면 세상을 변화시킬 '가능성'[11]이 있다고 믿었다. 사회주의자들은 이러한 가능성을 위한 운동을 통해 학교를 개혁하는 일도 중요하지만, 그 목표가 좀 더 인간적인 방식으로는, 또는 학교 그 자체에만 초점을 둔 실천을 모색하는 경로만으로는 결코 달성될 수 없다고 보았다. 되레 그것은 답답한 전통주의, 소외를 확산시키는 신자유주의, 그리고 양자가 만들어 내는 사회적 부정의로 귀결될 수 있다. 그러므로 좀 더 광범위한 투쟁과 연대해야 가능한 일이라고 주장했다.

이후 신교육사회학은 지식이론(인식론 또는 사회학)과 교육의 형식(전통적 또는 진보적), 사회관계(주류 집단 또는 종속 집단)에 대한 논의로 발전되었다. 젠더, 인종, 지역사회 문제와 결부된 담론은 학교 안의 실천과 접목된 접근 방식이 필요하다. 교육 문제는 결국 실천과 연계된 활동이라는 교사들의 인식 고양으로 이어졌다. 진보주의로부터 한 걸음 더 나아간 혁신의 원리를 탐색하고, 그것을 적용할 수 있는 구체적 공간(그람시의 용어로는 '진지')을 확대해 나가는 실천이 교육자들에게 절실히 요구되었다. 새로운 사회체제와 새로운 교육체제가 상호작용하며 의존하는 다양한 형태의 진보적progressive/혁신적transformative/급진적radical 교육을 필요로 한다.Moore, 2007: 108-109

영국 런던 대학의 마이클 F. D. 영2008 및 데이비드 스콧2010, 케임브리지 대학의 롭 무어2009, 호주 멜버른 대학의 리사 힐라한2010 및 서던 크로스 대학의 브래드 십웨이2011, 남아공 케이프타운 대학의 요한 멀러2000 및 로도스 대학의 칼 마톤2014 등 일군의 학자들은 최근 지식사회학의 초기 입장, 특히 상대주의를 칭송하는 후기구조주의적 접근의 비판들과 날카롭게 대결하는 관점을 보이고 있다. 이들은 마이클 애플과 그의 잇따른 저서가 표출한 교육과정의 전통이 상대주의에 대해 매우 비판적이었지만, 교육사회학이 지난 몇십 년에 걸쳐 발생한 세계화에 대한 함의 및 후기의

---

11. 이런 가능성을 과도하게 포장하면서 실제로 그렇게 믿는 순진무구함을 제프 위터 (Whitty, 2017)는 '가능성주의(possibilitarianism)'라고 이름 붙였다.

무교육의 대중화에 대한 논란에서 제기된 교육과정의 문제에 제대로 대응할 충분한 이론 체제를 갖추지 못했다고 본다. 예를 들어 포스트모더니즘은 지식을 경험으로 환원함으로써 경험을 넘어서는 범주의 가능성을 부정한 것인데도 이에 잘 대처하지 못했다는 것이다.

> 모든 지식이 그것의 생산조건으로 환원되면 그것은 사회제도 자체로 봐도 그렇고, 교육과정 논의가 적용될 수 있는 독립된 진리 준거의 응용 차원에서도 내재적 자율성을 부정하는 것이다.Moore & Young, 2001

무어와 영은 교육과정을 진보적 교육과정과 결부된 상대주의, 사회집단들 사이의 갈등 산물로 보는 환원주의, 그리고 여성주의[12]와 연계된 관점/입장 인식론standpoint epistemology을 모두 반대했다.Arnot, 2006: 32-33 무어는 지식이 그것의 사회적 조건을 '초월할' 수 있다고 주장한다.Moore, 2000 지식의 조직은 사회적 분류와 층화의 반영을 넘어서는 것이다. 비판적 사실주의critical realism는 '지식은 사회적이다'라는 것과 '사회가 층화되었다'는 사실 사이에는 아무런 필연적 관계가 없다고 인식함으로써 전통적 지식사회학 및 입장 인식론과 대조를 보였다. 지식의 사회적 구성(관념주의의 한 유형)과 지식의 사회적 생산(물질주의의 한 유형)을 구분함으로써 지식의 사회적 논리에 대한 비환원주의적 이해를 하고 있다고 볼 수 있다.Arnot, 2006: 33

교육과정의 사회학적 연구는 교육과정의 결정에서 전문가 공동체의 역

---

12. 여성주의자들은 전통적 인식론이 의도하든 그렇지 않든 여성이 '인식자' 또는 지식의 대행자가 될 수 있는 가능성을 체계적으로 배제한다고 주장한다. 그들은 과학의 주장은 남성적인 것이며, 역사가 남성의(지배계급과 인종의) 관점으로만 기술되며, 전통적인 진술의 주체도 항상 남성으로 가정되었다고 주장한다.

할, 실천의 네트워크 및 코드들, 사회적 배제와 인지적 이해의 균형, 교육과정의 자율적 요소, 그리고 학습자의 경험에 초점을 둔 잇따른 연구들이 고무적으로 이루어지고 있다. 비판적 사실주의는 결과적으로 지식사회학의 맥락에서 '비판적'이란 무엇인지를 다시금 묻고 있다. 나아가 마이클 F. D. 영은 경험주의와 합리주의를 넘어서는 사회적 사실주의social realism 접근을 취함으로써 지식이론과 교육과정의 재편까지 요청한다. 영은 자신이 1970년대에 주장했던, 지식이란 사회적 구성체라고 주장한 재생산reproduction 이론가들의 입장과는 완전히 대조된 관점을 보였다. 지식은 경험으로는 얻을 수 없는 사회적·역사적 기원을 가지고 있기에 '힘을 가진 사람들the powerful'의 지식이 아니라, 삶에 유용한 도움을 주는 지식으로서 '힘 있는 지식powerful knowledge'을 대안으로 제시한다. 그리고 지식의 비판적 기능과 함께 사회정의를 위한 지식을 생산하고 재생산할 수 있는 '힘 있는 교육과정'을 주창한다. 정의로운 사회의 건설을 위한 정의로운 학교 및 교육과정과 결합된 지식의 생산을 위한 '지식의 소환'을 시도하고 있다. '누구의 지식인가', '누가 이익을 보는가'에 초점을 둔 이전의 '힘 있는 자들의 지식'의 재생산 기능을 하는 교육과 대조를 이루는 모든 아이들을 위한 '힘 있는 지식'의 해방적 역할을 강조한다.

구교육사회학과 신교육사회학 사이의 논쟁

구교육사회학의 상응 이론은 하부구조(토대)/상부구조(이데올로기) 접근법을 채택함으로써 교육은 사회적 상부구조의 일부로서 경제적 토대의 단순한 '반영'과 다름없다는 것으로 본다. 이런 관점은 학교를 자율성이 결여된 곳으로 간주하는 경향이 있다. 계급에 편중된 이런 관점은 사회적으로 다양한 사회 불평등의 중요한 형태들, 특히 성, 가족, 인종과 관련된 요소를 경시하는 경향을 보인다. 이런 요소를 빠트린 지나친 단순화 모델은 생산관계와 교육제도 간의 관계를 너무 비非중재적인 것으로 보게 했다. 이러한 토대/상부구조 모델의 결정주의determinism 관점은 정치적 변화 및 대안적 교육체제의 태동을 어렵게 한다. 이러한 논리에 대한 문제의식으로부터 '신교육사회학'이 출현했다.

신교육사회학new sociology of education은 1970년대 초 파슨스류의 기능주의적 결정론에 반발한 사회적 현상학과 실용주의 지식사회학(바실 번스타인, 마이클 F. D. 영, 닐 케디, G. 에스런드 등)의 영향,[13] 1970년대 후반과 1980년대에는 마르크스주의 사회학(라첼 샤프, 브라이언 사이먼 등)[14]의 영향을 받았다. 전기의 신교육사회학은 '힘 있는 사람의 교육과정 curriculum of the powerful'의 문화 재생산 기능에 초점을 두었다. 교육은 언제나 문화적 선택이며, 이러한 선택은 의식적으로 발생하기도 하고 무의식적으로 발생하기도 한다. 그래서 교육과정을 특정한 시기의 지식이 선택되고 조직된 산물이라고 보았다.

지식이 사회적으로 구성되고 생산된다는 인식은 무엇을 수반하는가? 이것은 서로 다른 함의를 수반하는 상이한 방식으로 이해될 수 있다. 모든 교육의 이론은 사회의 이론이어야 하듯, 교육이론 또한 지식이론을 함의하지 않으면 안 된다. 지식의 생산은 교육사회학의 핵심적 관심사와 교육적 지식에 대한 논의와 관련하여 인식론, 지식사회학, 사회이론

---

13. 교육사회학의 분야에서 처음으로 '해석학적 패러다임'에 대한 책을 편집한 마이클 F. D. 영은 이전의 교육연구에 대한 날카로운 비판을 가했다. 지식 생산의 물질적 토대와 교육적 지식을 이해해야 한다는 관점(사실주의)이 부상하면서 교육과정, 교수 방법, 평가 등 학교에서 통용되는 범주들과 교사-학생 간의 상호작용 같은 미시적 수준의 문제들, 그중에서도 교육과정이 교육연구에서 우선적 관심 영역이었다.
14. 마르크스는 실재론적 존재론과 관계적 사회학을 결합하고자 했다.

의 주요한 관심사이다. 신교육사회학의 태동에는 지식사회학sociology of knowledge[15]의 영향력이 가장 크게 자리하고 있다. 지식은 사회적으로 다른 범주에 속한 인식자의 주관적 경험 안에서 행해지는 앎knowing과 분명 동일시된다. 지식사회학은 지식이 사회적, 역사적 원천을 가지고 있음을 밝히려고 한다. 지식사회학을 학문적 기초로 하여 출발한 신교육사회학은 본질적으로 다양한 의미로 해석될 여지가 있었다. 푸코, 부르디외, 레비스트로스, 피터 버크 등은 기존의 지식사회학을 넘어서는 '신지식사회학'을 제창했다. 이들은 계급과 신분구조에 따른 지식의 이데올로기성 비판보다 미시적 차원에서 지식 현상을 객관화하고자 하는 연구를 시도한다. 초기의 지식사회학으로부터 시작하여 신지식사회학을 거치면서 지식 현상에 대한 체계적인 이해가 쌓여 갔다. 지식사회학은 지식 또는 진리의 이데올로기성을 비판하고 사회적 상황 속에서 인간의 사고가 거짓이 되거나 왜곡되는 것을 탈피하고자 하는 데 목표를 둔다.

신교육사회학new sociology of education 용어가 처음 탄생한 시점은 1971년 『지식과 통제』가 출판된 직후인 1973년이다.[16] 1970년대 초에 교육 내

---

15. 지식사회학은 지식이 당연하고 고정된 것이 아니라, 항상 역사의 일부분이고 언제나 오류를 범하기 쉽다고 본다. 지식사회학이란 지식은 어떻게 사회적으로 구성되는지에 대한 해답, 즉 지식이 생성되는 사회적·정치적·문화적 배경에 대한 이해를 추구하는 학문이다. 한마디로, 지식이란 인간의 앎의 대상으로서, 시대와 장소를 뛰어넘어 영구불변하게 존재하는 어떤 객관적 진리가 아니라, 역사적·문화적·사회적 맥락 속에서 형성되고 전달되고 공유되는 인류 경험의 총체라는 점이다. 지식사회학은 사회와 지식 사이의 관계, 사회적 존재와 지식 또는 의식 사이의 관계에 대한 학문이라고 할 수 있다. 모든 지식은 사회적으로 정의되며, 특수한 사회구조에 따라 끊임없이 변화하며, 순간적인 사회적 상황은 구성원 개개인에게 큰 영향을 미친다. 지식사회학은 가치관이나 사고구조, 사상 내용 등을 사회적 위치, 계급, 제도 등에 귀속시킴으로써 사고와 사회 현실 간의 관계를 탐구하는 것을 자신의 특수한 과제로 하는 사회학의 한 분야라고 할 수 있다. 지식사회학자들은 신, 관습, 전통, 상식, 관찰, 이성, 남성성 등의 권위를 문제 삼는다.
16. 1971년 영국 개방대학의 〈학교와 사회〉의 수업 교재는 『지식과 통제』였다. 당시 수천 명의 교사들이 이 과정에 등록했다고 한다. 1973년에 '신교육사회학'이 탄생했다. 신교육사회학은 지식과 권력구조, 그리고 교실의 사회적 상호작용을 연계시키고 있다.

용—무엇을 가르칠 것인가에 대한 해답—의 중요성을 강조하는 대안적 패러다임으로서 '신新교육사회학'이 부상했다.[17] 신교육사회학의 개념은 다양한 의미로 해석될 여지가 있었는데, '진보적progressive'이라는 용어와 연계되거나, '비판적'이라는 용어와 혼용되어 사용되기도 했다. 이전의 연구는 '투입-산출 모델'을 사용하는 구조기능주의의 실증주의적 형태와 규범적 패러다임으로 분류되어 이제 구교육사회학은 신교육사회학에 자리를 내어주게 되었다. 이렇게 되면서 신교육사회학은 두 가지 의미를 갖는 것으로 사용되었다. 첫째, 새로운 방법으로 새로운 분야를 다룬다는 의미를 가지며, 둘째, 구교육사회학과의 '근본적radical' 결별을 나타낸다는 점에서 새로운 것이라는 의미를 갖는다.Moore, 2009: 96

신교육사회학은 사회구조와 상황적 분석(교실 상황), 사회적·교육적 변화의 가능성 사이의 상호관계를 규명하고자 했다.Moore, 2007: 145 특히 영은 지식의 조직과 교육적 과정 그리고 사회구조 사이의 연계, 그리하여 사회적 불평등의 연계 관계를 탐구했다. 신교육사회학은 지식과 교육과정을 '실제의' 사회적 구성물로 보았다. 신교육사회학은 교육 불평등 문제, 교육과정을 교육사회학의 우선적인 연구 대상으로 간주하는 문제, 지식과 사회의 권력구조, 교실의 사회적 상호작용, 교실과 사회에서 이루어지는 지식의 선별과 배제 과정, 교사를 진보적인 변화의 주체로 강조하는 문제 등을 핵심적으로 다루었다.[18]

영국의 교육사회학자 번스타인은 학교의 내부 운영에 직접 초점을 맞춘 신교육사회학이라는 새로운 접근 방법을 시도했다. 교육적 전달의 시스템을 권력과 통제에 대한 분석과 결합시키려 한 번스타인의 분석은 교육 이념의 계급적 기초에 대한 마르크스적 요소에 기인한다. 구교육사회

---

17. 신교육사회학이 미국에서는 '교육과정 이론'으로 발전했다. 애플, 웩슬러, 지루가 대표적이다.

학이 급진세력에 의해서 부분적으로 전수된 마르크스주의적 전통은 계급구조가 사회의식의 형성과 사회 내에서의 지배 분배를 좌우한다는 번스타인의 신념에 영향을 미쳤다. 번스타인도 말했듯이 "천년이 지난 후에는 지식은 의미를 상실하고 완전히 비인간화될 것이다"[Bernstein, 1990]. 이러한 판단은 자본주의 사회의 내적 논리가 인간 활동의 상품화라고 보는 근대적 마르크스주의 관점과 연관된다.[19]

지식의 관리가 교육사회학의 핵심적인 관심 분야로 자리매김이 되었다. 교육과정사회학은 영국의 교육과정사회학자인 영에 의해 분명하게 제시되었다. 영은 학교가 '학생'을 선별하여 처리할 뿐만 아니라, '지식'도 선별하여 처리하기 때문에 학교에서 가르치는 지식과 가르치는 과정도 사회학적 탐구의 대상으로 삼아야 한다고 보았다. 영은 지식을 객관적이고 절대적인 자율성을 갖는, 고정되고 불변적인 어떤 것으로 보는 전통적인 교육관에 의문을 제기했다. 영은 모든 지식이 사회적 구성물이며, 따라서 특정 지식이 다른 지식보다 본질적으로 우수하거나 열등하다고 볼 수 없다고 주장했다.[20]

신교육사회학은 학교 지식과 교육의 과정에서 '실재의 사회적 구성'을

---

18. 신교육사회학은 레이먼드 윌리엄스(R. Williams)와 같은 학자들의 견해를 수용하면서 계급 불평등에 더욱 명확한 문화적 의미를 부여했고, 이전과는 다른 이론적·방법론적 문제에 집중했다. 윌리엄스는 학교에서 모든 지식을 가르치는 것이 아니라 특정 지식만을 선별하여 가르치는 현상을 '선택적 전통'으로 개념화했다. 그는 학교교육이 학교에서 다룰 수 있는 많은 과거와 현재의 지식 또는 의미 체계 중에서 지배집단의 문화에 적합한 것만을 공식적인 지식으로 선별하여 가르치고, 나머지는 학교의 공식적인 지식에서 배제한다고 주장했다. 요컨대 영과 윌리엄스는 한 사회의 지식, 가치, 문화 내용의 정통성은 학교에서의 지식 선별과 처리 과정을 통한 사회적인 권력의 행사와 관련되어 있다고 주장했다.

19. 하지만 번스타인을 정통적 마르크스주의자라고 할 수는 없다. 구조적 불평등 체제의 광범위한 영향을 잘 인식하고 있었지만, 계급과 교수법에 대한 논문을 제외하고는 본질적으로 기능주의적 사회이론의 틀 안에서 연구를 진행했기 때문이다(Halsey, 2011: 124).

비판적으로 분석하고자 했다. 교육과정에 대한 사회학적 관점과 교사의 주체성이 처음으로 연계되었다. 학교 안에는 도대체 어떤 일이 벌어지고 있는가? 일군의 사회학자들이 블랙박스를 열어서 학교 안에서 무슨 일이 일어나고 있는지에 관심을 갖기 시작했다. 이러한 연장선에서 특히 교육과정사회학sociology of curriculum에 큰 관심을 보였다. 교육과정사회학의 이론적 바탕은 지식사회학에서 비롯되었다. 지식사회학은 사회이론을 위해 지식의 문제에 대한 근본적 질문을 제기하고, 이를 바탕으로 교육적 논의를 전개했다. 신교육사회학은 스스로 지식사회학과 동일시되었다. 분석철학적 방법에 익숙해 있던 영국 사회학자들은 지식의 사회적·철학적 기초를 손쉽게 받아들였다. 현상학적 해석학자들의 강력한 도전은 이론적 문제뿐만 아니라 새로운 연구 영역을 제기함으로써 교육사회학에 새로운 활력을 불어넣었다. 선발이나 사회화 문제같이 전통적 교육사회학에서 가장 주목받았던 주제들은 지식의 관리를 중심으로 여기는 해석학적 학문의 부상에 의해 주변으로 밀려났다.

지식사회학의 영향을 크게 받은 해석학적 패러다임이 신교육사회학의 이론적 틀을 이루게 되면서 교사-학생의 상호작용, 교육자들에 의해 사용되는 범주의 개념들, 그리고 교육과정의 문제가 중심이 되었다. 영은 사회학자들이 교육과정을 지식의 분류화classification와 얼개화framing를 규제하는 원칙의 표현으로 보도록 촉구하는 가운데, 구교육사회학이 홀대했던 중요한 주제를 부각했고, 지식의 층화와 사회에서의 가치 및 보상의 분배 사이의 관계에 대해 상당한 시사점을 제공했다.Young, 1971 학교에서 가르치는 지식과 그것을 가르치는 과정을 사회학적으로 탐구하는 교육과

---

20. 영은 위티와 함께 이러한 접근의 정치적 의미와 교사들을 위한 실천적 함의를 좀 더 분명히 하는 두 권의 책을 냈다(Whitty & Young, 1976; Young & Whitty, 1977). 이 연구들은 미국의 마이클 애플 등에 의해 발전된 비판적 교육과정 연구와 상당한 유사성을 보인다.

정사회학은 학교에서 가르치는 지식 및 교육의 과정이 사회적 불평등을 매개하는 중요한 요인임을 밝히고자 했다. 신교육사회학의 핵심적 학문으로 등장한 교육과정사회학은 교육 불평등 문제와 함께 진보적인 변화의 주체로서 교사를 설정하고, 교육과정을 교육사회학의 우선적 연구 대상으로서 삼는 문제 등 지식과 사회의 권력구조, 그리고 교실의 사회적 상호작용을 서로 연계시켜 새로운 연구 작업을 시도했다.

신교육사회학의 가장 두드러진 특징은 '학교교육과정'에 초점을 두었다는 점이다. 교육과정 개혁에 초점을 두면서, 학습이 부진한 노동계급 학생들의 문화적 원인을 종합적으로 분석한 후 '교육의 가능성 educability'[21]이라는 개념을 창안했다. 신교육사회학은 교육과정의 객관성과 자율성을 의심하면서 교육과정의 사회적·역사적 성격을 입증하고자 했다. 공식 교육에 대한 학생들의 언어 상황 및 저항들은 적어도 더욱 새로운 급진적 노동계급 의식을 잠재적으로 지원하는 것으로 이해되었다.

다른 한편 신교육사회학의 또 다른 분파에 속하는 마르크스주의자들은 교육의 불평등에 대한 문제제기와 함께 당시 경제적 호황기에 유행되었던 '진보주의 교육'에 대해서도 비판적 입장을 취했다. 이들은 진보주의 progressivism가 낭만주의의 한 형태이고, 반주지주의 입장에서 자아실현을 강조하는 자발적 이데올로기로서 무정부적 자유주의 사상에 기반을 둔 '탈학교de-schooling' 이념을 지향하고 있다며 신랄하게 비판했다. 아동 중심적 진보주의 교육사상은 정치적 행동의 필요성을 부정하고, 고립된 교실을 사회변화를 위한 중심이자 지렛대로 보는 일종의 '낭만적 혁명주의'로 귀착되고 있다고 판단했다.Sarup, 1988: 11-31[22]

이와는 정반대의 철학을 가진 교육자들로부터의 반발도 만만치 않았

---

21. 가장 단순한 형태의 '교육 가능성' 개념은 교육 확대 방안, 문화적 불이익에 대한 보상 문제의 해결 방안을 제시했다.

다. 1977년에 「마르크스주의자와 급진주의자들의 침투: 고등교육에 대한 공격」이라는 보고서가 발표되었다. 이 보고서는 '지식과 통제'로 무장한 교사들이 '영국의 아이들을 선동해 사회주의에 대한 저항력을 떨어뜨릴 것'이라고 경고했다. 상당수의 자유주의, 보수주의 철학자들, 심지어 일부 사회학자들도 같은 차원의 분노를 표출했다. 이들은 상대주의의 비극, 통제되지 않는 지식과 같은 제목의 글을 신문과 잡지에 기고했다. 또한 이들은 지식사회학의 무모한 개념을 안전하고 순수한 인식론 논쟁에 국한시키지 않고 현장의 교육과정 의사결정의 영역에도 도입하는 것이 위험하다고 경고했다. 그러면서 노동계급의 자녀들이 대학 교육과정에서 배제된 학문 중심 교육과정을 적극적으로 옹호했다. 분석철학자 피터스와 허스트도 전통적 자유교양교육을 옹호하면서 자유주의적 진보주의 교육에 반발하는 대열에 적극적 참여했다. 신교육사회학자들은 교육철학자들과 사상적 전투를 벌이면서 교육에 대해 좀 더 철학적이고, 나중에는 정치적 성격이 짙은 질문에 더 관심을 갖게 되었으며, 인식론과 정치학의 관계가 갖는 중요성에 대해 다시금 주목했다.

계몽주의와 거대 담론에 대한 강력한 반발을 보인 포스트모더니즘과 구성주의 사조는 신교육사회학 전체를 다른 방향으로 돌렸다. 반反성별주의, 다문화 및 탈식민주의 교육 사조가 등장했다. 신교육사회학이 지식사회학의 전통과 조화를 이루는 개념적 범주 내에서 교육과정, 특히 학교

---

22. 진보주의는 '교육적 진보주의(아동 존중)', '행정적 진보주의(효율적 관리)', '사회적 진보주의(사회의 재건)' 등 세 개의 다른 흐름이 있다. 첫째, '교육적 진보주의(pedagogical progressivism)'는 학교에서 가르칠 때 교사가 중심이 되지 말고 학생이 중심이 되어야 한다는 관점이다. 둘째, '행정적 진보주의(administrative progressivism)'는 교사의 수업 방법이나 수업 내용의 개혁을 외치기보다는 학교를 생산성이 높은 조직으로 바꾸려고 하는 관점이다. 셋째, 사회적 진보주의/재건주의(social reconstructivism)는 학교를 사회나 국가 재건의 수단을 활용하려고 하는 관점이다(박승배, 2019: 49; Labaree, 2020: 181-229).

지식에 관한 변증법적 이해의 과정을 세분화, 정교화, 전문화해 가는 동안, 지식사회학에 대한 구성주의적 접근[23] 또한 합리적으로 객관적이고 보편적으로 다루어졌던 지식을 자기중심적 이해관계로 보면서 편향적 방향으로 끌고 갔다.Moore, 2004: 177 지식은 스스로를 드러내고 주장할 수 있는 위치에 있는 사람들의 관점과 이해 방식으로 특징화되었다. 교육의 실재는 사회적으로 구성된다는 지식이론 및 교육과정사회학은 매우 특별하게 종종 학교교육의 권위주의적이고, 관료적이며, 항상 위계적인 세계를 비판하는 데 상당한 호소력을 가졌다. 이것은 교수요강에서 기존 형태의 학교교육, 교과와 학문 그리고 이들의 친숙한 표현에 쉽게 도전하도록 이끌어졌다.Whitty & Young, 1976 그래서 지식 및 교육과정사회학의 새로운 접근은 지식의 관계를 권력관계와 인식자의 범주로서 경험적으로 정의되는 집단적 관계로 변환시켜 새로이 바꾸어 써야 했다.Moore, 2004: 177

새로운 교육 아이디어의 집합으로서 신교육사회학은 이론적 한계도 지니고 있다. 첫째, 신교육사회학은 내부의 논쟁에만 몰두한 나머지, 방법론이나 이론적 입장은 다르지만 추구하는 가치와 목표가 같았던 다른 교육 연구자들과 협력하지 못했다. 둘째, 교육과정이 배제 과정을 통해 교육 불평등을 영속시키는 양상을 강조했으나 조직구조의 영향을 소홀히 다루었다. 교사가 교육과정 변화 과정에서 자율성을 발휘하는 것이 가능하다는 잘못된 개념을 제시했으며, 교육과정과 학생 선발의 사회계급적 토대를 연계하지 못했다. 셋째, 선택과 배제를 정당화하는 교육과정의 이데

---

23. 구성주의(constructivism)는 앎(knowing) 혹은 지식(knowledge)을 객관주의 인식론 입장에서 다루지 않는다. 구성주의에서는 앎 혹은 지식이 독립된 실재를 표상하려는 것이 아니라 적응의 지능을 가지고 있다고 주장함으로써, 전통적 객관주의의 입장을 거부한다. 구성주의는 전통적 교육관이 진리란 객관적으로 주어져 있고 그 진리에 이르는 유일한 방법을 제시하면서 인식의 주체가 그 방법을 따라 진리에 도달하게 된다는 전통적 인식론을 비판한다.

올로기적 영향력과 지식에 대한 접근을 통제하는 교육과정의 문화 권력을 구분하지 못했기 때문에 대안적 교육과정을 개발하고 평가하는 기준을 제시할 수 없었다. 넷째, 신교육사회학의 비판적 관점은 전문가 집단과 공동체의 세력 균형을 도모한다는 측면에서 적어도 이론적으로는 민주적이었지만, 소수의 교사와 교사 양성자 집단을 넘어선 폭넓은 지지를 받지는 못했다. 전략과 실현 가능한 대안을 제시하지 못했기에 진보적인 관료와 다른 학자들의 지지를 이끌어 내는 데도 실패했다.Young, 2013: 61-62 다섯째, 신교육사회학자들 일부가 받아들인 '사회적 구성주의social constructivism'―지식은 사회적으로 구성된다―가 극도의 상대주의를 초래하여 지식의 객관성과 진리를 붕괴시키고 말았다.Collins, 2000 신교육사회학이 이 문제를 얼마나 극복하였는지는 추후의 과제로 남겨졌다. 여섯째, 교육과정 연구는 헤게모니의 재생산, 자유를 위한 실천, 교육현상의 감식안적 능력과 평가, 내러티브를 통한 삶의 기술, 교육과정 담론의 해체, 문화 등에 관심을 보였다.김영천, 2012: 6 일곱째, 신교육사회학이 겉으로 드러나는 교육과정의 객관성과 자율성을 의심하면서 새롭게 교육과정과 지식구조의 철학적·사회적·역사적 성격을 입증하는 비판적·사회적 사실주의가 새로운 관심을 끌었다.Moore, 2009; Muller, 2016; Wheelahan, 2010; Young, 2008a; Young, 2008b

자유인문주의 교육과 직업주의 교육 사이의 논쟁

공교육의 태동기부터 경제적 위기가 닥칠 때마다 교육의 '직업화 vocationalization'가 요구되었다. 사실 이러한 경향은 영국만의 고유한 현상은 아니다. 영국의 경우 19세기 중반부터 직업[24]의 개념이 '직업교육

vocational education'의 개념과 분리되었다. 이때부터 직업교육은 특정 기업, 대개는 단순기능직을 위한 기초교육을 의미했다. 이러한 의미를 지니게 된 직업은 항상 기술·직업교육TVEI 프로그램에서 규정하는 기능 개념과 연계되었고, 직업교육과정은 언제나 학문/진학 과정에 비해 열등하며 이와 대조되는 제도로 간주되었다. 또한 직업교육 프로그램은 예외 없이 능력이 부족한 학생들을 대상으로 실시되고, 옥스퍼드나 케임브리지 대학에 진학하지 못하는 학생들을 지원하는 제도로 간주되었다. 영국의 경우 교육 분리의 사회적 원인은 중간계급의 소명vocation으로서 직업 개념과 숙련직, 반半숙련직 취업교육이 분리된 데 있다. 경제 상황의 변화로 인해 전통적인 육체노동과 비非육체노동의 분리 체제가 와해되기 시작했다. 천직과 직업교육의 전통적인 분리를 재검토하고, 학문교육과 직업교육의 분리를 해소해야 한다는 주장도 제기되었다.[25]

학문 경로는 학생에게 일반직과 전문직에 대한 준비를 시키기 위한 경로와 다르다. 왜냐하면 학문 자격의 목적은 학생들을 '분류된/분과화된' 학문적 지식으로 유도하는 것이기 때문이다. 이와 대조적인 일반직 및 전

---

24. 'occupation'은 원래 '어떤 일에 종사한다', '어떤 일을 계속적으로 한다'는 의미를 갖고 있다. 전문적인 분야나 기업에 종사하는 것은 말할 것도 없고, 기계적인 노동이나 돈벌이가 되는 일을 하는 것뿐만 아니라 일체의 기계, 특수한 과학적 능력, 효과적인 공민적 자질을 발달시키는 일에 이르기까지 모든 활동에 적용되는 용어다.

25. 'vocation(직업)'은 다른 사람에게 봉사를 하는, 그리고 결과를 얻을 목적으로 개인의 힘을 사용하는 일체의 계속적 활동을 말한다(Dewey, 1993: 466, 482). 그리고 이 용어에는 '소명'(calling: 해야 할 일)의 뜻도 있는데, 단순한 일을 하는 것만이 아니라, 그 일에 대한 모종의 정신적 태도까지를 포함한다. 반면 'occupation'은 한 가지 일을 오랫동안 계속적으로 하는 경우(종사하는 것)를 가리킨다. 원래 지배계급의 교육도 본질상 '직업교육(職業敎育)'이었다. 이러한 뜻을 갖는 직업교육은 일반교육(general education)/자유교육(liberal education)/인문학교육(humanities education)의 의미와 다르지 않다. 인문교육은 인간적 관심사에 대해 지적 자극을 가지게 하는 자유와 해방을 위한 교육이라고 할 수 있다(심성보, 2014: 391-403). 인문교육은 좋은 삶을 식별하고 준비시키는 데 있다. 그런데 인문교육은 비자유적인(illiberal) 경제적, 산업적 조건을 경시하는 경향이 있다. 이러한 차원에서 직업교육과 일반교육/자유교육/인문교육을 통합해야 한다는 주장이 나온다.

문직 자격의 목적은 학생들 각각을 통합하고 종합할 수 있는 실천 및 이론적 지식의 장으로 유도하는 경로이다.Bernstein, 2000 직업교육과 전문교육 사이의 연속성을 갖도록 하면서 이 두 교육을 학문 자격 경로와 구분한다. 학문 자격은 학문적 지식의 장으로 가는 '한 가지 길'을 마주하는 반면, 일반직 및 전문직 자격은 실무 분야 그리고 그것의 기초를 제공하는 학문적 지식으로 가는 '두 가지 길'을 마주해야 한다. 학문 자격은 전통적 '순수' 학문 교과를 강조하는 반면, 일반직과 전문직 자격은 응용된 학문적 지식을 강조한다. 하지만 학문교육과 일반직/전문직 교육은 다른 목적을 갖고 있지만, 둘 다 전통적으로 학생에게 일상적 지식과 이론적 지식의 구분, 서로 다른 유형의 이론적 지식들의 구분(물리학과 화학 또는 사회학과 심리학) 등 상이한 유형의 지식을 '인식recognize'하도록 하는 역량을 제공하도록 추구되었다.Wheelahan, 2010: 4

이러한 상황에서 자유교양교육/자유인문교육liberal education/liberal-humanist education의 위기가 증대함으로써 대처리즘 이전의 내적 뿌리를 지닌 오늘날 직업주의의 역량competency[26] 형태가 등장했다.Moore, 2007: 118 자유인문교육은 철학적·이념적·제도적 원리와 전문적 교육자(교사는 물론이고 교육이론가, 훈련전문가, 행정가를 포함한)를 위한 고차적 자율성을 옹호하는 제도의 특별한 결합을 수반한다. 본질적으로 이것은 '좋은 삶good life'을 위한 교육이다. 모든 교육은 삶의 질을 추구하는 것이다. 이를 위해 인문학humanities[27]이 중심을 이룬다.

어떤 사회에서든 인문학은 인간들이 자신의 행동을 설명하고, 서술하고, 평가하기 위해, 세계에 대한 입장을 배우기 위해, 느끼고 반성하는 방

---

26. 일반적(generic) 역량 이론은 휴머니즘과 도구주의 내의 선택적으로 재조립된 진보적 직업교육과 어느 정도 연계되어 있다. 영은 길버트 라일(Gilbert Ryle)의 견해에 따라 'skills', 'competences', 'capacities', 'capabilities' 등의 개념이 가족유사성을 갖고 있다며 '방법적 지식'으로 분류한다(Young & Muller, 2016: 189).

법을 표현하기 위해, 그리고 사고하고 행하는 이유를 정당화하기 위해 발전시킨 언어의 집합이다. 인문학은 인간들이 인간이 된다는 것이 무엇인지를 탐구하는 과정에서 밝게 되는 다양한 길을 보여 준다. 인문학이란 인간 조건을 이해하기 위한 노력과, 삶의 역경에 대한 적절한 태도를 발전시키기 위한 노력을 정교하게 드러낸다. 삶의 역경이 가져다주는 압력을 견뎌 나갈 수 있도록 하는 삶의 질 보호와 관련이 있는 지식의 체계를 구성한다.

자유인문교육은 전형적으로 인격의 발달, 내적 잠재력과 자아실현 및 합리적 자율성 구현과 같은 목표를 강조한다. 19세기에 이러한 이상은 기독교적 신사나 좋은 아내와 엄마와 같은 모델을 추구했다. 20세기에는 민주사회의 시민성 계발, 개인의 창의성, 그리고 반反성차별적이고 반인종적 교육의 해방적 목적과 같은 목표가 강조되었다. 이렇게 넓은 의미에서 전통주의와 진보주의는 자유인문주의적이라고 할 수 있다. 하지만 행동주의와 연결된 직업주의의 역량이나 신보수적 도덕적 회복주의는 분명 자유인문주의적이라고 할 수 없다. 진보주의적 교육사상의 뿌리는 인문교양

27. 아이즈너는 인문학교육의 의의를 다음과 같이 본다. 첫째, 인문학은 인간의 의미에 대해 무엇인가 빛을 던져 준다. 둘째, 인문학은 비판적 판단능력의 함양에 기여한다고 역설한다(Eisner, 2011: 326-330). 인문학 교육 또는 자유인문주의의 각 개인이 갖는 잠재력인 능력과 재능을 찾아주고, 지적이고 비판적인 사고 기술을 길러 주며, 앞으로의 직업생활에 필요한 일반적인 기술을 갖게 해 주고, 문화적 문해력과 기본적 문해력(3R's)을 길러 주며, 나아가 핵심적인 역사적, 사회적, 과학적 지식의 습득과 함께 민주시민 정신을 계발시켜 주어야 한다(Walker & Soltis, 2017: 67). 인문학의 핵심은 인간을 바라보는 정신이나 태도에 있다. 그것은 인간 개인이 자율적이면서도 얼마나 언어와 역사의 굴레 속에, 시간과 공간 속의 인간들에게 묶여 있는 존재인가를 보여 준다. 인문학은 어떤 사회이든 그 사회의 가치와 열망을 재는 중요한 척도이다. 삶에 대한 넓고 깊은 인식과 인간 상상력의 힘과 풍부함이 도덕적·심미적 존재로서 살아 있는 인간에게서, 그리고 완전한 의미의 시민에게서 나타난다. 인문교육은 인간의 교양과 시민의 책임감의 원리를 기반으로 한다. 인문학은 심미적 감각과 문화적 유산을 중요시한다. 인문학은 가치의 문제에 대해 그것이 아무리 복잡하더라도 선의를 가지고 지적으로 접근한다. 인문학은 과학, 기능, 인간성은 서로 관련되어 있다고 보기 때문에 과학적, 기술적 업적의 문제도 책임감 있게 다룬다(Commission on the Humanities, 1980).

교육의 전통으로서 아동 존중이나 아동 중심 교육이론에서 그 원천을 찾을 수 있다. 진보주의 교육은 엄격성, 처벌, 훈육 등을 거부하면서 등장한 '급진적/근본적 교육radical education'의 한 위업이라고 할 수 있다. 아동 중심 교육, 학생 중심 교육, 새로운 교육 등으로 불리는 진보주의 교육은 낭만주의(아동의 자발적·자연적 성장), 경험주의(실험적 탐구, 발견의 신기함), 탈학교(탈사회화)의 경향을 보인다.Paterson, 2015: 225-231

자유인문교육의 일반적 특징은 첫째, 교육이 단순히 경제적 효율성이나 전통적 가치를 위한 존중과 같은 목적을 위한 수단이 아니라 '내재적으로intrinsically' 가치 있는 철학적 관점을 포함하고 있다고 본다. 둘째, 단순히 협소한 기능과 지식의 전달이 아니라 전인whole person의 도덕적·정신적 측면에 관심을 가진다. 또한 교사, 교육자, 그리고 교육제도를 위한 높은 차원의 전문적 자율성을 위한 지원을 강조한다.Moore, 2007: 120 반면에 신우파의 도전은 이 조건들을 뒤집는 데 관심을 두었다. 이들의 개혁은 협소한 '외재적extrinsic' 교육 목적을 강조하고, 교직의 역할을 단순히 정부 정책의 전달로 재정의하고, 정책에 대한 교육자의 영향력을 주변화시키고, 제도의 통제 체계를 심하게 변화시켰다. 교육은 '훈련training'의 특성을 갖게 되고, 전문적 직업교육이 조기에 이루어지며, 오늘날 여러 직업에서 요구되는 자격요건이 교육과 연계되었다. 그래서 신우파 교육은 통일적이라기보다 파편화된 모습을 보였고, 각각의 주요 경향은 다양한 방법으로 이러한 넓은 목표에 기여해 왔다. 자유인문주의 교육은 신우파의 교육 공세로 새로운 위기를 맞이했다. 자유인문교육이 어떤 측면에서 비판자로부터 공격을 받았는지, 그리고 그 공격이 어떻게 성공을 가져왔는지를 파악하는 것이 매우 중요하다. 일반적으로 알고 있는 가정과는 반대로, 자유인문주의 교육의 두드러진 특징은 특정 계급 기반에게만 연계된 취약성을 보였다.

그런데 산업화 시대의 자유인문주의 교육은 19세기 국가 관료로 갈 수 있는 중산층 채용에서 사회적 문턱을 제거함으로써 더욱 확산된 집단의 구성원을 수용하는 데 탁월한 역량을 보여 주었다. 자격인정 과정은 자유인문주의 교육을 경제 및 사회 체제의 점점 확대된 영역으로 나아가게 했다. 이러한 확장은 두 차원의 작업에서 볼 수 있다. 첫째 차원은 번스타인의 용어로 말하면 '교과의 궁극적 수수께끼'에 입문시키는 것이 연계되는 것과 관련이 있다. 최소한의 학교 졸업에서 박사 학위를 마칠 때까지 개인의 진로를 변화하거나 교육을 완전히 떠나는 수많은 분기점이 있다. 특히 전후 평균적 교육 경력의 연장, 이용할 수 있는 광범위한 선택(또는 행운)의 폭, 그리고 진로 및 분류 시스템을 통해 광범위한 다각화와 관련된 자유교양교육liberal education 체제가 점점 더 복잡해졌다.

둘째, 자유인문교육은 교육과정과 교수법을 혁신하고 다양화했다. 이와 같은 혁신은 전통주의와 진보주의 사이에서 이루어졌다. 이것이 전통적 분류법으로는 급진적 반대로 보이지만, 두 유형은 실제 자유교양교육의 대안적 양극에 존재한다고 할 수 있다.Moore, 2007: 121 이러한 운동들은 배제되거나 소외된 집단(노동계층, 소녀, 흑인)의 교육적 이익을 대표하고, 지배적 이익(중산층, 남성, 백인)을 대변하는 기존 교육과정과 교수법을 비판하며, 새로운 집단(진보적 교사, 사회교육자, 여성주의 교사 등)을 수용하는 임무를 맡고 있는 교사들을 위한 전문화된 직업적 정체성을 구축할 수 있는 기회를 제공한다. 하지만 자유인문주의 교육의 이러한 변화무쌍한 적응성에 문제점이 없는 것은 아니었다. 자격인정과 자격증 팽배와 연관된 팽창/수용의 과정은 자유인문주의 교육을 불안하게 했다.

그리하여 기술 변화가 급격한 상황에서 세분화된 전문직업교육보다는 수준 높은 일반교육(모든 사람을 위한 공통 교육)이 더욱 적합하다는 주장이 등장했다. 그래야만 새로운 경제적 경쟁구조에서 노동과 교육, 그리고 일반교육과 직업교육이 더욱더 긴밀히 연계될 수 있다. 그람시는 보수적 학교교육에서 진보교육의 대안을 찾았다. 그는 인문교양교육과 직업기술교육의 융합을 제안했다. 이에 따라 직업의 맥락과 노동자의 기술이 지니고 있는 경제적·사회적·문화적 함의를 파악했다.Young, 2013: 72-73 그는 직업 개념을 개인의 천직에서 직업에 대한 헌신과 직업의 가치에 대한 인식, 그리고 직업구조의 변화에 대한 관점을 표현하는 모든 사람들의 관념으로 확대했다. 그람시가 보기에 일자리를 갖고 직업교육을 받는다는 것은 산업적 또는 직업적 과제 완수를 위해 필요한 기술과 지식을 숙달하는 것만을 의미하지 않으며, 윤리적 의무에 대한 인식, 직무의 정치적·경제적 함의와 생산의 미학에 대한 인식을 수반한다.Entwhistle, 1979

그람시는 '전통적' 학문교육(지식 기반 교육과정)이 노동계급과 흑인 아동들에게 도움이 된다고 했다. 이런 관점에서 무어는 '교육을 위한(for)' 사회학의 관점/입장주의를 비판하면서 비판적 '교육의(of)' 사회학을 지지한다.Moore, 2007: 178 그람시는 외관상 그럴듯해 보이는 '직업중심주의 vocationalism'[28]를 통해 지식에 접근할 수 있는 기회로부터 종속 집단을 배제시킨, 젠틸레 교육부 장관[29]이 제안한 '진보주의적'—우리가 흔히 급진

---

28. 전혀 다른 문화적 전통에서 형성된 '직업중심주의(vocationalism)'의 재개념화가 시도되었다. 직업중심주의는 듀이의 자유인문주의적 직업중심주의와 그람시의 통합적 생각으로 대표된다. 듀이는 자유인문주의 교육이 곧 직업교육이고, 최선의 직업교육은 자유인문주의 교육이라고 주장했다. 마르크스주의자 그람시는 직업교육 원리와 노동자의 계급적 성장을 연계시키는 정치적 대안을 제시했다. 이탈리아 공산당을 창설했던 그람시와 자유주의자인 듀이의 정치적 입장은 서로 달랐다. 그러나 직업교육에 대한 이들의 관점은 비슷했다. 두 사람은 산업적·경제적 변화의 결과에 대해 낙관했다는 공통점이 있다. 듀이는 당시의 심각한 사회적 불평등을 인식했으나, 산업민주주의의 발전이 모두가 의미 있는 직업을 가질 수 있는 민주사회를 구현하는 기본적인 동력이라고 보았다. 하지만 그는 극소수의 직업만이 자신의 자유주의적 직업중심주의를 구현할 수 있다는 현실을 인식하지 못했다. 반면 그람시는 산업자본주의의 모순에 대해 듀이보다 훨씬 깊은 차원에서 간파했으나, 노동자계급에 대한 마르크스주의적 관점을 취했다. 이에 따라 그는 산업노동 그 자체가 역사의 해방 동력이면서 교육 원리가 될 수 있다고 보았다 (Young, 2013: 72-73).

적이라고 이해하는—혁신 방향을 비판하면서 새로운 사회의 구성을 위해 구교육과정의 구조적 보수주의를 비판적으로 수용했다.Entwhistle, 1979 그람시는 보수적 학교교육을 통해 고전교육을 재발견하면서 급진적 변혁/혁명을 위한 지식의 새로운 역할에 주목했다. 이것은 물리적 힘(강압)이 아니라 동의를 위한 전략이다. 사회적 변혁에 앞서 유기적 지식인에 의한 시민사회를 위한 문화적 진지를 구축하고자 했다. 그렇지 않으면 새로운 반동의 국면이 조성될 수도 있다. 따라서 시민의 정치의식/교양 수준이 충만해야 한다. '상식common sense'의 중심에 '양식good sense'이 자리해야 한다. 고전교육/인문학과 현대적 직업기술교육이 통섭되어야 한다. 번스타인도 노동계급이 일상적 지식/아동 중심적 교육에 매몰되면서 학문적/분류화된 지식에 접근할 수 없게 만드는 국면들을 우려했다.

전통주의, 진보주의, 그리고 직업주의 간의 관계는 연결고리를 갖고 있다. 교육의 전통적 형태와 진보적 형태 간의 계속된 갈등을 안고 있는 체제는 점차 스스로 문화적 전쟁을 벌였다. 전통주의traditionalism와 진보주의progressivism는 그 자체가 선한 것으로서 교육의 내재적 가치와 전인의 이념 등을 강조하고 있다는 면에서 '자유롭다liberal'. 하지만 양자는 교육에 대한 매우 다른 원리에 따라 교사의 전문적 역할과 정체성을 부여하고 있다. 전통주의적 지식 중심 교육과정은 교과의 권위를 촉진하고, 학문적 교과에 의해 보증되어 있다.[30] 다른 한편 진보주의는 아동과 학습과정에 대한 교육적이고 특별한 이해를 위한 전문성을 보여 주고 있다. 양자의 입장은 매우 다른 원천을 갖고 있을 뿐만 아니라, 잇달아 서로 다른

---

29. 1920년대 이탈리아 젠틸레 교육부 장관의 교육개혁에 대한 그람시의 잘 알려진 비판은 분명 이 구분을 잘 인식하고 있었다.
30. 교육에서 권위의 위기는 곧 전통의 위기이다. 오래된 세계와 새로운 세계를 소통시키는 교육이 중요하다. 아이들은 과거와 미래 사이에 긴 존재이다. 그런데 진보주의는 '세계사랑'을 상실시키고 있다는 비판을 받는다(Arendt, 2005).

사회적 관심과 연결되어 있는 다양한 일련의 제도적 제휴를 맺고 있다. 전형적으로 진보주의가 모든 아동의 필요에 대한 종합적 반응을 주장한 다면, 전통주의는 협소한 사회 엘리트에 봉사하는 것으로 간주되었다.

첫 번째 경향은 교육 팽창의 과정이 다양성을 수반하고, 잇달아 그것은 자유교양교육 체제를 경쟁 이데올로기와 집단으로 파편화하는 결과를 낳았다.Moore, 2007: 122 이와 동시에 다양성은 기회의 평등과 사회정의를 촉진하는 수사와 연결되어 있기 때문에, 교육적 논의는 더 넓은 정치적 논의로 통합이 된다. 어떤 상이한 형태의 교육과정과 교수법은 여타 집단을 희생시키면서 일부 집단의 이익을 촉진하는 것으로 보이기 때문에, 교육의 다양성은 다원주의가 아닌 계급, 성 그리고 인종 간의 갈등과 경쟁과 연결되어 있다. 교육을 다양화하는 자유교양교육의 역량은 동시에 그 자체를 와해시켰다. 특히 1970년에는 신뢰와 정당성의 위기로 나아갔고, 1980년대의 선거 캠페인에서는 대처리즘 언론을 통해 상당한 영향력을 발휘했다.

두 번째 경향은 자유인문주의 자격증이 노동시장의 자격증 팽창 현상으로 붕괴된 것과 관련이 있다.Moore, 2007: 122-123 다양성과 자격증 팽창은 자격주의 체제의 대중적 확산과 연결되어 있는데, 변화하지 않는 사회에 새로운 기회를 제공했다. 자격증을 통한 자유교양교육의 확산은 분화된 사회적 이동이나 자유인문주의적 문화자본에 접근할 수 있는 측면에서 명백한 이익을 가져오지 못했다. 시스템의 다양성은 단지 그것 안에서 가능한 미묘한 지위 구분을 세밀하게 변형시켰다. 문화자본의 재분배를 통해 더 광범위한 대중적 지지층에게 기회의 향상을 촉진시키지 못했고, 또한 자유교양문화의 꽃을 피우지 못했다. 교육 팽창의 사회적 효과성에 대한 이런 한계는 부분적으로 노동시장과 상호 연계된 자격 제제가 대부분 분절되어 있는 사실과 관계가 있다. 전형적으로 상이한 사회경제적 배경을 가진 개인은 아주 다른 미래의 직업 기대를 갖는 상이한 학문적 진로로 들어간다. 자격화 및 자격증 팽창이 전후 산업사회의 일반적 추세이지만, 통일된 형태를 진행된 것은 아니다. 자격 체제의 발전을 동반한 노동 시장 분절화와 분화 그 자체는 자격증 요구가 미약하지만 기술 요건의 실제 변화와 연결된 상대적으로 비연속적인 지위 위계를 가진 복잡한 네트워크를 창출하기 위해 교육의 팽창과 변화하는 기회구조와 상호작용했다. 특수한 기술을 전수하기보다는 지위문화를 재생산하는 것이 교육의 중심 기능이었다.

세 번째, 직업주의 이데올로기는 최근 자유인문주의의 중요한 요소를 뒤집는 경향을 보인다.Moore, 2007: 123-127 전통적 도제교육을 거부하는 직업주의의 역량 형태는 자유교양교육의 위기에 대응하는 것으로 볼 수 있다.[31] 자격 요건과 직업 간의 교환율을 수정하려는 새로운 교육의 공동체 흐름을 확립하려는 역량을 갖게 함으로써 자유인문주의―문명적 삶의 함양, 합리적 자율성, 내적 잠재력의 구현 등―의 문화자본은 '도구적 기술주의'―협소한 행동주의와 결부시킨―의 형태로 대체되었다. 직업주의 운동은 신보수주의와 신자유주의보다 자유인문주의(학문주의)와 진보주의의 치유적 전체론therapeutic holism에 더욱 실질적인 위협이 되고 있다.

이렇게 본다면 우리에게는 교육의 전통주의, 진보주의, 그리고 직업주의가 동시에 융합된 교육체제를 구축할 필요가 있다. 가정적 삶, 직업적 삶, 시민적 삶을 모두 충족시키는 교육이 이루어져야 한다.Noddings, 2016

---

31. 교육사학자이자 미국 교육차관보를 지낸 래비치(Diane Ravitch, 2000)는 '학문 중심 교육과정'이 곧잘 전통적 교육 또는 보수적 교육으로 분류되는 것에 대해 모든 합리적인 교육자들이나 학부모들이 당연하게 불평해 왔던 형식적 방법, 암기학습, 또는 학생의 수동성을 말하는 것도 아니고, 교수 기능을 의미하는 것도 아니라는 적극적 반론을 편다. 학문 중심 교육과정은 언어, 문학, 과학, 수학, 역사, 예술, 외국어에 대한 체계적인 학습을 의미한다는 주장을 편다. 그녀는 이러한 학습이 오늘날 흔히 '자유교양교육'이라는 것으로서 중요한 지식과 기능을 전달하고 심미적 상상력을 계발하며, 학생들이 살고 있는 세상에 대해 비판적이고 반성적으로 사고하도록 가르친다고 역설한다.

이를 위해 인류의 인문적 유산을 전승하는 자유교양교육, 아동의 흥미와 욕구, 창의성, 전인성의 함양을 위한 진보주의 교육, 생활 및 사회 토대로서의 직업기술교육을 공존시키고, 평등한 교육 기회와 사회정의가 실현되는 통합적 교육체제를 마련해야 한다.

진보주의 교육을 둘러싼 논쟁

1960년대 노동당 집권하에서 발표된 영국의 「플라우든 보고서」는 진보주의 교육을 '성장', '아동의 요구와 흥미', '발견'으로 특징화했다. 아동 중심적 진보주의란 전통적이고 교과 중심적이며 교사 중심적인 접근법과 대조를 이룬다. 루소나 듀이 같은 교육적 진보주의는 아동의 지위, 아동의 본질, 교육과정, 교사의 역할에 대해 차별적 주장을 폈다. 첫째, 전통주의자는 아동기를 성인기에 도달하기 위한 하나의 단계로 생각하는 반면에, 진보주의자는 아동기를 그 자체의 상태로 바라본다. 진보주의자에게 학습이란 외적인 권위자의 통제에 의해 이루어지는 것이 아니라, 아동 자신의 본성과의 조화 속에서 아동에 의해 이루어진다. 자연적인 탐구자로서 아동은 경험이나 발견에 의해 배우기 때문에 교사의 역할은 조력하는 일에 국한되어야 한다. 교사가 해야 할 과업이란 환경을 마련해 줌으로써 학생이 배울 '준비'가 되었을 때, 자신의 속도에 맞춰 세계를 발견하도록 해 주는 것이다.Cuypers & Martin, 2017: 326

진보주의 교육에 대해 강한 반발을 보인 집단은 교육철학자들이었다. 1960년대 말에 이르러 R. S. 피터스Richard Stanley Peters, P. 허스트Paul Hirst가 교육과정 논쟁을 주도했다. 이들은 주제 중심 통합형 교수요목을 비판했다. 이런 형태의 교수요목이 모든 사람들이 세상을 이해하기 위해 필요로 하는 기본적인 '지식의 형식'을 무시하고 있다고 보았기 때문이었다. 자유교양교육을 옹호하는 분석적 교육철학자들은 실용적 가치를 가진 교과 또는 활동을 가르쳐야 한다는 진보적인 교육자들의 주장을 비판하면서 전통적인 교과가 가지고 있는 내재적 가치를 선험적으로 정당화했다. 이들이 강조하는 '지식의 형식'[32] 이론은 바로 전통적인 교과의 가치를 정당화하려는 노력의 산물이다. 피터스의 '입문으로서의 교육' 이론은 무가치한 활동이나 가치가 있는지 없는지를 잘 모르는 활동에의 입문이 아니라, '가치 있는' 활동에의 입문이라고 점을 강조한다. 그에 따르면 입문 활동으로서의 교육은 규범적 준거(가치 있는 활동에의 입문), 인지적 준거(지적 안목을 길러 줄 수 있는 활동), 과정적 준거(피교육자의 자발성을 존중하는 활동)를 모두 충족시켜야 한다.Cuypers & Martin, 2017 피터스는 교육을 아동 중심적 교육이 추구하는 교육 목적—자율성, 비판적 사고, 창의성 등—이 아니라, 공적 경험의 양식, 지식, 그리고 이해로의 입문으로 바라보았다. 허스트는 교사가 지식을 조직하는 사회구성적 방법이 교과subjects라는 점을 인정하면서 이해의 형식은 다양성과 개별성의 영역이어야 한다는 점을 강조했다.

---

32. 영국에서 전통적인 교과의 가치를 옹호한 대표적인 학자는 피터스와 허스트이다. 허스트의 '지식의 형식(forms of knowledge)' 이론은 피터스의 교육 개념의 기초 위에서 전개된다. 피터스가 교육철학의 관점에서 지식의 형식을 주로 논하고 있는 데 반하여, 허스트는 주로 교육과정의 논의 맥락에서 지식의 형식을 논의하고 있다. 허스트는 「자유교양교육과 지식의 본질」(1965)이라는 글에서 지식을 구획화하는 일을 서구 문명의 위대한 성취 중의 하나로 여긴다. 그는 합리성, 즉 합리적 마음의 계발을 자유교양교육(liberal education)의 목적으로 보았다. 그가 말하는 지식의 형식이론은 첫째, 지식을 이론적 지식과 실제적 지식으로 구분했다. 둘째, 이론적 지식을 지식의 형식과 지식의 분야로 구분했다. 이처럼 그는 자유교양교육을 통한 인간의 합리적 마음의 계발을 정당화하기 위해서 그의 관심을 '지식'에서 '이론적 지식'으로, 이론적 지식에서 다시 '지식의 형식'으로 제한하는 방식을 채택했다. 허스트는 지식의 형식과 연관된 교육과정을 "학생들이 학습을 통해 어떤 교육 목표를 달성할 수 있도록 의도적으로 조직한 교사와 학생의 활동계획"이라고 본다(Peters & Hirst, 1970).

하지만 신교육사회학자들은 분석적 교육철학자들(리처드 피터스와 폴 허스트 등)이 가진 지식의 형식 이론에 대한 근본적 한계를 제기했다. 첫째, 허스트의 지식의 형식 이론은 논리적 탐구를 중시한 나머지 경험적 탐구가 저급하고 심지어는 백해무익하다는 편견을 갖게 했다는 점이다. 둘째, '좋은 삶'의 추구라는 교육의 목적이 '이론적 지식'의 추구라는 교육의 목적으로 축소되는 결과를 초래했다는 점이다. 학교교육에는 주지 교과 외에 다양한 지식, 기능, 활동들의 가치 추구도 교육의 목적으로 삼아 가르칠 필요가 있기 때문이다. 사실 허스트 자신도 노년에 자신의 지식의 형식 이론의 한계를 깨달으면서 교육적 입장을 전환했다. 즉 교육의 정의를 '지식의 형식에의 입문'에서 '사회적 실천·전통에의 입문'으로 수정했다.Hirst, 1999 후기 사상은 합리주의 교육과 공리주의 교육을 변증법적으로 통합한 것이다. 좋은 삶을 추구하는 데 필요한 이성을 이론적 이성이라기보다는 실천적 이성으로 본 것이다.

신교육사회학자로서 지도적 역할을 했던 번스타인은 진보주의 교육이 가시적 교수법보다 아동 중심적 비가시적 교수학invisible pedagogy 과 친밀성을 갖는다고 보았다.Bernstein, 1975[33] '비가시적 교수'는 제도(유치원, 학교 등) 내에서 진보적 실천이 가능한 맥락에서 비가시적으로 일어난다. 비가시적 교수는 공적 영역에서 순수 형태로 이루어지는 것이 덜하며, 가시적 교수에 더 많은 근거를 두고 있다. 하지만 비가시적 교수의 특성은 아주 가시적인 교수 유형(강한 분류화 및 얼개화)에서 '전문적 실천'으로 발현될 수 있다. 여기에서 전문적 실천은 특정 사회집단(취약 집단이나 소수 집단 학급)으로 전달되는 교육과정의 한 부분인 삶의 기술에 특별할 것이다. 일반적으로 비가시적 교수나 '통합적' 교수 실천은 사회 통제의 일환으로서 취약 집단과 결합된 초등이나 중등 수준에서 이루어질 것이다. 강한 분류화와 얼개화는 더 명시적이고 직접적이고, 이념, 인사, 이해관심에서 더 선발적인 경향을 보인다. 대체로 분류화와 얼개화 관계는 강력한 중앙 통제와 함께 강화된다. 하지만 전문화된 비가시적 교수 실천은 여전히 사회통제의 기제로서 투입되고 있다.Bernstein, 2003: 91-92 '진보적' 실천을 지향하는 약한 분류화 및 얼개화로부터 벗어나거나 앞으로 나아가는 교수 실천의 변화는 국가의 지배적 행위자, 위계의 명시성 정도, 교수 실천자의 공급과 수요 용어에 영향을 미치는 사회적 기반을 변화시키는 경제에 의해 매개될 것이다.

학교에서의 '진보주의적' 접근 방식과 '새로운(현상학적)' 교육사회학의 접근 방식은 유사한 측면이 있다. 양자는 모두 개인의 욕구, 기대 및 합리성을 강조하고, 학생들에게 자유에 대한 그릇된 인식을 제공하고 있다.Sarup, 1988: 26 교육철학자 존 화이트John White는 자기가 하고 싶은 것을 할 수 있는 자유를 지나치게 많이 주는 것은 그 바람이나 능력이 단지 새 것을 얻으려는 것에 국한된 아동에게는 별로 도움이 되지 않는다고 본다. 그는 사회주의 교육을 극단적인 진보주의와 동일시해서는 안 되며, 아동 중심 교육과 같은 극단적인 자유주의 또한 사회주의와는 무관하다고 판단한다.White, 1979 그런데 신교육사회학자인 번스타인은 진보주의 교육이

---

33. 신교육사회학자인 번스타인은 진보주의 교육이 교수 과정에서 교사의 통제가 노골적이지 않고 암시적이며, 교수법을 평가하는 준거가 복합적이어서 쉽사리 측정되지 않는다고 보았다. 진보주의 교육은 놀이를 통한 교수법 이론과 프로이트, 피아제, 촘스키 등의 이론들을 선호한다. 대체로 약한 분류화를 함의한 비가시적 교수나 이와 유사한 '진보적' 실천은 경제적 부양 국면에서 대두했다. 이러한 실천은 전달자의 훈련과 전달 비용과 관련하여 가시적 교수보다 비용이 많이 든다. 경제의 발달의 경우 교육, 의료, 사회 서비스에 대한 공적 지출이 증가할 것이고, 지배적 행위자에 영향을 미치는 것은 상징적 통제의 기관에서 전문화된 상징적 통제의 행위자로부터 이끌어 올 것이다. 반면 경제의 하강 국면에서는 교육, 의료, 사회 서비스에 대한 공적 지출이 축소할 것이고, 지배적 국가기관에 영향을 미치는 것은 상징적 통제가 아니라 경제 분야로부터 이끌어 올 것이다. 경제적 붐/성장 시대에는 공급 쪽보다 수요 측면이 강력하지 않고, 결과로서의 위계는 이념, 인사, 이해관심과 관련하여 선발적이지 않고, 더욱 비간접적이며, 비가시적인 형태를 취한다.

전통주의자와 진보주의 교육관 비교Doll, 1974; Toit, 2011: 65 재인용

전통주의자	진보주의자
학습되는 것은 내재적으로 선이기 때문에 가치가 있다.	배운 것은 무언가 유익하기 때문에 가치가 있다.
교과는 그 자체로 중요하다.	교과는 교수 기술, 지적 과정, 태도 그리고 감식안을 위한 매개로서 중요하다.
교과는 원하는 용도를 위해 주로 가르쳐진다.	교과는 당장의 용도를 위해 주로 가르쳐진다.
모든 사람은 기본적으로 동일하기 때문에 같은 교육과정을 제공받아야 한다.	개인은 서로 현저하게 다르기 때문에, 폭넓게 차별화된 교육과정이 필요하다.
교육과정은 지적 엘리트를 양성하기 위해 차별화된다.	교육과정은 약속과 잠재력의 부족에도 불구하고, 각 개인의 고유한 특성을 발달시키기 위해 차별화된다.
세상을 있는 그대로 받아들이고 그에 따른다.	세상을 이상적인 조건에 접근하는 환경으로 바꿀 수 있다고 믿는다.

중산층의 대두에 그 기원을 두고 있다고 본다. 그러므로 당연히 중산층의 태도, 에티켓 등을 반영하고 있다고 비판한다.Whitty, 2017: 59-60, 66

　진보주의 교육을 지나치게 단순화하여 접근해서는 안 된다는 말이다. 따라서 진보주의 교육의 다양성을 이해하면서 새로운 시대 변화와 함께 다음과 같은 과제를 유념할 필요가 있다. 첫째, 신교육사회학자들은 교육철학자들과 논쟁을 거치면서 교육에 대해 좀 더 철학적이고 정치적인 성격이 짙은 질문들에 관심을 가지게 되고, 인식론과 정치학의 관계가 갖는 중요성에 더욱 주목하게 되었다. 사회현상학(메를로퐁티 등)은 그 장점에도 불구하고, 무미건조한 분석철학에 대한 대안적 지식이론으로 자리매김하기에는 적합하지 않다는 것을 알게 되었다. 둘째, 진보주의 이상은 앞으로 어떻게 되어야 하는지, 학교에서 무엇이 이루어져야 하는지를 처방적 수준에서 이론화할 수 있을 것이며, 진보적 실천은 학교에서 실제로 무엇이 일어나고 있는지를 지칭하는 기술적 수준에서 이론화할 수 있을 것이다. 셋째, 진보주의 교육이 아동의 흥미와 욕구를 중시한다고 하지만, 학생들이 학교에 가서도 학교에서 제공되는 자원을 충분히 활용하지 못

할 가능성이 있다. 즉 부르디외Bourdieu & Passeron, 1977가 강조한 '문화자본'의 불균등한 분배를 무시할 수 없기 때문이다. 부르디외는 아동 중심적 진보주의 교육을 '자기파괴적 유토피아'로 묘사했다. 넷째, 아동 중심 교육은 자본주의가 실제로 아동의 내적 잠재력이나 의식이 발전할 수 있는 범위를 제한하고 있는 사실에 대해 충분히 설득력 있는 설명을 해야 한다. 왜냐하면 학교교육의 주요 기능이 미래의 노동력을 훈련시키고, 거기에 등급을 매기며, 한정된 기술을 제공하고, '단순한 마음childmind'을 갖게 하기 때문이다. 다섯째, 진보주의 교육은 지배적인 실천에 대한 하나의 대안이긴 하지만, 반드시 그것에 적대적인 것은 아닐 것이다. 대안적인 것과 적대적인 것은 다르기 때문이다.Sarup, 1988: 27-28

전통주의자들은 진보주의자들이 학교교육을 이끌어 갈 확실한 대안을 제시하지 못하고 표류하는 듯한 모습을 보이는 것을 기회로 삼아 자신들의 입지를 강화하고 있다. 반면 진보주의자들이 교과와 교육 내용을 효과적으로 조직하는 방안을 확립하지 못하게 되면, 교육의 실제는 과거의 상태로 되돌아가는 참담한 결과를 낳게 될 것이다. 따라서 전통주의 교육과 진보주의 교육에 대해 이분법적으로 분리하여 접근하는 것은 바람직하지 않다. 흔히 보수주의자로 분류되는 피터스와 허스트도 이후 『교육의 논리』1970에서 중도적 입장을 표명하는 것으로 변화를 보였다. 진보주의 운동이 권위주의적인 수업, 암기 위주의 학습, 교수 주도적인 접근 방식을 비판하며 이것을 진일보한 방향으로 이끌고 나갔음을 인정한다. 하지만 아동 중심적 접근 방식이 지나치게 극단적인 반응을 보였다고 판단한다.

진보주의자들은 비판적 사고, 창의성, 자율성과 같은 마음의 자질을 강조했다. 하지만 그들은 학생들에게 비판적이고, 창의적이며, 자율적인 사람으로 만드는 데 필요한 지식과 경험의 형식들이 제공되지 않는다면, 이러한 덕들은 공허한 것에 지나지 않는다는 것을 충분히 숙고하지 못했다. 규칙의 체계를 통달하지 않는다면 이는 불분명한 이상에 지나지 않는다. 달리 말하면, 낭만적인 저항운동은 사실 논리적으로 모종의 고전적 배경을 전제하고 있다.Peters & Hirst, 1970: 31-32

자유교양교육의 맥락에서 '고전적 맥락'이란 바로 인간의 조건 및 삶의 역경과 밀접하게 관련되어 있는 지식의 체계를 말한다. 인간 삶의 일반적인 조건들과 관련이 있는 일반적인 신념 및 태도의 체계는 스스로 무엇인가를 하려는 개인들에게 반드시 필요한 것인데, 이러한 인간 유산에 입문하는 자아실현에 필수적인 것이다. 진보주의는 지식 이해의 발달에 매우 중요한 공적 경험의 형식에 너무 무관심한 것이 문제다.Peters & Hirst, 1970 이에 대해 진보주의는 전통적 교육의 지식이 아동의 필요와 흥미를 반영하지 못하고 있다고 비판하면서 더욱 유연성 있는 교육과정을 구성할 것을 촉구한다.

교과와 학문 중심 및 경험 교육과정 비교

	교과 중심 교육과정	경험 중심 교육과정	학문 중심 교육과정
목적	문화유산의 전달 및 학문적 성취를 통한 이성 계발	문제 해결 능력 향상을 통한 전인적인 인간 형성	지식의 구조를 찾는 과정을 통한 탐구력 배양
교육과정 조직 형태	분과형 (교과를 나눔)	통합형 (중핵형 교육과정, 교과 간 통합 및 교과와 학생의 통합)	나선형 (학생의 발달단계에 따라 내용의 폭과 깊이를 심화하는 방식)
교육과정 내용	문화유산 + 지식의 성취	아동이 겪는 경험 (생활+학교)	구조화된 지식 + 탐구과정
지향점	과거 지향	현재 지향	미래 지향

진보주의 교육은 과도한 지식교육을 벗어나기 위해 학생의 흥미와 관심을 중시하는 '아동중심주의'를 중시하고 있지만, 학교교육의 본래적 목적인 지식교육[34]을 멀리할 가능성이 있다. 교수-학습의 심리적 측면을 강조하는 진보주의 교육은 교육을 통해 '성취'할 수 있는 측면을 도외시하는 경향이 있다. 진보주의에 대한 8년 종단 연구를 총괄했던 타일러R. W. Tyler는 진보주의 교육에는 '학습 경험'은 있어도, 그것의 전제인 '교육 내용'에 대한 학문적 논의는 없다고 지적한 바 있다. 교육 내용 자체에 대한 논의는 개별 전문학자의 고유 영역이거나, 진보주의 교육운동이 주창하듯 '우리는 교과를 가르치는 것이 아니라, 아동을 가르친다'고 믿고 있다는 점에서 그럴 가능성이 크다.

그렇다고 지식의 구조를 강조하는 학문 중심 교육과정discipline-centered curriculum[35] 또는 '교과 중심 교육과정subject-centered curriculum[36]으로 돌아가서도 더욱 안 될 것이다. 전통적 학문 속에서 비판적 요소를 찾아내어

---

34. '지식교육'은 매우 애매한 말로서 교육적 논의에서 많은 논의에 많은 혼란을 일으킬 수 있다. 대체로 교과 선택과정에서 나타나는 것으로 첫째, 이론적 학문 활동을 교과로 선택하는 맥락에서의 지식교육, 둘째, 교과의 목적 설정에서 나타나는 것으로 활동의 명제적 요소를 강조하는 맥락에서의 지식교육, 셋째, 교수과정에서 나타나는 것으로 이론 및 규칙에 초점을 두고 가르칠 것을 강조하는 맥락에서의 지식교육 등이다(홍은숙, 1999: 13).

35. 학문 중심 교육과정의 기본 가정은 어떤 교과이든 그 지적 본질에 충실한 형태로 어떠한 발달단계에 있는 어린이들에게도 효과적으로 가르칠 수 있다고 본다. 학문 중심 교육과정은 학문 분야의 개념, 원리, 또는 태도 및 사고 방법 등을 학생들의 발달단계가 올라감에 따라 그 지적 본질의 동질성을 지키면서 점점 세련된 형태로 가르치도록 계획된 교육과정을 말한다. 달팽이 껍질의 선을 하나의 교과라고 한다면, 그 껍질이 점점 크게 돌아나가는 모양은 한 교과의 폭과 깊이가 학년이 올라갈수록 더해지는 것과 같은 원리이다. 이를 두고 브루너가 강조하는 '나선형 교육과정'이라고 부른다.

36. 교과 중심 교육과정은 형식도야 이론에 입각한 교육과정을 가리킨다. 형식도야 이론은 어려운 도구 교과(언어, 논리, 수학 등)를 이용하면 나머지 교과로 전이가 되어 교과를 쉽게 배울 수 있다는 것이다. 어려운 교과의 학습을 정당화하고 있는 이론이락 할 수 있다. 교과 중심 교육과정은 교사 중심, 언어 중심, 논리적 체계를 강조한다. 이에 대비되는 경험 중심 교육과정(experience-centered curriculum)은 일반적으로 생활적응 교육과 관련이 있다.

사회변화의 동인이 되도록 이끌어 내는 방식이 타당하다.

결국 전통주의(교육에 대한 권위적 접근)와 진보주의(아동 중심적 접근)을 비교해 볼 때, 전자는 목적과 내용 면에서 강점을 가지고 있으며, 이와 반대로 후자는 방법 면에서 강점이 있지만 목적과 내용 면에서는 약점이 있다. 이러한 변증적인 차원을 이해한다면 우리는 전통주의적 논제와 진보주의의 논제를 자유주의적 전통주의liberal traditionalism라는 종합적 관점으로 조화시킬 필요가 있다.Cuypers & Martin, 2017: 334 이런 종합적 관점은 '내용 없는 개념은 공허하고, 개념 없는 인상은 맹목'이라는 칸트의 주장을 받아들여 이 양극단을 조화시키는 방식이라고 할 수 있다. 경험의 내용이 없는 지식의 형식(공적 유산)은 공허하고, 지식의 형식이 없는 경험(실천)은 방향이 없는 맹목이라고 할 수 있다. 피터스가 아동중심주의를 강조한 「플라우든 보고서」를 극렬하게 반대한 이유는 교수와 학습에 대한 종합적 방안이 '이데올로기'로 전락할 가능성이 보였기 때문이다.심성보, 2018: 54-55 따라서 학생들의 경험과 이해를 중시하는 아동중심주의와 세계에 대한 이해 및 태도 그리고 상호의존을 중시하는 세계적 마음의 태도를 갖도록 해야 한다.Peterson & Warwick, 2015: 18-19

우리가 바라는 교육과정은 과거로의 회귀와 미래의 가능성이라는 형태를 동시에 취하는 것이 합당하다. 과거를 나쁜 것과 동일시하고, 미래를 좋은 것과 동일시하는 진보주의자들의 수렁에 빠지지 말아야 한다.Young, 2013: 16 과거, 현재, 그리고 미래와의 대화가 필요하다. 모든 비판은 분명한 대안을 제시하지 않으면 안 된다. 진보 없는 전통으로의 회귀는 미래가 없고, 전통이 결여된 진보는 토대가 없는 진보로서 사상누각이 될 위험이 있다. 교육의 목적과 과정에 대한 전통주의와 진보주의의 견해가 우리의 생각과 일치하든 그렇지 않든 이 문제에 대해 통합적 시각을 가질 필요가 있다.

구성주의자와 실증주의자, 그리고 사실주의자 사이의 논쟁

　구성주의constructivism는 기본적으로 모든 지식을 상대화하는 앎의 철학, 즉 극단적 인식론의 입장을 취한다는 면에서 포스트모더니즘 사고와 궤를 같이한다. 구성주의는 '지식은 발견되기보다 구성되는 것'이란 명제로 특징지을 수 있다. 구성주의는 개인이 현실을 살아가고 이해하는 데 본인에게 의미 있고 적합하고 타당한 것이라면, 그것이 지식이자 진리라고 간주하며 지식과 진리를 구성해 나가는 과정 자체를 중시한다. 실증주의 초기 논쟁에서 구조적이고 양적인 접근은 실증주의적이고 보수적인 것으로 나쁘게 받아들여졌다. 오늘날 포스트모더니즘은 그것을 남성중심주의와 민족중심주의라는 방식으로 정교하게 그린다. 객관주의 인식론─지식을 절대적인 가치를 지니면서 객관적으로 존재하는 것으로 보는─을 거부하는 구성주의 인식론은 지식이 상대적 가치를 지니는 것으로 보며 개인의 사회적 경험을 바탕으로 하여 개인의 인지적 작용에 의해 지속적으로 구성되고 재구성되는 것이라고 주장한다. 구성주의는 실증주의에 대한 급진적 비판으로부터 시작되었다. 실증주의가 말하는 지식이란 과학으로 입증되는 방식으로 절대적이고 확실하며, 따라서 지식은 역사와 사회의 외부에 위치한다. 구성주의는 지성, 능력, 학업성취와 같은 공식 교육, 그리고 학교제도 그 자체의 가장 기본적인 범주의 자의성을 폭로했다. 이러한 구성주의적 접근은 교실에서 일어나는 것에 대해 민감성을 갖는다는 점에서 높은 평가를 받는다. 하지만 지나치게 관념적이고 주관적이어서 구조적 요인들과 제약을 무시했다는 비판을 받고 있다.Moore, 2004: 41

　흔히 실증주의자들은 마음이란 세상의 대상들뿐만 아니라, 그들의 정치체제에 참여하는 것을 묘사할 뿐이라고 가정한다. 이들에게 과학적 관점이란 실재의 진정한 객관적 재현을 창조하기 위해 관찰된 세계와 실재

사이를 분리시키며, 이때 진리는 재현과 실재 사이의 상응 정도에 좌우된다. 양자의 상응 정도는 증거에 의해 측정되며, 그에 의해 확실히 생성된다. 이러한 작동에 있어서 과학자는 재현을 과학적으로 통합하기 위해 어느 정도의 자기 성찰과 자기 초월에 의존한다. 주로 재현으로서 진리 관념은 '분리된 관찰자'라는 생각에 바탕을 두고 있다. 객관성은 실재의 분리된 재현을 형성하는 조건이다. 이러한 관념은 구성주의자, 회의주의자, 해석주의자, 인식론적 상대주의자, 해체주의자, 실용주의자, 성찰주의자 등으로 이어졌다. 이들 모두 '반사실주의anti-realism'와 닮아 있다.

실증주의에 대한 비판은 매개되지 않고 전제 조건이 없는 인식 언어와 그것과 연관된 방법론의 가능성 여부에 집중되고 있다. 실증주의는 20세기 중엽에 붕괴했는데, 그것은 다른 논거로부터 제기된 많은 주장들이 그러한 언어가 가능하지 않다는 것을 입증했기 때문이다. 비트겐슈타인의 『논리철학논고』에서 발전된 실증주의 모형은 언어를 지나치게 단순화하고 왜곡했다. 실증주의자들은 과학적 이론이란 외적 실재가 아니라, 실질적이고 가능한 인간 경험에 대한 '언어적 재현'이라고 주장한다. '언어적' 그리고 '경험'이라는 용어는 실증주의와 구성주의가 서로 만나는 지점을 암시하는 것들이다. 우리가 말하는 것이 '사실의 그림'이라면, 언어는 명제들의 합이며, 이것은 단일한 성질을 지니고 있고, 그 성질은 여러 개의 인자를 가진 술어논리predicate logic—술어논리는 어떤 주어진 대상의 견고성을 결정하는 함수를 만들 수 있다—로 기술이 가능하며, 언어와 세계는 '그림 그리는' 관계에 의해 연결되는 유사한 구조를 가지며, 감각은 우리가 말하는, 따라서 생각하는 것에 붙어 있다고 주장한다. 그런데 실증주의는 우리가 인식론적 장점을 분별할 수 있다는 주장을 대체하지는 못했다.

반사실주의적 실증주의는 구성적 설명description을 넘어서는 실재는 아무것도 없고, 텍스트text[37] 이외에는 아무것도 존재하지 않는다는 것을 의미한다.Muller, 2016: 151 따라서 구성주의의 기본원리는 구성적으로 서술되지 않는 실재란 없다고 보는 반사실주의anti-realism[38]의 입장에 서 있다고 할 수 있다.Muller, 2016: 151 첫째, 언어는 실재를 반영하는 거울이나 지도가 아니기 때문에 언어와 실재는 별개라고 할 수 있다. 둘째, 이론적 담론은 항상 언어적이므로 이론은 실재와 관련해 경험적으로 평가되거나 판단될 수 없다.조항제, 2019: 270 첫째 명제는 구성주의자들이 언어의 객관성을 거부하는 것을 가리킨다. 둘째 명제는 인식론적 객관성을 말하는데, 구성주의는 모든 관찰에 이론이 부과되어 있다고 주장한다. 이 두 가지에 따라 실재는 알 수 없는 것이며, 담론은 참도 아니고 거짓도 아니다. 그리고 텍스트의 외부에는 아무것도 존재하지 않으며, 재현의 산물이 아닌 그 어떤 것도 존재하지 않는다.

여기서 구성주의는 관찰/실험에 의한 이론의 결정은 불충분하기에 사회적 이해관계가 개입할 수밖에 없다(Guine-Duhen 명제). 이 결정은 또한 패러다임과 패러다임 사이에는 공통점이 없다는 통약 불가능성 논리(Thomas Kuhn)에 근거한다. 구성주의의 논리적 얼개는 다음과 같은 네 가지 단계로 이루어진다. (1) 추정되는(객관적이지 않은) 어떤 조건이 드러난다. (2) 그것에 관한 다양한 주장들이 열거된다. (3) 시간이 지나면서

---

37. '텍스트'란 라틴어 '지어낸 것'에서 유래한 말로서 그 의미를 확장하면 '다양한 인용을 엮어서 지어낸 것'이라 이해할 수 있다. 저자의 독창적인 작품이 아니라, 다른 작품에서 인용하여 지어낸 텍스트라고 할 수 있다.

38. '반사실주의'는 다음의 이유 때문에 보수적이거나 반보수적일 가능성이 있다. 첫째, 만약 실재가 없다는 반실재론의 입장이 옳다면, 편향 연구 역시 설 자리를 잃을 수 있다. 기준(실재)이 없는 곳에서 편향과 그렇지 않음을 따지는 게 의미를 지닐 수 없기 때문이다. 실재를 반영하는 것이 불가능하다면, 편향 또한 성립되지 않는다. 둘째, 실재가 없으므로 경험적 연구 역시 분명한 논리적 모순이다. 일관성이 있으려면, 경험적 연구를 그만두든지 실재를 인정하든지 해야 한다. 셋째, 경험적 연구는 실재나 사실과 관련된 것이 아니라—실재나 사실은 없으므로—사람들의 신념, 성향, 지식인들의 미시적 실천에 대한 것일 뿐이다(조항제, 2019: 278). 이처럼 반실재론의 세계에서는 기준이 존재하지 않으므로 참과 거짓, 공정과 불공정, 정직과 왜곡 사이의 경계가 있을 수 없다.

그 주장이 변화되는 데 비해, 처음의 조건은 변하지 않는다. (4) 세 번째 조건에 이해 다양한 시점에 다양한 주장이 성행했다는 사실은 그것이 순수하게 사회적 구성에 불과하다는 점을 의미한다.조항제, 2019: 270-272

하지만 여기에서의 문제는 (3)에서 등장한 사실상 실재론적인 '변하지 않은 처음의 조건'이다. 구성주의의 반反실재론은 인식론적 구성의 힘을 과도하게 강조함으로써 현실에서 경험적으로 확인되는 물질적 이해나 권력관계가 갖는 비非인식론적(담론 외적) 요인을 부당하게 약화시킨다. 일례로 아동학대를 생각해 보자. 아동학대를 파악하는 방법이나 시각(이론)은 시대에 따라 달리 나타났다. 그러나 아동학대라는 현상은 '존재론적으로' 변하지 않고, 이론과 관계없이 독립적으로 존재했다. 방법이나 시각은 사회적 구성물이지만, 아동학대는 실재reality다. 실재가 있어야 구성물의 존재도 증명된다. 구성주의는 객관적 실재를 괄호 속에 넣는다고 주장하면서도 '다양한 주장이 사회적 구성물이었다'고 반-실재적 결론을 내릴 때는 갑자기 실재를 등장시켜 게리맨더링을 범한다.조항제, 2019: 272 헤게모니에 의해 구성된 실재를 비판적으로 논의할 경우에도 '실제의 실재 underlying reality'가 이와 다르다는 함축이 이면에 깔려 있지 않다면 주장의 의의는 반감된다. 고작 헤게모니와 비교될 뿐이고 상대주의의 틈입을 막을 도리가 없다. 이런 반-실재적 구성주의는 모두 '저기 바깥out there'에 있는 것을 기록할 수 있다고 간주하기 때문이다.

오랫동안 교육사회학은 인식론적으로 취약한 상대주의적 구성주의의 영향을 강하게 받아 왔다. 두 영역은 이러한 경향을 서로 강화한다. 교육에 관심을 두는 이들 두 영역이 스스로에게 가장 기본이 되는 범주 부정을 바란다는 것이 이상하다. 비판적 사실주의의 기대는 지식이 자율성과 관련하여 환원론에 반대하는 입장을 지지하는 그 능력 때문이다. 따라서 '사실주의realism, 寫實主義'[39]는 사회적 구성의 합리적 핵심을 유지하면서

'강한 구성주의'의 반실재론을 비판한다. 이 관점은 '비판적 실재론/사실주의'라고 할 수 있다.조항제, 2019: 42 객관성이 가진 가장 치명적인 약점, 즉 권력적 출처에 대한 종속은 '입장/관점 인식론standpoint epistemology'을 통해 극복하고자 했다. 이는 페미니즘 과학론을 통해 발전한 입장 인식론이지만 모든 피지배 계층·비주류에 적용이 가능하다고 생각한다.

결국 구성주의자들과 사실주의 사이의 차이점은 다음과 같다. 사실주의자들은 분명하게 다른 1차적 관찰(일상적 관찰)과 2차적 관찰(사람들이 관찰한 것을 연구자가 관찰한 것)을 구분한다. 이들을 동일시하는 것은 실존적 또는 심리적 주장을 인식론적 주장으로 받아들이는 것이다. 과학적 진술과 비과학적 진술이 형식적으로 동일하다고 하여 실체적으로 동일한 것은 아니다.Muller, 2016: 153 다시 말하면 진술이 동일한 구조라고 해서 똑같이 타당한 것은 아니다. 이렇게 구성주의자와 상대주의자들은 사실주의자들처럼 과학과 연구 작업에 적용시켜 본질적 구분을 허물면서 융합한다. 이러한 융합은 구성주의자의 실증주의 비판에 따른 것으로 간주되지만, 가장 본질적 측면에서 실증주의에 대한 비판에 동의하는 사실주의자들에게는 그렇지 않다. 구성주의는 모두 나쁘고, 사실주의는 모두 선하다고 말하는 것이 아니다. 따라서 실증주의를 무너뜨리는 데 도움을 준

---

39. 'realism'의 'res(thing)'는 라틴어로 '사물(事物)/실물(實物)'의 뜻을 갖고 있다. '사실주의' 또는 '실재론'으로 번역될 수 있다. 관념론/이상주의와 반대된다. '관념론(idealism)'은 실재가 근본적으로 물질적이라기보다 정신적이라고 본다. 실재의 대상이 외적 세계를 구성한다. 어떤 대상도 정신과 분리될 수 없다. 실재는 정신에 의해 매개된다. 정신이 실재를 해석한다. 반면 리얼리즘(realism)은 물질적 대상이 우리의 바깥에 존재하고, 우리 감각 경험과는 독립적으로 존재한다고 본다. 사실주의는 현실을 있는 그대로 보여 주려고 한다. 'reality(궁극적 기초)'는 '그 장면과 매우 흡사한' 사물의 실재성, 사실성 등 다양한 내포를 갖는다. 사실주의는 이상이나 관념보다 현실을 중시하는 사고 또는 행동 방식이라고 할 수 있다. 일반적으로 현실을 있는 그대로 묘사·재현하려고 하는 창작 태도이다. 인식의 대상을 사람의 의식이나 주관으로부터 독립하여 존재하는 것으로 보고, 이들을 객관적으로 파악하는 것이 참다운 인식이라고 하는 이론이다. 과학적인 '사실'과 사회적인 '현실'은 둘 다 영어로는 'reality'로 표기되지만 이 둘은 전혀 다르다.

구성주의자들의 노력은 기초주의에 영향을 미치는 문제들을 피하는 사실주의의 한 형태인 사회적 사실주의와 결합되어서 풍요로워져야 한다. 이렇게 해야 상대주의의 위험을 넘어설 수 있다. 절제된 사실주의자가 되어야 한다는 말이다.

그래서 오늘날 구성주의자들constructivists과 사실주의자들realists 사이의 통섭이 모색되고 있다. 사실주의자 라우Lau[2004, 2012]는 '실재reality'가 지식에 '의해서'가 아니라, 지식을 '통해', 또는 지식을 '거쳐' 구성된다고 생각한다. 이 점이 구성주의의 '게리맨더링'을 피하면서 담론 이론의 문제의식을 포용하는 방식이다. '발생한 것', '발생함', '실제로 발생한 것', '일어난 일', 그리고 '사건' 등의 말을 수시로 사용하면서 게리맨더링을 범할 위험을 경계해야 한다. 만약 무언가 '지시 대상물('실제로 발생한 것')'이 있다면, 확실히 그것은 '저기 바깥'에 있어 우리 눈에 뜨인 것이다. 설사 그것이 보도되지 않고 뉴스의 '이벤트'로 바뀌지 않는다고 하더라도 그렇다. 더 정확하게는 머릿속에 들어 있는 인식론, 즉 담론적 요소만을 고려하는 구성주의자가 아니라, 바깥에서 '발생한 것'과 이런 인식론적 요소 사이의 관계를 동시에 고려하는 '회의론적 사실주의자'가 될 필요가 있다.조항제, 2019: 273

이런 사실주의만이 다수의 인식론적 주장의 진위를 가려낼 수 있는 경험적 평가와 판단을 가능하게 할 것이다. 다양한 구성주의 가운데 '약한 구성주의'를 가려내면서 사실주의의 통합 가능성을 모색할 필요가 있다. 이런 관점은 '맥락적 구성주의'로도 불리는데, 이는 첫째, 객관적 실재가 알 수 있는 존재로 간주되고, 둘째, 실재와 관련해 경합하는 담론들이 경험적 인지 판단에 의해 판별될 수 있다. 이들이 구성주의자를 자처하는 이유는 구성주의가 '알 수 있는' 객관적 실재와 이 객관적 실재와 관련해 허위로 확인되는 헤게모니 담론에 의해 구성되는 실재 사이의 괴리를 통찰하는 가치를 지니고 있기 때문이다. 물론 '약한 구성주의'는 아직도 인식론적 상대주의에서 자유롭지 못하고, 사실주의는 여러 갈래로 나뉘어 있지만, 구성주의가 가지는 비판적 요소, 즉 순진한 경험주의의 거부나 실재에 대한 회의주의, 그리고 헤게모니 요소에 대한 비판적 시각과 해방적 관심을 비판적으로 견지할 필요가 있다.

그래서 엘드-바스Daver Elder-Vass[2012]는 '사실주의적 사회구성주의realist social constructionism'를 제창한다. 즉 보이지 않는 사회적 구성을 주장하는 구성주의의 규범을 지키는 동시에 눈에 보이는 규범집단의 존재를 제시하면서 양자의 결합을 시도한다. 사회적 구성에서 큰 비중을 차지하는 규범은 이 실체가 있는 집단 때문에 힘을 가질 수 있다. 규범을 준수하려는 집단과 이 집단의 힘은 규범이 사회를 구성하는 보이지 않는 작용을 지지하는 실재다. 우리가 권력에 순응하지 않을 때 초래할 수 있는 위험이 없다면, 과연 우리가 권력에 대한 순응을 선택하려 할까? 이것은 이미 우리의 주체성이 구성되기 이전에 자율성이 존재함을 보여 주는 것이다. 그가 시도하는 푸코의 담론 작업과 사실주의적 존재론은 '행위적 주체 agentic subject'를 매개로 결합한다. 이 주체론에서 인간은 사회적으로 구성되는 수동적 존재이지만, 동시에 바로 그 사회를 바꿔 나가는 능동적 존재이기도 하다.

그래서 마이클 F. D. 영의 '사회적 사실주의social realism'는 마르크스, 뒤르켐, 비고츠키처럼 지식은 사회적으로 생산된다는 점을 인정하면서도, 그 지식의 생산에서 인간 주체의 역할을 설정하고 있다. '사회적social'은 집단적·역사적이라는 뜻이다. 사회적 사실주의의 '사실주의realism'는 사회적 구성주의의 '구성주의'를 대체한 것인데, 관념주의자idealist보다는 물질주의자materialist 입장에서 지식의 사회적 생산에 관심을 두고 있다. 사실주의는 지식 생산의 사회적 관계에 주목함으로써 구성주의와 실증주의가 공유하는 근본적인 문제들을 드러나도록 한다. 두 관점 모두 지식을 앎과 주관적 경험 수준으로 낮추고, 또한 언어학적 지식 모형을 채택한다. 사실주의 관점은 실증주의의 절대주의와 구성주의적 상대주의가 야기하는 문제에 대한 대안으로 도입되었다.

구성주의와 사실주의 사이의 긴장은 전통적으로 인식론이 이러한 문제를 정당화할 수 있는 참된 신념을 위한 논리적 조건을 정의해 나가는 형식적인 방법으로 접근해 왔다는 사실에 기인한다. 지식이란 우리가 지닌 정당화되는 그러한 신념들이다. 왜냐하면 신념들이란 참된 것으로 입증될 수 있기 때문이다. 그동안 사실 지식은 그것이 생산되고 유지되는 사회적 조건과 무관하게 추상적으로 취급되었다. 이러한 '인식론적 딜레마'는 우리가 절대주의적 기초주의와 상대주의적 구성주의의 양극단 사이에서 단지 내키지 않는 선택을 하는 것처럼 보인다. 이러한 상황은 과학철학과 인식론 안에서 전개되었다. 지식 논쟁은 구성주의와 실증주의의 불일치로 구조화되었으며, 두 관점은 서로 배타적인 것으로 다루어졌다. 이런 인식론적 딜레마에 대해 사실주의자들realists은 교육사회학 내의 지식에 대한 논의의 장을 재정립하고 교육과정과 교육사회학에 대한 새로운 생각을 제시한다.

결국 '사실주의'의 접근 방법은 이러한 '인식론적 딜레마'[40]로부터 벗어나는 길을 발견하기 위한 것이다. 인식론과 지식사회학의 관계를 대립적으로 바라보는 것은 교육사회학을 위해 중요한 의미를 지니며, 이는 전통

---

40. 절대주의와 상대주의의 대안을 찾는 데에서 여러 가지 '인식론적 딜레마'에 직면한다. 첫째, 지식은 확실성과 유일하게 특권적 입장을 포함하는 절대주의적 용어가 된다. 둘째, 오직 상대주의만이 절대주의에 대한 대안으로 제시된다. 셋째, 지식관계는 동질성과 이질성 사이의 갈등이라는 점에서 성적 의미가 추가된 용어인 '정통적 지식'으로 표현되는 권력관계로 재현한다. 이러한 접근의 양극화 상황은 '인식론적 딜레마'라고 할 수 있다.

대 진보 논쟁으로 다시 다루어진다. 하지만 지식사회학의 한 흐름을 형성한 구성주의는 비판을 받기 시작했다. 구성주의적 접근이 교실에서 일어나는 것에 대해 민감성을 갖는다는 점에서 높이 평가받지만, 지나치게 관념적이고 주관적이어서 구조적 요인들과 제약을 무시했다고 비판받는다.Moore, 2004: 41 구성주의는 교사와 예비교사들에게 표면적으로는 매력적으로 보일 수 있지만, 궁극적으로 모순되는 지적 도구의 집합을 제공할 뿐이다. 하지만 한편으로는 교육을 통해 지적 해방과 자유의 가능성을 제공했다. 이러한 자유는 세계의 변화에 기여했다. 모든 권위주의적 지식 유형으로부터의 해방은 많은 사람들에게 더욱 평등하거나 정의로운 세계를 달성할 수 있는 가능성—일부 사람들에게는 사회주의—으로 연계되었다. 또 다른 한편으로는 구성주의는 더 나은 것을 구성하는 것은 고사하고, 적어도 객관적 지식이나 어떤 대상에 대한 진리 요청을 거부함으로써 더 깊은 이해를 할 가능성을 차단시켜 버렸다.Young & Muller, 2010: 117 해방성과 불가능성을 동시에 결합시킨 이중적 연루는 교육의 문제로 귀결된다. 교육과정에서 지식의 선택뿐만 아니라, 교사에 의해 행해진 학생들의 순위, 보고 및 일상적 판단까지 자의적으로 취급될 수밖에 없다면 이는 심각한 문제가 아닐 수 없다. 이런 생각은 오늘날 유행하는 촉진자, 집단 작업, 대화로서의 가르침의 언어로 각인되었다.Young & Muller, 2010: 118 이런 교수 전략은 위계 구조를 억압하거나 적어도 그것을 보이지 않게 만드는 시도의 한 가닥으로 볼 수 있다. 교육과정에 내한 논쟁은 교육적 목표와 미래 사회에 대한 논쟁으로 이어질 수 있다. 따라서 미래지향적 교육과정 이론의 역할은 특정한 교육과정 전략에 의해 종종 은폐된 교육적 목표를 규명하면서, 이러한 목표를 일선교사들이 당면한 현실과 점차 상호의존적으로 변해 가는 세계에서 모든 국가가 직면하고 있는 사회적·정치적 요구와 연계시킬 필요가 있다.Young, 1993: 17

3.

뒤르켐의 지식사회학

뒤르켐 이론의 재부상

뒤르켐Emile Durkheim, 1858~1917 사후 거의 1세기 동안 지식의 사회적 토대는 큰 관심을 끌지 못했다. 그러다가 최근 랜들 콜린스Randall Collins의 『철학자들의 사회학』1998과 바실 번스타인Basil Bernstein의 『페다고지, 상징적 통제 그리고 정체성』2000[1], 카시러Ernst Cassirer의 『문화과학의 논리』2009[2] 등이 나오면서 인간 존재의 토대가 되는 사회성, 사회학 그리고 철학이 함께 어울린 뒤르켐의 관점이 새로운 주목을 받았다. 카라벨과 할지는 권위 있는 학술지 〈교육사회학 리뷰〉에서 뒤르켐의 『교육사상의 전

---

1. 번스타인은 뒤르켐을 따라 '무엇이 사회적이며 사람들은 어떻게 사회적 존재로 형성되는가'라는 질문을 탐구의 대상으로 삼았다. 특히 『종교적 삶의 기초 형성』에 나타난 '성'과 '속'에 대한 생각과 뒤르켐의 중등교육 발달사에 나타난 중세 시기 종교적 지식과 이성적 지식의 공존에 대한 논의는 교육에 대한 번스타인의 이론에 크게 영향을 주었다.
2. 에른스트 카시러(1874~1945)는 신칸트학파 철학자이다. 카시러 문화철학의 핵심 개념은 '상징'이다. 인간은 상징을 통해서 정신적, 즉 문화적 존재로 이행한다. 이러한 상징은 문화에 객관성과 가치를 부여한다. 그리고 문화의 형식과 내용을 분리한다. 과학, 언어, 신화, 종교 및 예술은 상징형식으로서 각자 고유하고 독자적인 논리에 다양한 문화의 내용을 담아낸다. 카시러는 문화를 정신적 활동과 표현 및 그 결과물로 파악한다. 이 점에서 카시러는 칸트 사상을 끌어들인다. 칸트에게 인식이란 인간 정신의 대상을 주관적이고 적극적으로 구조화하고 질서화하는 행위이다. 그러나 다른 한편 카시러의 철학은 좁은 인식(과학)의 영역을 넘어서 언어, 신화, 종교와 예술을 포괄한다. 그리하여 칸트의 이성비판이 문화비판으로 이행한다(Cassirer, 2009: 136).

개』1977를 평가하면서, 교육적 전달의 사회적 구조와 과정의 관계를 분석한 이 책을 깊이와 넓이 차원에서 능가한 교육사회학자는 일찍이 아무도 없었다고 평가했다. 이러한 견해는 지금도 유효하다. 뒤르켐 이론은 단지 역사적으로만 앞선 것이 아니라, 교육사회학 분야에 여전히 강력한 지적 영향력을 미치고 있다.

그런데 뒤르켐의 사상은 전후 주요 사회학의 논의과정에서 여러 가지로 굴절되었으며, 교육사회학에 미친 영향은 광범위하고 때로 모순적인 형태로 적용되었다. 그는 1950년대 지배적인 사회학 패러다임이었던 미국의 규범적 기능주의에 대해 주요 근거를 제공했다. 당시 영국 대학에서는 사회학을 제도화하기 위해 노력 중이었다. 뒤르켐은 끊임없는 교육정책 변화의 물결 속에서 허우적거리는 중등교육의 지적 방황이 과거보다 더욱 심각하다고 개탄했다. 현재와 과거의 연관성을 추적하거나 풀어내기가 갈수록 어려워지고 말았다. 그뿐만 아니라 교육정책 결정자와 일선의 교육 실천가 사이의 균열이 그 어느 때보다 심각해진 것이다. 뒤르켐은 교육과정을 사회적 산물로 인식하지 않고, 외적 실재로 인정했다. 그뿐만 아니라 이것은 사회학에서의 교육적 사고에 강력하게 영향을 미쳤다.

뒤르켐은 사회학이 나름의 구별되는 과학으로 존재할 수 있도록 용인되며, 그렇게 함으로써 새로운 '과학적' 형식으로 교육에 근거한 사회계급의 정당성의 기초를 제공하도록 과학을 정의할 수 있기를 원했다. 뒤르켐의 출발점은 한 학문이 뚜렷하게 구별되는 탐구 영역을 가지고 있을 경우라야 '과학'으로 불릴 수 있다는 입장이다. 과학은 사물thing과 실재들 realities과 관련이 있다. 과학이 기술하고 해석할 자료를 가지지 못한다면, 그것은 진공 속에서 존재하는 것이다. 사회과학은 과학으로 존재를 인정받기에 앞서 무엇보다 먼저 분명한 탐구 주제를 갖지 않으면 안 된다. 과학적 논증은 우주가 자연적 현상과 사회적 현상이라는 다른 유형의 '사물들'의 층위/영역들로 이루어져 있다는 견해에 근거한다. 그리고 적어도 이 사물들의 일부는 인간에 의해 체계적으로 조사되도록 개방되어 있다. 과학들은 그들의 '대상들objects'의 성격과 우리가 취하게 될 지식의 양식에 따라 정의된다. 과학적 이해 양식들은 지식 추구 자체가 목적이고, 비판적이고 합리적인 탐구 문화와 실천을 중심으로 조직화될 때 제도적으로 자율적으로 된다. 결정적으로 과학은 역사적으로 진화된 체계적 반성의 집합적 실천이다. 여기에는 사회 그 자체를 반영하는 사회학의 출현도 포함된다.Durkheim, 1956

뒤르켐은 교육사회학과 교육과정 이론이 근대화 프로젝트의 핵심 기반이 되어야 한다고 믿었다. 기능주의 모델은 1960년대 후반과 1970년대 초반에 집중적인 비판의 대상이 되었는데, 이는 현상학이나 민속방법론과 같은 주관주의적이고 인간주의적인 사회학의 등장에 기인한다. 이들은 뒤르켐에 대한 자신들의 이해와 설명에 따라 자신들은 뒤르켐주의자가 아니라며 뒤르켐을 부정적으로 평가했다. 뒤르켐은 보다 전문적인 분야에서 영향을 미쳤는데, 그의 고전적 저서인『자살론』1952은 머튼을 거쳐 영국 중등학교 학생들의 하위문화에 대한 일련의 고전적 연구를 위한 기초를 제공했다. 이 연구들은 구조이론의 거시적 주제에서 학교교육의 미시적 과정으로 관심을 돌리는 데 결정적 역할을 담당했다. 그러나 이러한 일련의 영향에서 뒤르켐은 단지 부분적으로만 등장하는데, 이는 영어권 학자들이 뒤르켐을 이차적으로 재해석하여 걸러졌기 때문이다.

최근 구조주의와 후기구조주의 사상가들에 대한 뜨거운 관심에도 불구하고 그 사상이 뒤르켐의 인간 철학에 뿌리를 두고 있다는 점은 거의 받아들여지지 않는다. 그래서 부르디외는 이를 '지적 이성의 이상한 책략'이라고 칭하면서 교육사회학에서 뒤르켐의 잠재적 영향을 크게 부상시켰다. 그의 뒤르켐 이해는 우리로 하여금 푸코의 관심사가 뒤르켐이『사회분업론』1933에서 설정한 영역에 걸쳐 있으며, 푸코의 사상도 뒤르켐의 인간주의적 비판에 의존한다는 것을 알게 해 준다. 이렇게 보면 뒤르켐은 교과서에서 관례적으로 다루어져 온 것과 전혀 다르게 이해되어야 한다. 뒤르켐은 그동안 미국의 파슨즈 등에 의해 구조기능주의의 선구자로 인식되고 있으나 최근에는 자본주의 체제를 개혁하기를 원하는 개혁주의적 이상을 가진 진보적 사회학자로 소개되고 있다.민문홍, 2012: 686[3]

뒤르켐의 사회학은 인식 대상으로는 '사회실재론', 인식 방법으로는 '합리주의적 실증주의'로 평가되고 있다. 따라서 합리주의적·실증주의적 사회실재론자로 분류되기도 하나 여전히 '사회학적 칸트주의'로 분류되고 있다.김덕영, 2019: 21-29 뒤르켐이 도덕의 형이상학, 즉 '도덕의 사회학'을 추구했다는 측면에서, 그리고 다른 한편으로 칸트가 추구한 인식론의 형이상학 대신에 인식론의 형이하학, 즉 인식론의 사회학을 추구했다는 사실을 감안한다면 충분히 '사회학적 칸트주의자'로 분류될 수 있다. 물론 또 다른 학자들은 자칭-합리주의자, 공화주의 철학자, 사회주의자로 분류하기도 한다. 대부분의 학자들은 뒤르켐을 사회과학에서 가장 철학적이지 않은 과학주의, 경험주의, 실증주의, 기능주의를 옹호한 보수적 사상의 선구

---

3. 피에르 부르디외는 프랑스 68혁명 이후 뒤르켐의 공화주의에 입각한 새로운 사회 통합과 그 통합을 위한 가치합의를 위한 사상을 '도덕적 사회주의'로 소개했다. 뒤르켐은 기존 사회의 문화적 전통과 사회구조를 기반으로 새로운 도덕적 질서가 다시 창조·생성될 수 있다는 희망을 가지고 있었다. 그가 제기한 큰 사고틀은 인간 권리의 신성함과 개인의 자유를 둘 다 인정하면서도 동시에 개인들을 사회에 통합시킬 수 있는 강력한 제도적 수단을 지닌 사실주의적 공화주의를 정착시키는 것이다. 그는 이러한 맥락에서 현대 시민교육의 기초로서 아동의 도덕교육론을 제시한다. 또한 이것이 향후 시민교육의 기반이 되어야 하며, 새 도덕교육의 세 가지 요소로 훈련과 자율성 그리고 집단의 권위를 존중함으로써 아동들의 자기 정체성을 갖는 훈련이 이루어져야 한다고 강조했다. 아동의 도덕교육론은 소통이론과 함께 현대사회의 민주화와 현대적 가치관을 형성하는 데 필수적인 시민교육론이 되었다. 뒤르켐은 현대사회에서 사회 통합과 공동체 정신이 실현되기 위해서는 시민사회 구성원 사이에 서로를 존중하고 신뢰하는 분위기와 배려 문화, 구성원 사이에 감정적 상처 없이 공감하는 사회심리적 관계가 필수적임을 강조한다.

자로 평가하고 있다. 허버트 스펜서[4]와 마찬가지로 뒤르켐은 사회의 여러 분야들이 어떻게 일상적으로 기능하는지 밝혀 그 성격과 존재를 설명하고자 했기에 기능주의 사회학의 선구자로 보기도 한다.

사회적 현상으로서의 교육과 도덕

교과는 실재를 반영하며, 교과를 가르칠 때 우리는 실재를 대변하게 된다. 뒤르켐은 교과가 사회적 실재를 반영한다고 주장한다. 뒤르켐은 르네상스 이후 중세기 동안 이루어졌던 말씀(word: 3학/문법, 논리학, 수사학)과 세계(world: 4과/산술, 기하학, 천문학, 음악) 사이의 공존은 깨졌다고 보았다. 3학은 신의 권위하에서 말씀을 이해하기 위한 것이었고, 항상 4과에 앞서서 가르쳐졌으며, 이는 서구 대학들에서 공통적이었다. 3학은 내적 세계를 대표하고, 4과는 외적 세계를 대표한다. 중세 7자유과는 기독교의 우위성이 강했기 때문에 3학과 4과의 뒤집기가 일어난 이후에도 그리스적 사유보다는 기독교적인 성격이 강했다. 뒤르켐은 생물학, 의학, 철

---

4. 허버트 스펜서(Herbert Spencer, 1820~1903)는 다윈의 진화론에 입각하여 생물학, 심리학, 윤리학을 종합한 철학 체계를 수립했으며, 사회유기체설을 주창하고 사회의 발전을 진화론적으로 설명했다. 그는 「어떤 지식이 가치 있는 지식인가」라는 논문에서 전통적인 자유교과─고전 공부, 언어적 우아함, 위대한 문학작품 공부 등─에 대해 신랄한 비판을 하면서 교육과정을 '과학적'으로 만들어야 한다고 주장했다. 그에게 있어 '완전한 삶'을 준비하는 데 가장 적합한 과목은 '과학'이다. 스펜서는 문명의 개화라고 불리는 인문 과목은 문명을 이루는 데 필요한 더 중요한 지식에 종속되어야 한다고 주장한다. 과학의 다양한 분야는 세계를 위한 실질적인 일과 관련된 교과이고, 인문학은 단순히 여가로 취급되어야 한다고 주장했다. 하지만 찰스 퍼시 스노우는 『두 문화』(1959)에서 인문학과 과학은 협력을 해서 더 나은 세상을 만드는 데 일조해야 한다고 주장한다. 인류 문화의 영원한 두 함수인 과학문화와 인문문화를 조명함으로써, 이 둘의 조화가 얼마나 중요한 미래적 과제인가를 보여 주고, 심각하리만큼 급속해지고 있는 지식 전문화의 속도에 매몰된 현대인들에게 문화적 보편성을 올바로 이해할 수 있는 길을 제시해 주고 있다.

학, 경제학, 생리학, 분자학, 법학, 인류학, 심리학 등의 모든 분과학문들을 총괄적으로 동원하여 19세기 말 근대 산업사회 등장과 사람들의 연대의식의 변화 형식을 규명하려 했다. 즉 도시화로 특징짓는 사회분업과 사회분화에 의해 전통사회가 산업사회로 바뀌어 가고 있고, 사람 간의 관계를 규정하는 원리가 기계적 연대의 사회에서 유기적 연대의 사회로 바뀌어 가는 것을 자연과학과 인문사회과학을 뛰어넘는 모든 학제 간의 지식들을 종합하여 규명하는 것이다.민문홍, 2012: 722-723

뒤르켐은 종교적/인종적 단일성이 깨진 근대사회가 어떻게 통합과 응집성을 유지하는지에 관심을 가졌다. 근대사회의 사회생활을 연구하기 위해 뒤르켐은 사회현상에 거의 처음으로 과학적인 접근을 시도했다. 그는 사회학을 '사회적 사실'이라고 하는 객관적 현상을 연구하는 학문이라고 규정한다. 객관적이라고 하는 것은 관찰 가능하다는 뜻이 아니라, 개인의 주관을 초월한다는 뜻으로 이해해야 한다. 언어, 집합의식, 집단표상, 종교, 사회연대와 같은 것을 전형적인 사회적 사실로 보고, 사회적 사실은 개인에 외재하면서 개인의 사고와 행동을 규제하는 강제력이 있다고 보았기 때문이다. 뒤르켐은 사회가 각 부분의 합 이상의 존재라고 주장했다. 사회적 사실은 각 개인의 행동에 종속되지 않는, 사회 그 자체로 존재하는 현상을 가리키는 말이다. 사회 구성원은 분명 자아와 개인의식 및 자유를 가지고 있다. 그러나 어떤 외부적인 압박으로 인해 의식과 자유에 제한이나 구속을 받는 경우가 생기는데, 이 외부적 압박을 '사회적 사실'로 규정한다

뒤르켐은 인간사고의 가장 기본적인 범주인 사회학적 설명을 설득력 있게 제시한다. 지식의 권력, 객관성 그리고 일반성은 사회 구성원들을 위한 그들의 일반성에 위치하고 있다. 이성은 세계에 대한 객관적으로 진정한 지식의 기초이고, 과학의 토대이다. 인간의 근본적 사회성은 지식의 기

초가 되는 사회이론이다. 과학철학자라기보다는 사회학자인 뒤르켐의 지식이론은 바슐라르Gaston Bachelard보다도 더 포괄적이다. 바슐라르는 자신의 철학적 대상을 물리학에 한정하지 않았고, 더 넓은 의미에서 지식과 과학적 지식을 구별하지 않았다.Young, 2012: 146[5]

뒤르켐은 100여년 전 중등교육이 커다란 난관에 봉착하고 있다고 하면서 소멸되어 가는 과거와 확정되지 못한 미래 사이에서 지적으로 방황하는 상태에 빠졌고, 결과적으로 과거에 그것이 가졌던 활기와 활력을 상실하고 있다고 우려했다. 뒤르켐은 교육과 도덕을 사회적 현상으로 본다. 그리고 교육이란 "사회가 젊은 세대에 대한 체계적 사회화를 통해 그 자신의 존재조건을 영원히 재생산하는 수단이다"라고 정의한다. 그는 전통적 도덕교육을 현대사회의 합리적인 세속교육으로 대체하기 위해서는 도덕에 대한 교리문답적 설명이 아닌 과학적 설명이 필요하다고 믿었다. 즉, 전통적 기독교 교육관 속에서 새 도덕의 원칙을 찾아내고, 그 새 도덕을 현대사회의 각 영역에 맞도록 응용하는 것이 사회학자의 역할이라고 생각했다. 그는 의사처럼 사회의 병을 진단하고, 개인과 사회 사이의 관계를 개선할 수 있는 행동지침을 제시하기를 원했다.

뒤르켐의 이러한 관심은 말기에 이르러 도덕과학에 대한 관심으로 발전되었다. 도덕과학은 우리가 일상생활 속에서 도덕성을 예술로서 행사하

---

5. 바슐라르는 생물학에 대한 초점을 둔 영향력 있는 인식론을 발전시켰다. 과학은 현재 시각에서 자료나 사실들을 모으는 작업이 아닌, 사실들의 군집도 아닌, 지식의 역동적 재구성 및 체계화 작업이다. 올바른 과학의 방법은 기존의 것들을 단순히 수정하거나 덧붙이는 작업이 아니라, 재창조이자 재조직의 작업이다. 과학이란 기존의 과학과의 연속성을 부정한 단절과 불연속을 의미한다. 불연속적 과학의 진보는 서로 대조되는 과학적 사고가 단절됨과 동시에 서로 보충됨으로써 종합이 이루어지는 과정이다. 즉, 과학적 사유는 단절적이고 상보적인 종합의 '감싸기'인 것이다. 그가 강조하는 부정의 정신—단순히 '아니오'의 부정이 아닌 원리를 변증화하여 재구성해 냄—은 감싸기 과정처럼 과거의 경험을 부정함으로써 새로운 경험을 가능하게 하는 것이다. 그러나 이는 과거의 경험을 잊지는 않으며, 이를 감싸 안아 변증화하여 발전시키는 것이다.

는 것을 도와준다는 것이다. 도덕을 임의로 바꾸려는 모든 행위—정치적 법령으로 도덕성을 바꾸려는 것—는 불가능하다. 왜냐하면 도덕성의 내적 체계와 규칙들이 그것을 거부하기 때문이다. 뒤르켐은 사회의 제도 및 기능에 대한 분석과 시민교육에 대한 성찰을 발전시켰다. 그의 초기 도덕론은 칸트의 저서에서 가장 커다란 영향을 받았으나, 칸트의 이론이 너무 한쪽으로 치우쳐 있음을 발견했다. 그가 새로 발견한 사실은 도덕적 행동의 의무적 성격은 도덕의 내용에서 나오는 것이 아니라, 도덕적 규칙을 위반한 행위에 대한 제재에서 나온다는 것이다.[6]

산업사회를 살아갈 아동들은 미래의 시민으로서 세 가지 도덕적 덕목(권위에의 존중, 집단에 대한 애착, 그리고 자율성)을 갖추어야 한다. 세속적 도덕에 가장 필수적인 것은 첫째, 개인 스스로 절제하는 '규율 discipline'의 중요성이다. 도덕성은 본질적으로 규율이다. 도덕은 명령하는 또는 금지하는 규율이며, 이 도덕적 규율의 목적은 행위를 규제하는 데 있다. 규제는 도덕의 본질적 기능이다. 도덕적 규율은 도덕적 행동의 중요한 측면이다. 그런데 규율은 다시금 규칙성과 권위라는 두 가지 측면을 갖는다. 도덕성이라는 개념은 행동의 규칙성을 함축하고, 규율은 그러한 행동의 규칙성을 보장하는 것이다. 자기규율이 도덕적인 이유는 그런 행동을 통해 이기적 충동을 절제하고 도덕적 이상을 추구할 수 있기 때문이다. 이러한 관점에서 보면 도덕적 규율의 결여는 곧 '아노미'[7]를 뜻한다. 따라서 도덕적 규칙은 자율적이고 스스로 만족할 줄 아는 인간 존재를

---

6. 뒤르켐은 국가나 세계 공동체의 도덕적 목표가 사회정의, 사회평화, 개인권리의 신성함을 보존하는 것이라고 보았다.
7. '아노미'(무규범/anomie: a/without+nomos/νόμος/law)란 'illegitimacy', 'lawless-ness', 'normlessness', 'anarchy'의 뜻이다. 산업사회의 구조적 특성으로 생활조건의 변화에 따라 가치기준이 바뀌게 될 때 전통적 권위는 사라지고 새로운 기준은 아직 마련되지 않아 일어나게 되는 사회해체 현상으로서 '무규율' 상태를 의미한다.

위한 준거틀을 제공해 준다. 왜냐하면, 사회적으로 창출된 열망과 이해관계는 이기주의를 규제하기 위해 사회적으로 정해진 한계가 필요하기 때문이다.

도덕성의 두 번째 요소는 '사회집단에의 결속'이다. 어떤 행위가 도덕적이라고 함은 비개인적 목표나 가치 또는 이상을 추구하는 경우를 가리킨다. 신은 형이상학적 존재이기 때문에 경험적으로 관찰될 수가 없다. 그래서 현실적으로 어떤 행위가 도덕적이라고 함은 사회적 목표나 가치 또는 이상을 추구하는 경우를 말한다. 사회는 개인의 단순한 집합체가 아니라, 개인이 특정한 방식으로 연합함으로써 발현하는 존재이며, 유기체인 개인과 전혀 다른 속성을 지닌 새로운 존재이다. 사회는 자신을 구성하는 개인과 마찬가지로 정신적인 존재지만, 개인과 완전히 구별되는 특별한 방식으로 느끼고 사고하고 행하는 존재이다. 사회는 개인들과 마찬가지로 인격과 인상을 갖는 존재이지만, 각 개인의 인격이나 인상과는 완전히 구분되는 집합적 인격과 집합적 인상을 가진 실재라고 할 수 있다. 인간집단의 모든 것이 사회이며 따라서 가족, 학교, 직업집단, 종교 공동체, 국가, 그리고 더 나아가 인류도 사회에 속한다.

그런데 어떤 행위가 도덕적이 되려면 사회라는 초개인적·정신적 존재와 그 특성을 확인하는 것만으로는 불충분하다. 거기에 더해 개인이 자신을 사회에 결속하려는 관심을 가져야 한다. 다시 말해 사회집단에의 결속 또는 사회적 결속이라는 조건이 충족되어야 한다. 그런데 이 결속은 단순히 개인과 집단의 기계적인 연결이 아니라 적극적이고 능동적인 헌신과 희생을 의미한다. 결국 개인이 다양한 사회집단에 결속하여 그 집단의 목표나 가치 또는 이상을 추구하는 행위가 도덕적 행위이다. 그리고 그렇게 행하는 개인이 도덕적으로 완전한 인간이다. 이렇게 보면 도덕성은 집단의 권위를 존중하고 그 안에서 자기 정체성을 찾는 훈련을 하는 것이나 다름없다. 아동에게 집단의 권위를 존중하는 것을 가르쳐 주고, 집단에 소속됨으로써 그가 안정된 정체성을 가질 수 있음을 가르쳐 주어야 한다.

도덕성의 세 번째 요소는 '의지의 자율성'에서 찾아야 한다. 의지의 자율성은 다른 말로 하면 자유의지이다. 이는 개인이 수동적이고 피동적으로 또는 심지어 강압적으로 도덕적 규칙에 따라 행하는 것이 아니라, 자발적으로 도덕적 규칙에 동의하고 행하는 것을 의미한다. 이 말은 칸트가 강조한 도덕적 자율성의 근거를 이성에서 찾는 것과 같다. 자율성은 이성적 의지의 발로인 반면, 타율성은 감성의 발로이다. 이에 대해 뒤르켐은 우리의 본성이 모두, 그러니까 우리의 이성도 우리의 감정과 똑같이 제어되고 한정되며 속박되어야 한다고 주장한다.

이렇게 본다면 도덕적 자율성은 아동 시기부터 스스로 원해서 새로운 사회적 권위에 복종할 수 있도록 사회 구성원에게 자율적 사고를 길러 주는 것이라고 할 수 있다. 자율성이란 도덕적 행위자의 심리적 상태를 가리키는 것이다. 이것이 도덕성의 중요한 요인이 된 것은 세속화와 합리주의가 지속적으로 발전을 한 결과이다. 그러기에 개인의 훈육과 집단에의 애착심을 강조하는 것만으로는 도덕교육이 충분하지 않다. 계몽된 교육의 영향을 크게 받는 현대사회에서 가장 중요한 도덕교육의 내용은 우리가 왜 집단적 이상에 헌신해야 하는가에 대한 분명한 의식을 사회성원들에게 심어 주는 것이다.

이 경우 도덕성은 단순히 의도적으로 특정한 행동을 수행하는 데 있는 것이 아니라, 그것을 넘어 행위자가 자신의 행위를 규정하는 도덕적 규칙을 계몽된 의식에 입각해 자유롭게 원해야 한다. 그래야 이러한 자율성 교육이 초등교육에서 가장 중요한 의미를 갖게 된다. 왜냐하면 자율성 교육은 어린이로 하여금 자신의 나라와 자신이 살아가는 시대를 이해하게 하며, 자신의 욕구를 이해시켜 주기 때문이다. 그리고 아동들은 이 과정을 통해 그가 살아 나가야 할 사회적 맥락과 도덕에 관해 객관적으로 배우기 때문이다. 뒤르켐의 자율성에 대한 생각은 세속적 인본주의 도덕의 가장 중요한 특징을 이루고 있다.민문홍, 2012: 620, 710-714 이런 시각에서 보았을 때 현대사회의 교사들은 전통사회의 성직자의 지위를 세속적으로 계승한 사람들이다. 이들은 성직자가 신의 뜻을 해석하듯이, 그 시대와 그 나라의 위대한 도덕적 이상을 가르치고 해석할 소명을 국가로부터 부여받은 자들이다.

과학·사회·지식과 교육의 문제

뒤르켐은 교육 변동에 있어 교육체제를 그것이 속한 사회구조가 변하면 그에 따라 자동적으로 변하는 본질적으로 종속된 사회제도로 보았다. 뒤르켐의 『교육과 사회학』1956에서는 교육사회학의 지적/인지적 측면에 더욱 관심에 집중하고 있다. 과학은 개인적이지 않고 사회적이기 때문에 사람은 자신의 개인적 경험을 통해 과학을 재현하지 않는다. 사람은 그것을 배운다.Durkheim, 2019 마음의 형태는 공허하게 전달될 수 없다. 그는 콩트[8]처럼 사물을 학습하고, 지식을 획득하는 것이 필요하다고 보았다.Durkheim, 2019 뒤르켐이 사회적·도덕적 기반을 강조하였음에도 불구하고, 교육과정사회학의 중심에는 지식의 구조 및 내용이 들어 있어야 한다.Young & Muller, 2010: 123

그래서 중등교육의 개혁을 실천해야 할 책임을 맡은 교사들은 현재의 의미를 부여해 준 토양이라고 할 수 있는 과거와의 관계를 제대로 이해할 필요가 있다.Durkeim, 1938/1977 외적인 것(사회적 질서의 원리)이 내적인 것(의식의 생성적 원리)으로 되기 위해서는 이러한 변형을 가능하게 하고, 계속적으로 그것을 성취하고 유지하도록 하는 과정을 구조화하는 기제, 즉 '아비투스(성향·습성 체계)'[9]가 있어야 한다.Moore, 2004: 146 아비투스는 행위자들이 자신의 위치 경로에 익숙해져서 자연스럽게 그것의 습관적인 방식으로, 성향적으로 행동하기 때문에 사회적 실재의 규칙성과 예측성을 제공하는 것이다.Muller, 2010: 61 이러한 조건은 뒤르켐의 복잡한 사상에서 한편으로는 자아의 '이중적' 모델과 관련이 있으며, 다른 한편으로는 자율적 과학으로서 사회학을 정립하려는 그의 결의와 연관이 있다. 그리

8. 실증주의를 제창한 콩트는 인간발달이론을 제시했고, 사회는 세 개의 각기 다른 단계, 즉 이론적, 형이상학적, 그리고 실증주의 단계를 거친다고 주장했다. 이론적 단계에서는 존재 요소들이 신의 존재나 초자연적인 힘과 관련한 설명을 한다. 형이상학적 단계는 에너지나 아이디어와 같은 추상적인 성질에 대한 설명을 제공한다. 마지막으로 실증적 단계에서는 세계의 활동을 설명하는 과학적 원칙들이 있다는 것을 이해하게 된다. 지식은 가설의 실험과 검증으로 얻어지게 된다. 콩트의 실증주의는 '논리실증주의'라는 새로운 철학사조로 논리와 수학을 강조했다. 논리실증주의는 과학의 근거로서 사실들, 경험적 자료들 및 실험을 가장 중시한다. 다른 사람들에 의하여 개발된 상징적 논리에서 진보를 이용하기 위해 그들의 의도를 나타내는 '논리'라는 용어를 포함했다. '논리'란 상징적 논리와 기호의 강력한 체계이다. 논리실증주의자들은 인간의 인식과 지식 과정을 설명하기보다는 지식의 개발이 어떻게 이루어져야 하는가를 처방하기에 초점을 두었다. 논리실증주의자들은 과학 발달의 증진을 도모하고 모든 학문을 과학적 수준으로 높이고자 했다.

9. 아비투스(habitus)는 후천적으로 학습되고, 상당한 영속성을 지니며, 특정 방식의 지각, 사유, 행동으로 발현하는 체화한 습성·성향의 체계를 의미한다. 아비투스의 개념사적 기원은 아리스토텔레스가 'hexis'라는 말로 사용한 것을 토마스 아퀴나스가 그리스어를 라틴어로 번역하면서 'habitus'라는 용어로 대체한 것에 있다. 그러다가 20세기 프랑스에서 활동한 사회학자인 부르디외가 이 개념을 새롭게 제창했다. 이 용어는 보통 '습관'이나 '습속'으로 번역하는데, 영어에서 습관을 의미하는 'habit'와 연관되어 있다. 하지만 개인적인 습관이라기보다는 사회구조적인 측면에서 형성되는 습관을 의미한다. 쉽게 말하면 특정한 사회 환경에 의해서 형성된 개인의 사고나 행동의 일관된 패턴이라고 할 수 있다. 부르디외는 관계를 우위에 두는 '사회적 실재', 다시 말해 구조, 행위, 그 교차점으로서 역사를 '아비투스+장+상징권력'을 통해 설명한다. '아비투스(habitus)'는 정신적이며 육체적인 지식, 평가, 행위도식의 형태로 생물학적 개인의 신체 속에 침전된 역사적 관계의 집합이다. '장(場/field)'은 사회적 공간, 특정한 권력 혹은 자본 형식 안에 닻을 내린 위치들 간의 객관적, 역사적 관계의 집합이다. 그리고 '상징권력'은 정신구조와 사회관계 구조 사이의 사유되지 않은 공모 관계 속에서 태어나는 힘으로 모든 관계의 다발을 구성한다(Bourdieu, 2015).

고 실재적인 것the real과 구별되는 영역으로서 사회적인 것the social과도 관련이 있다.

뒤르켐은 사회학이 나름의 구별되는 과학으로 존재할 수 있도록 용인하며, 그렇게 함에 있어서 새로운 '과학적' 형식으로 교육에 근거한 사회 계급이 갖는 정당성의 기초를 제공하도록 과학을 정의할 수 있기를 원했다. 뒤르켐은 처음에 고등사범학교에서 그의 스승이었던 에밀 부트루Emile Boutroux, 1845~1921[10]의 관념 속에서 과학의 발현적emergent 모델을 만났다. 뒤르켐의 출발점은 한 학문이 뚜렷하게 구별되는 탐구 영역을 가지고 있을 경우라야 과학으로 불릴 수 있다는 입장이었다. 과학은 사물 그리고 실재들과 관련이 있다. 과학이 기술하고 해석할 자료들을 가지지 못한다면, 그것은 진공 속에서 존재하는 것이다. 사회과학이 과학으로 존재를 인정받기 전에 무엇보다 먼저 분명한 탐구 주제를 갖고 있어야 한다.Durkheim, 1972

이러한 과학 논증은 자연적 현상과 사회적 현상의 우주는 다른 유형의 '사물들'(철학자들이 '자연적 종'으로 부르는 것)의 층위 또는 영역으로 이루어졌다는 견해에 근거한다. 그리고 적어도 이 사물들의 일부는 인간에 의해 체계적으로 조사되도록 개방되어 있다. 각 과학들은 그들의 '대상들'의 성격과 우리가 취하게 될 지식의 양식에 따라 정의된다. 과학적 이해 양식들은 지식 추구 자체가 그 목적이며, 비판적이고 합리적인 탐구 문화와 실천을 중심으로 조직화될 때 제도적으로 자율적인 것이 된다. 결정적으로 과학은 역사적으로 진화된 체계적 반성의 집합적 실천이다. 여기에

---

10. 프랑스 철학자 에밀 부트루에 따르면, 그리스인들은 수학과 관찰과학을 분리했기 때문에 자연적 필연성의 개념을 가질 수 없었다. 부트루는 다음과 같이 말한다. "수학은 과학에 필연성을 전달하고, 경험은 수학에 구체적 가치를 전달한다. 이것이 근대 결정론의 뿌리이다. 모든 것이 필연적으로 규정되었다고 믿는 이유는 모든 것이 실제로 수학적이라고 믿기 때문이다."

는 사회 그 자체를 반영하는 사회학의 출현도 포함된다.

만일 사회학이 이러한 의미에서 하나의 과학이 되려면 두 가지 조건을 충족해야만 한다. 그 하나는 '사회적인 것the social'이 '실재적인 것the real' 과 구별되는 영역을 실제로 구성해야 한다는 것이다. 사회는 자연의 일부지만 그 자체의 속성과 원리들을 가진, 그리고 그 자체의 과학을 필요로 하는 구별된 일부다. 다른 하나의 조건은 사회학이 자율적 과학이 되기 위해서는 사회적 현상들이 심리학이나 생물학에 의해 연구되는, 보다 낮은 수준의 현상들로 환원되는 것이 일어나지 않아야만 한다는 것이다. '발현적' 수준은 자율적 학문으로서 사회학의 토대를 구성한다. 오직 사회학만이 '사회적인 것'을 설명할 수 있다.

만일 과학의 기초가 독특한 '대상'이나 현상의 장을 갖는 것이라면, 그리고 사회학이 '사회의 과학'이 되기 위해서는 사회적인 것이 독립적인 영역으로 존재해야만 한다. 독립적 영역은 엄격한 의미에서 '사물처럼' 개인에게 외재적이다. 즉, '외재적'인 것으로서 그리고 독자적 실재로서 사회적인 것에 대한 관념은 뒤르켐 이론 해석에서 가장 다루기 힘든 문제 중 하나였다. 그리고 뒤르켐이 이것을 '실체주의적substantialist' 방식으로 다루고자 하지 않았다는 점을 이해하는 것이 특히 중요하다.Moore, 2004: 170-171

이런 의미에서 '사물things'이 물리적 대상들의 상식적 외관인 '객체'가 아니라는 점을 인식하는 것이 중요하다. 뒤르켐은 사회적 사실들이 물질의 존재론적 지위 또는 실체(분자, 나무, 사람, 사회 등)를 갖는다는 형이상학적 관점을 거부했다. 이는 "특정 질서의 사실들facts을 '사물'로 다루기 위해, 그것들을 특정한 '실재reality'의 범주에 두는 것이 아니다"라는 뒤르켐의 주장에 잘 나타나 있다. 그것들은 효과를 갖는 물질로서 실재적real[11] 이다. 예컨대 규칙들은 일반적 의미에서는 '사물'이지만, 돌이나 고양이 같은 대상이 아니다. 뒤르켐에게 있어서 사회적인 것의 외재성은 비록 그것이 우리 '내부에' 있을지라도, 우리에게 즉시 주관적 설명인 것처럼, 주관성과 사회적인 것 사이의 관계는 아비투스(몸과 마음에 내면화된 습관적 행동패턴)[12]의 생성 원리와 사회적 실천의 현실화와의 관계처럼 서로 인접하거나 굴절되었기 때문이다.Moore, 2004: 171

우리는 아틀라스 산맥의 어두운 동굴 속이나 정글 가운데 깊이 숨겨진 언어 법칙들을 발견하거나 기술할 수 없다. 이러한 유형의 사물들도 실재적 속성이나 효과들을 가지지만, 그리고 시간적으로는 존재하지만, 공간적으로는 그렇지 못하다. 따라서 사회적인 것을 이해하기 위해서는 단일 시각으로부터 벗어나야만 한다.

사회적인 것은 경험으로부터 발견될 수 없으며, 또한 그것으로 환원될 수도 없다. 사물事物, thing이란 무엇인가? 우리가 밖으로부터 아는 것과 안으로부터 아는 것이 다르듯이 사물은 관념과 다르다. 사물은 지성인에 의해 자연스럽게 통제되지 않는 어떤 지식의 대상이다. 그것은 단순히 정신 활동의 과정에 의해

---

11. '실재적(實在的, real)'이라는 말은 많은 맥락에서 '외양적(apparent)'이라는 단어와 대비되는 것으로서 그 내용을 이끌어 낸다. 어떤 이론이 지식에 대해 '실재론적'이라고 한다면 객관성과 오류 가능성, 초-현상성과 반-현상성을 갖는다는 의미다(Collier, 2010: 23-24).

12. 부르디외는 사람들의 실천 그 자체와 그것의 사회적 조건을 이해하기 위해 '아비투스(habitus)'와 '장(field)' 개념을 함께 발전시켰다. 행위자들의 실천은 객관화된 생산물과 역사적 실천의 육화된 생산물 간의, 구조와 아비투스 간의 변증법이 이루어지는 장소이다. 실천은 구조화된 동시에 새로운 구조를 생산한다. 실천은 관행적이면서도 동시에 전략적이다. 실천에 대한 강조는 행위자들의 의미세계와 실천의 논리를 설명했던 '객관주의'와 '주관주의' 접근 모두에 대한 비판에서 드러난다. 우리는 객관주의가 필연적으로 이르게 되는 구조의 실재론으로부터 벗어나야 한다. 부르디외는 아비투스를 영구적으로 즉흥 행동을 규제하는 생성적 원리로 정의한다. 이런 점에서 아비투스는 생성원리에 따라 의식을 구축하고, 규제된 즉흥 행동인 사회적 행위와 관련된 물적·문화적 자원을 범주화하고 조직하며 선택하고 배치하는 방식을 규제하는 내적 규칙이나 문법으로 이해할 수 있다(Moore, 2010: 153). 경제적 자본은 아비투스를 거쳐 문화적 자본으로 변환된다. 교육적 보수주의는 정치적 보수주의와 최선의 동맹관계에 있다.

제대로 파악될 수 없으며, 오직 정신에 의해서만 이해될 수 있다. 정신은 관찰과 실험에 의해 스스로 밖으로 향하게 된다. 처음에는 외적이고 직접적으로 접근 가능한 특성으로부터 점점 비가시적이고 더욱 깊숙이 자리한 것으로 향하게 된다. 따라서 사회질서를 사물로 다루기 위해서는 그것을 특정한 실재의 범주 안에 두는 것이 아니라 그것들에 대한 어떤 정신 태도를 가정해야 한다. 이는 사물들이 전혀 알려지지 않은 원인에 근거하고, 심지어 가장 사려 깊은 성찰에 의해서도 발견될 수 없으며, 우리가 그것들의 성격이나 특징적 속성에 대해 절대적으로 무지하다는 원리에 입각하여 그것을 연구하는 것이다.Durkheim, 1956

문법 규칙을 알지 못하면서 어떻게 완벽하게 유능한 연사가 될 수 있겠는지를 생각해 보라. 중요한 것은 '사회적인 것'이 사회적인 수준에서 존재하는 것과 동일한 형식으로, 그리고 구문의 규칙을 묘사하는 것과 동일한 방식으로 주관성과 행동 안에서 그대로 실현되지 않는다는 점이다. 따라서 '고양이는 방석 위에 앉았다'라는 구문은 단순하게 반복될 수 없을 것이다. 우리의 말은 규칙 지배적이지만, 규칙 그 자체는 즉각적인 의식의 밖에서 존재한다. 우리에게 규칙[13]은 자연적인 말로부터 단순히 읽어낼 수 있기보다는 언어학을 통해 발견되어야 한다. 우리가 규칙들을 발견할 때 언어학의 이론적 언어로 쓰인 규칙들은 세상에 물질적으로 자리하는 실재적 대상인 사물의 재현이 아니다. 정신은 과학적 실천인 이론과 반성을 통해 스스로 밖으로 향한다. 더구나 이것은 개인의 성취가 아니라

---

13. '규칙'은 실천과 관련된 용어이다. 실천의 규칙은 자주 부딪히는 특별한 실천 상황에서 무엇을 어떻게 할 것인가에 대한 간단하고 명료한 진술이다. 실천적 원리는 보다 포괄적이고, 덜 명시적인 형식이며, 그 안에 규칙의 진술들이 포함되어 있고, 교사의 목적이 명료하게 들어 있어야 한다.

집합의 성취다. 이런 점에서 사회적 사실들 혹은 사물들은 개인에 대해 외재적이고 즉각적인 인식에 대해 독립적이다.

근대성의 복잡성과 사회질서의 개체성 요청

일반적으로 사회적 진화의 역사적 운동에서 노동의 사회적 분업은 더욱 복잡성을 향해 나아간다. 기계적 연대에서 유기적 연대로 나아가면서 '공유된' 의식과 '개성적idiosyncratic' 의식의 균형도 전자로부터 후자로 이동한다. 노동의 사회적 분업에서 복잡성의 진전은 제도의 분화, 이들 제도 속에서의 활동의 전문화와 영역의 자율화, 그리고 관계의 상호의존으로 구현된다.Moore, 2004: 131 이렇게 복잡성이 증대됨에 따라 자아의 원리는 특수하고 국지적인 사회적 기반으로부터 점점 더 멀어지게 되고 동시에 더욱 추상적이고 보편적으로 된다. 이것은 뒤르켐이 경험주의와 공리주의의 천박한 개인주의적 이기주의를 넘어서는 '인간의 존엄 예찬'으로 언급한 것, 그리고 그가 '경제학자'로 지칭한 사람들의 출현과 관련이 있다.Moore, 2004: 131 이렇듯 보다 높은 수준의 개인주의의 특징은 보편적이고 평등주의적인 인간성을 고양하는 추상적 원칙, 개인과 집단을 모두 포괄한 강한 집합의식/내재적 사회주의를 유지하고, 개인의 권리와 보다 높은 목적의식(공감, 연민, 정의 등)을 가진 거룩한 기운을 갖게 하는 것이다.Durkheim, 1973

그래서 뒤르켐은 분업이 발달한 현대사회가 전통사회보다 행복한 사회라면 19세기 말 20세기 초 유럽 사회의 자살률이 그렇게 병적으로 높은 형태로 나타날 수가 없다며, 현대 산업사회가 자신들의 행복을 증진시키려는 개인들 노력의 결과라는 주장도 잘못이라고 지적한다. 현대사회의 사회분화는 거기에 어울리는 새로운 특정한 도덕성을 사회 구성원들에게 요구한다고 보았다. 바로 이것이 '유기적 연대'의 도덕이며, 현대 국가의 역할은 이 새 도덕이 잘 정착되도록 지도를 하는 것이다. 뒤르켐은 고도로 전문화된 현대사회를 국가의 획일적 강제력만으로 통치하는 것은 불가능하기에 현대사회의 구조적 성격에 맞는 개인의 자율성과 창의성을 대안으로 제시했다.

현대 산업사회의 사회분화가 가져온 계급 갈등과 사회적 혼란에 대한 뒤르켐의 처방은 현대사회의 개체성individuality/개인화individuation와 거기에서 비롯된 도덕적 개인주의를 현대 산업사회의 기초로 삼아야 한다는 데 두었다.민문홍, 2012: 656 개인화는 사회가 더욱 풍성해지고 더 넓은 영토로 확장됨에 따라 발생하며 사회적 복잡성이 진화한 절정의 상태다.Moore, 2004: 132 따라서 뒤르켐은 자신의 이론이 칸트적 인식론 문제에 대한 해답을 제공할 것이라고 생각했고, 또한 자신의 이론이 개인주의의 보다 높은 형태에서 개인과 사회 사이의 긴장을 조정할 것으로 보았다. '사회적인 것the social'의 독특한 역사적 발전은 개인의 출현을 위한 조건이며 이것이 근대교육modern education을 위해서도 중요하다.Moore, 2004: 132

뒤르켐은 집합적인 것the collective과 개인적인 것the individual 사이에는 본래적으로 갈등이 없다고 생각했다. 집합의 특별한 역사적 발달은 그 근대의 형태로서 개별적 자아(개인의 주관적 경험의 자아)의 출현을 위한 조건이다. 개인과 개인주의는 근대사회의 복잡성의 전형적인 표현이다.Moore, 2004: 133 근대교육제도가 전문화와 총체성 사이의 문제를 어떻게 해결하느냐 하는 방식이 중요한데, 그것은 보다 일반적인 사회질서 패러다임과 아비투스(습성과 취향)의 구조화와 그 과정들이 개인들로 하여금 근대성의 복잡성을 실제로 관리하도록 하는 원리를 구성하기 때문이다. 그리고 교육자들이 이러한 목적을 적절히 달성하기 위해 사회학은 '교육의 과학

science of education'을 제공해야만 한다.Moore, 2004: 133

현대사회의 분업은 사회행위자들의 도덕적 성찰을 통해 병적인 분업(강요된 분업, 아노미적 분업)의 상태가 아닌 유기적인 새로운 분업적 질서를 창출할 수 있다. 이는 사회분업에 참여하는 사회행위자들이 자신들의 새로운 생존조건에 대한 성찰을 통함으로써 이루어질 수 있다. 유기적 연대의 도덕은 다음 네 가지 특징을 지닌다. 첫째, 일상적 삶 속에서 개인의 존엄성을 강조하는 배려문화의 정신이다. 둘째, 사회에서 소외된 계급에 대한 박애정신의 확산과 생활화이다. 셋째, 산업화의 결과로 새롭게 나타난 각각의 직업집단에 어울리는 직업윤리의 정착이다. 넷째, 개인주의의 논리적 귀결로서 공정한 사회관계를 정립하기 위해 분배적 사회정의를 실현하는 것이다.민문홍, 2012: 661-662

뒤르켐은 유기적 연대(도덕적 개인주의)[14]의 이상을 실현할 수 있는 세 가지 가능한 방법을 제시한다. 첫째, 직업집단 이론을 새롭게 구성하는 것이다. 둘째, 현대국가와 민주주의 제도를 올바르게 작동하도록 만드는 것이다. 셋째, 현대사회의 새로운 집단이상으로서 도덕적 개인주의의 이상을 정의하고 이 이념을 실현할 수 있는 제도적 기반을 찾는 것이다.민문홍, 2012: 670 현대사회의 새 도덕인 개인주의를 더 확산하고 완성해야 한다고 주장한 것은 현대적 관점에서 볼 때 전통적 자유주의를 크게 확장시킨 '개혁적 자유주의'라고 할 수 있다. 뒤르켐이 자유주의의 기본적인 사고틀을 존중하면서도 상속제도와 노동자의 적정임금 문제에 국가가 적극적으로 관여해서 공공이익에 맞게 바로잡을 것을 주장한 것은 현대사회의 복지국가적 과제 또는 사회주의 교리를 정확히 간파했기 때문이다.민문홍, 2012: 662

---

14. '유기적 연대'란 현대 사회구조의 보편적 조건에 대한 성찰을 매개로 사회 참여를 하는 행위자 사이에서 저절로 우러나는 도덕성의 특정한 유형이다. 이 경우 행위자 사이의 협력관계가 널리 퍼져 갈수록 이러한 성찰적 통찰력은 더 잘 실현될 수 있다.

기계적 연대와 유기적 연대

칸트 철학의 초월적[15] 범주들을 사회학으로 정립하는 일과 모든 사회가 보편적이기보다는 사회질서가 다르듯이 다양할 것이라는 관찰은 사회질서의 변형을 이론화하고 모형화할 필요성을 제기한다. 뒤르켐은 질서의 구조화를 위해 기계적 연대와 유기적 연대 개념을 고안했다. 이는 '선진 산업사회'라는 특별한 모델이었는데, 그것은 뒤르켐의 '유기적 연대organic solidarity' 이념과 관련이 있었다. 그는 두 가지 연대를 인간사회의 진화라는 거대한 선호의 대척점에 있는 단순사회와 복잡사회에 각각 연관시킨다. 기계적 혹은 유기적 연대의 어느 것도 결코 배타적으로 순수한 형태로 존재할 수 없다. 뒤르켐은 항상 상당히 다양하고 언제나 공존하는 두 개의 대조적인 사회 통합의 원리들을 설정하고 있다. 기계적 연대와 유기적 연대는 『자살론』에서 '규제'와 '사회 통합'으로 재등장하며 '사회적 재현'이라는 용어도 '집단의식'으로 대체된다. 뒤르켐이 산업사회의 위기 문제를 해결하기 위해 자신의 도덕이론을 발전시킨 것은 사회가 전통사회

---

15. '초월적 실재론'에서 '초월적'이란 첫째 초자연적이거나 신비주의적인 입장을 의미하는 것이 아니라, 칸트적 의미에서 사용된 것으로, 모든 경험에 선행하면서도/선험적이면서도 오직 경험 인식을 가능하도록 하는 의미를 지닌다. 그리고 '비판적 자연주의'에서 '초월적'이란 인간과학철학에서 자연주의 입장을 수용하면서도 비판적이라는 의미를 지닌다. 또한 칸트가 자신의 초월철학을 '비판철학'이라고도 불렀다는 점에서 '비판적'이라는 말은 칸트적 맥락에서 '초월적'이라는 의미도 함께 가지고 있다 (Bhaskar, 2007: 361). 일반적 과학철학으로서 비판적 실재론은 실증주의와 협약주의(conventionalism)를 비판적으로 접근한다. 실증주의는 과학이 객관적인 경험을 통해 시험할 수 있는 사실들을 다루는 체계적이고 통일된 방법을 갖춘 가치중립적 활동이다. 이는 경험적 자연과학으로부터 본을 따온 것이며, 사회가 어떻게 의도된 것인가를 설명하는 기제를 탐색하고자 한다. 반대로 협약주의는 과학적 지식의 형성에 작동하는 사회적 요인을 강조하면서 과학적 지식이 과학자 공동체의 협약의 산물이라고 여긴다. 이에 대해 비판적 실재론은 과학이 사회적 활동이라는 협약주의의 견해를 인정하면서도, 과학적 작업이 과학 활동과는 독립된 실재를 전제한다고 주장하면서 인과적 설명이 과학의 주된 과업이라고 주장한다.

에서 산업사회로 변함에 따라 기계적 연대에서 유기적 연대로 도덕적 기준이 바뀐다는 인식이 있었기 때문이다. 뒤르켐이 『사회분업론』에서 주장한 '유기적 연대'의 개념은 그의 인간관 및 아동교육과 관련된 전반적 프로젝트를 염두에 둔 것이다.

환경을 이루는 구성 요소는 두 가지이다. 하나는 사물이요, 다른 하나는 사람이다.Durkheim, 1893 이 두 요인 중에서 능동적 요인은 인간 환경이다. 뒤르켐이 보는 사회 환경은 사람들의 수, 사람들 간 상호작용의 밀도, 사람들이 연합을 이루는 방식으로 구성되어 있는데, 이 중에서 마지막 요인에 큰 관심을 두고 있다. 즉, 사회 성원들인 개인이 집단을 이루는 방식이 사회변동을 설명하는 데서 가장 중요한 변수이다. 인간적인 것은 모두 사회적이다. 사회구조의 특별한 질적 변화는 개인들의 체계적 연합에서 생성된다. 특히, 사회집단 내의 개별적 의식들의 결합과 개인 영혼 간의 상호 침투를 통해 새로운 장르의 집단정신 및 문화가 탄생된다.

우리는 사회적 사실에 대한 진정한 과학을 정립하기 위해 사회 현실 속에서 자연세계의 현실과 비교할 수 있어야 한다. 사회 현실은 우리가 임의로 바꿀 수 없는 성격과 함께 거기에서 필연적으로 나오는 법칙들을 지니고 있다는 사실을 이해하지 않으면 안 된다. 다시 말해 사회학이 태어나기 위해서는 물리학과 자연과학에서 확고히 정립된 결정론적 생각이 사회세계에까지 최종적으로 확장되어야 한다.Durkheim, 1895: 23

사회는 개인들의 단순한 총합이 아니다. 개인들의 결합에 의해 생긴 사회체계는, 그 자신의 고유한 속성을 가진 특수한 현실을 표현한다. … 새로운 집단의식이 만들어지기 위해서는 개인의식들이 결합되어야 하고 특정한 방식으로 조합되어야 한다. 사회생활은 이러한 결합에서 나오는 것이다.Durkheim, 1895: 102-103

뒤르켐은 사회를 살아 있는 하나의 커다란 유기체에 비유한다.Durkeim, 1963 이 비유에서 도출되는 그의 사회관은 사회도 유기체와 마찬가지로 사회의 존속을 위해 필요한 조건들이 충족되어야 하는데, 이러한 조건의 충족은 상호의존적인 여러 사회구조들의 기능 수행이 통합되어야 가능하다는 논리이다.

사회적 사실 또는 실체는 사회제도가 개인 행위자 사이에 정의해 놓은 관계의 체계 또는 상호작용의 체계이다. 사회적 삶이란 개인들이 집단적 정체감을 통해 서로의 이해관계를 조화시키고, 동일한 공동체 정신을 가지고 사회생활에 참여하게 하는 일종의 교육의 장이다. 뒤르켐은 통합이나 도덕적 연대가 가장 크거나 혹은 가장 약한 다양한 조건들을 보여 준다.

뒤르켐은 『도덕교육』에서 '사회'라는 용어를 가족과 관련하여, 그리고 학교가 가족과 국가 사이의 연결고리를 제공하는 것으로 사용하고 있다. 여기서 우리는 완전한 층화 질서란 다양한 형태의 '사회들'이 줄지어 서 있는 것이라는 근대적 층화 개념에 도달한다. '사회분화'는 개인 사이의 상호작용 밀도의 증가에 의해 자연스럽게 이루어진다.Durkheim, 1893: 205 뒤르켐은 스펜서의 영향을 크게 받았다. 스펜서는 사회분업은 그것을 통해 물질적 이익과 개인적 행복을 가져오려는 공리주의적 개인들이 맺은 계약의 결과로 이루어진 것이라고 보았다. 그리고 이러한 분업이 더 발달함에 따라 사회는 군사형 사회에서 산업형 사회로 바뀌어 간다고 생각했다. 일상적 삶 속에서 만나는 개인들의 창의성과 자율성을 존중하면서 동시에 이들 각각을 귀하고 존중하게 대하는 것이다. 현대사회의 문제에 대한 중요한 처방의 하나가 현대사회의 구성원들이 공유하는 유일한 연대의식을 기초로 삼는 것이다.

이러한 관점에서 보면 현대사회의 도덕적 위기 문제를 해결하기 위해 전통사회의 도덕적 규범을 재활성화하거나 국가가 지나칠 정도로 통합적 역할을 할 필요가 없다. 왜냐하면 산업사회에서 분업의 발전을 통한 사회구조의 분화differentiation는 사회 구성원들이 그 구속력을 받아들여야 하는 사회적 사실이며, 이것은 동시에 현대사회에 어울리는 새로운 사회질서와 도덕을 세우는 사회구조적 맥락이 되기 때문이다. 따라서 현대 자본주의 사회의 특징인 노사 간의 갈등과 이기주의의 만연 문제를 풀어가는 해법도 바로 산업사회가 가져온 사회분화/직업분화가 제공하는 새로운 사회적 맥락과 도덕성에서 찾을 수 있다. 이는 사회분화 또는 경제적 기능의 분화가 진전됨에 발맞추어 거기에 어울리는 새로운 도덕적 규범체제와 개인도덕 또는 직업윤리를 만들어 내지 못해서 발생하는 문제이기 때문이다.

거룩한 실재와 세속적 실재

인간사회는 대부분의 원시사회/씨족사회에서 발견되는 집단적 관계가 원천이다. 종교적/토템적 분화는 원형과학[16]의 일종이라고 할 수 있는 원시적 종교와의 결합을 통해 성聖, the sacred과 속俗, the profane을 구분하고 기술적이고 실용적인 유용한 분화로 나아갔다. 뒤르켐은 일찍이 원시사회에서 발견된 종교와 일상생활의 분리를 묘사하기 위해 '성'과 '속'을 구분

16. 뒤르켐은 원시종교를 '원형과학(proto-science)'으로 보았다. 원형과학은 아직 과학으로 인정받지 못하고 있으나, 후에 과학으로 발전할 가능성이 있는 것을 의미한다. 반대로 과거에 원형과학에서 과학의 기초가 되었으나 현재에는 더 이상 원형과학이 아닌 것들(연금술, 점성술 등)도 있다. 토머스 쿤의 패러다임의 개념을 적용하면, 원형과학의 내용은 그 가설이 처음 제시될 당시의 패러다임이 요구하는 바를 충족하지 못하지만, 후에 패러다임이 바뀌면서 새로운 패러다임이 요구하는 것을 모두 제시할 수 있기 때문에 과학으로 인정받게 되는 것으로 설명할 수 있다. 근대 과학의 엄격한 검증 가능성을 결여했다는 부정적인 의미와 함께 관찰 가능한 현상을 초월적인 존재들이 아닌 현상들끼리 연결시킨다는 점에서 종교와는 대조적인 과학이라는 적극적인 의미도 갖는다.

했다. 성도들이 신과 맺는 관계는 개인들이 사회와 맺는 관계와 같다. 이렇게 보면 '신'은 곧 '사회'이다. 뒤르켐이 시도한 지식과 경험의 구분은 칸트의 초기 생각인 선험주의先驗主義, transcendentalism를 거부하면서 원시사회의 종교 연구인 '성스러운 것'과 '세속적인 것'의 개념으로 돌아간다.

모든 종교는 세계를 '성'과 '속'의 두 세계, 즉 성스러운 것(성스러운 실재)의 영역과 속된 것(세속적 실재)의 영역으로 구별한다. '성스러운 것'은 분리되고 금지된 것이며, '속된 것'은 성스러운 것으로부터 격리되어야 한다. 성과 속은 그 어떤 공통점도 없는 완전히 이질적인 것이고, 어느 한 부류에 속한 것은 다른 부류에 속할 수 없는 완전히 배타적인 두 세계이다. 종교적 신앙은 성스러운 사물들의 본질을 표현하고 그것들이 서로서로 맺는 관계 또는 속된 사물들과 맺는 관계를 표현하는 표상이다. 다시 말하면 종교적 신앙은 "성스러운 사물들의 본질과 거기에 부여된 덕목과 능력, 성스러운 것들의 역사와 그것들끼리의 관계 및 그것들과 속된 사물들 사이의 관계를 표현하는 서술체계"이다.

이러한 종교적 신앙은 신념/신조, 신화, 교리, 전설, 영혼 등으로 구체화된다.김덕영, 2019: 509-510 이렇게 종교를 정의한다면 가장 원시적이고 가장 단순한 종교의 형태는 정령숭배나 자연숭배가 아니라 '토테미즘Totemism'이다. 토템은 성스러운 것의 원형으로서 사물들은 그것을 축으로 성스러운 세계와 속된 세계로 분류되고 그에 따라 신앙과 의례가 형성된다. 이러한 종교적 체계, 즉 토테미즘은 씨족이라는 가장 단순한 사회조직에 의해 담보된다. 뒤르켐에 따르면 흔히 생각하듯 동물숭배나 식물숭배가 아니다. 인간과 토템적 동물 및 식물의 관계는 신자와 신의 관계가 아니다. 왜냐하면 인간도 성스러운 세계에 속하기 때문이다. 이 둘의 관계는 오히려 동등한 수준에 있고 동등한 가치를 갖는 두 존재의 관계로 보는 것이 옳다. 다만 동물이나 식물이 인간보다 성스러운 세계에서 약간 높은 위치를 차지하고 있을 뿐이다. 다시 말해 토테미즘은 어떤 동물이나 식물, 어떤 인간 또는 어떤 상징을 숭배하는 종교가 아니라, 이것들 각각에 존재하지만 그 어느 것과도 일치하지 않는 일종의 익명적이고도 비인격적인 힘을 숭배하는 종교다. 신은 이름도 없고 역사도 없으면서 세계에 내재하고 수많은 사물에 확산되어 있는 비인격적 신이다. 우리는 이 신을 토테미즘의 신이라고 말할 수 있다. 토템은 인격적 신을 물질적 형태로 표현하는 상징이다.

그렇다면 뒤르켐이 보기에 이러한 비인격적 신은 바로 '사회'라고 말할 수 있다. 종교는 '사회의 신격화'이다. 사회의 신격화는 어떻게 가능한가? 어떤 사회라도 그 구성원들로 하여금 자신이 신성하다는 것을 느끼도록 하는 모든 것을 가지고 있는데, 이는 사회가 그들에게 끼치는 영향만으로도 그렇다. 사회와 그 구성원들 사이의 관계는 신과 신자들의 관계와 마찬가지다. 사실상 신이란 무엇보다도 인간이 특정한 측면에서 자기 자신보다 우월하다고 생각하고 자신이 의존하고 있다고 믿는 존재다. 이 존재는 제우스나 야훼처럼 의식을 가진 인격신이 될 수도 있고 토테미즘의 추상적이고 비인격적인 힘이 될 수도 있다.^{김덕영, 2019: 511-513} 사회는 도덕적 권위를 가지기 때문에 그 구성원들이 경외심을 갖고 그 힘에 내면적이고 자발적으로 복종한다는 것이다.

사회의 힘은 개인들이 그 연원을 인식할 수 없는 방식으로 행사되며, 따라서 개인들은 이를 인식할 수 있는 관념을 만들어 내야 한다. 다시 말해 종교는 집합표상을 통해 사회의 신성을 표현해야 한다. 사회를 '신격화'해야 한다. 신은 '사회의 구상적 표현'과 다름없다. 달리 말하면 신은 사회의 자기표현, 즉 '상징적 자기표현'이다. '신'은 변용되고 상징적으로 사고된 사회이며, '신성'은 집합성의 상징적 표현이다. 그러므로 종교적 힘은 신격화된 사회가 그 구성원들에게 불러일으키는 감정과 다름없다. 성스러움은 사물의 특징에서 연원하는 것이 아니라 어디까지나 사회에 의해 부여된 상징적 성격이다. 상징은 사회적 사실의 실재적 성격, 즉 그것이 개인들의 의식에 대해 갖는 외재성과 초월성 및 강제성을 자각할 수 있는 형태로 표현한다.김덕영, 2019: 515-516

뒤르켐은 생존의 일상세계에서 초기 사회가 만든 토템 종교의 신성한 세계에 이르기까지 개념적이고 사회적인 움직임이 없다면, 과학도 지식도 없고, 실제로 사회도 존재할 수 없다고 주장했다. 뒤르켐은 전통사회에서 도덕의 초월적 기둥인 가톨릭을 대체할 수 있는 현대사회 내의 세속적 대체물을 보여 주려고 했다. 사회의 연대의식이 시민들을 자발적으로 결속시키기 위해 개인들이 의무의식을 넘어 집단의 공통적 가치에 결합되는 것이 필요하다고 보았다. 뒤르켐의 궁극적 관심은 단순한 전통적 도덕의 부활을 가져오는 것이 아니라, 세기말의 사회적·문화적·역사적 분위기 속에서 새로운 도덕성이 형성되는 조건을 규명하는 데 있었다. 개인과 집단 간의 상호작용을 강조하고, 거기에 창의성을 부여한 새로운 미래의 규범적 질서를 고안한 것이다. 뒤르켐은 도덕과학의 이름으로 전통에 대한 성찰과 함께 새로운 도덕의 탄생을 가능하게 하는 조건들을 분명히 함으로써 현대 산업사회가 요구하는 새로운 도덕의 자발적인 형성을 도우려 했다.

모든 사회는 개인에 대한 집단의 도덕적 권위를 전제로 하며, 이 권위

성과 속의 구분Muller, 2000: 81

성(聖)/성스러운 실재	속(俗)/세속적인 실재
미래지향	전통지향
집단적	개인적
이상적	감각적
성찰적	실용적

는 강제로 행사되는 것이 아니라 개인의 자발적 존중에 의해 이루어진다. 이 존경심이 '성스러운 것'/'거룩한 것'의 근원이다. 뒤르켐에게 있어 '거룩한 것'과 '세속적인 것'은 모든 사회의 중심에서, 심지어 거의 세속화된 사회에서도 기본적 구분이 되었다. 그는 이 구분을 과학과 지적 사고에 기본적인 사회조직의 형태로 보았다. '종교'[17]는 역사적으로 이론적/추상적 지식의 패러다임 형태를 취하며, 이것이 거룩한 지식인 이유이다. 이와 대조를 이루는 일상적 지식은 일상적 세계에 관심을 갖기 때문에 세속적 지식이라고 했다. 종교는 사회가 존재하기 위해 필요한 도덕적 코드와 통합적 기반을 제공했고, 이것이 사회의 집단적 표상으로서 우선 발달했던 사고틀이다. 종교는 본질적으로 사회의 집단적 표상이고, 또한 사회의 집단적 표현이며, 사회를 종교 자신에게 반사시킨다. 종교는 특정 사회의 일반적 사회관계를 표현하는데, 바로 이런 점이 종교가 사회 및 시대에 따라 달라지는 이유이다.Durkheim, 1967 따라서 종교는 물질적 세계와 비물질적 세계 사이의 경계를 협상하고, 종교, 철학, 과학이 동일한 관심(자연, 인간, 사회)을 공유하는 방식을 취하기 때문에 대부분 학문적 교과(강하게 분류화된 지식 체계)와 결합된 전문화된 형태의 지식으로 표현된 이론적·추상적 지식을 위한 패러다임으로 규정할 수 있다.Wheelahan, 2010: 19 뒤르켐과 번스타인은 종교와 과학적 지식의 연속성을 강조하면서도, 동시에 비전적esoteric, 秘傳的, 祕儀的, 신성한 지식[18]과 세속적 지식의 비연속성도 강

---

17. 뒤르켐은 "모든 종교적 삶이 그 외적 표현이 아무리 복잡하더라도 그 근본은 동일한 욕구에 응답하고, 어디서나 동일한 정신적 상태에서 기인한다. 종교적 삶은 구체적인 형태가 어떠하든 인간을 자신보다 고양시키고 인간이 단지 자신의 즉흥적인 생각에 따라 살아갈 때보다 품위 있는 삶을 살도록 하는 것을 목표로 한다. 신앙은 이러한 삶을 표상으로 나타낸다. 의례는 이러한 삶을 조직하고 그 과정을 규제한다. 종교란 성스러운 사물들, 즉 분리되고 금지된 사물들과 관련한 신앙과 의례가 결합된 체계이다. 이러한 신앙과 의례는 교회라고 불리는 동일한 도덕적 공동체 안으로 거기에 속하는 모든 사람을 통합한다"(김덕영, 2019: 509, 511)라고 말한다.

조했다. 비전적 지식은 역사적으로 종교가 이론적/추상적 지식의 패러다임적 형태였기 때문에 신성한/거룩한 지식이다. 세속적 지식은 그 관심이 일상적 세계의 관심사에 있었기 때문에 불경스러운 지식이다.

인식적이고 사회적인 것에 대한 관심은 교육과정과 일(노동)이 관계된 방식을 탐구하기 위해 '거룩한 것'과 '세속적인 것' 사이의 경계를 이론화하도록 한다. "누구도 거룩한 것에서만, 아니면 세속적인 것에게만 살지 않는다. 일상세계나 과학세계나 인식론적으로 동질적homogeneous이어서 문제는 더욱 깊어진다"Muller, 2000. 이것은 학생들이 점점 더 실무 영역, 즉 일터를 위한 준비를 해야 하기 때문에 학교교육의 상급학년과 전문대학 및 일반대학의 교육에서의 핵심적 질문이라고 할 수 있다. 특히 일이 변화함에 따라 고차적 지식이 기술적 변화와 새로운 유형의 일 조직에 대응하기 위해 필요하기에 거룩한 것/이론적인 지식이 세속적인 것/일상적 지식에 뿌리내리는 방식을 탐구할 필요가 있다. 학문적 자격이 학생들을 교과지식으로 인도하는 것이라면, 또한 지식사회의 개념에서 요약된, 일과 사회가 변화된 결과로서 일반직 및 전문직 교육과정을 더욱 강조할 필요가 있다. 이처럼 과학적 지식과 일상적 지식의 관계를 이론화할 필요가 있다.

뒤르켐에 의하면 현대사회의 기독교는 전통사회에서 자신이 차지했던 지위를 더 이상 가질 수 없다. 왜냐하면 현대사회에서는 세속화된 도덕이

---

18. 토머스 쿤도 "한 과학 분야가 패러다임과 그것이 허용하는 보다 비전적(秘傳的, esoteric) 연구 형태를 획득했다는 것은 그 분야의 발전에서 성숙의 징조이다"라고 했다. 들뢰즈도 비전적 앎을 중시했다. 반복에는 비극적 반복과 희극적 반복이 있다. 반복은 언제나 비극과 희극으로 번갈아 나타난다. 연극에서 주인공이 반복한다면 그것은 무한한 앎으로부터 분리되어 있는 봉쇄된 표상의 활동이다. 희극과 비극의 차이는 두 가지이다. 하나는 억압된 앎의 본성하에서, 희극은 자연적 앎이거나 상식적인 앎이고, 비극은 감당하기 힘든 비전적 앎이다. 다른 하나는 등장인물이 앎으로부터 배제되는 방식으로 자신이 안다는 사실을 알지 못하는 방식이다. 여기서 희극은 자신 안에 자연과 정신의 모든 역량을 포용해야 한다. 비극은 앎을 표상하지 못하고 그것을 행동으로만 옮기고 반복해야 한다. 이 반복은 발견의 순간까지 지속되어야 한다(『차이와 반복』).

전통적 기독교를 대체하고 있기 때문이다. 그것은 인간의 고귀함에 대한 존중, 사회정의에 부여된 궁극적 가치, 발전된 직업윤리, 그리고 모든 것을 비판적으로 검토할 수 있는 개인의 사상의 자유 또는 자율성이다. 현대 민주주의 공화국의 우선적 목표는 1789년 프랑스혁명 정신을 계승하고, 경제와 정치를 규제하는 조직으로서의 직업집단을 발전시키며, 교회에 더 이상 의존하지 않는 아동들을 교육하는 비종교적 교육체제를 발전시키는 것이다. 뒤르켐은 이러한 작업을 통해서만 시민의 자율적 인격 발전과 진정한 민주주의 정신이 실현될 수 있다고 보았다. 현대 민주주의국가는 주변의 사회적·정치적 환경에 대한 문제를 인식하고 처리하는 데 융통성과 순발력이 클 뿐 아니라, 새로운 사회 환경에 적응하면서 자신만의 고유한 사회체제를 발전시킬 줄 아는 엄청난 잠재력을 가지고 있는 국가이다. 이처럼 대화를 통해 국가나 정부가 시민사회에 대한 성찰적 의식을 확대시켜 나가는 제도가 곧 민주주의이다.

뒤르켐의 세속적 합리주의

뒤르켐의 지식이론은 '세속적 합리주의secular rationalism'[19]를 근간으로 한다.Moore, 2004: 123 뒤르켐은 무엇보다도 합리주의자였다. 그의 합리주의적 사고는 독일의 위대한 계몽철학자 임마누엘 칸트1724~1804의 사상으로부터 나왔다. 칸트 사상은 뒤르켐 이론에서 교육의 중심성과 타자를 결정하고 그들을 통합으로 이끄는 근본적 조건의 특성을 이해하는 출발점이

---

19. 프랑스 제3공화국의 적극적 지지자들이 두드러지게 지닌 문화적 유형을 '세속적 합리주의'라고 표현한 것이다.

다. 칸트는 경험주의자[20]와 합리주의자[21] 또는 선험주의자apriorists[22] 간의 서양철학에서의 오랜 갈등을 해소하려고 했다. 경험주의의 문제는 현저하게 정연하고 구조화된 사고의 성질을 경험적(또는 실험적, 주관적) 연합의 무질서하고 잠재적이며 임의적인 성격에 비추어 설명하는 데에 있다. 칸트를 따라 뒤르켐도 인간이 공간, 시간, 인과성 그리고 확산과 같은 기본 범주들(개념과 직관)을 따라 현실을 일정하게 경험하는 '강제적compulsive' 방식에 관심이 있었다.Moore, 2004: 124 경험주의자들은 이러한 강제를 설명할 수 없다. 말하자면 그들의 세계는 헐렁하고 느슨하고, 눈덩이처럼 우연히 형성되는 것이다. 본질적으로 연합주의associationism[23]의 논리―차라리 비논리적인―는 인간 사고의 구조화된 규칙성이 지속되는 것을 설명하는 데에 충분하지 않다. 연합은 법칙이 없으며, '어느 곳으로도' 연결을 쉽게 설정할 수가 없다.Moore, 2004: 124[24]

경험주의자들이 지식을 '후험적인 것a posteriori'으로, 즉 경험 이후에 오는 것으로 바라보는 반면에, 합리주의자들은 지식의 결정적인 특성을

---

20. 경험주의자들(empiricists)은 경험이 지식에 우선하고 지식이란 궁극적으로 감각 경험 또 감각자료에 근거한다는 것을 믿는 사람들이다.
21. 논리실증주의자들(logical positivists)과 같은 합리주의자들은 감각 현상을 과학적 지식의 객관적 근거로 간주했다. 이러한 신념에 따른 중요한 결과는 어떠한 지식도 궁극적으로 감각 경험에 기반을 두지 않고서는 인정될 수 없다는 것이다.
22. 칸트 이전 철학이 신과 영혼 같은 초월적 존재자들에 대해 관조적인 데 반해, 칸트는 그것을 파괴하면서 철저히 내재적인 형이상학을 전개한 철학자다. '선험적'이란 경험에 앞선다는 말이다. 선험적인 개념이나 표상들을 탐구하는 모든 인식을 '선험적'이라고 부른다. 로크나 흄처럼 특정한 개념의 경험적 기원과 생성을 탐구하는 것을 경험주의라고 부를 수 있듯, 모든 대상에 대한 순수 개념이나, 표상의 선험적 기원 및 생성을 탐구한다.
23. '연합주의'는 관념들 사이의 관계를 연합의 법칙으로 설명하는 이론이다. 본래 관념들 사이의 관계는 연합의 법칙에 따라 설명할 수 있다고 하는 철학적 신념으로 플라톤에서 시작하여 로크, 버클리 및 흄에 의해 정교화되었다.
24. 연합주의는 인간의 복잡한 사고나 행동은 보다 단순한 여러 가지의 사고나 행동이 결합되어 나타난다고 본다. 연합주의는 인간을 단지 자극과 반응 간의 기계적인 연결과 그 연결들의 집합으로 환원시키고 있다.

'선험적인 것a priori'[25], 즉 경험에 앞서는 것으로 바라본다.Moore, 2004: 124 즉, 우리의 경험을 조직하는 시간과 공간과 같은 경험의 근본적 범주들은 경험에 앞서 존재하며 그들의 기본적 조직 원리에 경험을 제공한다. 칸트는 이러한 기본적·선험적 범주들을 '초월적超越的, transcendental'[26]인 것으로 언급하고 있는데, 이것들은 어떤 경험이나 지식을 위해서도 보편적이고 필수적인 선결조건들이며, 경험적으로 확립되기보다는 오히려 연역법을 통해 드러난다고 본다. 비록 문화적으로 그리고 개인적으로 시간이 다양한 방식으로 인식되고 주관적으로 경험될 수 있을지라도, 우리는 단지 어떤 형식이나 다른 형식으로 시간이라는 조건 속에서 세계를 경험할 수 있을 것이다. 범주範疇, category는 그 형식이 다양하다고 할지라도 근본적이며 필수적이다. 칸트는 이러한 범주들을 인간 정신의 보편적 속성(초월적 자아)으로 간주하며, 그것들을 개별적 경험의 조건으로 생각했다.

뒤르켐은 기본적으로 칸트적 선험론apriorism을 공유했다. 하지만 동시에 칸트의 근본적인 문제점을 인식했다. '선험주의자들apriorists'은 진정한

---

25. '선험적(transcendental)'의 라틴어 어원 'a priori'을 직역하면 '앞의 것으로부터'이지만, 칸트는 그것을 '경험에 우선하거나 독립적인'이라는 뜻으로 사용했다. 상황은 직접적으로 분명한 구체적인 것을 넘어서며, 또한 인간 활동을 위한 필수적이고 기본적인 전제 조건을 형성한다. 비판적 실재론/사실주의는 실재에 대한 지식의 기본적인 전제 조건이 이 실재 속에서 발견된다는 것을 함축하는 선험적 실재론에 기초하고 있다. 실재는 우리의 지식 추구와 독립적으로 존재한다.

26. '초월적(transcendental)'은 1660년대 중세 라틴어 'transcendentalis'에서 파생된 라틴어 'transcendentem'으로 '오르는', '넘어가는'이라는 뜻을 갖고 있다. 이런 면에서 'transcendental'을 '초월적'이라고 번역하는 것이 타당하다. 근대철학에서 'transcendental'이라는 용어를 도입하고 그것에 새로운 의미를 준 사람은 칸트이다. 그는 'transcendental'을 'transcendent'에 대비시켰는데, 후자는 한 인간에게 가능한 모든 지식을 '넘어서는/초월하는/transcends' 의미이다. 칸트는 그에 대비하여 'transcendental'이라는 용어를 도입하면서 사람들에게 대상들이 선험적으로(a priori) 존재하는 것이 어떻게 가능한지에 대한 우리의 인지 능력에 대한 지식을 의미하는 개념으로 사용했다. '초월적인' 것들은 모두 '선험적'이지만, 그 역은 성립하지 않는다. 선험적인 지식의 모든 종류를 다 초월적으로 부를 수는 없고, 오직 어떤 표상들(직관, 개념)이 순수하게 선험적으로 적용되거나 가능해지는 것만을 '초월적'이라고 해야 한다.

합리주의자들이다. 그러나 그들은 경험을 초월하는 어떤 힘을 지성에 귀착시켜야만 한다. 그들은 오직 이 단일한 힘을 제외하고 어떠한 설명이나 정당한 근거도 제시하지 못한다. 단순히 인간 지성의 성질에 내재하는 것이라고 말하는 것은 그 힘을 설명하는 것이 아니다.Durkheim, 1992 최종적으로 초월적 자아는 어떠한 것도 설명하지 않는다. 어떻게 우리가 초월적 자아 그 자체를 설명할 수 있겠는가? 칸트의 해답은 단순히 '정신이 그랬다'는 것이다. 그러나 뒤르켐은 사고의 기본 범주들이 원래 '사회적'이라는 급진적 제안을 통해 이 문제를 다루었다. 본질적으로 칸트적 인식론의 초월적 범주들은 사회질서의 원리들로부터 유래된다. 이런 점에서 뒤르켐의 '사회적 자아social self'는 칸트의 '초월적 에고transcendental ego'의 자리에 들어선다.Moore, 2004: 125 뒤르켐이 말한 것처럼 철학자들은 흔히 인간 이해의 경계를 넘어 개별적 정신들이 신비스러운 방식으로 참여하고자 하는 일종의 보편적이고 몰개인적인 이해의 존재를 사색했다. 이러한 종류의 이해는 존재하고 어떤 초월적 세계가 아니라 바로 이 세상에 존재한다.

칸트적 범주들을 사회학적으로 설명한 아비투스(세상을 인지하는 기본적 실재)[27]의 개념이 작동하게 된다. 그것은 내부와 외부를 매개하며 교수pedagogy라는 매개체를 통해 의식을 구성하는 생성 원리로서 사회질서의 원리들을 복제한다. 뒤르켐은 기본적으로 칸트를 사회학적으로 해석하면서 칸트의 범주들을 사회질서 내에 두려고 했다.Moore, 2004: 129 이러한 개인의 안과 밖 사이의 지속적인 전환은 습성·성향 체계의 작용이다. 사회적인 것은 우리의 외부에 있으면서 또한 우리 안에도 존재한다. 그러나 우리 '안'의 사회적인 것은 우리의 주관적 경험이나 가치 및 신념의 내용

---

27. '아비투스'는 권력 기반의 사회질서가 생산, 지각, 경험하게 되는 일상생활의 장이라는 뜻으로, 프랑스의 사회학자 피에르 부르디외가 도입한 용어이다.

과 동일하지 않다. 언어가 말과 혼동되어서는 안 되듯이 성향·습성의 생성구조가 그것의 산출과 혼동되어서는 안 된다. 하지만 이 범주들은 의식과 경험을 구성하는 원리인 사회적 자아로 다시 나타난다. 뒤르켐은 사회적인 것을 그 자체의 내적 논리를 갖는 하나의 실재로 정의했지만, 역설적으로 그의 이론은 개인의 자유/개별성/자발적 사회행위 그리고 사회 및 역사에 대한 집합적 영향 모두에게 효과적인 공간을 제공한다. 이것은 개인과 사회를 중재하며, 자아를 교육적으로 형성시키며 또한 규제하는 것이다. 사회학 및 사회의 과학을 수립하기 위한 뒤르켐의 기획에서 이중적 모형[28] 및 사회적 자아에 관한 사상은 심리학적 환원 가능성에 저항한다.Moore, 2004: 127-129 규범의 외재성은 정신적인 것들의 외재성이고, 그것은 개인의 능동적 주관성의 중재를 통해 내재성으로 계속해서 변형됨으로써 행위에 영향을 끼친다. 자아는 심리학은 물론이고 사회학의 대상이며, 사회의 자율적인 과학으로서 사회학에 적합한 독자적인 방법이다.

뒤르켐의 지식사회학

뒤르켐은 칸트가 철학적으로 논증한 사고와 관념 그리고 행위와 도덕, 다시 말해 이론적 이성과 실천적 이성을 비개인적인 집합적 이성 또는 사회적 이성으로 재정립했는데, 이처럼 인간 정신의 가장 고매한 형태까지도 사회와 관련시키는, 철저하고도 일관된 사회학적 사고를 펼쳐 나갔다. 지식은 사회적 실재social reality이다. 뒤르켐은 사회가 단순히 사회 구성원

---

28. 사회적 자아와 개인적 자아의 구분이 자아의 '이중적 모형'을 구성한다. 이 모형은 직관적 인식의 상태로 이해한 육체와 영혼 사이의 전통적 구분(이중적 인간homo duplex이라는 오래된 공식)과 관련된다.

각각의 행위와 관심사의 집합 이상의 고유한 실체entity라고 보았다. 실체란 개념적이고 독특한 존재를 지닌 어떤 것, 그리고 객관적이거나 개념적인 실재reality다. 사회란 그 구성원인 인간들과는 별개로 그것 자체로 독립적으로 존재하는 고유한 하나의 독특한 실체이다. 사회라는 실체는 인간과는 엄연히 성질이 다르다.

뒤르켐의 중심 관심이 지식과 신념의 내용보다는 사고의 기본적 생성 범주에 있다. 이러한 범주들은 창의성, 성찰성, 혁신의 가능성이 뒤르켐이 반성reflection이라고 지칭한 것에 가장 잘 표현되어 있으며, 과학 내에 매우 고도로 정련화되어 있다.Moore, 2004: 126 뒤르켐은 이 원칙들의 기원을 사회적인 것으로 이해함으로써 그것들이 보편적이기보다는 오히려 사회적으로, 역사적으로 다양하다고 생각한다. 그의 이러한 관점은 삶의 '사회적·외적 형태'와 '아비투스(세상을 인지하는 기본적 실재들)' 사이의 근본적인 차이를 드러낸다.

> 인간성은 절대 불변하는 것이 아니므로 끝없는 진화, 분열, 재건의 과정에 있다. 결코 단일체가 아니므로 사실상 인간성은 시간과 장소에 따라 다양하다. … 세상을 인지하는 각자의 기본적 실재와 그것에 따른 행위가 장소에 따라 모양새를 달리하는 일정한 흐름의 상태가 있음을 의미한다. 모든 시대의 모든 사람들에게 타당한, 하나의 단일한 도덕 체계가 있다는 관점은 더 이상 유효하지 않다.Durkheim, 1977

뒤르켐이 견지하는 지식사회학 관점의 주된 특징은 다음과 같이 요약할 수 있다.

- 인간성은 사회적, 역사적으로 발전된다.
- 교육은 특수한 역사적 환경 아래에서 젊은이들을 사회적 존재로 만드는 과정이다.
- 이 과정의 핵심은 사고의 기본적 생성 범주의 각인이다.
- 이러한 범주들은 사회질서의 원리들로서 교육을 통해 의식을 구조화하는 원리로 변형된다.
- 이 원리들은 사회가 다양함에 따라 다양하고, 또한 보편적인 인간 본성도 없기 때문에 어떤 보편적 교육학도 있을 수 없다.
- 교육과학의 목적은 특정 사회질서의 형식들, 교육의 형식들, 그리고 의식의 형식들 사이의 관계를 해명하는 것이다.

Moore, 2004: 239-240

영은 합리주의, 경험주의, 헤겔의 변증법, 변증법적 유물론에 대해 뒤르켐은 또 다른 문제를 지니고 있다고 본다. 진리는 사회적 실재이기는 하지만, 사회를 특정의 '기술적' 분화로 이끄는 실용적 필요의 차원에서 보면 설득력이 약하다고 할 수 있다.[29] 뒤르켐은 칸트를 비판하고 있음에도 불구하고, 이성/논리로서의 전문화가 사람을 인간답게 만드는 독특한 성질—다른 동물과 영은 다른—을 가지고 있다는 내심의 합리주의자였다. 다른 한편으로 영은 뒤르켐이 인간 이성의 원천에 대한 다음과 같은 문제점을 가졌다고 지적한다.

---

29. 니체가 탈현대적(post-modern) 문제의식에 대한 대안을 인간의 감성적 측면인 '공감'이라는 주제를 중심으로 시민사회 구성원들의 자비정신을 불러일으키는 데에서 찾으려 했다면, 뒤르켐은 현대성(modernity)의 문제에 대한 대안을 신칸트학파들의 문제의식에서 찾았다. 뒤르켐은 합리성이 현대사회에 가져다주는 부정적 결과에 대해 비합리적 해결책으로서 현대사회 공동체에 이타주의를 복원시키고, 구성원들의 공감적 연대의식을 확산시키며, 새 도덕성을 확립하고 인간의 존엄성과 그의 신성한 권리에 대한 생각을 중심으로 인류와 지구는 하나라는 생각을 제창하고 있다.

첫째, 합리주의 문제: 이성이 인간의 마음에 내재되어 있다는 칸트와 그의 추종자들의 합리적 논증은 신앙과 같이 입증할 수 없고, 지식이나 진리를 위해 신뢰할 수 없는 기초이다. 게다가 다른 사회의 더욱 다양한 신앙을 설명할 수 없다. 둘째, 경험주의 문제: 이성이 경험 속에 근거하고 있다는 존 로크와 같은 사람이 요구하는 과학적 방법에 의해 훈련된 경험주의는 인간사에서 보편성과 논리의 강력한 힘을 설명하는 데 있어 신뢰할 수 없고 부적절하다.[30] 셋째, 헤겔의 변증법 문제: 뒤르켐이 분명 개입하지 않은 헤겔의 변증법은 역사와 존재에 근거를 둔 인간 이성이었다.[31] 콩트의 실증주의적 사회학의 추동자인 뒤르켐은 헤겔의 접근이 비과학적이라고 추정하고 있다. 넷째, 변증법적 유물론 문제: 이 관점은 인간의 노동에서 지식과 진리의 근거를 찾고 있고, 물질적 세계를 전유하기 위해 인간의 투쟁으로서 모순이 일어난다고 본다. 뒤르켐은 재현의 세계가 물질적 하부구조를 과잉-부과하고 있다는 마르크스적 관점을 밀어내고 있다.[32] 뒤르켐은 물질적 세계가 항상 인간 문제에 영향을 미치고 있음을 인정하면서도, 사회적 또는 집단적 재현의 '독특한' 실재를 주창한다.Young, 2008b: 69-70

---

30. '경험론적 실재론'은 세계의 실재를 인간의 감각 인상에 입각해 정의하며, 실재를 경험적 사실로 환원한다. 경험론자들은 확실하게 알려진 것만을 지식으로 한정한 다음 지각에 대한 현상주의적 분석을 통해 지각에 알려진 것은 확실하다고 논증한다. 지각만이 사물에 대한 지식을 제공하므로 지식은 지각에 주어진 것에 대한 것이어야 한다고 주장한다. 비판적 실재론자인 바스카는 '경험주의'가 경험이라는 범주에 기초한 존재론을 숨김으로써 실재의 세 영역(실재적인 것, 현실적인 것, 경험적인 것)을 하나로 붕괴시킨다고 주장한다. 존재론적 깊이에 대한 이러한 무시는 어떠한 조건 아래에서 행위자에게 경험이 가능한가 하는 중대한 문제를 제기할 수 없게 한다고 본다(Archer, 2005: 26).

31. 뒤르켐은 헤겔을 비판하면서도 그의 현대국가관을 은연중에 받아들이고 있다. 헤겔의 현대국가관은 개인의 권리를 인정함으로써 개인의 구체적 자유를 실현하는 법치국가이다. 뒤르켐의 유기체적 국가관, 현대사회의 도덕성을 실현시키기 위한 직업집단 방식의 개혁안, 국가는 개인의 자아를 실현하기 위한 단순한 도구가 아니라는 반(反)개인주의적 국가관은 모두 헤겔의 정치철학의 영향을 받은 것이다.

뒤르켐의 지식사회학은 철학의 인식론으로까지 확장되면서 상대주의의 지적 과오를 범하지 않으려 한다. 근본적으로 지식의 사회적 토대를 인식하는 것이 중요하다. 사회학자들은 지식의 사회이론을 교육이론으로 통합시키면서 두 가지 난제에 봉착했다.Young, 2008b: xvii-xviii 첫째, 일종의 환원주의reductionism 형태로 전락하는 경향을 보였다는 점이다. 환원주의 지식이론은 피상적으로 매력적이고, 특히 많은 좌파들에게 그러했다. 지식은 이해/관심, 관점 또는 단지 지식인의 것으로 환원되었으며, 그리고 모든 종류의 해방적 가능성을 함축하고 있다. 더욱이 이 이론은 적어도 부분적 진리로 받아들여졌다. 하지만 사회학적 환원주의에서는 교육과정에 대한 질문들이 너무 쉽게 자신의 독자성을 잃어버리고 정치로 환원되고 말았다. 교육의 독자성을 잃어버리는 추세는 신교육사회학이 종종 빠져든 함정이었다. 따라서 환원주의에 대한 대안이 되는 사회이론은 객관적 지식을 지닌 가능성에 바탕을 둔 뒤르켐의 논변으로부터 나올 수밖에 없다. 그에게 사회적인 것은 도덕적인 것이고, 가치적인 것이다. 지식과 교육과정이 사회적이라면, 뒤르켐에게 이것은 우선적으로 도덕적 문제라고 할 수 있다.Young & Muller, 2010: 122[33]

---

32. 뒤르켐에 의하면 경제의 중앙집중적 통제를 통한 부의 재분배만으로 사회주의 국가를 건설하려는 이론적 구상은 현대사회의 가장 중요한 문제인 도덕적 위기를 제대로 인식하지 못하고 있다. 이러한 이론은 기존의 경제질서를 재조직함으로써 사회질서를 바꾸어 보려 노력하고 있으나, 그 시도는 기존의 자본주의 체제의 위기를 해결하는 것이 아니라 오히려 악화시킨다고 본다. 왜냐하면 현대사회의 위기는 경제적인 것이 아니라 도덕적인 것이기 때문이다. 그리고 현대사회의 사회적·경제적 관계를 특징짓는 아노미 현상은 전통사회의 사회적 가치합의의 원천이었던 기독교가 더 이상 도덕적 원천으로서의 기능을 하지 못하고, 그 기능을 대신할 만한 새로운 종교와 거기에 바탕을 둔 새로운 도덕적 질서를 확립하지 못했기 때문이다. 물론 사회주의 이데올로기의 이러한 결함에도 불구하고, 뒤르켐은 사회주의 운동에 크게 주목했다. 왜냐하면, 이 운동은 현대사회의 질서가 전통사회의 그것과 크게 다르다는 것을 분명히 의식하고 있을 뿐 아니라, 옛 질서에서 새 질서로의 변동이 가져온 위기를 극복하는 데 필요한 자신들 나름의 포괄적 프로그램을 가지고 있기 때문이다.

뒤르켐은 실용주의 또는 경험주의에 대해 매우 비판적 태도를 취했다. 실용주의가 진리에 대해 애매모호하고 모순적이며 피상적 자세를 공유하고 있었기 때문이다. 실용주의는 진리 숭배에 대한 학문적 원칙을 부정하고 있다. 첫째, 실용주의는 인류의 도덕적 이상을 공리주의적 동기로 환원함으로써 인간의 의지를 무한한 욕망에 종속시켰다. 둘째, 실용주의는 결코 진리의 문제를 제기하지 않음으로써 소크라테스 시대의 소피스트들처럼 진리의 숭배를 파괴한다.민문홍, 2012: 720 결국 실용주의는 진리의 거룩한 성격을 부정하고 삶의 주관적 측면만을 강조하는 도덕적 주관주의를 지지함으로써 진리와 거짓을 구분하지 못한다는 것이다. 이러한 관점에서 볼 때 실용주의의 명목론, 공리주의, 급진적 경험주의는 기본적으로 반지성적이다.

뒤르켐은 실용주의가 진리의 독특한 성격, 그것의 외재적, 억제적, 의무적 성격 등 도덕적 힘을 무시하고 있다고 강하게 비판다. 그는 윌리엄 제임스 등 실용주의 철학의 확산이 현대사회의 질서와 현대성 탐구 학문인 사회학에 대해 심각한 도전을 가져다주었다고 보았다. 교육의 실용주의적 공리주의 개념을 거부하는 뒤르켐은 교사를 통해 학생에게 지식을 전달하는 것, 어떤 주체의 아이를 동화시키는 것을 '진정한 지적 형성의 조건'으로 보았다.Young & Muller, 2010: 123 그는 진리에 관한 학문적 철학이 아

---

33. 도덕적 행동의 의무적 성격은 부정적 의미만 지니는 것이 아니라 긍정적 제재도 포함한다. 이때 긍정적 제재란 도덕적 규칙을 지킬 때 행위자가 갖게 되는 칭찬, 영예 등이다. 이 긍정적 제재는 도덕적 행동을 만족스럽게 하고 성취하게 만든다. 이 행위에 대한 긍정적·부정적 제재는 도덕적 규칙의 양면이라고 할 수 있다. 뒤르켐은 어떠한 도덕적 행동도 의무감만으로는 이루어질 수 없으며, 그것은 동시에 선하다는 느낌을 행위자에게 한다고 본다. 이것이 바로 도덕적 행동의 보편적 측면이다. 그는 도덕의 이러한 양면적 측면을 가장 잘 볼 수 있는 것이 종교, 즉 '거룩하다'는 생각 속에 가장 잘 나타나 있다는 것을 깨닫게 된다. 거룩한 대상은 그것을 믿는 사람들에게 경외감을 불러일으킬 뿐만 아니라, 동시에 헌신을 불러일으킨다. 따라서 도덕의 기원과 기능은 그것을 종교와 관련짓지 않고는 이해가 불가능하다.

닝, 사회생활—그의 표현으로는 사회—에 위치시켜야 한다는 철학적 질문을 제기한 제임스William James와 실용주의자들을 칭송했지만, 이들의 주장이 '사회적인 것'과 '사회'를 분리하지 않았고, 그래서 암묵적으로 사회적인 것을 '경험'과 동일한 것으로 보았다고 비판했다.

뒤르켐 이론에 대한 평가

뒤르켐은 개인의 자유와 존엄성을 매우 헌신적이고 열정적으로 옹호했다. 그는 강한 사회정의감을 지녔으며, 평등주의적 공화주의자였고, 호전적인 반反성직자적 합리주의자였으며, 국제주의자였다.Moore, 2010: 233 이러한 태도는 그의 학술활동의 근간이 되었으며, 교육에 대한 가르침과 접근, 나아가 교육의 사회적 역할 모두를 구성했다. 그는 프랑스의 전반적인 사회적 조건의 개선을 목적으로 하는 교육을 개혁하는 일에 자신의 모든 지성적 힘을 쏟은 헌신적이고 열정적인 교사였다. 공화국의 위대한 이론가가 교육을 그의 사상과 활동의 중심에 두었다는 것은 우연이 아니다

우리는 뒤르켐으로부터 무엇을 배울 것인가? 첫째, 뒤르켐은 이마누엘 칸트가 철학적으로 논증한 사고와 관념 그리고 행위와 도덕, 다시 말해 이론적 이성과 실천적 이성을 비개인적인 집합적 이성 또는 사회적 이성으로 재정립했는데, 이처럼 인간 정신의 가장 고매한 형태까지도 사회와 관련시키는, 철저하고도 일관된 사회학적 사고를 펼쳐 나간 점이 뒤르켐에게서 배울 점이라고 본다. 이러한 생각을 따른다면, 뒤르켐은 사회학이 인간과학의 새로운 지평을 활짝 여는 사명을 구현했다고 할 수 있다.

둘째, 뒤르켐에게서 배울 점은 개인과 개인주의의 문제이다. 한국인들은 개인주의를 개인적 차원에만 머무는 이기적 개인주의 또는 이기주의

와 혼동하는데, 이에 반해 뒤르켐의 도덕적 개인주의는 이기주의가 아니라 사회와 연결되고 더 나아가 사회를 포괄하는 인간 일반, 이상적인 인간성 또는 인류에 연결되는 관념, 그러니까 개인적이고 사회적이며 세계주의적인(사해동포주의적인cosmopolitan) 사고이다. 즉 이기주의는 개인에서 시작해 개인에서 끝나지만, 도덕적 개인주의는 개인-집단-사회-인류라는 연결고리를 갖는다는 것이다. 만약 이러한 뒤르켐의 도덕적 개인주의에 접목한다면 개인주의에 대한 한국인들의 강한 심리적 저항을 극복하고 한국 사회에 근(현)대사회의 구성원리 또는 조직원리인 개인과 개인주의에 대한 진정한 이론적 탐색과 실천적 모색이 이루어질 수 있을 것이다.

이러한 탐색과 모색이야말로 전근대적·집단주의적 사회가 아니라 현대적·개인주의적 사회를 건설하는 유일한 이론적·실천적 대안이라고 본다. 뒤르켐의 지식이론은 지식과 경험의 차이가 없다면, 교육과정의 개념이란 불가능하다고 본다. 양자의 차이가 없다는 것은 범주를 붕괴시킬 수 있으며, 따라서 경험에 기초한 교육과정을 구성하려는 일련의 진보적이고 급진적인 교육의 시도가 실패로 귀결될 위험이 있다.[34] 경험은 강력한 힘을 가지고 있으나, 인식론적 원리로서 부적절하고, 신뢰할 만한 지식이나 교육과정을 위한 아무런 기초를 제공하지 못하기 때문이다. 실용주의를 비판적으로 파악한 뒤르켐은 우리에게 적어도 지식은 사회적 기반을 가지고 있지만, 이해집단, 활동 또는 권력관계에 대한 '사회적인 것'의 아이디어를 감소시키지는 않는다는 생각을 유지하는 사회적 구성주의에 대한 대안적 관점을 제공하고 있다.Young & Muller, 2010: 122

동시에 실용적·주체적 실재와 객관적 개념의 분리를 뒷받침하는 뒤르

---

34. 영은 영국의 「플라우든 보고서」에서 보여 준 '아동 중심 교육과정', 호주 퀸스랜드주의 '새로운 기본 교육과정', 남아공의 '결과 기반 교육(OBE)'이 지식과 경험의 결합을 성공적으로 이끌지 못했고, 사회정의를 위한 교육과정이 되지 못했다고 비판한다(Young & Muller, 2016: 46).

켐의 거룩한 실재와 세속적인 실재의 구분, 그리고 현대사회에서 신화적, 과학적 진리의 연속성을 인식하는 그의 이론은 지식의 사회적 분화의 결정적 중요성을 부각시키고 있다.Young & Muller, 2010: 122 그에게 있어 인간 사회의 기초가 되고 인간 발전의 원천이 된 것은 '절연insulation'이었다. 가장 원시적인 사회에서 발견되는 경험과 그 지식으로 인한 모든 결점과 실패에도 불구하고, 더 많은 평등과 사회정의의 가능성을 보이며 학교교육의 해방적 가능성의 기반을 제공하고 있다.Young, 2019a: 88

그리고 뒤르켐은 현대 대중문화 시대의 공교육 변화 방향에 대해 '교육민주화'와 관련된 주장도 한다. 전통사회의 공교육에는 계급 간의 현저한 차이가 있지만, 장차 산업사회에서 계급 간의 교육 차별은 없어져야 한다. 특히 아동교육이 자신의 출신 계급 지위에 종속되어서는 안 된다. 뒤르켐은 사회분화와 함께 지식의 기초와 그 분화의 사회적 토대에 대해 아주 일반적인 몇 가지 제안을 제시했다. 정확히 지식의 분화 문제는 교육과정사회학에 매우 중요하다.

하지만 뒤르켐의 입장은 또 다른 한계도 보인다. 사회구성주의의 환원주의적 함의를 피하고자 하는 지식의 내용과 구조에 대한 근원적 질문을 탐색하려면 그의 사고틀을 그대로 사용하기가 어렵다. 지식의 권위에 지나치게 의존한 사회이론은 권위주의를 과도하게 숭배함으로써 비판성을 잃어버릴 가능성을 안고 있기 때문이다. 이것은 매우 해결하기 어려운 난제인데, 지나치게 뒤르켐에게만 의존하는 것은 지식의 정적/고정된 관점으로 흐를 위험성이 있다. 그렇게 되면 다른 분야도 마찬가지이지만, 과학에서도 지식은 변하지 않는 실체로 그냥 남을 가능성이 있다. 이러하기에 다음 장에서 보듯 뒤르켐의 이론은 번스타인에 의해 재해석되면서 보완되었다.

4.

바실 번스타인의
교육과정사회학

번스타인 이론의 독특성

바실 번스타인Basil Bernstein, 1924~2000은 일반적으로 문화적 재생산 이론가로만 알려져 있으나, 자신의 이론을 지속적으로 수정하고 보완해 나갔기에 단정적으로 말하기가 쉽지 않다. 번스타인은 자신의 이론을 1960년대 이후 지속적으로 발전시켰고 이 과정에서 그는 당대 사회의 특징을 과거와의 관계 속에서 역사적으로 밝히면서, 1970년대 말 이후 특히 서구 사회에서 나타난 시장주의의 영향력에 대해 비판적 이론화를 시도했다. 구조주의자인 번스타인은 통시성보다는 공시성을 중시했고, 변화에 대한 설명보다는 보편적으로 적용될 수 있는 규칙들에 집중하여 연구를 했다. 세상을 뜰 때까지 번스타인은 영국 교육사회학계의 걸출한 이론가로 활동했다. 번스타인은 전 세계의 많은 연구자들 중에서도 경험적 작업을 통해 이론을 인상적으로 형성했다는 점에서 사회이론가들 중에서 단연 돋보이는 학자이다. 1970년 이후에는 시장주의 전개에 따라 새로운 구조적 설명과 규칙의 이론화에 대해 필요를 느껴 1980년 이후에는 이러한 사회 변화를 반영한 분석들을 발전시켰다. 1970년대 말 불황으로 인해 시장주의에 신우익이 등장하면서 국가는 경제적 영역에서 후퇴하는 대신에 교육을 통한 상징적 통제를 강화하게 되었다.

번스타인 이론의 특징은 무엇인가? 지식의 생산과 지적 영역의 구조화에 관한 무엇인가? 번스타인의 초기 사상은 반주지주의, 자아실현, 흥미와 욕구를 존중하는 아동 중심, 놀이 중심, 자율성, 개인주의 등 낭만주의 교육이 신중간계급의 뿌리를 두고 있는 것에 대해 비판적 입장을 보였다.Sarup, 1988: 13-20 번스타인의 규범성에 대한 관심은 푸코나 뒤르켐과 유사하다. 특히 번스타인의 연구는 뒤르켐에 의해 발전된 강력한 구조주의적 사회이론의 영향을 받았다. 번스타인은 프랑스의 사회학자인 부르디외와 깊은 교류를 나누었다.

번스타인은 복잡한 사회에서 활동한 사회학자로서 언어적 형식과 사회적 관계를 인식했고, 필연적으로 언어적 방식과 사회적 위치의 다원성에 초점을 두었다. 언어적 방식과 사회적 위치는 차이가 없을 수도 있지만, 대개의 경우는 대단히 강제적이고 층화되어 있으며, 일부가 다른 것을 통제한다고 보았다. 번스타인은 교육과정과 교수과정을 다루기 위해 근본적으로 새로운 언어를 만들었다. 새로운 언어는 이론에 근거한 개념적 언어이며, 근본원리로 활용될 수 있고, 그 원리가 사회적 실천의 유형을 체계적으로 다양하게 나타내는 방식으로도 이용될 수 있다. 또 다른 수준의 원리는 이론적으로 기술되어야 하는데, 그래야 특별한 경우에 현실화된 생성적 원리로서 모델화될 수 있다. 그리고 번스타인은 매우 많은 관계, 기제 그리고 변형 모델을 만든다. 번스타인은 브루너J. S. Bruner[1]가 그랬듯, 피아제에서 비고츠키로 관심을 전환함으로써 자유주의적 진보주의 교육을 새롭게 존속시켰다.Bernstein, 2000: 62

번스타인의 이론적 언어는 개념과 서술 사이를 가로지르고, 수준들 사이를 위아래로 오르내리며, 늘 서로 다른 방향으로 동시에 움직이고자 시도했다. 그는 규범적 접근과 해석학적 접근 모두를 기꺼이 받아들이는 데 주저하지 않았다. 번스타인은 초기 논문에서 뒤르켐의 분류와 통제를 다루었으며, 말년의 논문에서는 뒤르켐과 구별되는 위계적 지식구조와 수평적 지식구조의 구분을 소개했다. 번스타인은 자신을 뒤르켐주의자로 자임했다. 번스타인에게 비친 뒤르켐은 상징적 질서, 사회적 관계성, 그리고 경험의 구조화의 관계를 가장 의미 있는 문제로 보았기에 실증주의자나 기능주의자라기보다는 구조주의자이고 인류학자로 평가되고 있다.Moore, 2009: 125

또한 오늘날 지식의 성격 변화가 급진화하여 '완전히 교수화된 사회totally pedagogical society'가 되었다고 비판한다. 정보사회 도래로 인해 인

---

1. 브루너는 비고츠키가 역사결정론과 의식의 역할 사이의 틈을 이을 수 있는 강력한 도구를 제공하기 위해 노력한 심리학자라고 보고 있다(Bruner, 2011: 145). 비고츠키는 발달에서 언어의 역할과 이 모든 것에서 이차신호 시스템의 역할을 추적한 그의 독창적 아이디어인 '근접발달영역(ZPD)' 이론을 고안했다. 근접발달영역은 독립적인 문제 해결에 의해서 결정되는 '실제적 발달단계'와 보다 유능한 또래와 협력하거나 어른의 지도 아래에 문제 해결을 통해 결정된 '잠재적 발단 단계' 사이의 '간격'이다. 인간학습은 아이들이 그러한 것들 주위에서 지적인 삶으로 이르게 되는 과정과 구체적인 사회적 상태를 전제로 한다. 그리고 근접발달영역은 우리가 발달을 향상시키는 훌륭한 학습인 새로운 방식을 제기할 수 있도록 한다. 여기에서 '비계' 개념이 나온다. 잠재적 발달단계와 실제적 발달단계의 간격/거리를 놓아 주는 것이 '비계'이다. 브루너는 1960년대 '지식의 구조론(학문 중심 교육과정)'에서 차츰 발전되어 1990년대 '내러티브'와 '문화'로 발전해 갔다. '지식구조론' 이후 등장한 브루너의 내러티브 이론은 교육과정 통합의 근거를 제공한다. 브루너의『교육의 과정』은 우리가 학생들에게 가르치는 교육 내용이 '지식의 구조' 또는 '교과의 구조'라고 말한다(Bruner, 1960). 교육은 일차적으로 학습의 주체로서 학습자가 앎을 형성하고 그 앎을 실천하는 일이며, 그 앎의 과정에서 실재를 내러티브적으로 구성하며, 그 구성된 내러티브적 실재가 교육의 이론적 모습과 실천 양상에 영향을 미친다. 브루너의 내러티브 이론은 패러다임적 사고를 극복하려는 노력이며, 문화주의 입장을 견지한다. 내러티브 이론의 관점에서 보면, 교육과정 통합의 근거로서의 내러티브는 실재의 구현체이며, 의미 형성과 자아 구성체이자 삶을 통합하는 성격을 지니고 있다. 교육과정 통합의 방법으로서 내러티브는 의미의 재구성, 이야기 만들기, 나선형의 재해석에 의해 의미가 드러난다. 이러한 내러티브 이론을 교육과정 통합의 입장에서 재해석해 보면, 지식구조론의 확장에 기초하여 스토리, 스토리텔링, 그리고 내러티브의 방법으로 통합되어 우리의 삶을 조망할 수 있다. 요컨대 브루너가 주장한 내러티브 이론은 미시적으로는 교육과정과 교육의 문제가 통합적으로 표현되어야 하는 것으로 볼 수 있으며, 거시적으로는 인간과 개인의 삶에 대한 통찰적인 이해와 해석을 강조하려는 노력이다. 브루너는 내러티브 사고를 새로이 제창하면서도 패러다임적 사고와 내러티브 사고의 양자택일을 바라지 않는다(Olson, 2018).

간 스스로가 자신을 재교육화하는 사회가 되었다. 새로운 경제적 조건에서 생존하기 위해 단기적으로 재훈련받아야 하는 사회의 요구에 따라 평생학습이나 각종 학습혁신 등 새로운 교수학pedagogy[2] 모델들이 나타났다. 이러한 모델의 등장은 과거와 비교할 때 전적으로 세속적으로 변한 것이라고 할 수 있다. 그 결과 인격의 쇠퇴를 초래했다. 그래서 지식 기반 사회로의 이동에 따라 다시 '교수법'에서 '지식'으로 관심을 이동시켰다.Bernstein, 2010b 특히 담론의 구조(수직적 담론과 수평적 담론)와 문법(강한 문법과 약한 문법), 그리고 인식적-교수적 기제(지식의 생산 ↔ 지식의 재맥락화 ↔ 지식의 재생산)에 대한 번스타인의 체계적 연구는 그가 지식을 사회학적으로나 인식론적으로 파악하는 '비판적 사실주의자'로 분류되는 이유가 된다.Moore & Maton, 2010b; Wheelahan, 2010

번스타인은 『교수학에서 지식으로』2001에서 지식의 전달을 위한 사회학

---

2. '페다고지'는 '제도적(institutional)' 페다고지와 '분절적(segmental)' 페다고지로 나눌 수 있다. 번스타인은 'pedagogy'를 다소 복잡하게 정의한다. 그는 "획득자의 관점이나 일부 다른 기관에 의해, 또는 이들 양자에 적절한 공급자 및 평가자로 간주되는 것으로부터 새로운 형태를 획득하거나 기존 형태의 행동, 지식, 실천 및 준거를 발전시키는 지속적 과정"이라고 정의한다(Bernstein, 2000: 78-79). '교수(pedagogy)'는 일반적으로 지식의 발달, 기능의 도덕적 질서를 개발하는 것을 목적으로 하는 차별되지 않는 일련의 양육 및 교육의 실천, 전달과 획득의 방법 및 과정을 가리키는 하위의 질서 개념으로 간주된다(Bernstein, 2000: 199). '제도적' 페다고지는 항상 자발적이거나 비자발적으로 집단이나 사회적 범주로서 밀집되어 있는, 자격을 갖춘 제공자가 공적 장(국가, 종교, 공동체)에서 수행한다. '분절적' 페다고지는 항상 비형식적 제공자에 의한 일상적 경험과 실천의 면대면 관계에서 수행된다. 이 교수법은 암묵적으로 또는 명시적으로 전달되고, 제공자는 전달이 일어나는 것을 인식하지 못할 수도 있다. '제도적' 교수법과 다른 교수 과정은 더 이상 그것이 제정된 맥락이나 부문보다 크지 않을 수 있다. 분절적, 즉 '관련이 없는' 역량은 교수적 행동에서 나온다(Bernstein, 2000: 78-79). 예를 들어 옷을 입고, 신발을 묶고, 슈퍼마켓에서 거스름돈을 계산할 줄 아는 방법을 배우는 아동 학습은 '분절적' 교수법을 통해 획득한 역량을 기르는 것이며, 이것은 역량의 명백함과 실현의 코드에 따라 달라진다. 환자가 되는 것을 배우고, 대기실에서 행동하는 방식, 의사/환자 행동과 보고하는 방식은 부양자가 부양자임을 모르는 분절적 교수학의 암묵적 유형의 사례다. 관심 있는 것은 합당하게 정리되는(소통되는) '제도적' 교수법과 '분절적' 교수법 사이의 상호작용적 관계의 결과이다.

번스타인의 지식의 구성 분석을 통한 궤적Moore & Maton, 2010: 155

이론적 발달의 주요한 초점	주요 10년간의 이론의 순환	중심 발행물 (『계급, 코드, 그리고 통제』)
교수 담론의 전달/획득	1970년대	3권(1975)
교수 담론의 구조	1980년대	4권(1990)
교수 담론이 재맥락화되는 지식구조	1990년대	5권(1996, 2000)
지식구조의 생산	2000년대	미래 발전

의 기반을 튼튼하게 하기 위해 다음과 같은 '왜 지금 지식인가'에 대해 근본적 질문을 던졌다.Maton & Moore, 2007: 29-30 첫째, '교육적 지식이 어떻게 전달되고 획득되는지'로부터 '교육적 지식이 어떻게 구성되는지'로, 나아가 교육적 지식이 '재맥락화'되는 지식의 형태로 초점을 확장시켜야 한다. 그로 인해 학교에서 인식적 원천에 이르기까지 지식을 추적하여 재생산 및 재맥락화, 그리고 생산의 분야를 탐구하기 위해 사회학적 본질을 규명해야 한다.

둘째, '왜 지식인가'는 사회가 어떻게 지식 형태의 분화적 가치화, 그리고 규제 및 분배를 유지하는지에 대한 중요한 측면을 고려하지 않으면 안 된다. 그리하여 문화(지식, 신념, 예술, 도덕, 법, 관습, 사회 구성원인 인간이 습득해야 할 다른 모든 능력과 습관을 포함한 복합체)의 생산과 재생산 그리고 혁신의 사회적 재생산 기능에 중점을 두어야 한다. 광범위한 지식에 대한 설명은 사회적 생활을 질서화하는 상징적 형태의 역할을 찾아야 한다.

셋째, '왜 지식인가'는 사회학적 학문의 본질 그 자체를 추구하는 데 있다. 의미의 정밀한 지향, 수직적 담론이나 지식구조를 이해하는 이론적/성스러운 지식을 탐구할 필요가 있다. 이런 형태의 담론 이해는 시간뿐만 아니라 공간으로 연장되어 있으며, 무수한 인식자들이 서로 협력하여 구성하는 상징적 확장의 누적된 퇴적물로서 영원한 매력을 지니고 있다.

뒤르켐 이론의 새로운 해석

번스타인은 서로 다른 '연대(질서의 원리)'의 양식이 상호작용하며 복잡한 현대사회에서 차별적으로 배분되는 방식을 밝히고자 했다. 뒤르켐[1933]에 따르면, 산업사회 이전에는 노동의 분화가 미진했고, 다른 직업이라 할지라도 일의 공통성이 높았다. 이러한 사회에서는 구성원들의 연대가 기계적이고, 구성원들의 관점은 공통의 집단적 의식에 의해 영향을 받는다.[Bernstein, 1975: 67] 이 시기의 집단의식은 종교나 전통 규범에 의해 유지되었고, 사회 구성원 누구에게나 공통적으로 인식된 것이었으므로, 개인들마다의 차이가 거의 없었다. 이러한 집단적 공통의식의 변화를 가져온 것은 산업사회의 도래에 따라 직업과 그에 따른 역할이 분화되었기 때문이다. 번스타인[1971, 1973, 2000]은 이를 응용해서, 오늘날 학교의 역할도 분화되고 전문화되었다고 보았다.

또한 산업사회에서의 개인들은 다른 사람의 생산에 직접 의존하지 않고, 그 생산된 상품이 시장에 의해 분배되는 방식을 통해서만이 서로에게 관련성(간접적)을 가지게 되었다. 과거에 비해 훨씬 전문화된 산업사회에서의 상품 교환 방식은 보다 복잡한 상법, 규정, 계약, (분쟁) 조정 등을 요구하게 되었고, 이 과정에서 한 개인은 이러한 '민법'적 방식으로 다른 개인과 관계를 맺게 되었다. 그래서 산업사회 이전에 비해 개인과 개인은 수직적인 (지위에 따른) 연대보다는 수평적인 연대를 하게 되었고, 공통의 신념(종교 등)에 의한 연대보다는 계약적으로 연대하게 되었다. 번스타인[1975]은 이러한 사실에 착안하여, 오늘날 학교에서는 행위자들(예: 교사와 학생) 사이의 권위가 절대적인 것으로 행사되지 않으며, 그래서 개인적 믿음과 사회적 규범 사이에 긴장이 발생하는 것으로 보았다.

이렇듯 뒤르켐의 이론에 영향을 받은 번스타인은 1960년대 이후 영국

학교들을 연구하면서, 이 학교들에서 일종의 기계적 연대에서 유기적 연대로의 변화가 일어났다고 보았다. 번스타인1975은 이를 학교에 적용하면서 '기계적', '유기적' 용어를 버리고, '닫힌 학교'에서 '열린 학교'로의 변화라는 말을 사용했다. 닫혔다거나 열렸다는 것은 사회조직으로서의 학교에서 사회 통합, 즉 연대의 방식이 얼마나 개방적인가를 말하는 것이다.성열관, 2013 번스타인1975은 기계적 연대의 학교에서는 학생들이 교사 또는 다른 학생들과 공통의 도덕적 가치에 동의한다고 보았다. 이 시기에 학교의 도덕 또는 가치 체계는 '의심할 바 없이' 주어진 것으로서 학생들과 교사들이 모두 받아들이고 있는 것이다. 그러나 유기적 연대의 시기가 도래함에 따라, 학교의 구성원들이 학교의 도덕 또는 가치 체계에 동의하는 정도는 개인에 따라 차이가 나기 시작한다. 물론 이 시기에도 학교의 도덕 체계에는 상당한 공통성이 있다. 그러나 이전과 비교할 때, 학교의 도덕 가치를 받아들이는 주체가 구성원 개인으로 분화된다. 어떤 시대이든지 교사들은 통제―학생 또는 교육활동에 대한―를 위한 권위를 부여받는 법인데, 사회적 연대가 유기적으로 변하면서 그 권위 또한 지위적 권위에서 개별적 권위로의 변화를 수반한다. 교사의 통제 양식은 공유된 사회 규범보다는 개인으로서의 교사-학생 사이에 형성되는, 즉 개인화된 통제 형식에 따른다. 오늘의 교사들이 실제 과거에 자동적으로 주어졌던 지위적 권위를 가지고 학생들을 통제하는 경향은 점점 줄어들었다.

번스타인은 '이론적 지식'과 '일상적 지식'의 구분을 위해 뒤르켐이 분류한 '비전적秘傳的, esoteric'/성스러운sacred 지식과 '세속적mundane'/일상적everyday 지식의 개념을 끌어와 이들 사이의 관계 및 사회에서의 각각의 역할을 분석했다.[3] 그는 '이론적' 지식과 '일상적' 지식 논의를 수직적이고 수평적인 담론으로 표현된 '거룩한 실재'와 '세속적 실재'의 원천으로서 뒤르켐이 강조한 일종의 '원형-과학'으로 거슬러 올라간다. 수직적 담론과 수평적 담론으로 구조화된 의미체제로서 이론적 지식과 일상적 지식의 구분은 교육과정에 중대한 함의를 제공한다. 지식의 구조는 지식의 사회적 관계와 지식의 배분 방식, 그리고 지식과 권력의 관계 속에 함축되어 있다. 지식구조의 인과적·발현적 속성, 그리고 지식이 전달되고 획득되는 이 속성이 지닌 함의를 증명하려고 했다.

뒤르켐은 거룩한 것에 뿌리를 둔 관조적 '사고thought'와 세속적인 것에 뿌리를 둔 갑작스러운 분출 형태로 나타난 요구에 즉각적으로 반응하는 '행위action'를 대조시켰는데, 번스타인은 거룩한 실재와 세속적 실재를 교육과정의 사회이론과 연관시켰다. 번스타인은 앞으로의 미래 사회에서도 교육, 상징적 통제, 문화적 장의 연계가 강화됨에 따라 교육을 통한 재생산 기능은 오히려 더 강화될 수 있다고 보았다. 이러한 흐름에 대해 탈인간주의적 원리가 역사상 처음으로 공식적 지식의 위치를 갖게 된 것이다. 번스타인의 기획은 부르디외의 아비투스처럼 뒤르켐 저작의 근거에서 작동하는 원리를 체계적으로 개념화한 것이다. 그렇게 함으로써 이 개념들이 세상과 맞닿을 수 있는 연구 기제로 새롭게 정의될 수 있었다. 이런 점에서 번스타인의 생각에 영향을 받아 수행된 연구의 양과 질을 고려하면, 그의 성공은 괄목할 만하다. 번스타인의 작업은 교육사회학의 특정

---

3. '비전적 지식'은 두 가지 기능을 수행한다. 첫째, 비전적 지식은 사회적으로 생성된 사회의 집단적 표현으로 구성되어 개인 경험의 한계를 초월하여 자연적·사회적 세계의 관계의 본질에 대한 견해를 넘어서는 것으로 볼 수 있다. 집단적 표상은 사회가 사물 사이의 관계와 내적 관계를 만들고 분류하고 체계화하면서 물질적·비물질적 세계를 연결시킴으로써 과거·현재·미래를 연계시킨다(Muller, 2000: 78; Young, 2008a: 41-42). 이것들은 사회가 어떻게 되어야 하는지에 대한 토론을 허용함으로써 대안적 미래에 대해 대화를 나누는 사회의 이용 수단이다. 집단적 표상은 또한 두 번째의 규범적 역할을 한다(Muller, 2000: 78). 집단적 표상은 사회의 가치, 규범, 그리고 정서를 확립하고, 그렇게 하여 개인을 집단과 연계시켜 사회를 결속시키는 도덕적 접착제를 제공한다(Durkheim, 1960). 이것 역시 사회를 존재하게 하는 조건이다. 학생은 사회와의 대화에 참여시키려면, 이러한 집단적 표상에 접근시킬 필요가 있다.

연구 영역에 한정된 것이 아닌 독특한 이론적 틀을 가지고 지적 영역, 즉 새로운 지식 생산의 장을 분석하기 위해 새로운 이론적 언어를 개발했다. 그 결과 수직적 지식구조와 수평적 지식구조의 구분 또는 강한 문법과 약한 문법의 구별처럼 자신의 이론화 양식에 관한 기술을 가능하게 했다.

번스타인은 후기 자본주의의 도래에 따라 새로운 시장 원리가 작동하기 시작하는 상황 속에서 문화적·경제적·기술적 변화에 대응하기 위해 복고적retrospective이기보다는 전향적prospective 교육의 정체성을 제시하면서 교육 담론들의 선택, 상호관계, 형식과 연구에 있어서 시장과의 관련이 지나치게 핵심 기준이 되는 상황을 비판적으로 바라본다. 시장 원리는 초등교육에서부터 고등교육까지 영향을 주고 있으며, 국가에 의한 새로운 관리방식, 분권화 확대 등에 나타나고 있다.

번스타인은 자신이 뒤르켐에 상당히 빚지고 있음을 다음과 같이 술회한다.

> 뒤르켐의 저작은 상징적 질서, 사회적 관계 그리고 지식의 구조화 사이의 관계에 대해 참으로 대단한 통찰력을 보여 준다. 어떤 점에서 마르크스가 헤겔을 발전시켰다면, 뒤르켐은 칸트를 계승하고자 했다. 뒤르켐은 『원시적 분류』와 『종교생활의 원초적 형태』[4]에서 사회적 관계의 구조화로부터 자기 사상의 기본 범주들을 끄집어내고자 했다. 그 성공 여부는 중요하지 않다. 뒤르켐은 상징적 질서의 분류화와 얼개화, 그리고 경험의 구조화와의 관계를 전면적으로 의문시했다.Bernstein, 1973

---

4. 뒤르켐은 전통사회의 종교적 믿음처럼, 현대에도 신성하고 절대적인 가치를 부여받는 것들이 있음을 강조했다. 개인의 존엄, 자유, 평등, 민주주의 같은 가치들이 그러하다.

번스타인 역시 뒤르켐에 대한 참으로 놀라운 통찰력을 보였다. 번스타인의 놀라운 통찰력은 처음부터 이후 오랫동안 교과서에서 다룬 뒤르켐과 아주 다른 방식으로 뒤르켐을 읽어 낸 것이었다. 번스타인의 연구는 뒤르켐을 기존의 '교과서적 뒤르켐'으로부터 벗어나게 했다. 번스타인은 뒤르켐의 관심과 이론에 대해 근본적으로 일련의 잘못된 재해석─뒤르켐은 실제로 사회주의자이자 합리주의자였지만, 통상적으로 보수적 실증주의자로 설명되었다─을 통해 뒤르켐의 사상을 재맥락화하는 방식의 이해를 시도했다.Moore, 2004: 121 번스타인을 제대로 이해하기 위해서는 뒤르켐에 대해 번스타인이 가졌던 생각처럼 뒤르켐을 복원하는 것이 필수적이다. 특히 번스타인은 뒤르켐 사상체계에서 작동하는 원리를 규명하고 개념화했고, 그리고 그 일을 독특하게 독창적으로 계속 정교화했다. 번스타인주의자들은 번스타인이 스스로를 뒤르켐주의자로 의미를 부여할 정도로 뒤르켐의 생각을 복원하고자 했다고 한다. 이런 작업은 뒤르켐을 보수적 실증주의의 극단에 위치시킨 편향을 뒤집는 데 크게 기여했다.

물론 뒤르켐과 번스타인은 관심사에 중대한 차이가 있다. 교육학자로서 뒤르켐은 당시 프랑스 사회에 적합한 교육제도를 발견하고자 했으며 이 일이 매우 시급하다고 믿었다. 반면에 번스타인은 상징적 자원들이 교육을 통해 집단들 간에 그리고 집단 내에서 차별적으로 분배되는 방식에 관심이 있었다. 이런 점에서 뒤르켐과 달리 번스타인은 권력에 주된 관심이 있었다. 번스타인의 관심은 사회가 어떻게 개인들에게 내면화되며, 내면화된 것이 어떻게 사회의 문법이 되는지였다. 그는 이러한 작업을 하면서 다양한 이론적 입장들을 포괄했으며, 개인 안에 사회적인 것을 새기는 문제를 중심적인 주제로 다루었다.

이런 점에서 번스타인이 계속 강조한 것처럼 그의 출발점은 뒤르켐이다. 번스타인은 다음과 같이 자신의 문제의식을 정리하고 있다.

기본적으로 이론[5]은 문화적 재생산과 그 변화의 규제자로서 상징적 통제의 유형을 설명한다. 특히 공식적 또는 비공식적으로 교육적 실천이 제도화된 상징적 통제의 유형들을 다룬다. 그와 같은 교육적 실천이 직간접적으로 권력과 통제를 중계하는 방법을 이해하고 보다 특별하게는 교육적 실천이 계급관계의 기능으로서 권력의 배분과 통제의 원리를 중계하는(전달하는) 방법을 살핀다. 따라서 이론에는 두 가지 요소가 있다. 그 하나는 커뮤니케이션의 대행기관, 대행자, 실천 그리고 전문화된 유형을 모델링하는 것인데, 이를 통해 문화적 중계로서 조직화되는 원리와 규제의 다양성, 그리고 구체적 모습을 밝히게 된다. 다른 하나는 그러한 원리들이 어떻게 스스로 직간접적으로 계급관계의 재생산을 위한 매체가 되는지를 보여 준다.[Bernstein, 2000]

번스타인은 사회계급과 권력배분이 어떻게 내적으로 형성된 인식과 재인식의 수단이 되었는가를 이해할 수 있는 모델을 제공했다. 그 관계를 매개하는 것은 사회적으로 생산된 의미, 내면화의 맥락 그리고 불평등하게 분배된 실현을 의미하는 언어적 기제이다. 언어적 기제는 이입/실현 inscription/realization의 과정에서 내부와 외부를 매개한다.[Moore, 2004: 134-135] 번스타인은 이 원리와 유형을 설명하고 구체적인 모델로 만들고자 했

---

5. '이론(theory)'은 이념형(ideal type)으로 서로 다른 기능을 하는 반대되는 유형/모델, 즉 이분법(정밀한/한정된, 열린/닫힌, 가시적/비가시적, 층화/분화, 지위/개인, 집합/통합 등)을 만드는 일을 한다고 한다. 전통적으로 이념형이란 현상의 '실존'이나 '부재'를 분석하는 수단을 제공하기 위해 현상으로부터 추출된 몇 가지 특징들을 조합함으로써 구성된다. 또한 이러한 특징들의 조합을 분석함으로써 현상의 '작동'을 분석하는 수단을 제공하기도 한다. 그러나 이렇게 구성된 이념형은 그 이상의 것을 생성할 수 없다. 이념형은 특정 원리에 영향을 받는 유형들 중에서 단지 한 유형과의 관계만을 생성하는 하나의 원리에 따라 구성되지 않는다(Bernstein, 2000).

으며, 그것이 그의 분석틀 중심에 있었다.[6] 또한 그가 발달시킨 개념들은 그것의 다양성과 형태들을 그려내기 위해 새롭게 창안되었다.

번스타인의 사회학과 비판적 사실주의

번스타인 사회학과 비판적 사실주의는 각각 지식의 본질에 대한 통찰력을 제공하고 있지만, 스스로 교육과정을 이론화하는 데는 충분하지 않다. 번스타인 사회학의 강점은 지식의 사회적 관계를 분석한 것이고, 반면 비판적 사실주의 강점은 지식의 인식적 관계를 분석한 것이다. 번스타인은 지식의 사회적 구조화, 이론적 지식과 일상적 지식을 뒷받침하는 사회적 관계, 그리고 사회적 관계가 어떤 사람들에게는 접근 가능하고, 다른 사람들에게는 그러하지 못한지에 대한 지식의 접근성을 매개하고 배분하는 방식을 분석했다. 하지만 이것은 지식 분석의 본질적 측면이고 교육과정에서 구조화되어야 하는 것이지만, 또한 지식에 대한 사회적 접근이 필요하다면, 학생들이 논쟁적으로 지식에 인식적 접근을 해야 하기 때문에 지식의 인지적 관계를 이해하지 않으면 안 된다.Wheelahan, 2010: 12-13

다시 말하면 학생들이 지식에 접근하려면 그것을 먼저 이해해야 하고, 그리고 지식을 인식적 관계를 분석하기 위해 그것이 구조화되는 방식을 파악하도록 해야 한다. 지식이 사회적 관계와 인식적 관계에 의해 '공동으로 결정된다'는 것을 보도록 하고Moore, 2004; Maton, 2006, 관계의 본질을 철

---

6. 번스타인의 초기 이론적 관심이 주로 언어 코드에 맞춰져 있었다면, 1977년『계급, 코드 그리고 통제(CCC)』제3권 이후에는 '교수 실천'을 중심으로 거시적 사회구조(권력, 통제)의 맥락과 미시적 교육구조가 갖는 관계를 이론적으로 밝히는 데 관심을 가졌다. 1990년에 출간된『계급, 코드 그리고 통제(CCC)』제4권에서 정교하게 분석된 교수학습 기제에서는 거시구조와 미시구조 간의 연계를 잘 보여 준다.

저하게 탐구하도록 한다.Wheelahan, 2010: 13

중요한 공통성은 물론이고 번스타인과 비판적 사실주의 사이에는 중요한 차이가 있다. 번스타인은 지식의 '구조'와 이 구조가 상이한 종류의 사회적 관계에서 함의하는 방식을 강조한다. 그는 학문적 교과들의 구조와 그들 사이의 분화는 지식이 생산되고 획득되는 방식을 형성하는 인과적 속성을 갖는다고 주장한다. 반면 비판적 사실주의는 지식과 동일한 것이거나 지식의 대상은 아니지만, 지식의 '무엇에 관한 것의 성질'aboutness, 어떤 대상에 대한 본질, 그리고 지식과 그 대상 사이의 관계를 강조한다. 번스타인은 사회에서 지식의 구조적 역할과 사회적 실천의 기초로서 비전적秘傳的/이론적 지식과 세속적/일상적 지식의 구분을 강조하는 반면, 비판적 사실주의는 지식의 기초로서 외부의 사회적·자연적 세계를 강조한다. 세계의 본질이 무엇일 것 같으며, 어떻게 구조화되었는지에 대한 번스타인의 존재론적 전제는 대체로 뒤르켐주의적이고 관념적인 반면, 비판적 사실주의는 대부분 물질주의적materialist 특징을 보여 준다.Wheelahan, 2010: 13

지식의 순일적, 영역적, 일반적 유형
그리고 3학4과의 뒤집기

번스타인은 모든 교육 영역에서 학문 내의 상이한 지식의 조직 유형과 교육과정 내에서 그것이 재맥락화recontextualization, 지식이 교수 지식으로 해석/변환되는 것[7]되는 것을 분석함으로써 서로 다르게 조직된 지식의 유형을 창안했다. '재맥락화' 개념은 관련된 사람들의 가치와 태도의 체계와 조화

---

7. '재맥락화' 개념은 부르디외와 패스롱이 처음 사용하였다(Bernstein, 2003: 215).

를 이루는 특별한 상황에서 일종의 지식이나 새로운 기술을 도입하고 재구성하는 것을 일컫는다.Bernstein, 2003: 215 상이한 지식 유형은 순일자/순일적, 영역적, 일반적 유형으로 구분할 수 있다.Bernstein, 2000: 54 전문화된 지식구조에 의해 더욱 복잡하게 증대된 노동의 사회적 분화는 지식의 증대된 복잡성에 반영되었다. 순일자singulars, 純一者[8]는 단독적 지식 체계를 말한다. 전체적으로 스스로의 사랑이며, 계발에 중점을 두고 강한 경계와 위계에 의해 보호되고 있으며, 대부분의 학문적 교과는 이 범주에 맞추어져 있다. 지식이 조직되는 방식은 내향적 정체성을 갖는다. 명제적 지식으로 구성된 학문 교과들은 그들 사이에 강하게 절연된 경계를 갖고 있기 때문에, 강하게 분류된 지식 체계를 갖고 있다. 순수학문 각각은 물리학이나 사회학처럼 지식으로서 포함된 '내용'과 지식이 텍스트로 창조되고 전문화된 '방식'을 규정한 전문적 언어와 규칙을 가진 독특한 이름을 갖고 있다. 사회화와 이에 따른 개인의 정체성은 학문 교과에 대한 순응과 그것의 타자성에 대한 약속으로 표현된다. 성스러운 실재는 이것들을 분리시켜 그것의 타자otherness를 정당화하고, 그 소명 이외의 다른 것을 거론하지 않으면서 헌신하는 정체성을 창조한다. 순일성을 가진 정체성은 지식에 대한 내적 지향 또는 내적 의미 관계에 의해 형성된다.

　이러한 내적 지향은 외적 세계에서의 실천을 지향하는 기반이 된다. 내부와 외부의 구분은 종교의 원천이다. 특히 이것은 기독교의 원천(외부 세계의 삶을 위한 전제 조건으로서 신에 대한 내적 헌신)이고, 이것이 유럽 의식의 통념적 원리이다. 이는 내부(자아)와 외부(실천)의 위치전환轉位,

---

8. '순일자'는 인식론적으로 진실로 존재하는 것으로서 변화하지 않으며 운동도 하지 않는 불변부동의 것, 즉 영원불변한 실재이다. 마치 신이 스스로 특정의 이름을 정하듯, 적절한 공간적 위치를 가진 지식구조로서 물리학, 화학, 역사, 경제학, 심리학 등 지성의 장(텍스트, 실습, 가입 규정, 시험, 면허, 보상·처벌의 배분)을 가진 전문화된 추상적인 담론의 특성을 갖는다(Bernstein, 2000: 52).

dislocation에 기반을 두고 있다. 기독교는 내·외부 실천 사이의 틈새를 다스리고, 새로운 깨달음의 장이 되어 가는 간격을 창출한다. 자신의 문화와 실천 바깥을 생각하고 느끼는 것은 내적으로 추상적 지향이라고 할 수 있다.Bernstein, 2000: 82-83 '말씀'Word, 문법, 논리학, 수사학을 탐구했던 순일자는 '세계'World, 수학/수, 천문학/운동, 지리학/공간, 음악/시간의 탐구에 앞서는데, 역사적으로 내부(사람)와 외부(사회)가 구분된 중세 대학은 순일성을 체계화하는 데 중요한 역할을 했다.[9] 내부(사람/내향성, 기계적 연대)와 외부(사회/외향성, 유기적 연대)의 구분은 또한 지식에 대한 접근과 상이한 정체성들이 사회에서 더 광범위하게 나뉘는 기반이기도 하다.Bernstein, 2003: 148-152 계급관계를 형성하는 코드(궁극적으로 권력의 사회적 관계와 연계된 분류화 원리에 의해 규제되는 범주)[10]를 전달하는 독특한 형태의 커뮤니케이션이 생성되고, 분배되고, 재생산되고, 정당화되며, 교과는 코드를 획득하는 과정에서 이들 코드에 의해 서로 다른 위치를 차지하게 된다. 순일성으로 유도된 사람들은 노동이 사회적으로 분화된 결과로서 의미 및 지식에 대한 특별한 지향을 갖고 있다. 이들의 성스러운 실재에 대한 접근은 타인을 부정하는 지식의 타자로 유도된다. 그리고 이런 지향의 형성은 19세기 초중반과 20세기 초반 순일성의 성장이 대영제국의 팽창을 관리하는 긴급 상황과 맞물려 있다.

그런데 번스타인은 순일성이 '동전의 양면'과 같은 세속 세계와 연결되어 있기 때문에 한 순간에 한 면만 볼 수 있다고 생각했다. 순일성은 세속 세계 내에 존재하기 때문에 그렇게 할 수밖에 없고, 자신의 실존을 위

---

9. 번스타인은 '세계'(세속적 실재) 앞에 '말씀'(거룩한 실재)이 존재한다는 기독교사상에 근원을 두고 있으나, 비판적 실재론자들은 '말'(거룩한 실재) 앞에 '세계'(세속적 실재)가 먼저 존재한다고 본다.
10. 교육과 생산의 범주들 사이의 관계의 분류화는 원리, 맥락 그리고 가능성 사이의 경계, 즉 절연 정도와 관련된다.

해 세속 세계에서의 관계에 의존하지 않을 수 없다. 진정한 내적 헌신을 필요로 하는 자기 이익을 보호하기 위해 정교하게 도야된 능력과 공존해 왔으며, 그렇게 하는 방식의 통찰을 제시하고 있다. 그래서 이것들은 사실 상 본질적이고 교육적인 가치의 수호자로서 간주되는 특별한 지식인들의 정당성과 타협을 하지 않은 것이 아니라, 오히려 그 반대의 입장을 취했다. 내적 헌신을 한 성스러운 얼굴은 종종(배타적이지 않지만) 사익을 표현하는 세속인의 얼굴처럼, 또는 가장 폭넓게 경제적 존재와 권력 투쟁을 하는 속물적 이슈들과 마주하는 실재the real나 다름없어 보인다. 이렇게 보면 순일성의 실천자가 여전히 현장의 투쟁에서 사회적 이해관계나 이익으로 환원되지 않은 지식의 진정한 헌신을 보여 주고 있다고 할 수 있다.

영역들regions은 순일자를 지적 분야와 외부의 실천 분야 모두에서 작동하는 큰 분야로 재맥락화하여 구성된다. 이것은 지식의 선정, 진도 조절, 가르칠 내용의 순서를 정하는 학문들의 결합이다.Young & Muller, 2016: 216 동일한 형태의 정체성 안에서 성스러운 존재와 세속적 존재의 공존은 지식의 영역들에서 정체성을 탐구하는 데 유용하다. 영역들은 맥락이 정의되고, 차별화되고, 그리고 서로 절연되는 방식을 말한다. 이렇게 권력은 경계들 '사이'의 관계에 초점을 둔다. 게다가 경계 내의 관계는 또한 포함되고 배제되는 지식을 결정함으로써 정의된다. 학문적 교과는 그들 사이의 경계가 단절되어 있기 때문에 강하게 분류된 체계이다. 권력 속에서 지식의 분류화, 지식을 선택하고 변환하는 데 사용되는 원리는 지식 그 자체 및 그것의 학문적 분류화가 아닌 실천의 장이 요구하는 사항이기 때문에 더 약해질 수밖에 없다. 영역들은 의학과 같이 학문 교과(순일자)와 학생들이 준비하는 실천장의 접점이다. 영역들은 순일성을 학문의 지적 장과 외부 실천장의 큰 단위로 재맥락화하여 구성된 것이라고 할 수 있다. 영역들은 순일자(학문)와 이를 가능하게 하는 테크놀로지의 접점이 일어나는 곳이다. 고등교육의 영역화regionalisation는 새로운 대학에서 급속도로 발전해 왔다. 영역은 현재 및 미래의 전문적 지식의 원천이다.Young & Muller, 2016: 215 엔지니어링, 의학, 건축학은 대표적 영역에 속한다. 현대적 영역에는 인지과학, 경영학, 비즈니스 연구, 커뮤니케이션과 미디어가 속한다. 이것은 일반직과 전문직의 실무를 뒷받침하는 응용학문 지식을 말한다. 영역들은 20세기 중반 이래, 특히 일반직과 전문직에서 실천의 이론적 토대인 순일자로부터 지식을 도출하고·통합하고·맥락화한다. 영역들은 순일자의 재맥락화로서, 순일자의 내부와 실천의 외부를 향한다. 영역들의 성장은 전문직(오래된 전문직 또는 새로운 전문직)의 성장과 연결되어 있다.Bernstein, 2000: 52[11]

그리고 고등교육의 영역화는 일반 학교의 '일반적generic' 기술로 전달된다. 전문적 지식의 실천이 이루어지는 '일반적' 유형은 다양하다. 번스타인이 '일반적' 유형이라고 묘사한 20세기 후반의 지식을 구별하고 조직하는 제3의 원리가 추가된다.Bernstein, 2000: 53 번스타인은 뒤르켐의 '사회society'가 '연장된 사회성'인 것처럼 '일반적 유형'을 제시한 것이다. 뒤르켐의 사회를 유적 의미로 이해한 콜린스Collins, 2000[12]의 주장과 유사하다. 이것은 자신의 지식 토대를 위해 학문 교과나 응용학문 교과에 덜 의존하고, 실천/실습의 장을 위한 지식을 선정하는 원리로서 시장의 적절성 원리에 더 많이 의존하고 있다.

번스타인은 '수행performance'―전통주의, 강한 분류/명시적 통제, 표

---

11. 번스타인이 전통적 전문직의 정체성 형성에 영향을 미치는 방식에 대해 전문적으로 논의하지는 않았지만, 마이클 F. D. 영은 지식의 '영역화(regionalization)'에 대해 폭넓은 논의를 하고 있다.
12. 콜린스(1941~)는 세계를 이해하는 데 필수적인 이론이라고 생각하는 철학의 사회학을 제창하는 사회과학자이다. 이천 년 이상 철학자와 수학자의 네트워크를 분석하고 어떤 종류의 네트워크 패턴이 창의적이고 창조적인 수준을 만들어 내는지를 보여 주는 지적 변화의 글로벌 이론 아이디어의 혁신을 제창했다.

준화 지향, 외부적 요인/경제적 목적/저비용, 전문화, 응용 학문 등 광역화, 유적 유형, 외부투사, 그래머 스쿨 등 엘리트 학교—모델과 '역량 competence'—진보주의/발달주의, 약한 분류/암묵적 통제, 내부적 용인/내부투사/치유적/고비용, 대중주의/인정, 급진주의, 시장주의—모델의 유기적 연결이 중요하다고 강조했다. 물론 양자를 엄격하게 분리하기가 어려운 부분도 있다. 특히 수행 모델 중 하나인 일반적 교육generic education 모형의 경우 범주화가 매우 복잡한데, 그 이유는 역량 모델과 유사해 보이기 때문이다. 즉 교과나 교과 융합 능력보다는 생성적 능력을 강조한다는 점에서 유사해 보이지만, 본질적으로 이 모형은 시장적 도구성과 결합되어 있으며, 시장에서 요구하는 유연한 수행 능력을 강조하고 있기 때문이다.Bernstein, 2000: 44-55

영국과 호주는 유적 유형의 원천 사례를 1980년대 인간자본론이 주도하는 교육개혁에서 찾았다. 이들 나라에서 유적 유형의 첫 번째 표현은 영국의 계속교육과 호주의 직업교육·훈련VET에서 교육과정에 역량 competency[13] 기반 훈련 모델을 도입한 것이었다. 일반주의genericism 유형의 목적은 일자리/일터를 지향하고 있고, 지식을 선택하는 데 이용되는 원리는 그것에 의해 정의된 경제적 도구성과 시장의 관련성이다. 유적 기능 및 속성은 교육과정의 직업화를 뒷받침하고 있다. 번스타인은 신우파 이데올로기에 기반을 둔 교육과정의 직업화가 시장의 유용성, 노동자의 유연한 수행 능력, 훈련 가능성 및 계산 가능성을 중시함으로써 내부와 외부의 분리, 교육과정의 상업화와 비인간화를 초래했다고 평가한다.Bernstein, 2000: 54-59, 86

번스타인은 사회성 양식의 배분 및 그 규제 원리, 그리고 관계성에 크게 관심을 보였다. 번스타인은 지식이 화폐처럼 이윤 창출을 위해 유통되고 있을 뿐 아니라, 이제는 '돈 자체'가 큰 힘을 발휘하는 시대가 되었음을 우려한다. 지식은 이제 사람들의 생각과 의지로부터 분리되어 갔다. '지식'은 인간의 내향성과 의지, 인간적 헌신, 자아의 심층구조의 성격을 더 이상 갖지 않게 되고, '인간들'은 시장으로부터 배척되었다. 지식은 인간의 내면적인 성격으로부터 멀어지고 분리되어 화폐처럼 이윤 창출을 하는 수단으로 전락했다. 그리하여 '인식하는 자'와 '인식의 대상'의 관계가 분리되고 해체되었다. 결국 지식은 내적 지향성을 더 이상 갖지 않게 되었으며, 말 그대로 '탈인간화'되어 버렸다.Bernstein, 2000: 81-86

시장 원리는 결국 새로운 뒤집기를 창출해 냈다. 하나는 지식의 시장이고, 다른 하나는 잠재적 생산자와 사용자들의 시장이다. 3학과 4과의 최초 분리가 3학을 전제로 한 앎을 구성했다면, 현대적 분리는 신우익의 시장 원리에 따라 외부 지식과 실천으로부터 내부 세계를 완전히 분리시켰다.이윤미, 2019: 100[14] 3학4과에서 유래한 기존의 학문 교과들은 약화되고, 시장 연관성이 높은 지식이 모든 교육단계에서 새로운 영향을 발휘하게

13. 'competency'는 행동주의와 연계된 경제학적 개념으로서 직업훈련·교육에서 많이 사용하는 개념이다. 이 개념이 번스타인의 분류법이라면 '수행'에 더 가깝다. 이와 다른 뜻을 갖는 '실천적 성취'라고 할 수 있는 'competence'의 개념은 번스타인이 촘스키의 언어적 역량(언어학), 피아제의 인지적 역량(심리학), 레비스트로스의 문화적 역량(사회인류학), 가핑클의 셈 역량(사회학), 델 히메스(Dell Hymes)의 의사소통 역량(사회언어학)을 두고 한 말이다(Bernstein, 2000: 42). '역량' 모형이 내부적 요인에 의해 형성되고, 더 나아지기 위한 치료(therapeutic: 후원자의 임파워링)의 원리에 의해 통제된다면, '수행(performance)' 모형은 외부적 요인의 결과에 의한 것으로 주로 경제적(economic) 목적을 따른다. 역량 모형이 담론, 공간, 시간의 범주에서 약한 분류화를 따른다면, 수행 모형은 강한 분류화를 따른다. 역량 모형이 암시적/비가시적 통제에 따른다면, 수행 모형은 명시적/가시적 통제에 따른다. 역량 모형이 교수 텍스트를 획득자의 자율성에 의존한다면, 수행 모형은 전달자의 성과/객관성에 의존한다. 정체성 구성에서 역량 모형이 내부 투사를 중시한다면, 수행 모형은 외부 투사에 중점을 둔다. 교과 내용 전달, 교사 훈련, 학생 선발에서 역량 모형이 수행 모형보다 경제적 비용이 많이 든다. 역량 모형은 1960년대 말 이후에 영국의 교육현장에서 자유주의적 진보주의(발달/치료적/통합적/현재/탈중심/전문가/자율성), 대중주의(인정), 급진주의(변화) 교육 접근이라면, 수행 모형은 영국 그래머 스쿨이나 프랑스 리세 등에서 통용된 접근으로서 전통주의(복고적/순일성/신보수주의/근본주의/엘리트적), 시장주의(신자유주의/차별적/도구적), 일반주의(유연한 수행 능력)로 나뉜다(Bernstein, 2000: 44-63).

되었다.

또한 학문들은 기존의 학문 조직으로부터 벗어나 광역화(응용/통합/융합)하게 되었다. 번스타인의 이런 생각은 뒤르켐의 통찰에서 나왔다. 뒤르켐은 중세 대학에서 존재했던 신앙과 이상 간의 모순이 르네상스 이후 3학과 4과 문법의 뒤집기dislocation에 따라 내부적 지식을 우위로 보는 서구 근대 지식의 위계적 성격에 결정적 영향을 미쳤다면, 후기 자본주의 사회에서는 이러한 전통적 범주(내부적, 외부적 지식)가 해체되고, 교육의 개념 자체도 위기에 처하게 되었다.Bernstein, 2000: 86 중세에 존재한 3학 4과의 긴장, 모순의 발생, 그 결과 모순적 통합으로 이어져 르네상스 이후 내부와 외부의 선후 관계로 뒤집기가 나타난 것은 지식이 위계에 대한 서구적 정체성 형성에 영향을 주었다.

그러나 이후 500년간 인간의 세속 원리들은 종교적 원리를 점차적으로 대체해 갔다. 오늘날 4과에서는 세부적 분과화가 이루어지고, 3학에서는 인문학이 아닌 사회과학이 상징적 통제의 주된 학문으로 등장했다. 번스타인의 이론은 독특한 대상을 가지며 있으며, 그의 이론이 목적으로 하는 것은 대상을 드러내는 보이는 데 있다. 그는 '인식론적 식물학'[15]을 거부하면서 자신이 다른 종류의 이론으로 분류되더라도, 자신의 이론은

---

14. 번스타인의 방법론은 영국, 남아프리카공화국, 호주, 미국 등에서 많이 활용되고 있다. 번스타인 이론의 한국적 적합성에 대해서는 일부에서만 다루어지고 있다. 일부 학자들은 번스타인의 방법론을 차용하여, 책무성 시험과 그 결과의 공시제도를 채택하는 '평가적 국가'가 강화되고 있는 오늘날의 경향은 글로벌화에 따른 국제경쟁과 신자유주의에의 종속에 기초하는 것이라고 주장했다. 이들은 각각 번스타인의 방법론을 기초로, 책무성 평가를 비판적으로 분석했다. 미국의 NCLB(No Child Left Behind), 호주의 NAPLAN(National Assessment Program-Literacy and Numeracy), 한국의 전국학업성취도평가(일제고사)와 그 결과의 공시제도 등이 이에 해당된다.

15. '인식론적 식물학(epistemological botany)'이란 이론들을 일련의 접근법이나 패러다임 속으로 주입시키는 것을 말한다. 마치 장을 맥락화하고 재생산 및 획득의 행위자에 큰 기여를 할 수 있는 '인식론적 식물원'은 마치 결정주의, 기능주의, 실증주의, 보수주의, 진보주의, 급진주의 등 다양한 인식론으로 분류되어 저장된 도감이다.

'비판적 사실주의'의 한 형태로 가장 잘 이해될 수 있는 가능성을 보여주고 있다.Moore, 2006: 2006

재생산을 넘어선 지식의 재맥락화

교수 담론의 구성을 위한 조건인 교수 기제pedagogic device는 교육과정에서 지식이 분배되고, 재맥락화되고, 평가되는 방식을 매개함으로써 교육에서의 권력을 재생산하거나 변혁시킨다. 재맥락화를 위한 교수 담론의 구조는 새로운 질서/권력 속에서 기존 담론을 선택적으로 적용하고, 재배치하고, 초점을 새롭게 한다. 지식이 어떤 장소에서 생산되는 '재맥락화 규칙'은 특정 교수 담론의 형성을 규제한다. 재맥락화 규칙은 어떤 지식이 생산되고, 교수 지식으로 변화시키는 장으로부터 선택되어야 하는지를 결정한다. 그리고 재맥락화 규칙은 교수 담론을 구성하는 사람의 작업을 규제하고, 그렇게 함으로써 분류화와 얼개화의 관계를 형성하는 교수 담론

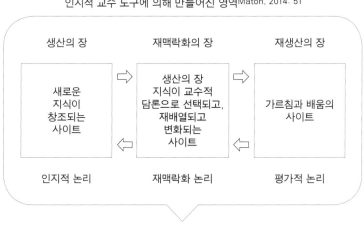

인지적 교수 도구에 의해 만들어진 영역Maton, 2014: 51

의 '내용'과 '방법'을 재구성하고 변형한다.Wheelahan, 2010: 33 그리고 재맥락화 규칙은 교수 기제에서 핵심적인 부분으로 외부 지식 생산의 장과 교육의 장에서 나타나는 중계의 연속성과 불연속성을 나타낸다. 교수 기제의 핵심 과정인 재맥락화는 지식 생산의 장(주로 대학)이 지식 재생산의 장(주로 학교)으로 선택적으로 전달되는 것을 의미한다. 이 과정이 일관되게 관철되거나 당연하게 받아들여지는 것은 아니다.

번스타인은 교수활동에 투입되는 잠재적 의미들을 중계하는 규칙들을 제시한다. 규칙은 교수 담론의 생산과 재생산을 위한 맥락을 뒷받침한다. 교수 기제의 '문법grammar'[16]은 분배 규칙과 평가 규칙, 그리고 재맥락화 규칙으로 구성된다. 이 규칙들은 교수 기제에서 산출되는 교수 담론의 내적 문법으로 상호 간에 연관되어 있다. 첫째, 분배 규칙은 권력, 사회집단, 의식 및 실천(전달+획득)의 형식 간의 관계를 규제한다. 분배 규칙은 지식의 형식에 따른 교수 담론을 구성한다. 분배 규칙은 외부의 지식 생산과 관련되며 새로운 지식을 만들어 낸다. 이 규칙은 지식이 지적(학문)이든, 표현적(예술)이든, 새로운 지식의 생산이 합법적으로 이루어질 수 있는 장에 대한 접근을 가능하게 한다. 이 규칙은 '생각할 수 없는 것'에 대한 접

교수 도구의 영역Maton & Muller, 2007: 18

실천의 분야	생산	재맥락화	재생산
규제의 형태	분배적 규칙	재맥락화 규칙	평가적 규칙
상징적 구조의 종류	지식구조	교육과정	교수법 평가
원리적 유형	위계적 지식구조 수평적 지식구조	집합적 교육과정 코드 통합적 교육과정 코드	가시적 교수법 비가시적 교수법
전형적 사이트	연구논문 콘퍼런스 실험실	교육과정 정책 교과서 학습보조	교실 시험

---

16. '문법'은 이론이 세계를 다루는 방법 또는 이론적 진술들이 그들의 경험적 술어를 다루는 방법이다.

근을 분배한다.

둘째, 재맥락화 규칙은 특정 교수 담론의 형성을 규제한다. 재맥락화 규칙은 '생각할 수 있는' 교수 담론의 '내용'과 '방법'을 구성하는 맥락의 장에서 전문가의 작업을 규제한다. 이는 교수 장에서의 전수와 관계된다. 재맥락화의 장은 교육의 자율성을 부여한다. 재맥락화의 장은 다시 공식적 재맥락화와 교수의 재맥락화의 장으로 구분된다. 전자가 교육 관련 국가기구(교육청, 교육부 등)에 해당된다면, 후자는 학교, 대학, 연구기관, 전문잡지 등이 포함된다.

셋째, 평가 규칙은 전달되고 획득된 준거를 제공함으로써 교실 단위의 교수 실천을 규제하고 구성한다. 평가 규칙은 재생산 및 학습과 관련된다. 특정의 교수 실천을 통해 기준이 전수되며 의식의 척도가 형성된다. 추상적 수준에서 평가 규칙은 시간(시대), 내용(텍스트), 공간(전달)을 전문화된 관계로 이동시킨다.Bernstein, 2000: 114-115

번스타인의 저서에서 때때로 지식의 생산과 재생산을 구별하는 것은 쉽지 않다. 양자 사이의 경계선이 구별될 수는 있지만 중첩적이며, 지식이 생산되는 방식은 그것이 학교와 전문대학 및 일반대학에서 재생산되는 방식에 영향을 미친다. 하지만 분류화와 얼개화의 개념이 교과 지식의 생산과 재생산을 탐구하는 데 기본적이기 때문에 지식의 순일적, 영역적, 일반적 유형을 구분하는 것은 매우 어려울 수 있다. 범주(담론, 시간, 공간) 사이의 관계를 말하는 분류화는 수평적 관계와 수직적이거나 위계적인 관계를 하나의 개념으로 결합한다.Bernstein, 2000: 99

그리고 지식의 재생산뿐만 아니라 지식의 생산에도 관심을 갖는 교육과정사회학은 이미 정해진 지식에만 관심을 두지 않는다. 교수 담론이 이루어진 장에서는 재생산 → 재맥락화 → 생산과 저항/혁신의 과정이 일어난다. 번스타인은 교사가 지식의 재생산을 넘어 지식의 생산자가 될 것을 주장한다. 지식의 '재맥락화recontextualization'는 지식의 재생산 reproduction을 넘어서는 교수 기제가 될 수 있다.Bernstein, 2000: 202 재맥락 화 과정은 새로운 지식이 만들어지는 생산과 혁신의 장이라고 할 수 있 다. 재맥락화를 위한 교수 담론은 교육과정에서 지식을 '재배치re-locate'하 기 위해 생산되고 실천되는 장으로부터 그것을 '분리시키는de-locate' 데 이용되는 재맥락화의 새로운 원칙을 만들어 낸다.Bernstein, 2000: 113-114

경계선의 설정과 권력의 목소리

경계선boundaries은 사회적·자연적 세계를 특징짓기 때문에 세계의 가 지성可知性, intelligibility[17]의 조건이고, 학문적 교과(강하게 분류화된 지식 체 계)는 이런 경계성을 탐구하기 위한 하나의 수단이다. 경계선은 감각의 구성 및 경계의 초월을 위한 조건이다.Muller, 2000: 76 번스타인은 자신의 묵시적 은유, 즉 '내부/외부', '친밀감/거리감', '여기/저기', '가까이/멀리', '우리/그들'을 통해 '경계' 이론을 만들어 냈다.

결정적인 은유는 경계가 기의하는signifies 것이다. 과거를 압 축하지만, 그것을 위해 중계하는 것이 아닌 과거와 가능성 있 는 미래 사이의 긴장이다. 경계는 동판이나 하루살이 또는 모

---

17. '가지성(可知性)'은 모든 존재는 이해 가능한 성질을 갖고 있다는 원칙으로 형이상학 의 제1원칙 중 하나이다. 제1원리란 더 이상의 증명 없이 이해된다는 원칙으로, 이 원 칙을 토대로 그 이상의 해명을 추구하게 된다. 모든 사물은 그것이 존재하는 한 지성이 이를 파악할 수 있다는 것이 전제되어야 그 이상의 내용을 파악할 수 있다. 다시 말하 면 모든 존재는 인식되기를 재촉하고 모든 현상은 해명되기를 재촉한다. 돌은 물에 가 라앉고 나무때기는 물에 뜨는 현상은 그 현상이 해명되기를 재촉한다. 이것을 가지성의 원리라 하고, '없는 것은 알아들을 수 없다'는 원리와 모순 관계에 있다.

래구덩이처럼 임시적이지 않으며, 때로는 불능보다 더 가능성이 있다.Bernstein, 2000: xiii

하지만 경계선은 인식되거나 탐구되었을 경우에만 가능성이 있다. 학생들은 이들 경계선에 접근할 수 있어야 어떤 대상을 이해하는 것이 가능하다. 왜냐하면 선을 넘어설 가능성은 선에 새겨져 있는 힘에 좌우될 수 있기 때문이다. 문제는 어떻게 건너갈 것인지이다. 그것은 재再기술 및 해석의 정치와 성공적인 가로지르기에 필요한 수단에 세심한 주의를 기울이는 것을 의미한다.Muller, 70-71

번스타인은 지식/학문/교과 및 제도의 분화를 강조함으로써 새로운 지식의 생산과 혁신을 위한 조건을 찾기보다는 '경계선'이 항상 극복되어야 할 장벽이라는 널리 공유된 가정에 도전한다. 번스타인은 오히려 경계가 학습자의 창의성을 창출하는 데 중요한 역할을 하고, 그래서 학습의 장벽은 물론이고 '힘 있는 지식'의 획득할 수 있는 조건이 된다며 다음과 같이 주장한다.

- 교육의 세계적 미래가 반드시 더 큰 유연성과 이식 가능성, 그리고 투명성 중 하나일 필요는 없다.
- 학교와 대학에서의 학습을 가정, 직장 및 지역사회에서의 학습과 구분하는 것은 계속 중요할 것이다. 경험 그 자체는 교육과정의 유일한 또는 일차적인 기초가 될 수 없다.
- 학습자가 실제 자신의 학습을 구성할 수 없기에 교사의 역할을 전략과 전문지식의 원천이 아닌 지도자와 촉진자의 역할로 축소시킬 수 없다.Bernstein, 2000[18]

교과 경계의 역할과 지식의 사회적 분화는 가능한 미래의 시나리오를 명료화할 때 필요한 지식사회학에서 도출하는 핵심적 원리이다. 정의로운 힘 있는 지식에 접근할 수 있는 획득 권한entitlement[19]은 소수만을 위한 것이 아니라, 모든 사람을 위한 권리이다.

번스타인은 여러 중요한 방식으로 뒤르켐의 지식 분화knowledge differentiation에 대한 생각을 확장시키고 있다. 지식의 분화는 분류화와 얼개화의 개념과 함께 상징적 의미의 유형을 분리시키는 핵심이 되는 사회적 범주로서 뒤르켐의 '경계' 개념을 발전시킨 것이다. 번스타인은 경계 개념을 사용하여 교육의 경계선들이 학습자와 교사의 정체성 개발에 중요한 역할을 하는 방법을 보여 준다. 경계들은 교과뿐 아니라 지식과 실제를 정의하는 데에서 결정적으로 중요하다. 경계선이 클수록 불평등한 공간의 분배도 많아지고, 입장, 담론, 그리고 실천들 사이에 불평등한 배분도 많아진다. 따라서 번스타인에게 있어서 경계, 권력, 사회집단, 정체성의 유형에는 밀접한 연관성이 있다. 번스타인의 권력과 경계에 대한 분석은 그들의 영향력, 공간화의 지속, 지식의 내재적 형태와 배열 순서, 정체성의 흐름, 그리고 사회를 구성하는 집합적 토대의 변화와 어떤 관계를 이루고 있는지를 묻는다.Diaz, 2010: 84-85

그리고 번스타인은 교육과정 이론에서 중요한 교육적 경계의 두 유형—지식 영역들 사이의 경계 그리고 학교와 일상적 지식 사이의 경계—

18. 학생들에게 가능한 한 '최고의' 지식을 제공하면서도, 오늘 '최고'인 것이 내일은 '최고'가 아닐 수 있다는 점을 인식시키는 것이 중요하다(Young, 2019: 378-379). 우리가 소유한 지식이 최고의 지식이며, 이것보다 더 나은 고차적 지식은 다음 세대를 위해 마련한 세상에 대한 새로운 지식을 창조할 때 획득될 수 있다.
19. '획득 권한'은 직업적 전망을 가진 효과적으로 훈련되고, 헌신적이며, 동기 부여되고, 적절하게 급여를 받는 교사를 필요로 하며, 모든 학생의 가능성과 기여에 대해 분별력 있고, 효과적인 획득 조건을 제공하는 맥락에서 운영되며, 무엇을 획득하고 어떻게 그 것이 획득되어야 하는지에 대한 반성을 가능하게 하는 교육을 필요로 한다(Bernstein, 2000: xxii-xxiii).

을 구별했다. 그는 이러한 두 유형의 경계가 흐릿하거나 용해될 때의 의미를 분석했다. 교수 담론은 지식이 분류되고 사고틀을 짜는 방식으로 권력의 메시지를 운반한다. 양자의 관계는 다양할 수 있고, 이 과정에서 권력과 통제의 관계가 형성된다. 지식을 분류하는 권력은 맥락 '사이에서' 발생하고, 사고틀을 짜는 통제는 맥락 '안에서' 발생하며, 사이의 관계는 내부의 관계를 규제한다.Bernstein, 2003: 16, 23

지식의 '분류화classification'가 지식을 교육과정(교육 내용)으로 조직화한 것이라면, '얼개화framing'는 분류화를 통해 정당화된 지식을 교수활동을 통해 전달하는 것이라고 할 수 있다. 지식의 분류화는 지식의 내용에 관심을 갖고 있고, 이것은 '무엇이 중요한지'와 '어떻게 차별화되는지'를 정의하는 권력과 연결되어 있기 때문에 권력관계의 표현이라고 말할 수 있다.Wheelahan, 2010: 29 분류화는 지식의 사회적 조직화와 관련되며, 따라서 그것의 초점은 교육과정이고, 무엇보다도 '내용 간 경계 유지의 정도'에 관한 것이다.Halsey, 2011: 122 번스타인은 지식의 분류화(어떤 대상을 특정한 기준에 따라 등급을 매기는 방식)를 권력의 목소리[20]로 부른다. 이에 반해 '틀짓기/얼개화framing'는 목소리의 획득을 규제하고, 메시지(무엇이 명백하게 만들어지는지, 무엇이 실현될 수 있는지)를 창조한다. 획득자에 의해 창안된 얼개화 관계의 역동성은 기대된 메시지와 다스려지는 목소리의 변화를 주도한다. 아이디어가 정책 변화로 이어지는 과정을 보면 정책 결정자들이 정책을 정당화하기 위해 상징이나 개념에 해당하는 틀

---

20. 번스타인은 '목소리'와 '메시지'를 구분했다. 자연적 말/언어에서 나오는 '목소리(voice)'는 의사소통이 가능한 한계를 정하는 일종의 '문화적 발성기관'이다. 이와 대비되는 메시지(message)는 목소리가 맥락적으로 현실화한 것으로 얼개화하는 기능이다. 얼개화가 강할수록 메시지가 다양하게 현실화할 여지는 줄어든다. 메시지는 목소리에 의존하고, 주체는 목소리와 메시지의 변증법적 관계로 형성되며, 정체성은 이러한 목소리-메시지 관계의 산물이다.

frame을 자신들이 원하는 방향으로 유리하게 해석할 수 있도록 '얼개화'를 하게 된다.신은희, 2020: 70 즉 아이디어는 정책 결정자나 정책과정 참여자들에게 각색되고 구성되며, 정책을 둘러싼 논의 과정을 거쳐 담론으로 형성된다. 얼개화 관계는 교사-학생의 관계에 관한 것이며, 따라서 교실에서의 상호작용에 강조점을 둔다. 이는 특히 교수 관계에서 전달되고 수용되는 지식의 선별, 조직화, 진도 조절, 시간 배정에 대해 교사와 학생이 통제할 수 있는 정도를 나타낸다.Bernstein, 1975

　두 개념 모두 권력과 통제의 요소들을 포함한다. 예를 들어 강한 분류화는 다른 내용들 사이에 철저한 경계선의 설정을 강요할 수 있고, 동시에 전문화되고 위계화된 지식 개념을 성립시켜 아주 특별한 정체성을 형성함으로써 내부로부터의 통제를 가능케 하려는 사회적 권력자의 존재를 함축하고 있다.Bernstein, 1975 교육과정에서 지식의 분류화와 얼개화는 특히 교육과정을 통해 '의미 지향성'을 제공하는 권력에 함축된 내적 논리와 창발적 속성을 갖고 있기 때문에 중요한 분석의 초점이 된다. 권력관계와 연계되어 있는 의미 지향성은 학문적 지식의 산물인 특정의 지식 내용이라기보다 추상적/탈맥락적 지식을 이용하는 능력이라고 할 수 있다.

　교수의 얼개화는 사회적 상호작용이나 커뮤니케이션이 이루어지는 통제를 말하는데, 이는 진도를 조절하고, 가르치는 순서를 정하는 상호작용의 형태와 수업 통제의 현장을 규제한다. 수업 담론과 규제 담론으로 이루어진 얼개화는 '누가' '무엇'을 통제하는지에 대한 것이다. 지식의 틀을 설정하는 방식은 통제의 사회적 관계에 의해 구조화된다. 이것은 지식을 전달하고 획득하는 '방식'이고, 상이한 범주에 적절한 커뮤니케이션의 정당한 형태를 확립한다. 통제는 권력의 경계 관계를 운반하고, 개인을 이 경계들로 사회화시킨다.Bernstein, 2000: 5 지식의 틀을 설정하는 방식은 권력의 목소리가 표현되는 방식을 형성한다. 이것은 목소리가 내는 형식과 권력의 '메시지'가 실현되는 방식을 형성한다. 번스타인은 메시지가 전달되고 전달하는 교수 기제를 의식의 권력을 갖는다는 점에서 '상징적 척도 symbolic ruler'[21]로 묘사하는데, 이는 의식의 실현을 위한 정당성을 측정한다는 의미에서 의식을 지배하는 것으로 이해될 수 있다.

번스타인은 실천에 있어 통제의 관계(지식의 얼개화)가 권력의 관계(지식의 분류화)를 실현하는 수단이지만, 권력관계와 통제 관계를 구분한다. 이것은 '분류화'가 '무엇'을 결정할 수 있는지를 표현하고, '얼개화'는 그것이 '어떻게' 표현되는지를 결정하기 때문이다.Wheelahan, 2000: 29 분류화의 원리는 주어진 틀(교실)에서 전달되어야 할 '어떤' 담론과 그것의 다른 담론과의 관계를 규제하고, 반면 얼개화의 원리는 이 담론을 '어떻게' 전달할지를 규제한다.Bernstein, 2000: 100 하지만 '무엇'이 어느 정도 강하게 '분류될(절연될)' 수 있고, '어떻게'는 어느 정도 강하게 '틀이 짜일(표현될)'

교사들의 교육적 실천–특정 코드화 지향 Morais and Neves, 2009: 148

교사들이 생각하는 그들의 행동

인식

교사들은 그들의 행동을 어떻게 생각하며
그들이 수행하는 이유는 무엇인가?

수동적 실현

교수적 실천의 특징

| 담론 사이의 관계 | 주체 사이의 관계 | 공간 사이의 관계 |

교사들은 실제로 무엇을 하고 있는가?

적극적 실현

---

21. 교수 기제는 계속적으로 드러내 보일 것을 요구하는데, 항상 상징적 척도의 검열을 받는다.

수 있기 때문에 양자를 구분할 필요가 있다. 그러기에 분류화와 얼개화의 상이한 관계는 가능하다. 다른 방식으로 말함으로써 메시지는 목소리를 변혁시키는 잠재력을 갖고 있기 때문에 목소리는 메시지에 제한을 가하지만, 거꾸로 메시지 또한 목소리의 변화를 위한 수단이 된다.Bernstein, 2003: 23 다시 말하면 권력의 관계가 경계의 분류화를 통해 확립된다면, 이러한 경계 내에서 사회적 실천이 작동하는 방식은 권력의 관계를 변화시킬 잠재력을 갖는다. 이렇게 권력과 통제가 분석적으로 구분되지만, 각각은 다른 것에 내재되어 있고, 그것의 실현을 필요로 한다.Bernstein, 2005: 5

지식의 분류화와 얼개화

번스타인의 학문적 관심은 크게 보아, 교실과 사회의 관계이며, 그중에서도 교수 활동의 매개 기능이라 볼 수 있다. 그는 거시적 사회제도와 학교에서의 미시적 상호작용 사이의 관계에 관심이 있었다. 그래서 당연한 사회구조는 권력의 분배와 통제의 성격에 달려 있으며, 권력과 통제는 분류와 통제를 통한 코드로 설명하는 것이 유용하다.Bernstein, 1971 권력 분배가 보다 평등하고 시민에 대한 통제가 약한 사회로서 약한 분류와 약한 통제를 가진 사회로 보는 식의 방법론적 틀을 만든 것이다. 이를 학교에 대입하여 거시적 사회와 미시적 학교 담론 사이의 조응 혹은 불일치를 발견하고, 교육에는 사회에 종속적인 특징과 동시에 상대적으로 자율적인 특징도 있음을 주장했다. 그는 교육과정, 교수, 평가를 일종의 '메시지 시스템'으로 보았는데, 교사의 교수활동은 이 세 가지 시스템에 의해 실현된다고 보았다. 이 세 시스템에서 일어나는 담화의 성격을 밝히기 위한 기제가 코드이며, 코드는 분류와 통제 정도의 조합에 따라 달라진다.

코드code 이론에서 정체성은 목소리-메시지 관계의 결과이다. 교수적 정체성의 정의와 관련하여 사회질서와 획득의 원리에서 발전의 내재성은 교수 실천의 분류화와 얼개화 관계에 의해 규제된다. 그리고 지식의 분류화와 얼개화의 정도가 외부 및 내부에서 어떻게 이루어지는가에 따라 교수 과정의 구체적 전개 혹은 교수 코드의 방향이 결정된다. '정밀한 elaborated' 교수 코드와 '한정적restricted' 교수 코드는 분류화와 얼개화의 내·외부 관계의 정도를 말하며, 분류화와 얼개화 값의 정도 변화는 상이한 양식의 교수 실천을 생성한다.Bernstein, 2000: 100 지식은 외적으로, 내적으로 강하든지, 약하든지 '분류'되며, 그리고 외적으로, 내적으로 강하든지, 약하든지 '틀지어'진다. 강하게 분류된 지식은 교육제도 내에서 학습된 지식이 일상세계의 지식과 강하게 구별되고, 지식이 서로 구분되는 학문적 틀에서 제시되었음을 의미한다. 번스타인2003은 초기 학교교육이 종종 지식을 약하게 분류하고 있으나, 이것은 중등학교, 특히 상급 중등학교를 통해 점진적으로 더욱 강하게 분류되고 있다고 설명한다. 이것은 분

특정 학습 맥락의 특정한 코딩화 지향, 사회정서적 성향과 실행 Morais and Neves, 2009: 147

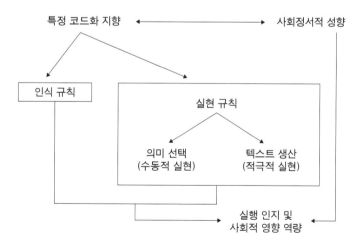

류화의 외부적 관계를 말한다. 지식은 또한 내부적으로 범주들 내에서 분류된다. 우리는 교실 안에서 대상 사이의 관계, 과업 사이의 관계, 사람들 사이의 관계에 대해 말할 수 있다. 이런 방식으로 권력관계는 경계 규칙을 낳고, 그래서 분류화 원리를 만들어 낸다.Bernstein, 2003: 99

주어진 맥락 내에서 얼개화를 하는 '내부적 강한 얼개화'는 교사에게 통제권을 부여하는 반면, 교수 맥락 사이의 '외부적 강한 얼개화'는 가족, 공동체 또는 일터가 교육제도와 중첩되지 않도록 교수 맥락 및 활동, 그리고 외부의 맥락을 날카롭게 구분한다.Bernstein, 2000: 99 '강한 틀을 설정하는' 교수 실천은 가르치는 지식의 진도 조정, 가르칠 순서 정하기, 평가에 대한 통제의 권한을 교사에게 위치시키는 반면, '약한 틀을 설정하는' 교수 실천은 통제의 권한을 학생들에게 명백하게 부여한다.Wheelahan, 2000: 30 교수 실천의 상이한 측면은 강하거나 약하게 틀을 설정할 수 있다. 예를 들어 가르칠 내용의 진도 및 속도 조정의 측면에서 약한 틀이 형성되어 학생들에게 많은 권한을 부여할 수 있는 반면, 평가의 측면에서는 강하게 틀을 지을 수도 있다.

번스타인의 교육사상의 특징은 보다 깊이 있는 인식론적·이론적 쟁점으로 부각시켜 학교의 구조를 '분류화'와 '얼개화'라는 개념을 활용하여 분석하는 것이다. 분류화classification는 범주들 사이의 경계가 얼마나 강하게 유지되는가를 말한다. 이때 범주란 주체, 공간, 담론 등이 될 수 있다. 교육과정에서 교과 간의 경계/구별은 수직적 차원(얼마나 중요한지)과 수평적 차원(얼마나 다른지)의 관점에서 기술될 수 있다. 얼개화framing는 범주들 사이의 커뮤니케이션 관계를 말한다. 통제가 강하면 상위 범주(주체나 담론 등)의 권력이 강화된다. 예를 들어, 통제가 강한 학교에서는 교사의 학생 통제가 강화된다고 볼 수 있다. 교사들이 교육 내용을 통제하는 방식, 학생들이 교육 내용 선정에 참여하는 정도, 가르칠 내용을 조직하는 방식, 진도의 빠름/느림 등이 교육활동의 프레임을 특징짓는다. 이미 정해진 순서로, 이미 정해진 내용을 정해진 시간에 진도에 맞추어 나가는 수업은 강한 통제를 하는 수업이라 볼 수 있다. 반면 약한 통제 하에서는 교사들이 학생들의 흥미를 고려하여 수업의 소재를 선정하고, 학생들과 협의하기도 하고, 학생들의 준비도와 발달단계를 고려하여 수업 계획을 짜고, 학습 진도의 완급을 조절한다.Bernstein, 1990 번스타인은 교육에 작동하는 관계의 원리인 코드(분류화와 얼개화의 조합)[22]의 분석을 통해 사회관계가 반영되는 차원과 새로운 관계들이 형성되고 파생되는 방식도 제시했다. 그리고 그는 '교수'[23]의 문제를 핵심에 두고 교육의 외부와 내부를 연결하는 논리를 찾는다. 번스타인은 권력과 통제가 학교의 안과 밖에 연결되는 방식에 대한 다각적 통찰(철학, 심리학, 사회학, 정치학)을 하는데, 분류화는 번스타인의 교수 담론과 실천 이론의 핵심이다.[24] 분류화는 행위자, 담론, 실천들 간의 범주 관계와 관련이 있다.[25] 분류화 정도는 주로 외부 권력과의 관계에 관련되지만, 내부적으로 학교 안에서의 공간 배치 등의 분과화(절연)가 심한 경우 내부적 분류화 정도가 높은 것

22. 번스타인은 초기에는 '코드'라는 용어를 '언어 코드'로 사용하기 시작했지만, 후기 논의에서는 '규제적 원리'로 사용한다. 그는 코드에 대한 기본적 정의가 1981년에 정립되었다고 밝히고 있다.

23. 번스타인에게 있어 'pedagogy'는 흔히 통용되는 것처럼 단순한 지식, 기능, 규범/도덕적 질서 전수의 방법이나 과정만을 의미하지 않는다. 그는 교수(pedagogy)라는 용어를 일정 맥락에서 이루어지는 커뮤니케이션을 형성하는 '교수 관계(pedagogic relation: 명시적, 암시적, 묵시적 관계)'를 중심으로 이해한다. 또한 교수 양태가 사회의 상징적 통제와 문화의 생산 및 재생산과 관련되어 있다는 점에서 '교수'에 관심이 있었다. 그에 의하면 상징적 통제는 교수 양태를 통해 이루어지며, 이는 사람들의 의식, 정체성, 욕망 등을 형성하고 배분한다(Bernstein, 2000: 199-201).

24. 번스타인은 교실 내에서의 전수와 거시적 맥락을 분석하기 위해 뒤르켐으로부터는 '분류화'를 가져오고, 초기 상징적 상호주의자들로부터는 '얼개화/틀짓기'를 빌려 왔다.

25. 분류화는 생산 장에서 노동 분업의 범주에서 미숙련 노동, 숙련 노동, 사무직, 기술직, 경영직 등의 구분과 관련된다. 그리고 중등학교 교육과정에서는 분류화가 담론 간의 분업과 관련되며, 학교 내에서는 다양한 교과들의 구분/경계와 관련된다.

이다. 학교 안에서의 공간 배치 등의 단절이 심한 경우, 그것은 내부적 분류 정도가 높은 것이다. 이처럼 교육과정 범주(지식과 교과 영역) 사이의 절연[26] 또는 경계 유지의 정도에 따라 강한 분류화/절연과 약한 분류화/절연[27]으로 나뉜다. 그리고 얼개화는 교수의 문제를 핵심에 두고 있으며, 그 가운데 교육에서의 커뮤니케이션은 교사와 학생, 부모와 자녀, 그리고 외부와 내부를 연결하는 통제와 연관된다. 얼개화가 강한 문화에서는 자유로운 커뮤니케이션이 이루어지기가 어렵다.

그리고 얼개화는 커뮤니케이션에 대한 배분으로서 누가 무엇을 통제하는가와 관련된다. 분류화가 지식을 교육과정(교육 내용)으로 조직화한 것이라면, 얼개화는 분류화를 통해 정당화된 지식을 교수 실천(교육 방법)을 통해 전달하는 것이다.Sadonik, 2006: 200 얼개화는 강한 얼개화와 약한 얼개화로 나뉜다. 강한 얼개화에서는 내용의 선별, 가르칠 순서 정하기, 진도조정, 기준, 사회 기반에 대한 전달자의 명시적 통제 정도가 높고, 약한 얼개화에서는 학습자가 이들을 명시적으로 통제한다. 얼개화는 주로 내부적 관계(교사-학생 간의)와 관련되지만, 외부적 통제 정도가 높다고 할 때, 이 경우에 사회계급이 학교에서 결정적 역할을 한다.

분류화와 얼개화의 정도가 외부 및 내부에서 어떻게 이루어지는가에 따라 교수-학습 과정의 구체적 전개, 혹은 정밀한 코드(분류화와 얼개화의 조합)의 방향이 결정될 수 있다고 볼 수 있다. 분류화는 범주와 맥락

---

26. 교육과정의 구성 부분 사이의 절연은 ① 교과와 교과, ② 지식-기능-태도, ③ 학교 안과 학교 밖, ④ 교과 간/교과 내의 주제와 주제 사이에서 발생한다고 볼 수 있다. 어떤 교사가 교육과정을 통합적으로 재구성한다 함은 이러한 절연의 경계를 약화시키고, 서로를 유기적으로 결합하여 가르친다는 것을 의미한다(성열관, 2012).

27. 선별과 충원을 요구하는 경제적 장에 대한 학교의 장(field)의 의존성이 더욱 심화되어, 모든 아이들을 평등하게 발달시킨다는 원리가 약해졌기 때문으로 해석할 수 있다. 그동안 공교육에 시장 원리를 강화시켜 온 것도 경제-교육 장들 간(학교 안과 밖 사이)의 절연을 약화시킨 것으로 볼 수 있다.

사이의 경계에서 절연의 정도와 관련되며, 얼개화는 범주와 맥락 안에서 통제의 위치와 관련된다. 분류화는 대부분의 일반적 수준에서 범주들 사이의 관계로 정의된다. 범주들 사이의 관계는 절연의 정도에 의해 주어진다. 따라서 범주들 사이에 절연이 강하면, 각 범주는 뚜렷하게 구별되고, 명시적으로 경계를 이루며 자신의 고유한 전문성을 갖는다. 반면 범주들 사이에 절연이 약하면, 범주들은 전문성이 덜해져 그것의 독특성이 감소된다.Daniels, 2006: 168-169 '강한 절연'이 '강한 분류화'를 의미한다면, '약한 절연'은 '약한 분류화'를 의미한다. 강한 분류화는 전통적 교과로 크게 구별된 교육과정을 말하고, 약한 분류화는 통합된 것으로서 교과 사이의 경계가 취약한 교육과정을 말한다. 강한 절연[28]은 강하게 분류된 교육과정이고, 약한 절연은 약하게 분류된 교육과정이다.Sadonik, 2006: 200[29]

권력의 '강한 분류화'는 사물이 분리되어야 한다는 규칙에 의해 뒷받침되고, '약한 분류화'는 그 반대의 것을 옹호한다. 커뮤니케이션 통제의 강한 얼개화는 교사가 학생을 학문적 지식에 입문시키려는 '교수학didactic'[30] 형태와 관련이 있고, '약한 얼개화'는 학생들이 무엇을 학습하고 어떻게 학습하는지의 통제 요소와 관련이 있다. 이러한 개념은 교수-학습자 간의 위계관계를 나타낸다. 지식의 경계 및 분류화는 감옥 같은 역할을 하기도 하지만, 과거를 응축시키고 가능한 미래를 여는 긴장의 지점이기도

---

28. 강한 절연을 요구하는 강한 분류는 각 범주 안에 독특한 목소리, 정체성, 특수한 내적 규칙 등이 존재한다.
29. '강한 분류화(C+)'는 교육과정에서 교과 내 분류화가 강해지는 것으로, 이렇게 되면 교과교육은 주로 지식 전수 및 습득 수준에 머무르게 된다. 그러면 외워야 하는 것과 그것을 통해 탐구해야 하는 것, 그리고 이를 통해 사회적으로 실천해야 하는 것 사이에 절연이 일어난다. 이 경우 담론 사이의(삶+교과) 분류화도 강해진다. '약한 분류화(C-)' 는 교육과정에서 교과 내 분류화가 약해지는 것으로, 이렇게 되면 '지식+탐구+실천'이 체계적으로 통합된 수업이 가능함을 의미한다. 이를 통해 학생들은 충분한 시간을 부여받아 스스로 탐구하고, 그 결과를 가지고 공동체에 기여하는 학습 활동에 참여할 수 있다. 이 경우 담론 사이의(삶+교과) 분류화는 약해진다.

하다.[31] 여기에서 분류화와 얼개화를 위한 교수 기제pedagogic device가 중요하다. 교수 기제는 교수 담론을 위한 기제이다. 대중들의 다양한 생각 속에 내재된 논리와 관계없이 경계가 범주들 사이에서 확립되는 원칙들과 권력의 배분과 관련된 '분류화'와, 커뮤니케이션에 대한 통제와 관련된 '얼개화'는 하나의 사회적 실재를 형성한다. 분류화가 특정 담론의 한계를 규정한다면, 얼개화는 담론의 실현 형식과 관련된다. 그리고 얼개화의 범주와 맥락 안에서 통제의 정도와 연관된다. 분류화와 얼개화의 정도에 따라 교수 코드가 결정된다. 분류화는 권력의 배분, 행위자, 담론, 실천 등 범주 관계 사이의 경계가 확립되는 원리들로 이해된다.

교수-학습 과정은 다음과 같은 특징을 갖는다.Moore, 2013 첫째, 교수-학습 과정은 전수자와 학습자로 구분된다. 둘째, 교수에는 전수 내용(교육과정), 전수 방법(교수 방식), 전수의 성공 여부에 대한 평가기준(시험)이 있다. 셋째, 교육과정, 수업, 평가가 교수의 전달 코드[32]를 규정한다. 넷째, 전수 코드는 분류화와 얼개화의 두 자기 원리의 관계에 의해 실현된다. 교수 담론의 방향(정교화 방향)은 분류화와 얼개화의 방향에 좌우된다. 이들 기제는 범주와 경계들, 그리고 명시적인 것과 명시적이지 않은 것과

---

30. 독일어 'didaktik'는 독일어권, 중유럽, 스칸디나비아 국가의 교육 분야에서는 익숙하지만, 영어권에서는 'didactic'로 통용되나 익숙하지 않다. 'didaktik'은 희랍어 dida'skeein/didactica(수업의 예술)에서 나왔다. 오늘날 '교수하는 방법' 또는 '교수 기술'의 뜻을 갖고 있는데, '교수학(didactica Magna)'은 코메니우스의『대교수학』덕분에 역사적으로 알려졌고, 헤르바르트에게 계승되었다(김승호, 2019: 110-111). 우리나라에서 '교수학'이라고 하면 좁은 의미의 '가르치고 배우는' 교수학습 이론으로, 곧 교육 방법의 문제로 수업에 관한 이론으로 치부하는 경향이 있으나, 넓게 보면 '교육적 수업'에 관한 이론이라고 할 수 있다. 따라서 인간을 보는 관점과 훌륭한 인간을 길러 내는 '도야(Bildung)' 이론을 포함하는 학문이라고 할 수 있다.

31. 번스타인은 영국의 교육과정이 중산층에게 유리한 강한 분류와 통제의 특징을 갖고 있다고 주장한다. 그래서 그는 노동계급 학생들에게 그런 종류의 활동을 더 많이 제공하는 것만으로는 효과가 있을 것 같지 않다고 지적한다. 학교 안에서 다루어지는 이미지, 발언, 실천들의 계급성으로 인해 취약 집단(노동계급) 아동들은 자신들이 학교 안에서 인정받지 못한다고 느낄 수 있다(Bernstein, 2000: 15).

관련이 있다. 번스타인은 교수 담론의 내용에는 관심이 없었으며, 이보다 가족, 일터, 국가 등 서로 다른 곳에 위치하는 집단들의 실천과 의식을 규제하는 맥락, 그것과 관련된 담론 방식의 관계를 구조화하는 것에 관심이 있었다.

코드(분류화와 얼개화의 조합)란 다음과 같이 맥락, 의미, 실현의 변환 translation 과정으로 개념화할 수 있다. 첫째, '맥락context'은 상호작용의 실천들로 변환된다. 둘째, '의미meanings'는 또 다른 의미 지향으로 변환된다. 셋째, '실현realization'은 텍스트의 생산으로 변환된다.Moore, 2004: 137

미시와 거시 사이의 교수 맥락Bernstein, 2000: 105, 109

실천	상호작용적 실천	제도적 실천	코드 유형
	적절한 의미(인식 규칙)	담론	분류화 원리(권력/외부)
	실현의 형태(실현 규칙)	전수	얼개화 원리(통제/내부)
	맥락의 상기	조직적	분류화+얼개화

위의 공식은 기대되는 의미를 가져올 생산된 텍스트의 가능성과 상호작용적 실제의 생성을 가시적으로 보여 준다. 상호작용하는 맥락이 다르고, 의미에 대한 지향이 달라지고, 그리고 실현의 형태, 즉 텍스트의 형태를 달리한다. 의미, 실현, 맥락의 차별적 규제는 교수의 전달과정에서 암묵적으로 획득된 코드[33]를 통해 일어난다. 그리고 교수의 전달과정은 복잡한 지위 체계와 그 권력과 통제 관계를 발생시키는 특정한 교수 기제의 원리에 의해 규제받는다. 권력의 차등 배분과 차별적으로 통제하는 원리는 가치를 다르게 분류하고 틀짓는 것으로서 상호작용적 실천을 형성

---

32. 번스타인은 1958년부터 1990년대 말까지 관계의 원리인 코드 이론을 정교화하고 교육현상 분석 방법을 발전시켰다. 초기의 이론적 관심이 주로 '언어 코드(한정된 언어 코드와 정밀한 언어)'에 맞춰져 있지만, 후기에는 '규제적 원리'로 자신의 관심사를 발전시켰다. 그는 부르디외의 관점을 끌어 들여와 언어 코드와 문화자본을 결합시켰다.

범주 (담론, 공간, 시간)	역량 (획득 역량)	수행 (전달 수행)
학습자	학습자는 내용의 선정, 가르칠 순서, 학습 진도 등을 통제할 수 있음	학습자는 내용의 선정, 가르칠 순서, 학습 진도 등에 대한 통제를 별로 할 수 없음
교사	암시적 규칙 교사는 교육적으로 규제되지 않고 전달에 대한 개인적 통제를 할 수 있음	명시적 규칙 교사는 교육적으로 규제되는 위치에서만 통제를 할 수 있음
가르치는 텍스트	등급이 없고 층화되지 않는 수행 수행을 통해 읽혀진 역량	등급이 있고 층화된 수행 수행 그 자체
평가	일반적 역량 준거 차이 차원의 '현존'	특정의 수행 준거 결손 차원의 '부재'[34]
학습의 장	모든 곳	분명하게 표시된 학습장
학급 후원자	전문적이고 교육적인 중간층	새로운 정보 및 지식 중간층
비용	높은 훈련비 잠재적 시간 기반 비용 큰 학급에서는 효율성이 떨어짐	낮은 교사 훈련비 외적 통제의 경제 다수 학생을 다룰 수 있음

한다. 규제의 가능성과 형태는 분류화와 얼개화의 관계에 따라 결정된다.

분류화는 내용 혹은 맥락 사이의 관계를 의미하며, 경계들 간의 경계 유지

33. '정밀한' 코드와 '한정된' 코드의 구별은 명시적 교수법과 암묵적 교수법과 관련이 있
다. '제한'의 의미는 인지적이 아니라 문화적이고 상황적이다. 이것은 기본적으로 문화
적 가치, 가정 그리고 이해를 공유한 사람들, 즉 '알고 있는' 사람들로 제한된다. 반면
'정밀한' 코드는 일반 사람들과 구별되는 광의의 추상적 개념을 구성적 요소로 분석하
는 지속적인 과정을 통해 진행된다.

34. 헤겔, 하이데거, 사르트르가 강조하듯, 실체(구조, 기제, 사건, 경험, 신 등)의 '부재
(absence)'는 절대 존재하지 않는, 아무 곳에도 존재하지 않는, 때로는 다른 어딘가에
서 실체가 유한한 존재임을 의미한다. 가장 단순하고 가장 기초적인 개념인 '실재적인 것
이 비존재(非存在)/무(無)를 결정한다'는 의미이다. 이들은 부재의 존재론적 우선성, 인
과성의 중심인 부재, 해방의 중심으로서의 부재를 강조한다. 부재는 교육 변화의 본질에
영향을 미치는 잠재성을 갖고 있다. 혁신적 부정으로서 교육의 변화는 교육적 변화가 차
이가 아니라 부재로서 생각되어야 한다(Shipway, 2011: 94, 171). 지식은 '유(有)'이면서
'무(無)'이다. 이 역설은 사회변화에 대한 논쟁의 중심을 이룬다. 지식의 역설은 지식을
명시적으로 다루기를 기대할 수 있는 지적 분야로 확장된다(Shipway, 2011: 1-3).

나 절연의 정도를 말한다. 그리고 얼개화는 가르치는 사람과 배우는 사람들 사이의 교수적 관계성pedagogical relationship과 관련된다.Moore, 2004: 137 즉, 전달되고 수용되는 지식의 선정, 조직, 진도 조정 그리고 순서 정하기에 대해 교사와 학생들이 서로 소유하고 있는 통제의 양과 선택의 범위를 말한다.

분류화와 얼개화는 서로 독립적으로 다양하며, 강함과 약함의 정도는 상대적이다. 강한 분류화 및 얼개화는 '전통적' 교육과정과 교수법으로 대표될 수 있다. 이들은 교과들이 잘 정의되어 있으며, 학생들이 지식의 선정과 조직, 학습속도 조절, 그리고 시간에 대한 통제 권한을 거의 가지고 있지 않다. 이들 두 원리가 약할 경우 교과 범주들 사이의 절연의 정도가 낮으며, 학생은 지식 획득(가르침과 배움)의 진도에 대해 높은 수준의 통제 권한을 갖는다. '강하고' 그리고 '약한' 분류와 통제의 차이는 가르치는 상황을 규제하는 규칙의 존재 유무 또는 규칙의 수 그리고 유연성과는 관련이 없고, 학생의 관점에서 그 규칙이 명시적이냐 혹은 그렇지 않느냐 하는 정도와 관계가 있다.Moore, 2004: 137-138 전형적으로 전통적 교육과정이 '강한 경계'를 가진 잘 정의된 교과 범주들로 조직되는 반면, 진보적 교육과정은 통합을 촉진하며 '약한 경계'를 지닌다.Moore, 2004: 147

실천적 성취를 이루고자 하는 역량competence 이론[35]은 생물학적인 것과 사회적인 것을 통합하나 문화적인 것과 연결되지는 않는다. 역량 이론은 획득자의 측면에서 적극적 참여를 수반한 역량 획득을 지향한다. 역량 이론은 규칙의 추론(촘스키), 동화의 과정(피아제), 임시변통하기(레비스토로스)로부터 획득자의 창조적 가능성을 도출한다. 역량 이론에서는 모든

---

35. 100여 년 전 활동 분석과 직무 분석의 방법에 기초하여 제안한 '과학적 교육과정'의 선구자였던 보빗은 교육이 현실의 사회생활이나 직업활동에 필요한 실제적 능력을 길러 주어야 한다고 주장했다. 오늘날의 '역량 중심 교육'은 그 본질에서 보빗의 주장과 크게 다르지 않다.

사람이 평등하고, 적극적으로 역량의 획득에 참여하며, 창의성에 대해서는 사회적 구성의 내재적 민주주의를 강조한다. 이때 개인 사이의 차이는 문화의 산물이다. 이런 관점에서 볼 때 역량 이론은 '우리가 무엇인지'와 '무엇이 되어야 하는지'의 간격, 그리고 '우리가 무엇을 할 수 있는지'와 '우리의 수행 능력이 무엇인지' 사이의 간격을 보여 주는 비판으로 간주될 수 있다. 하지만 이러한 이상주의는 권력, 문화 및 역량 간의 관계 사이를, 그리고 의미들과 그 의미를 가능하게 하는 구조들 사이를 단절하는 대가/희생을 치러야 한다. 그러기에 역량 이론의 민주주의는 사회로부터 분리된 민주주의라고 아니할 수 없다.Bernstein, 2003: 90

번스타인의 이론과 개념들은 교수 담론과 코드들을 구조화하는 일련의 복잡한 관계적 속성들의 모습과 양상에서 나타나는 체계적 변이에 관한 모델 그리고 그러한 변이가 일어나는 원리를 밝히는 것을 목적으로 한다.

나는 분류화가 강하든 약하든 그것이 한 상황을 구별하는 측면이기 때문에 그것에서 논의를 시작하고자 한다. 예를 들어, 학교에 처음 온 날 어떤 아이들은 학교가 자신들에게 무엇을 기대하고 있는지 인식하지도 잘 알지도 못한다. 그들은 학교/학급이 독특한 특성을 가지고 있으며, 특히 정체성을 제공한다는 것조차 인식하지 못한다. 이러한 것들을 알지 못하면 반드시 '부적절한 행동'을 하게 된다. 반대로 다른 아이들은 폭넓게 준비되어 있으며, 가정과 학교의 차이를 잘 알고 있다. 물론 그들이 학교가 기대하는 행동을 언제나 할 수 있는 것은 아니지만, 학교/학급의 두드러진 특징을 인식할 수 있다. 그들은 학교의 구별되는 특징을 인식할 수 있기 때문에 그렇지 못한 학생들에 비해 상대적으로 학교에서 보다 힘 있는 위치에 있다. 학교의 특징을 인식할 수 있는 학생들은 주로 계층이 낮은 노동자층 출신보다는 중간계층 자녀일 가능성이 있다. 이러한 인식의 근간이 바로 학교와 가정 상황 사이의 어떤 '강한 분류화'다. 학교와 가정 사이의 강한 분류는 중간계층 가정의 상징적 권력의 산물이다. 이러한 권력은 자녀에게 유리한 결과를 가져다주는 인식의 권력으로 변환된다. … 따라서 분류화의 원리 그리고 맥락의 특수성과 유사성을 구체화하는 인식 규칙recognition rule 사이의 관계성을 설정할 수 있다. 분류의 원리가 권력관계 또는 권력관계의 중계에 의해 설정되기 때문에, 인식 규칙은 그것이 부족한 사람들과 관련된 권력을 부여한다.Bernstein, 2000: 104-105

이는 번스타인이 '변환translation' 과정으로 자신의 개념을 정교화하고자 시도했음을 알 수 있다. 변환 과정은 추상적 개념으로부터 세상을 인식하고 발견할 수 있도록 하는 보다 구체적인 형태의 개념, 앞서 살펴보았듯 가시적 및 비가시적 교수학으로 이끈다. 아이들이 태어나자마자 접하는 첫 분류는 가정과 학교 사이의 독립 정도(강한 분류화)와 관련이 있다. 이들 각각을 상황의 서로 다른 효과적 속성으로 만들기 위해서 학생들은 교수-학습 장면의 특수한 성격을 구체화할 수 있고, 그 요구에 적절히 반응할 수 있는 '인식 규칙'을 지녀야 한다. 또한 학생들은 적절한 방식으로 성취할 수 있도록 '실현 규칙'도 갖추어야 한다. 번스타인은 인식/실현 규칙의 개념 획득을 위해 교사와 학생들이 실제로 하는 교수·학습 활동을 밝혀내기 위해서 교실을 실제 탐구할 수 있는 연구 기법을 고안했다.Bernstein, 2010: 106-108

번스타인의 교수 기제는 학문별, 영역별 전문적 지식이 학교 지식을 구성하기 위해 해석되거나 교수화되는 과정을 분석하는 데 사용된다. 번스타인도 새로운 지식을 획득하기 위한 조건으로서 '교육과정curriculum', 그리고 지식 획득(가르침과 배움)의 과정에 관여하는 가르침의 활동을 의미하는 '교수학pedagogy'의 구분이 교육의 중요성을 알려 주는 데에서 특별한 의미를 갖는다고 본다. 교수 담론의 목소리에는 교육 그 자체의 본질적인 것이 무시되고 있다. 교수 담론의 목소리와 보다 근본적인 조건은 동일한 것들이지만, 불행하게도 이것이 무엇인지를 간단명료하게 설명하는 것은 불가능하다. 그러나 일상적 관찰을 통해 이것의 원초적 의미를 발견할 수 있다. 교수 담론은 그것에 외재하는 권력관계를 중계하는 것에 불과하다. 중계는 중계되는 것을 결정할 영향력을 가지고 있지 않다.

그동안 교육사회학은 그동안 계급 차이와 성 차이와 같은 영향력이 교육 내에서 드러나고 교육을 통해 운반되고 중계되는 방식에 관심을 기울여 왔다. 운동경기에서 '중계'가 없다면, 아무것도 보거나 들을 수 없다. 중계는 보거나 들을 수 없지만, 운동 경기의 방영을 가능하게 한다. 번스타인은 교육에 외재하는 권력관계를 '중계'하는 것으로 교육을 다루는 접근(재생산 이론, 견지 이론, 흥미 이론 등)과 교수 담론의 내재적 특성에 초점을 두는 접근을 구분하고 있다. 두 접근은 교수 담론 사이의 관계에 관심을 두느냐 혹은 교수 담론 내부의 관계에 관심을 두느냐에 차이가 있다. 이 차이는 단순히 연구의 관심이나 초점의 차이를 말하는 것이 아니다.Maton & Moore, 2010 각 접근은 서로 다른 '서술의 언어'를 사용하며 서로 구별되는 이론적 틀에 따라 기능하는 관점들이 있다. 그리고 앞의 접근은 '운반되는 것', '중계되는 것'에 그리고 뒤의 접근은 중계되는 것의 내용과 분배를 체계화하고 조직하는 '교수 기제pedagogic device'에 관심을 둔다는 차이가 있다.Bernstein, 2000: 25-39

번스타인은 중계하는 것과 중계되는 것을 구별하는 일과 교수법 담론에서의 여러 관계를 이론화하는 데 관심이 있었다. 이러한 그의 관심은 교육과정 논쟁에서 이데올로기에 대한 관례적 관심을 근본적으로 변화시킨 것으로 교수학에 대한 중요한 관계 모델을 제공했다. 이는 특정 교수학과 사회집단 사이의 관계성을 가정하거나 해방 또는 통제를 위해 서로 다른 교수학이 가능하다는 관점에 대해 의문을 제기한다.Moore, 2004: 141-142 번스타인은 중간계급/노동자계급, 남성/여성, 백인/흑인 등과 같이 단순하게 둘로 나누는 본질주의자들essentialists의 교육과정과 교수학 모델을 거부한다. 이러한 관점은 어떤 특정한 교육과정이 그 내재적 성격 때문에 저절로 효과를 갖는다는 입장인데, 번스타인은 이러한 관점을 거부한 것이다. 번스타인이 보기에 교수학 담론과 사회적 지위 사이에는 복잡한 상호작용이 존재한다.

수직적·수평적 담론과 위계적·수평적 지식구조

교수 기제는 상징적 척도로서 교수 담론의 구성을 위한 조건이다. 교수 담론은 지식을 분류하고 그것의 틀을 설정하는 방식으로 권력의 메시지를 운반한다. 교수 기제가 스스로 드러나는 것은 그 실현을 통해서이며, 교수 기제의 유형 및 원리의 이론화는 그 생성 가능성의 현상으로서 실현을 묘사할 수 있는 개념의 생산을 가져온다.Moore, 2004: 136 양자의 관계는 다양할 수 있고, 이 과정에서 권력과 통제의 관계를 확신한다. 지식의 분류화는 지식의 내용에 관심을 갖고 있고, 이것은 '무엇이 중요한지'와 '어떻게 차별화되는지'를 정의하는 권력과 연결되어 있기 때문에 권력관계의 표현이라고 말할 수 있다.Wheelahan, 2010: 29

이렇기에 번스타인은 지식의 분류화를 권력의 '목소리'로 호칭한다. 지식은 경험에 근거하며, 따라서 특정 범주[36]의 인식자knower를 배제한다면 지식은 불완전할 수밖에 없다. 지식이론인 인식론은 누가 '인식자'가 될 수 있을지에 대한 물음에 답하려고 한다. 그래서 모든 교육 목표의 핵심에 놓여 있는 지식을 되찾는 '지식의 목소리voice of knowledge'가 나왔다.Maton, 2014 따라서 '목소리의 사회학sociology of voice'은 지식과 그것을 아는 인식자를 분리하지 않기에 사고와 판단을 분리하지 않는다.

비전적秘傳的/이론적 지식은 수직적 담론이 구조화된 것이다. 수직적 담론은 수평적 담론과 달리 지식이 분절된 것이 아니라, 실현된 특정의 맥락을 통해 통합된 것이기 때문이다.[37] 오히려 수직적 담론은 특정 맥락에 대한 적합성이 아니라 의미를 통합함으로써 지식의 통합이 일어나는 전문화된 상징적 구조로 구성되어 있다.Bernstein, 2000: 160 수직적 담론의 절차는 맥락에 의해 수평적으로 연결된 것이 아니라 다른 절차와 수직적으로 연결된다. 수직적 담론의 획득은 의미를 통합하는 능력의 발전을 필요로 하기 때문에, 이러한 의미가 맥락을 전달하는 시점에서 소비되지 않도록 한다. 지식은 맥락과 연계되어 내재되어 있는 학문적 의미 체계보다

---

36. '범주(範疇)'란 '같은 특성을 지닌 부류나 범위'를 말한다. '범주'로 번역되는 카테고리 (category)는 그리스어 카테고리아(kategoria)에 어원을 두고 있다. 카테고리아의 동사형은 카테고레인(kategorein)인데, 이는 카타(kata)와 아고레우에인(agoreuein)이 합쳐서 된 말이다. 카타는 '위에서 아래로 향하다, 내려다보다'라는 뜻을 품은 접두사다. 아고레우에인은 광장을 뜻하는 아고라(agora)에서 나왔다. 고대 그리스에서 시장이 서고 재판이 열리고 민회가 개최되고 연설이 행해지던 곳이다. 아고레우에인은 바로 이 열린 공간에 모인 사람들에게 무언가를 알리고 주장하는 것을 가리킨다. 따라서 카타와 아고레우에인이 합쳐져 만들어진 '카테고레인'은 무언가를 주시하면서 그것에 대해 공중을 향해 말한다는 것을 뜻한다. 특히 공개된 재판에서 피고인의 죄를 따져 기소하는 경우에 카테고레인이라는 말을 썼다. 카테고리아는 바로 그렇게 공개적으로 죄를 묻는 것을 뜻하는 명사다. 이렇게 어원을 살펴보면, 카테고리로 묶는다는 말은 누군가를 죄인으로 지목해 널리 알린다는 것을 뜻한다.
37. 번스타인의 수직적 지식구조와 수평적 지식구조는 뒤르켐의 비전적/성스러운/이론적 지식과 일상적/세속적/맥락적 지식 개념에서 도출된 것이다.

맥락적으로 특정한 지식의 응용을 배운다. 학생들은 학문의 본질에 의존하는 상이한 방식에서 일어나지만, 의미 체계에 접근할 필요가 있다.

교수 실천 내에서도 얼개화에 의해 규제되는 두 개의 체제, 즉 사회질서의 규칙규제 담론, regulative discourse과 담론적 질서수업 담론, instructional discourse가 작동한다. 규제 담론은 학교의 규범적 질서(비가시적 잠재적 교육과정)의 실현과 관련된 것이고, 수업 담론은 명시적/가시적 교육과정과 관련된다. 번스타인은 상징의 체계 및 지식의 형태에 관한 논의에 결정적으로 개입하고, 그것의 구성과 사회적 기반의 내적 원칙에 대한 묘사를 시도했다. 그는 교수 실천의 두 유형을 '수직적 담론vertical discourse'과 '수평적 담론horizontal discourse'으로 나눈다. 이것은 각각 다시 두 종류의 지식구조, 즉 '위계적 지식구조'와 '수평적 지식구조'로 발전한다. 기존의 위계적 지식구조(강한 문법)와 수평적 지식구조(약한 문법)는 새로운 지식이 생산될 수 있는 조건을 제공한다.Moore & Maton, 2010b

수직적 담론과 수평적 담론 비교Bernstein, 2000: 160

	수직적 담론	수평적 담론
실천	공식적/제도적	국지적
배분적 원리	재맥락화	분절
사회적 관계	개인적	공동적
획득	등급화된 수행	역량

번스타인의 분류 방식은 수직적 지식구조(화학, 물리학)와 수평적 지식구조(사회과학, 인문학)를 구별하는 유용한 접근이다. 그의 분류 방식은 교육과정에서 교과 간의 경계/구별은 수직적 차원(얼마나 중요한지)과 수평적 차원(얼마나 다른지)의 관점에서 기술될 수 있다.Daniels, 2006: 168-169

번스타인은 '수직적', 그리고 '수평적' 지식구조라는 개념을 통해 지적

두 형태의 담론 비교Daniels, 2006: 172

	수평적 담론	수직적 담론
평가	자발적	인위적
인식론	주체적	객관적
인지	조작	원리
사회적 관계	친밀성	격리
맥락	내부적	외부적
목소리	지배되는	지배하는
유형	직선적	비직선적
제도	이익사회	공동체사회

인 장의 구조화 그리고 가능성을 이해할 수 있는 수단을 제공했다. 번스타인은 수직적 담론과 수평적 담론, 수직적 지식구조와 수평적 지식구조로 구분한다. 이들은 지역적, 맥락 의존적, 특수적, 암묵적인 '수평적'/'상식적' 지식(제한된 코드로 작용하는 것)과 조리 있고 명확하며 체계적으로 이루어진 '수직적' 지식, 그리고 과학처럼 위계적으로 조직된 형태 또는 사회과학이나 인문과학처럼 텍스트의 생산과 순환을 위한 전문화된 기준과 전문화된 질문양식을 지닌 일련의 전문화된 언어의 형태를 취하는 '수직적 담론'으로 구분된다.Bernstein, 2000: 157[38] '수직적 담론'은 수직적 지식구조와 수평적 지식구조 사이의 구별을 수반한다. 이러한 차이는 '강한 문법'과 '약한 문법'으로 표현된다.

 지식이 분화되는 수직적 지식구조와 수평적 지식구조의 결정적 차이는 통합과 추상(문법의 강함)의 상대적 능력과 관련이 있다. 이러한 능력은 지식의 계열상 높은 추상과 일반화의 수준에서 체계적으로 통합되는 '추상성-성찰성 절차'를 생성한다. 강한 문법을 가진 '수직적 지식구조'의 전형은 물리학이고, 약한 문법을 가진 '수평적 지식구조'의 전형은 교육사회학이다. 번스타인은 시각적으로 두 지식구조의 차이를 보여 준다.Bernstein,

인식자 구조와 인식자 문법Maton, 2010: 167

수직적 담론

위계적 인식자 구조   수평적 인식자 구조

약한 인식자 문법   강한 인식자 문법

교양 있는 응시   사회적 응시

2000: 161 강한 문법 형태는 추상/통합을 나타내는 정점이 삼각형으로 표현된다. 약한 문법 형태는 수평적 담론의 형태를 재생산하는 일련의 세포들이 분절된 구조를 위한다. 통합 코드에 근거한 위계적 지식구조와 달리 수평적 지식구조는 집합적 혹은 연속적 코드에 기반을 두고 있다. 전자는 언어의 통합이고, 후자는 언어의 축적이다.Bernstein, 2000: 161-162

위계적 지식구조에서는 이론이 명제의 통합을 통해 더욱 일반적인 명제의 집합으로 발전한다. 이러한 발전의 궤적은 위계적 지식구조를 통일

---

38. 수직성은 논리실증주의자들(logical positivists)과 비사실주의자들(non-realists) 사이의 철학과 사회학에서의 치열한 논쟁을 교묘하게 통합하고 되풀이하고 있다. 번스타인은 논리실증주의자나 사실주의자들이 옳았지만, 위계적인 지식구조에 대해서만 그러했을 뿐이며, 비사실주의자들(토머스 쿤과 그들 따랐던 사람들)도 마찬가지로 수평적 지식구조와 관련하여 옳았다고 은연중에 주장하고 있다. 즉, 번스타인의 수직성 원리로 암호화된 것이 과학철학에서 논쟁의 용어들이다. 그리고 번스타인은 수평적 지식구조가 놀라울 정도로 넓은 범위에 걸쳐 있다는 것을 주목한다. 그것은 사회학과 인문학뿐 아니라, 논리학과 수학을 포함한다. 예외는 후자의 수평적 지식의 예에서 위계적 지식구조에서 얻은 것과 거의 동일한 수직적 형태를 가지고 있다는 것이다. 이와 밀접한 관련이 있는 질문은 무엇이 모든 수평적 지식구조의 진행을 방해하는지가 아니라, 오히려 어떤 내적 특징이 언어를 확산시키는 수평적 지식구조와, 언어 확산이 제한된 수학 같은 지식을 구분할 수 있는지이다. 번스타인은 이 물음에 대한 사회학적 해답을 찾아서 부르디외의 사회학적 환원주의에 대한 대안을 제공하기 위해 위계적인 지식구조와 수평적인 지식구조 사이를 구별했다.

된 형태로 유도한다. 이와 대조적인 수평적 지식구조는 통일적이지 않고 다원적이다. 이것은 일련의 병렬적이고 '통약될 수 없는incommensurable' 언어 또는 개념의 집합으로 구성된다. 수평적 지식구조에서 수직성은 통합을 통해서가 아니라, 신선한 관점, 새로운 질문의 집합, 새로운 연결의 집합, 그리고 새로운 문제의식을 분명하게 가진 가장 중요한 것으로서, 새로운 화자의 집합을 구성하는 새로운 언어 또는 개념들의 집합을 도입할 때 발생한다.Bernstein, 2000: 162 이러한 언어들은 통약이 불가능하기에 보다 일반적 이론으로 통합될 수가 없다. 통합의 수준, 더 큰 일반성, 이에 따른 더 넓은 설명의 범위라는 의미에서 볼 때, 수평적 지식구조에서 지식의 발전 가능성은 엄격히 제한된다.Young & Muller, 2010: 124

지식의 강한 문법과 약한 문법

지식의 수직성verticality은 이론이 '내적으로' 어떻게 발전했는지와, 즉 번스타인이 이후 '내적 설명의 언어'라고 불렀던 것과 관련이 있다. 반면, 지식의 문법성grammaticality은 이론이 세계를 다루는 방법, 또는 이론적 진술들이 그들의 경험적 술어, 즉 번스타인이 이후 '외적 설명의 언어'로 불렀던 것을 다루는 방법과 관련이 있다. 언어의 문법성이 강할수록 경험적 상관관계를 보다 안정적으로 생성할 수 있고, 덜 모호할수록 더 제한적이기 때문에 지시하는 대상의 분야는 분명해진다. 언어의 문법성이 약할수록 경험적 상관관계를 안정적으로 확인할 수 있는 역량이 더 약해지고, 더 모호할수록 훨씬 광범위하기 때문에 지시하는 대상의 분야가 넓어진다. 이렇게 약한 문법을 가진 지식구조들은 학습의 향상이나 새로운 지식을 창출하는 주요한 수단으로서, 이를테면 경험을 통해 체득된 비확증성dis-confirmation[39]을 없애고자 한다.

지식의 문법성은 세계적 협력을 통해 진전시키는 이론의 역량을 결정하는 반면에, 지식의 수직성은 설명적 정교화를 통해 통합적으로 진전시키는 이론의 역량을 결정한다. 우리는 이러한 두 기준이 함께 특정의 지식구조가 진전되어야 하는 역량을 결정한다고 말할 수 있다. 지식의 수직성 및 문법성의 정확한 성격과 관계는 부분적으로 불분명하기는 하지만, 합리적 추측은 해 볼 수 있다. 즉, 한편으로 지식의 수직성은 이론-통합 또는 이론-확산 범주에 지식구조를 위탁하는 범주적 원리라고 할 수 있고, 다른 한편으로 지식의 문법성은 각 범주 내에서 또는 아마 전체 스펙트럼에 걸쳐 문법적 연속체를 구성하는 '순서에 따르는 원리ordinal principle'이기도 하다.Young & Muller, 2010: 125

번스타인은 어느 시각에서는 문법성을 수평적 지식구조만의 특징으로 묘사하지만Bernstein, 2000: 168, 또 다른 시각에서는 수직성의 패러다임으로 구성된 물리학을 '강한 문법'을 지닌 것으로 언급한다.Bernstein, 2000: 163 이것이 의미하는 바는 번스타인에게 있어 대부분 '문법'은 외적 언어를 가리키지만, 때때로 번스타인은 내적 언어를 가리키기 위해 '수사적으로' 이를 사용한다는 것이다.Young & Muller, 2010: 125 번스타인은 교수 기제의 전달되는 '메시지Message'와 그것을 전달하는/중계하는 '문법'을 구분한다. 이런 교수 기제는 분배와 재맥락화 그리고 평가의 규칙들에 따라 지식, 사람, 공간, 맥락 그리고 성취의 특수한 관계로부터 메시지를 끄집어내는 것을 가능하게 한다.Moore, 2004: 136 교수 담론의 구조와 교수 실천의 본질은 교수 내용만큼 권력의 메시지를 운반한다. 교육의 내용이 중계되는 메시지라면, 이때 교수 담론의 구조는 '운반된 것the carried' 또는 '중계된 것

---

39. '비확증성'은 신념이나 가설이 사실이 아니라고 결론을 내리거나 그것을 받아들일 수 있는 능력을 감소시키는 증거를 도입하는 것이다.

relay'[40]이다.Bernstein, 2000: 27[41] 교수 코드는 지식이 분류되고 틀을 짜는 방식을 말하는 반면, 교수 기제는 교수 코드에 대한 접근을 매개하는 배분적이고, 재맥락화되고, 평가적인 규칙을 말한다. 번스타인은 이 기제가 가능하게 하는 교수 커뮤니케이션을 규제하는 내적 규칙을 갖고 있다고 말한다.

이런 점에서 진보적이거나 전통적인 교육과정의 내용은 유사할 수 있지만, 그들의 형태를 구조화하는 것은 근본적으로 다르다. 이러한 차이들은 맥락, 의미 그리고 실제의 관계로 표현되며, 이 세 가지 특징들을 선택하고 통합하도록 암묵적으로 획득된 규제적 원리인 '코드(분류화와 얼개화의 조합, 위치 짓는 기제)'는 관련 의미들(인식 규칙 담론), 그것들의 실

---

40. '중계'는 문화 전승의 코드이다(Bernstein, 2003: 215). '운반자(the carrier/relay)'와 '운반된 것(the carried, what is relayed)'은 서로 구별되는데, '운반자'는 상대적으로 안정된 규칙으로 구성되고, '운반된 것'은 맥락적 규칙으로 구성된다. 양자 모두 이념적으로 자유롭지 않다(Bernstein, 2000: 27).

41. 수학은 강한 문법을 가진 수평적 지식구조이다. 그런데 강한 문법성―이론이 세계를 다루는 방식―의 주요 준거는 매우 적합하지 않다. 번스타인은 수학이 물리학처럼 경험적 협력에 의해 나아가지 않는다고 주장한다. 그것은 연역 체제이고, 그것의 문법은 순전히 내적인 것으로 보인다. 이 말은 수학을 강한 내적 언어를 가지고 있으면서도, 약한 외적 언어―사회과학과 유형으로 범주화되는―를 가진 지식구조로 설명하는 것이다. 수학의 역사는 이 그림이 적절치 않다는 것을 시사한다. 특별한 추상화―구체적인 객체의 특정 측면을 분리시키는 사유작용의 결과―수준과 물질적 세계와의 명백한 관계가 없는 수학적 개념은 우주와 물질의 구조에 대한 우리의 이해에 필수불가결한 것으로 판명된다(Young & Muller, 2010: 126). 이러한 예는 설명하는 외적 언어가 약하다는 증거가 아니라, 아마 문법성이 더 많이 발전했는지를 말해 주는 필요성의 증거일 수 있다. 아마도 수학은 경험과학이 그것의 내적 언어에 수직성을 창출하기 위해 사용해야 하는 언어이다. 만약 그렇다면, 이때 외적 언어의 부족은 이상하지 않게 된다. 사회학과 수학의 차이는 인식론적 연속성의 사례를 명백하게 이끌어 낸다. 매우 놀라운 것은 이것은 역사적 시간과 지리적·문화적 공간에서 순수한 규모로서 과거가 존재하는 확장된 존재를 가진 인식론적 공동체를 대표하며, 그중 하나는 살아 있는 구성원이 죽을 때 결국 미래 구성원의 살아 있는 관심사가 될 것이다. 사회학적으로 볼 때 사물은 더 이상 달라 보일 수 없다. 그러나 수학은 또한 이런 일시적인 특징을 문학과 공유한다. 예술의 전통은 언제나 진화되기 때문에 단기적인 전통을 가진 과학과 대조되는 특징을 이루면서 점점 확장되고 있으며, 시간이 지나면서 깊어지고 있다(Young & Muller, 2010: 126-127).

현 형식(실현 규칙, 전수), 맥락/조직 등을 규정/선택/통합한다. 의미가 분류화(권력)와 관련된다면, 실현 형식은 얼개화와 관련되며, 그리고 맥락은 분류화와 얼개화의 조합으로 현재화한다.Bernstein, 2000: 109

가시적·비가시적 교수

가시적 교수와 비가시적 교수는 자유적/진보적, 보수적, 급진적 실천을 하는 수업instruction 유형으로 구분될 수 있다. 수업은 지식의 선별, 수업 순서와 진도, 평가 준거로 이루어진다. 수업의 수직적 차원은 교수 실천(내용 및 방법의 전달과 획득)의 변화 대상을 말한다. 이렇게 일차적 대상은 개인의 변화를 낳을 수 있고, 그리고 일차적 대상은 개인의 변화가 아니라 사회 집단 사이의 변화를 낳을 수 있다. 수업의 수직적 차원은 획득자나 전달자의 교수 실천에 초점을 맞춘다. 분명 전달자(교사)는 가시적 교수를 나타내고, 획득자(학습자)는 비가시적 교수를 나타낸다. 개인 내부의 획득은 종종 '진보적' 교수 실천으로 간주될 수 있다. 반면 집단 사이에서 교수 실천의 일차적 대상은 사회집단 '사이의' 변화이다. 즉 획득자가 사회집단 사이의 관계를 이해하게 되는 방식과 그리고 이를 통한 새로운 평가는 스스로 실천의 변화를 가져온다. 이것은 자유적-진보적 실천보다도 급진적(프레이리의 해방신학적 교수)이다. 이것은 또한 신마르크스주의 수업 이론(지루의 저항 이론)을 포함하고 있다. 그리고 개인 내부의 전승은 행동주의나 신행동주의 수업 이론이 선호되고 종종 보수주의로 분류될 수 있으나, 이따금 매우 혁신적이고 급진적 획득자, 즉 매우 보수적인 교수 실천의 급진적인 실현을 낳을 수 있다. 이들 일반적 유형은 보수적, 자유적, 급진적 유형으로 나타날 수 있다. 각 이론은 스스로 대치,

수업 이론Bernstein, 2003: 213

개인 내부

피아제(아동발달, 인지적 조작의 혁신)　　　　행동주의 이론들
촘스키(언어학, 구문론)
게슈탈트

획득 ————————————————————————————————— 전달

급진적 교수 이론　　　　　　　　　　　　사회심리학 이론
프레이리(해방신학적 교수)
프레네

집단 사이

저항, 전복의 조건을 운반한다.Bernstein, 2003: 72-73

　번스타인은 분류화와 얼개화의 개념을 사용하여 '집합적 코드'로부터 '통합적 코드'로 변화하는 광범위한 역사적 추세를 주장한다. 강력한 집합적 교육과정/코드는 지위 중심으로 조직되어 있는 전통적 사회조직 원리의 반영이며, 그중에서도 특히 구중산층이 지니고 있는 세계관을 반영한다. 그러나 사회가 급속히 산업화되면서부터 신중산층이라고 하는 새로운 사회계층이 나타나게 되었고, 이들은 기존의 구중산층과 학교교육에 대한 통제권을 놓고 갈등·경쟁하기 시작하였다. 통합 교육과정/코드는 이러한 경쟁과 갈등의 산물로서 계층 간의 벽을 허물고 지위보다는 사람 자체를 중시하는 신중산층의 세계관과 교육관을 반영하고 있다. 번스타인이 주장하는 교육과정의 두 가지 구성원리, 즉 집합적 원리와 통합적 원리는 비단 교과 간의 관계에만 국한되는 원리는 아니다. 그의 원리는 내용과 시간을 두 축으로 하고 있다. 또한 주어진 교육과정이 '집합적'이냐, '통합적'이냐를 판단하는 데 기초가 되는 '분류화'와 '얼개화' 원리는 타일러의 계속성, 계열성, 통합성의 원리를 모두 포괄하는 개념이다. 예를 들

어, 교실의 교수 커뮤니케이션 맥락이 전통적 실천행위로 구조화되어 있으면, 노동계급 아이들이 실패할 확률이 높아진다고 한다. 그는 이것을 가시적 교수학visible pedagogy, 학문 중심 교육과정[42]이라고 했고, 코드로는 'C+, F+'라고 표현했다. 이를 교육활동의 집합형collection, 내용이 서로 뚜렷하게 분류되어 있는 코드라고 부르기도 한다. 한편 '강한 분류화와 약한 프레이밍(C+, F-)' 유형에서는 지식 구성의 재맥락화 수준에서 통합적 변화를 기대하긴 어렵지만, 교수, 학습의 과정에서 상호작용이 증가한다고 볼 수 있다. 그래서 전달보다는 획득(가르침과 배움)을 강조한다.

그러나 이 'C+, F-' 유형에서는, 교사-학생 사이의 커뮤니케이션의 질에서는 변화를 유도하는 노력을 한다 해도 여전히 학생들의 역량을 신장시켜 주기에는 한계가 있다.Bernstein, 1990 여전히 분류화 값이 높기 때문이다. 교실의 커뮤니케이션 맥락이 'C-F-' 유형에 의해 구조화되어 있는 경우도 생각할 수 있다. 그는 이를 비가시적 교수학invisible pedagogy이라고 지칭했으며, 코드로는 통합형integration, 내용들이 서로 개방된 관계에 있는 코드라고 불렀다. 이 유형은 학생들의 일상적 삶의 지식을 존중하고 그 가치를 인정한다. 그래서 이 유형은 평가의 암묵적 준거를 활용하고, 일상생활의 맥락을 인식할 수 있는 능력을 중시한다. 번스타인은 분류화와 얼개화가 이론적 개념이며, 이들을 적용하는 데는 항상 경험적 증거가 필요하다는 점을 경계한다. 이러한 이론적 틀에서 이루어지는 경험적 연구 중 가

---

42. 학문 중심 교육과정이 가치 있다고 여기는 지식의 특징은 첫째, 사람들에게 그들의 세계를 바라보고 이해할 수 있는 능력을 제공하고, 둘째, 내용과 과정 두 가지 형태를 취하고, 셋째, 인간의 발달과 사회의 발달에 기여하는 교훈적인 것들이고, 넷째, 실재를 형상화하고 표현한 것일 뿐, 그것 자체로 실재를 의미하는 것은 아니다(김영천, 2018: 231). 즉 지식이 플라톤의 논리처럼 이데아에 대한 표현이거나 아리스토텔레스의 논리처럼 물질적 현상을 의미하든지 간에 그것은 현실 세계를 표현한 것일 뿐 그것 자체로 현실을 의미하는 것은 아니라는 말이다. 이러한 학문 중심 교육과정은 학습자 중심의 진보주의 교육과정론자들로부터 강한 도전을 받았다.

장 우선시되는 것은 특정한 분류화와 얼개화의 결합이 이루어지는 기원과 그 결과에 대한 분석일 것이다.

만약 이러한 결합에 의한 교육이 의도된 대로 잘 진행된다면, 학생들은 출신 배경의 영향을 덜 받을 수 있고, 그 결과 인식 규칙과 실현 규칙을 더 잘 습득할 수 있다. '인식 규칙recognition rule'이란 쉽게 말해, 게임의 룰을 아는 것이고, '실현 규칙realization rule'은 게임에서 그것을 잘 활용하는 것이다.Morais, 2002 즉 인식 규칙은 타당한 커뮤니케이션 내용(예, 교육 내용)이 무엇인지, 그리고 그 방식(예, 수업담화)이 어떠해야 하는지 아는 것이고, 실현 규칙이란 커뮤니케이션을 통해서 주어진 맥락에서 실제로 다른 사람들(예, 교사)에게 수용될 수 있도록 하고, 이해시킬 수 있는 능력이다.

그리고 번스타인은 '가시적' 교수학과 '비가시적' 교수학을 각각 '전통적' 교수학과 '진보적' 교수학으로 구분한다.Bernstein, 1977 두 교수학의 차이는 가르치고 배우는 사람 사이의 위계적 관계, 전달 절차에 대한 통제, 그리고 획득의 성공 여부를 판단하는 데 활용되는 기준 등을 지배하는 규칙이 어느 정도 가시적/명시적visible, explicit이냐의 여부다. '가시적 교수학'은 기계적 연대, 범주의 순일성, 수직적 질서, 지위적 권위, 강한 절연/분류화 및 얼개화, 집합형 코드, 전수 수행, 도구적 질서(학업)에 초점이 맞추어져 있다. 반면 '비가시적 교수학'은 유기적 연대, 범주의 혼합, 수평적 질서, 개인적 권위, 약한 절연/분류화 및 얼개화, 통합형 코드, 획득 역량, 표현적 질서(생활질서, 품행, 인성)에 초점이 맞추어져 있다. 전자는 전통적 교수와 연계된 '닫힌 학교'의 모습으로 나타나고, 후자는 진보적 교수와 연계된 '열린 학교'의 모습으로 나타난다. 전자가 독립적이라는 의미에서 '자율적' 비가시적 교육을 지향하며, 후자는 경제에 의존하는 '시장 지향적' 가시적 교육을 지향한다.Bernstein, 2003: 91-92 뒤르켐 사상을 발전시킨 번스타인은 가시적인 것을 위해 비가시적 조건을 제공하는 것에 관심을 두었다.

전통적 교수학과 진보적 교수학의 접점

번스타인은 경제적 호황의 최고조였던 1960년대 대중화된 진보주의 교육이 자본주의적 훈련에 적대적이라는 측면에서는 '진보적'이지만, 고립된 교실 중심의 사회변화는 무정부적 자유주의[43]로서 일종의 낭만적 혁명주의라고 보았다. 1970년대의 진보적 교육은 평등주의적인 아동 중심의 교육학을 중심으로 '전통적' 교육의 위계적인 사회적 관계에 도전하여 이를 전복시켰으며, 특히 영국에서 교육 변화의 '급진적' 관점으로 지지받았다.Moore, 2004: 50 급진적인 사회변화의 효과적 기제는 '급진적 교육학radical pedagogy'의 발전이다.

번스타인은 1970년대 들어 영국 학교들에서 나타나는 변화가 뒤르켐의 기계적 연대에서 유기적 연대로의 변화와 유사하다고 보았다. 이는 '닫힌 학교'에서 '열린 학교'로의 변화로의 변화와 관련이 있고, 중간계급 내부의 분화에 따른 교수 및 전수 양식의 특징과 연관이 있었다. 번스타인은『열린 학교-열린 사회』1975에서 '닫힌 학교'에서 '열린 학교'로의 이념적 추세를 기계적 연대에서 유기적 연대로의 역사적 변동을 반영한 사회 통합과 통제의 유형 변화와 연결시켰다. 유기적 연대를 다시 '개인화된individualized' 유기적 연대와 '개성화된personalized' 유기적 연대로 구분하여 발전시키면서 뒤르켐의 분업 연구로부터 개념적 영감을 받았다.

---

43. 이를 '자유지상주의(libertarianism)'로 분류하기도 한다.

변화Bernstein, 2003: 72

개인 내부

비가시적 교수학
진보적

가시적 교수학
보수적

획득
(역량)

전달
(수행)

급진적

급진적

집단 사이

유기적 연대의 두 형태는 각각 가시적 교수법visible pedagogy과 불가시적 invisible pedagogy 교수법에 대응시켰다.Halsey, 2011: 127

번스타인은 '전통적' 교수학traditional pedagogy, 강한 분류화 및 얼개화은 지배하는 계급과 관련이 있고, 본래 보수적 성격을 가지고 있으며, '진보적'교수학progressive pedagogy, 약한 분류화 및 얼개화은 지배받는 계급과 가까운 해방적 성격을 갖기에 관례적/양분적 관점에 동의하지 않는다고 본다. 이런 생각은 규칙과 기준이 명료하지 않기(비가시적이기) 때문에 동일한 방법으로 학생들과 가족에게 적용될 수 없다고 판단한다.Moore, 2004: 141-142 교육과정의 내용을 좀 더 '진보적인progressive' 것으로 바꾸었다고 해서 반드시 분류화와 얼개화의 원리가 바뀌는 것은 아니다. 즉 권력의 관계도 바뀌지 않는다는 것을 의미한다. 이렇게 민주적 영감을 받은 교수학의 비극은 분류화 구조에 도전할 수 있는 그들의 성과가 부족하다는 사실을 말해 준다.Arnot & Reay, 2006: 92 분명 가정과 교육기관 사이의 경계를 모호하게 함으로써 분류화와 얼개화의 관계를 약화시키는 것으로 보이는 진보적 교수학은 필연적으로 권력의 관계를 바꿀 수 없다. 왜냐하면 이것은 노동자 계급의 학생들이 인식하기에는 매우 난해한 방식으로서 상이한 종류의 지식과 맥락 사이의 경계를 불투명하게 만들기 때문이다.[Bernstein, 2000, 2003]

말하자면 사회적 절연의 경계와 형태를 고수하고자 하는 세력과 이에 반발하는 세력의 대치가 만만치 않다는 것을 말해 준다. 교육과정에 대한 구성주의적 접근은 번스타인의 측면에서 볼 때 '약한 분류화'로 볼 수 있다. 그 이유는 학습과 삶의 세계를 연계하고 있기 때문이다. 학생들은 교실 세계를 넘어선 실제 이슈에 대한 문제를 파악하고, 이에 대한 해결책을 모색해야 한다. 통합 교육과정을 지지하는 교육학자들은 이러한 교육과정이 보다 평등한 성취를 높이는 경향이 있다고 보고하고 있다. 평등한 성취에 대한 추구는 인종이나 계층 차이에 의해 나타나는 학업성취의 격차를 줄이는 노력으로 볼 수 있다.

오늘날 학습에 참여하지 않는 학생들이 증가하고 있는 교실 상황에서 교육과정은 학생들의 다양한 요구에 부응해야만 한다. 실제 세계의 경험과 학습을 연결하는 것은 이러한 노력의 하나로 볼 수 있다. 그러나 이러한 노력을 시도하는 일부 진보주의자들은 교육이 단지 통합적으로 이루어지는 것에 멈추지 않고, 높은 학업성취에 이르는 엄격한 기준을 제시하기도 한다. 이런 식의 대응은 진보주의자들이 자신들에 대한 '의혹'을 해명해야 하는 입증 부담[Hirsch, 1996] 때문에 나온 것으로 볼 수 있다. 진보주의자들의 교육 방식은 때때로 암기할 것을 놓친다든지, 선발시험에 불리하다는 등의 사회적 선입견으로부터 완전히 자유롭지 않기 때문이다.[Ravitch, 2000]

그래서 진정한 교육과정을 연구하고 실천하는 학자들은 교육의 성과로서의 모든 학생이 수월성을 달성할 수 있는 성취는 학문적, 직업적 또는 응용 기술 분야의 지식, 개념, 관점을 잘 알고, 잘 활용할 수 있어야 하는 것임을 강조한다. 이를 위해서는 교실과 학교를 넘어선 공간, 즉 사회에서 중요성을 띤 이슈, 문제, 질문을 이해하고, 배운 것을 활용해서 그것들을 자신과 사회를 위한 창조적 활동으로 연결시킬 수 있어야 한다. 특히 잘 배웠다는 것을 증명하는 방법으로서, 얼마나 사회적으로 공동체에 기여할 수 있는지와 얼마나 사회적 의미와 연관시킬 수 있는가를 강조한다. 이는 외워야 할 것의 습득에서 머무르는 교육활동에 대해 성찰[44]하고 교과 내에서 '지식+탐구+실천' 활동을 교과 내적으로 통합하고자 하는 노력으로 해석할 수 있다.

물론 번스타인이 강조하는 분류화와 얼개화 정도가 약할수록, 반드시 더 좋은 교육으로 볼 수 있을지는 의문이다. 번스타인 역시 비가시적 교육(예: 진보주의, 구성주의)은 신중간계층이 더욱 선호하는 경향이 있다고 말한 바 있다. '전통적traditional' 교육과 '진보적progressive' 교육의 차이는 단지 가르치는 것뿐만 아니라, 서로 관련되는 방식에서도 다른 요소들과 서로 의존하고 있다. 그렇다면 전통적 교육과 진보적 교육의 접점을 어디에서 찾을 것인가? 특정 담론을 원래의 장소에서 옮겨와 교육의 장으로 이동시킬 때 일종의 틈새space, gap가 발생하기 마련이다. 이 과정에서 이데올로기가 작동하게 되며, 중계 과정에서 이데올로기가 변화한다. 그러기에 재맥락화의 장은 교육의 자율성을 부여하는 장이 될 수 있다. 교육과정-수업-평가[45]를 중심으로 하는, 어찌 보면 '탈정치적으로' 보이는 교실이라는 공간을 외부 권력과 통제의 메커니즘이 작동하는 정치적 장으

---

44. '성찰(reflectivity)'은 '돌아봄(reflection)'이라는 의미에서 지나간 교육활동을 반성하는 교사의 태도를 말한다.

45. 평가 규칙은 특정한 교수 실천을 구성한다. 평가는 명확하고, 분명하고, 포괄적이어야 하며, 특히 이와 관련된 업무나 내부 평가를 위해 사용되는 평가 기준과 관련 있어야 한다. 내부 평가를 위해 명시된 업무의 수와 유형을 확인해야 한다. 업무의 유형과 내부 평가를 위해 사용될 평가 기준을 명확히 구체화해야 한다. 그리고 외부 평가를 위해 명시된 업무의 수와 유형을 확인해야 한다.

로 보도록 한다. 교실이라는 장 안에서 거시적 구조가 작동하며, 외부 관계와 담론이 재생산이 이루어지기도 하고, 균열이 일어나기도 한다. 즉, 교실은 상징적 통제가 관철되기도 하고, 모순이 발생하기도 하는 장인 것이다. 이러한 거시-미시적 구조의 연관은 교실을 교수학습이 재맥락화되는 장의 일부로서 구조적이고 정치적으로 재조명하게 한다. 교육과정은 그 안에 권력과 통제의 규칙을 담보하면서, 때로는 기존 지식과 규범체제를 유지하고, 때로는 대안적 변화를 일으키는 역동적 장이 될 수 있다.

번스타인[1975]이 보기엔, 상호 간의 차이를 강조하는 위계화된 사회의 교육은 분류화와 얼개화가 모두 강하기 때문에 교육에서도 전수 transmission가 강조된다. 이러한 교육에서는 교사나 학생에 대한 통제가 강하고, 공적 위치가 중시된다. 반면 통합이 강조되는 사회에서는 통제가 암묵적으로 나타나고 개인의 공적 위치보다는 개인 자체가 중시된다. 그러므로 주어진 사회의 권력과 통제는 분류화와 얼개화의 성격에 따라 상이하게 나타날 수 있으며, 학교라는 주어진 장field[46]에서도 이러한 원리가 적용될 수 있다. 분류화는 범주들 사이의 관계로, 어떤 교육 내용의 형식(분과적/통합적)이 타당한 것인가는 이 관계에 달려 있다. 얼개화는 어떻게 가르치는 것과 배우는 것이 타당한 것인지를 규정하는 역할을 한다. 평가의 준거에서는 학생들이 교사와 어떤 식으로 커뮤니케이션을 해야 잘 배웠다는 것을 입증할 수 있는지를 알려 준다. 이 입증의 준거를 적용하는 교육활동을 학생 평가로 볼 수 있다. 그러므로 교육과정-수업-평가는 상호 밀접히 연관된 부분이다.

번스타인의 진보교육은 지식의 재생산reproduction으로부터 지식의

---

46. '장(場/field)'은 구조적으로 상응하는 문화적 생산 영역(zone, domain)이다. 공동의 역동성에 따라 작동하는 '장'은 문화, 제도, 권력이 관통하는 현장을 대표한다. '장'은 정당한 실천을 구성하는 것의 정의에 대한 긴장과 갈등 그리고 모순과 투쟁이 발생하는 영역이다.

획득acquisition으로, 이는 다시 지식의 혁신transformation으로 나아간다.Bernstein, 2003: 41-42 재생산을 위한 전달에서 혁신을 위한 저항으로 이동하는 것이다. 그의 교육 패러다임의 지향은 과거를 향한 회고적 모형(문화적 엘리트주의, 근본주의, 국가주의, 대중주의), 현재를 향한 치료적(진보주의)/도구적(시장주의) 탈중심 모형, 그리고 미래를 향한 전향적/재再중심화(젠더, 인종, 지역) 모형으로 분류한다.

번스타인은 일반적으로 진보적이라고 생각되어 온 열린 교실open classroom이 실제로는 신중간계급이라는 특정 사회집단의 생활상을 반영하고 있음을 보여 준다. 영국의 초등학교 저학년 교수법의 사회적 기초에 관한 연구인 『계급과 교수법: 가시성과 비가시성』1975에서 '진보적인 교육'의 실제적인 수혜자가 역설적으로 전문가 집단의 중간계급의 아이들이었다는 사실을 밝혀 냈다.Moore, 2004: 178 그가 '비가시적 교수'라고 부른 것을 조직화한 것이 '놀이'의 개념이다. 왜냐하면 어린이의 발달을 평가하는 두드러진 특징 중 하나는 일과 놀이를 구분하지 않으려는 것—따라서 두 현상은 느슨하게 분류되고 틀지어진다—이다. 사실상 노동계급에서는 일과 놀이가 극명하게 구분되기 때문에 노동계급의 어린이들은 열린 교실의 자유로운 분위기에서 불리한 입장에 놓인다.

하지만 신중간계급의 어린이에게 비가시적 교수법은 부모의 직업 상황과 그들 가정의 문화적 양상을 특징짓는 '일과 놀이의 섞임'을 자연스럽게 표현한 것이다. 번스타인은 부르디외의 연구를 참고하여, 계급 재생산을 물적 자본의 전달에 의존하는 유산 중간계급과 자신의 특권을 문화자본의 전달에 의존하는 무산 신중간계급을 구분하면서 기본적으로 중간계급 내의 투쟁에 주목했다.Halsey, 2011: 123 그는 중간계급의 구조를 변화시키는 재화 생산으로부터 서비스 생산으로의 이행에 관심을 가졌고, 중간계급의 두 형태, 즉 자본의 소유와 통제를 통해 자신을 재생산하는 형태에 주목했다. 생산 체제에 대한 서로 다른 입장으로 인해 이 두 집단은 교수법에 대해 상이한 이념을 가지게 되고, 그에 따라 문화 전달을 둘러싼 갈등이 생겨난다.

그러나 이 갈등에서 문제가 되는 것은 계급관계 자체에 있다기보다는 그 재생산의 '형식'에 있다. 가시적인 교수법이든 비가시적인 교수법이든 (둘 다 중간계급의 두 집단의 사회상황에 근거하고 있다), 노동계급의 이익에는 도움이 되는 것 같지 않다.Bernstein, 1975 하지만 번스타인은 강한 분류화 및 얼개화와 이와 연동된 전통적/가시적 교수학, 그리고 약한 분류화 및 얼개화와 이와 연동된 진보적 교수법/비가시적 교수법에 대해 분석할 뿐 새로운 대안이나 운동 방향을 적극적으로 제시하지 못했다.

번스타인 이론에 대한 평가

번스타인의 코드 및 교수 이론은 한국의 교육 현실의 양태를 이해하는 데 유용한 분석틀이 될 수 있다. 특히 교육과정, 수업, 평가에서 변화를 모색하기 위한 교수적 실천의 유형을 탐색하는 데 통찰력을 제공해 준다. 학교, 또는 교실이라는 재맥락화된 장은 상대적 자율성을 가지고 있어서 이러한 통합적 변화가 가능한 공간이며, 그래야만 기존의 관행이 재생산되는 것을 지양할 수 있다. 번스타인은 구조가 아닌 '교수 담론 pedagogic discourse'을 통해 보울스·진티스와 부르디외 등의 사회적 재생산 이론가를 비판했다. 이들의 경제적 또는 문화적 재생산의 접근 방식은 외적 권력관계에 의해 교수 담론과 실천 구조를 매개하는 기제 방식을 탐구하기보다는, 교육 바깥의 권력관계를 변환하는 대행자에 중심을 두었다.Bernstein, 2000: 4 그는 교육에 관한 거시적 이론들이 학교의 내부를 설명하지 못하고 학교의 내부에 관심 있는 이론들이 거시적 관계 속에서 현상을 설명하지 못하는 한계를 넘어, 학교와 교실이 보다 큰 사회에서의 권력과 통제 원리와 결합되면서도 상대적 자율성을 지닌 일종의 정치적 장이라는 것을 확인시켰다. 특히 번스타인 후기 이론은 기본적으로 구조주의적 성격을 지니고 있기에 공시성의 측면이 강하지만, '재생산' 양식을 드러내는 데 만족하지 않고, 교육을 통한 변화/혁신에 주목했다.이윤미, 2019: 81

번스타인은 다른 교육사회학자들과 마찬가지로 교육을 기본적으로 자본주의 사회의 계급구조가 재생산되는 영역으로서 주목하면서도, 그는 좀 더 구체적인 구조에 관심을 가졌다. 그는 자본주의의 사회구조가 학교의 규범과 문화, 교육과정-수업-평가의 방식을 통해 재생산되는 맥락을 분석했다. 교육에서 재생산(권력 작용 및 불평등)과 변화(해방적 관심)의 문제를 다루는 번스타인의 교육전략은 교육현상을 설명하고 해석하는 것을 넘어 혁신의 단초들을 찾고자 하는 오늘날의 교육 연구자와 실천가들에게 중요한 시사점을 제공해 준다. 번스타인은 뒤르켐이 강조한 지식과 개념의 사회적 사실 및 실재, 그리고 비고츠키가 중시한 개념을 통해 세계변혁의 과정을 동시에 중시하는 교육과정을 제창하고 있다.

번스타인은 현재(탈중심적 정체성: 도구적 시장주의+치유적 진보주의)의 실천은 과거(복고적 정체성: 근본주의, 민족적 포퓰리즘, 엘리트주의, 문화주의)의 전승과 반성. 그리고 미래(전향적 재중심화 정체성: 젠더, 인종, 지역 등 하위 주체들의 개별적 정체성, 새로운 사회관계의 지향)의 준비와 맞물려 있다고 보았다.Bernstein, 2000 지식 생산의 장(지식이 생산되는 학문의 장과 연구기관 등 여타의 장)과 재맥락화의 장(지식이 교수 지식으로 해석·변환되는 장소), 그리고 재생산의 장(가르침이 일어나는 장소)은 구분된다. 번스타인은 분류화와 얼개화 개념을 기초로 교육과정에서의 교과 간 통합,

교과 내 통합, 수업에서의 관계(교사-학생, 학생-학생), 평가에서의 등급화와 개방성 정도를 확장하고 있다. 학교, 또는 교실이라는 재맥락화된 장은 상대적 자율성을 가지고 있어 이러한 통합적 변화가 가능한 공간이며, 그래야만 기존의 관행이 재생산되는 것을 지양할 수 있다. 번스타인의 이론을 기초로 하여, 교사의 교수적 정체성과 교수적 실천 양태를 파악할 수 있는 분석틀을 만들어 내는 이론적 작업이 가능할 것이다. 번스타인의 이론은 그 자체가 하나의 방법론으로 인정받고 있으며, 많은 연구에서 이론적 기초를 제공하고 있다. 많은 연구들에서 번스타인의 방법론을 사용하는 것은 그의 독창적 사고방식이 복잡한 교육의 현실과 기능을 파악하는 데 유용성이 있기 때문이다. 번스타인의 코드이론은 한국 교육 현실의 양태를 이해하는 데 유용한 분석틀이 될 수 있으며, 특히 교육과정, 수업, 평가에서 변화를 모색하기 위한 교수적 실천의 유형을 탐색하는 데 통찰력을 제공하고 있다.성열관, 2012

물론 번스타인의 저서는 추상성이 높아 가독성이 떨어지며, 본인이 제시한 경험적 증거가 미약한 데다가, 지나친 구조주의 때문에 비판을 받기도 한다. 한국에서는 개론서 수준에 머물고 있고 번스타인에 대한 연구가 활발하지 않아 아직 이에 대한 논의가 충분히 축적되지 않은 편이다. 번스타인의 이론에서는 주체자의 측면에서 볼 때 해석의 위치가 취약하며, 오히려 교육 및 문화적 생산과 재생산의 실제를 정확하게 기술하는 것이 필요하다는 평가도 나온다. 그리고 특별히 교육적 실천이 상시적으로 강조될 필요가 있다는 지적도 있다. 번스타인은 어떤 교육이 더 좋은 교육인가에 대한 대답, 즉 가치론적 질문에 대해서는 대답하지 않는 경향이 있다.

하지만 번스타인2000은 이론적 지식에 대한 접근이 효과적인 민주주의의 구현을 위한 전제 조건이라고 역설하였다.[47] 그의 분류화와 얼개화 개넘을 기초로 한 교육과정에서의 교과 간 통합, 교과 내 통합, 수업에서의 관계(교사-학생, 학생-학생), 평가에서의 등급화와 개방성 수준에서 난제를 안고 있음에도 불구하고, 번스타인의 이론은 최근 우리에게 상당한 시사점을 제공해 준다. 번스타인의 입장에서 보면, 통합교육과정은 교과 간에 상존하는 기존의 벽을 부수는 것이며, 시간 조직에도 다양한 융통성을 부여하는 것이다. 이는 계층 간, 집단 간, 지역 간의 벽을 허물고, 각인각색의 소질과 성향을 최대한으로 개발함과 동시에 이들 사이의 다양한 교통과 공유된 이해관계를 극대화함으로써 사회를 유지·발전시키고자 하는, 듀이가 말하는 민주사회의 이상과도 일맥상통하는 원리라고 할 수 있다. 또한 번스타인이 강조하는 '열린 학교'는 1990년대에 우리 학교에 잠시 유행했던 '열린 교육'과는 다르다.[48]

특히 우리나라는 일제식, 획일식 교육의 관행이 여전히 교실을 지배하고 있고, 점수 위주의 기계적 평가, 그리고 이에 따른 학생의 서열화가 강한 사회이다. 교사들 역시 학교급이 올라갈수록 발달보다 선발을 위한 정보를 생산하는 역할에 자신들의 정체성을 결부시키는 경향이 강해 교육과정, 수업, 평가를 유기적으로 통합해야 할 필요성을 느끼지 못하는 경우가 많다. 번스타인이 강조하듯 학교의 질서는 '강한 분류화'와 '약한 분류화'에 따라 학생들의 '위치'가 결정되는 조건 속에 있다. 그래서 번스타

---

47. 번스타인은 민주주의 원리에 터한 교육이 향상의 권리(개인적 신뢰), 포용의 권리(사회적 공동체성), 참여의 권리(정치적 시민성)에 기반을 두고 있다고 본다(Bernstein, 2000: xxi).

48. 당시 '열린 교육'이 실패했던 핵심적인 원인은 학교의 구조와 문화를 바꾸지 않은 채 수업 방법만 바꾸려고 했던 점이다. '열린 교육' 이후 가장 의미 있는 학교 변화는 2010년부터 확산된 '혁신학교 운동'이다. '열린 교육'이 '위에서 아래로' 강요된 관 주도의 개혁이라면, '혁신학교 운동'은 교사의 자발성을 중시하는 '아래로부터 위로의' 개혁이다. '열린 교육'이 수업 방법 개선 등 부분적 변화에 주목했다면, '혁신학교 운동'은 학교의 구조와 문화의 변화 속에서 교육과정-수업-평가를 혁신해 가는 총체적인 변화를 추구하고 있음을 주목할 필요가 있다(이형빈, 2020: 289).

인은 효과적 민주주의를 위해서는 구성원들이 호혜적 참여의식을 가져야 하며, 정치체제가 이를 현실화시킬 수 있다는 신뢰가 있어야 한다고 역설한다. 이는 민주주의의 기초에 달려 있다. 위계질서(선천적 능력, 문화적 결핍, 규제적 계급 질서, 상징적 질서 등)에 의해 학생의 성공과 실패가 만들어지지 않도록 수평적 연대가 가능한 한 이루어지지 않으면 안 된다. 번스타인은 이를 위해 자신의 '목소리'를 내야 한다고 역설한다. 교실이라는 장 안에서 거시적 구조가 작동하며, 외부 관계와 담론의 재생산이 이루어지기도 하고 균열이 일어나기도 한다. 즉 교실은 상징적 통제가 관철되기도 하고 모순이 발생하기도 하는 균열의 장이라고 할 수 있다. 이러한 거시-미시 구조의 연관은 교실을 교수 재맥락화의 일부로서 구조적이고 정치적으로 재조명하게 한다. 교수-학습의 과정은 그 안에 권력과 통제의 규칙을 담보하면서 때로는 기존 지식과 규범체계를 유지하고, 때로는 대안적 변화를 일으키는 역동적 장이라고 할 수 있다. 이러한 과정에서 틈새가 벌어지면서 새로운 질서가 만들어질 것이다.

5.

마이클 F. D. 영의
지식이론과 교육과정 비판

마이클 F. D. 영의 학문적 전환

마이클 F. D. 영Michael F. D. Young[1]을 신교육사회학자로 유명하게 만든 『지식과 통제: 교육사회학의 새로운 방향』1971[2]의 편집은 번스타인의 지도 아래 이루어졌다. 영은 그의 스승 번스타인이 없었다면 자신이 존재할 수 없었다고 술회한다. 영은 학교와 대학에서 학습한 지식의 유형과 일상의 삶에서 획득한 상식이나 실용적 지식의 구별/절연/경계선을 인식한 교육 과정의 지식을 기초로 하면서, 동시에 교육과정 이론의 대안을 번스타인 이 강조한 재맥락화에서 찾는다. 교육을 사회학적으로 바라보고, 교육과 정이 사회학적 분석의 대상이 될 수 있다는 점을 가르쳐 준 분이었다고 회고한다.Young, 2019 계몽주의 유산을 물려받아 과학과 사회적 진보를 믿 는 사람으로서 뒤르켐은 지식의 원천을 과거에서 찾은 반면, 비고츠키는 사회주의 사회의 건설을 위한 인간의 잠재력을 미래에서 찾았다고 마이 클 F. D. 영은 평가하면서 교육과정과 교수활동을 제공해 주는 번스타인

---

1. 마이클 F. D. 영은 실력주의(meritocracy)를 제창한 것으로 유명한 마이클 D. 영이 아 니다.
2. 1971년 영국 개방대학의 〈학교와 사회〉의 수업 교재는 『지식과 통제』였다. 당시 수천 명의 교사들이 이 과정에 등록했다고 한다. 1973년에 '신교육사회학'이 탄생했다. 신교 육사회학은 지식과 권력구조, 그리고 교실의 사회적 상호작용을 연계시키고 있다.

으로부터 대안을 찾는다.Young, 2008b: 67

영의 『지식의 소환: 교육사회학에서 사회적 구성주의로부터 사회적 사실주의로』Young, 2008는 구성주의와 진보주의를 비판하면서 '사회적 구성주의'에서 '사회적 사실주의'로의 전환을 표명하는 동시에 지식의 소환을 요청한다. 영은 지식이란 모두가 획득되어야 한다는 상식을 회복해야 하며, 정신 독립적 실재가 존재한다는 비판적 사실주의자/실재론자들의 논리를 넘어서고자 한다. 합리주의와 경험주의라는 이원론을 통합시킨 윌리엄 제임스―이후에는 듀이로 이어진―의 실용주의pragmatism를 재발견한 뒤르켐[3], 그리고 그의 이론을 발전시킨 번스타인에게서 영은 사회적 구성주의[4]에 대한 대안을 찾는다. 영은 이론 및 이론적 교과를 고양시키고자하는 지식의 '합리주의'(데카르트 등) 형태와 명제적 지식(사실)을 고양시키고자 하는 '경험주의'(베이컨 등) 사이에서 또 다른 형태를 공존시키고자 하는 제3의 사회적 사실주의를 제창했다.Young & Muller, 2016: 97

프랑스 사회학자 부르디외는 런던에서 영을 만나 『지식과 통제』에 실릴 아이디어들에 대한 의견을 나누었다. 번스타인은 이 일을 제자인 영이 주도하도록 모두 맡겼다. 책의 모든 내용은 굉장히 절충적으로 구성되었다. 구조주의, 사회이론과 지식사회학, 민속방법론, 현상학적 사회학, 전통적인 비교문화기술지에 이르기까지 다양한 관점을 소개했다. 영은 편집 서

---

3. 뒤르켐은 실용주의가 진리의 독특한 성격, 그것의 외재적, 억제적, 의무적 성격 등 도덕적 힘을 무시하고 있다고 강하게 비판한다.
4. 사회적 구성주의의 철학적 연원을 따지면 멀리 데카르트까지 올라가지만 지식과 사회의 관계를 구성주의적으로 제기해 현시대에 영향을 미친 학자는 피터 버거와 토마스 루크만이다. 이들이 쓴 「실재의 사회적 구성」에서 '사회적'이란 집단적·역사적이라는 뜻이고, '구성'은 구축이나 해석에 가까운 말이다. 사람들이 실재라고 생각하는 것은 집단적·역사적으로 만들어지고 해석된 것이다. 이에 따르면, 인간의 인식과 지식은 개인과 대상의 일대일 관계에서가 아니라 사람들의 상호관계에서 만들어진 개념이나 정신적 표상들이 사회 속에 깊이 틈입(闖入)/제도화되어 '제2의 자연'처럼 기능하는 가운데 형성된다.

문에서 교육의 가장 근본적인 기정 사실, 즉 교육과 지식에 의문을 표출했다. 이 두 가지에 더불어 형식교육을 구성하는 온갖 익숙한 범주들, 즉 능력, 지능, 주체, 교육과정 등이 실제로 사회적 구성물이라는 번스타인과 영의 생각은 당시 많은 사람들의 생각을 각성시켰다. 이것은 나중에 '신교육사회학new sociology of education'이라고 불리는 것으로 발전했다. 물론 사회구조와 상호작용을 대립시킨 것은 반反구조주의 경향과 자기 파괴적인 상대주의로 나아갈 두 극단의 가능성에 대한 강한 문제제기이기도 하다.

영은 후기사상에서 비판적 교육사회학이 풀뿌리 교사운동을 지지하는 좌파 지식인들의 성취에 대해 지나치게 낙관적이었다는 냉정한 평가를 내린다. 좀 더 근본적으로는 지식의 성질과 이것이 제기하는 교육과정 개혁의 한계 영역을 간과했다는 비판적 회고를 한다.Young, 2019b: 372-373 이러다가 1979년 마거릿 대처가 수상으로 당선되면서 교사와 더 넓은 노동운동과 연계된 교육과정 변화를 동력으로 삼으려는 신교육사회학의 시도는 보수당 정부에 의해 좌절되고 말았다. 이 당시 영은 학부모의 위치로 바뀌면서 교육관의 큰 변화를 보인다. 학부모 경험을 통해 우리가 왜 학교라는 것을 갖게 되었는지에 대한 근원적 물음과 동시에 그곳에서 무엇을 기대할 수 있는지 등 교육과정의 쟁점들에 대해 좀 더 근본적인 문제의식을 가지게 되었다. 영은 대부분의 학부모들이 그러하듯 자신의 딸들이 집에서는 배울 수 없는 일종의 '힘 있는 지식'을 학교에서 접할 수 있기를 원했다. 교사들의 담당 교과와 수업 전문성, 자녀에 대한 학부모들의 지원이 관건이겠지만, 사실 여러 가지 이유 때문에 많은 학생들은 학교에서 힘 있는 지식을 접할 수가 없다. 그렇다고 가난한 학생들이 많이 다니는 학교에서 지역사회의 문화적 배경을 고려한 차별화된 교육과정을 제공하는 것도 아니다. 교육과정이 학생들의 문화적 경험을 반영해야 한다는 생

각에 의문을 품게 된 것은 학부모로서의 경험과 관련이 있다.[5]

1980년대 중반부터 1990년대 말까지 영의 변화된 경험—학부모가 되는 위치와 남아공의 교육과정 개혁 참여—은 교육과정 논의에 대한 결정적 변화를 가져왔다. 이 시기에 가장 최근에 쓴 책인 『지식의 소환』[2008]의 기초가 되는 여러 편의 논문을 발표했다. 1980년대 중반에 이르면서 영은 그토록 몰두해 왔던 교육사회학이 무엇을 줄 수 있는지에 대해 자신감을 상실했다. 이것은 당시 소련을 포함하여 동유럽 사회주의가 붕괴되면서 보였던 진보적 학자들의 지적 공황 상태를 그대로 말해 준다. 영 또한 학문[6]에 토대를 둔 대학의 연구, 그리고 사회가 여전히 대학 교수들에게 제공해 준 특권적 공간에서 하고 있는 활동들이 과연 어떤 가치가 있는지에 대해 의문을 가졌다. 당시 영국의 많은 교육사회학자들은 영과 같은 의문을 토로했다. 사회주의가 붕괴되자 일부는 사회봉사로 방향을 틀었고, 또 일부는 실천이론 및 평가연구로, 또 다른 일부는 좀 더 정치적이고 실용적인 주제에 연구 초점을 두었다. 적어도 당시 비판적 지식인들은 여러 면에서 갈 길을 잃었다. 교육사회학에서 부르디외의 관점이 폭넓게 수용되었지만, 실제 그의 영향력은 차츰 줄어들었다. 인식론의 근본을 흔드는 포스트모더니즘postmodernism이 대중적 인기를 얻으면서 번스타인의 계급적 관점도 교육연구의 중심적 논의에서 밀려났다. 당시 교육사회학자들을 매료시킨 사회이론가는 단연 지식과 권력의 불가피한 연동을

---

5. 영의 두 딸이 초등학교, 중등학교, 대학교에 잇달아 진학하면서 자신의 진보적 교육관과는 달리 영은 두 딸을 '사립학교'에 보냈다. 영국의 뿌리 깊은 불평등 사회에서 '좋은 학교'가 거의 없는 지역에 사는 사람들은 불가피하게 비싼 '사립학교'에 자녀들을 보내야 했다. 그는 딸들이 사립학교에 다니면서 자신의 진보적 교육관을 일관성 있게 비판할 수 없게 되었다. 이들은 나의 딸이었고, 이것은 그들에게 한 번밖에 없는 기회였기에 부모로서 어쩔 수 없는 선택이었다고 영은 술회한다(Young, 2019b: 373).

6. '학문(discipline)'이란 보다 넓은 범주로서 인류의 지식이 그 특성에 따라 범주화된 단위로서 학자들이 수많은 지식을 연구·논의하기 위해 구분한 지식의 범주화다.

폭로했던 푸코M. Foucault였다.

영 또한 사회학을 공부하기 시작한 것은 사회생활의 모든 측면에 존재하는 권력을 서술하는 새로운 '언어' 이상의 무언가를 제공해 주리라고 생각했기 때문이었다. 사회학은 언어를 넘어서 사회 현실의 역학 관계를 파악하는 새로운 방법을 제공해 줄 것이라고 믿었다. 이전의 전환기에 영향력을 발휘했던 마르크스, 베버, 뒤르켐, 그리고 금세기 중반 밀스와 머튼, 굴드너 등의 발전된 계몽주의 프로젝트는 푸코의 추종자들에 의해 망각되거나 무시되는 상황이 전개되었다. 이렇게 미래 전망이 어두운 시대 상황 속에서 영 자신도 원래 자리였던 과학 교사로 돌아가야 하는 것은 아닌지 깊은 고민에 빠졌다.

이러한 가운데 영은 상당히 새롭고 좀 더 실질적이고 정책적인 맥락에서 이전에 가졌던 지식 및 교육과정의 문제로 다시 되돌아간다. "의무교육을 마친 이후에 공부를 계속 이어 나가는 학생 집단들이 현재 다양해지고 증대하고 있는데, 이들에게 어떤 형태의 교육과정이 적합한가?"를 고민하기 시작했다. 이러한 근본적 질문에 대한 영의 해답은 『미래의 교육과정』[1998]으로 나타났다. 이 책은 이론서라기보다는 일종의 정책적 참여 연구로서 학문과 직업의 구분을 넘어서 하나로 통합된 의무교육 이후의 교육과정[7]을 주창한 것이다. 이러한 복귀는 역설적으로 정책 분석과 실행에 관여한 것이고, 그것은 결국 교육과정 이론으로 되돌아가는 것으로서 그의 스승인 번스타인의 연구가 갖는 중요성을 재평가하는 작업의 계기가 되었다. 영은 다른 동료들[Moore, 2004; Muller, 2000]과 함께 공동작업을 하면서 좀 더 유효한 교육과정 이론을 위해 지식사회학에 대한 새로운 접근을 하게 되었다. 『미래의 교육과정』을 출판할 때까지만 해도, 더

---

7. 영국의 의무교육은 Key Stage 4, 그러니까 11학년까지라고 하면, 그 이후의 교육과정은 대학 진학 이전인 Six Form(12~13학년) 단계를 가리킨다.

넓은 의미에서 지식에 대한 사회구성주의[8] 입장을 따르고 있었는데, 이제 이에 대한 비판이 크게 두 가지 방향으로 제기되었다. 하나는 정책적 실패이고, 다른 하나는 이론적 비판인데, 이 둘은 놀랄 만큼 상호보완적이다.

'비판적 사실주의'를 넘어선 '사회적 사실주의social realism'[9]를 새롭게 제창한 영은 남아공의 교육과정 개혁에 적극적으로 참여했다. 27년간 감옥생활을 겪은 남아공의 만델라 대통령은 사회를 변화시키는 가장 큰 무기는 교육뿐이라고 역설했다. 남아공의 만델라 정권의 정치 자문과 교육과정 개편에 깊이 개입한 영은 '힘을 가진 사람들의 지식'으로부터 해방되기 위해 사회정의를 위한 '힘이 있는 지식'의 획득(가르침과 배움)이 필요함을 강조한다. 남아공의 첫 민주정부가 착수한 교육과정 개혁에 대한 평가는 결과 중심 교육과정(OBE)[10]이었는데, 실제에서는 교사들의 자율성에 거의 맡겨둠으로써 배우는 학생들에게 스스로 지식을 구성하도록 내버려 두고 말았다고 영은 진단한다. OBE의 원리로 적용된 구성주의는 극단적 상대주의를 낳고 말았다고 비판한 것이다. 다시 말해 결과 중

---

8. 지식사회학의 한 부류라고 할 수 있는 구성주의는 현상학, 상징적 상호작용론, 민속방법론과 같은 질적 접근에 그 기원을 두었는데, 오늘날에는 포스트모더니즘과 후기구조주의라는 표제 아래에서 발견된다. 구성주의는 이들 둘 사이에서 페미니스트적, 다문화적, 후기식민주의적 형식들을 채택했다.

9. 비판적 사실주의자들의 관점이 모두 동일한 것은 아니다. 신학적 사실주의와 연동되어 있는 비판적 사실주의자도 있다. 계시신학(啓示神學, revealed theology)이란 '성경'에 기초한 신학을 말한다. 보통 자연신학(natural theology)과 대조적으로 쓰인다. 자연신학의 경우 인간의 이성과 경험 그리고 자연적 현상에 강조점을 두지만, 계시신학은 이런 자연신학이 죄로 오염되어 신의 존재를 논증하는 것이 불가능하다고 본다. 신에 대한 연구와 학문적 발전은 성경이 '계시'로서 근본적인 중심이 되어야 한다고 말한다. 자연신학은 계시신학에 의해서 올바르게 기능을 할 수 있다고 본다. 비판적 사실주의자들은 자연신학과 친화적이다.

10. OBE(Outcomes-Based Education)은 남아공의 역량 기반과 완전 학습에 근거하고 있다. 경험주의적, 자연주의적, 인문주의적 접근을 결합시켰다. 교육과정은 결과 지향, 학습자 중심, 활동 기반 교육을 가정하고 있다.

심 자격 체제에 따라 개발된 교육과정은 지식은 그것이 생산되고 습득된 맥락과 독립적인 실재가 아니라, 특정 교실 상황에서 교사와 아동들이 사회적으로 구성한 것이라는 극단적인 생각에 기초해 있다는 점이다. 내용 체제도 없고, 교과 전문가들의 지원도 제한적인 상황에서 남아공의 교사들은 사실 어찌해 볼 도리가 없었다. 남아공에 결과 중심 교육과정이 도입된 지 얼마 지나지 않아 문화적 재생산론과 사회구성주의 지식이론에 대한 비판적 관점이 제기되었다.Moore, 2004; Moore, 2007; Muller, 2000; Moore & Muller, 1999[11] 이들의 비판은 남아공에서 경험한 사회적 구성체의 현실과 직접 연관이 있다. 이처럼 상당히 분리된 경험, 즉 영이 참여했던 개혁의 실패와 초기 연구에 대한 이론적 비판을 마주하면서, 초기에 가졌던 생각들을 반성하도록 했다. 이런 반성은 영으로 하여금 비고츠키, 뒤르켐과 번스타인의 생각들이 지식사회학에서 갖는 중요성을 본격적으로 재평가하게 되는 계기로 작용한다.

---

11. 영이 1991년 동료들과 발전시킨 논의는 최소한 영국의 경우 후기 중등 교육과정을 개선하기 위해서는 단일하게 통합된 틀로 자격 체제를 개편해야 한다는 것이었다. 영의 이런 생각을 교육과정에 적용하여 확장한 실험적 시도는 남아프리카공화국의 교육과정 개혁 작업에서 명시적으로 찾아볼 수 있으며, 나중에 영국에서도 어느 정도 나타났다. 특히 남아공의 사례가 중요한 이유는 영이 1990년대 초반 그곳에서 정책자문가로 활동했다는 사실이다. 특히 이보다 더욱 중요한 것은 남아공의 개혁이 『지식과 통제』에서 표명한 관점, 즉 지식과 교육과정 역시 '사회적 구성물'이라는 생각을 토대로 진행되었다는 것이다. 그런데 영이 개입했던 남아공의 교육개혁은 문화적 재생산론자들의 시각을 적용한 것으로 백인 지배권력의 허위의식을 폭로하는 데는 도움이 되었으나 지식 그 자체를 연구하는 것이 아니기에 남아공의 사회변화를 이끌어 내는 데는 큰 힘을 발휘하지 못했다.

비고츠키의 지식이론 수용

러시아 심리학자 레프 비고츠키Lev Vygotsky, 1896~1934는 사실주의자realist로서 마르크스, 엥겔스의 영향을 받은 변증법적 유물론자dialectical materialist이기도 하다. 그는 몸과 마음의 데카르트식 이분법에 반대하는 스피노자의 일원론적 철학에 깊이 심취했을 뿐만 아니라 헤겔 철학에도 크게 영향을 받았다.Derry, 2013[12] 인간 정신과 마음에 대한 포괄적 이해를 기초로 인간 의식에 대한 문화역사적인 접근을 시도했다. 비고츠키는 발달을 자생적인 것으로 간주하는 피아제 교육론을 비판적으로 이해한 심리학자다.

비고츠키의 이론은 레비브륄Lévy-Bruhl, 뒤르켐 등의 사회학주의 흐름에 따라 개인보다는 사회문화적 요소에 더 중점을 두었다. 그는 이런 영향을 받아 정신활동의 사회문화적 측면에 주목했으며, 인지발달론을 중심으로 폭넓은 업적을 남겼다. 그리고 개체는 애초부터 사회적 존재이며, 외적 커뮤니케이션을 통해 형성된 언어활동이 내면화(사적 언어의 획득)됨으로써 개인의 독립적인 활동이 영위된다고 보았다. 모든 인간은 생물학적 진화(계통발생)의 산물이며, 동시에 역사적 발달(사회발생)의 산물인 것이다. 인간은 태어남과 동시에 발달의 최종적이고 이상적인 모습을 지닌 어른이라는 매우 고유한 환경과 상호작용하며 성장하고 발달한다. 어른과의 상호작용은 처음에는 겉으로 드러나는 의사소통의 형태로 이루어지고, 인간은 그런 외적 의사소통을 자기 자신과의 대화라는 내적 말과 생각으로 내면화한다. 처음에는 외적 대화와 상호작용으로, 그다음에

---

12. 후기 비고츠키주의자인 데리(Derry, 2013)는 비고츠키의 계몽주의적 교육 이해(추상적이 아닌 역사적인 이성과 합리성 신뢰, 자유의지와 사고의 역동성 등)가 스피노자와 헤겔로부터 도출되었다고 본다.

는 내적 말과 소리 없는 생각으로 두 번 나타난다. 이것은 인간을 둘러싼 환경이 인간에게 작용을 하는 동시에 작용을 받는 과정이다.

비고츠키의 유명한 저서 『생각과 말』[1934]은 그가 38세의 젊은 나이에 결핵으로 죽음을 맞이한 직후에 출판되었다. 권력자들은 비고츠키를 너무나 관념적인 이상주의자로 여겼다. 이리하여 스탈린주의사들의 숙청 편집증과 반유대주의 희생물이 되었다. 이로 인해 1936년 발매 금지 조치되었다. 러시아어로 다시 재출판이 된 것은 20년 후인 1956년이었다. 루리아Luria와 레온티예프Leontiev는 서문에서 "정신의 영역에서의 전쟁이 있었던 1920년대 후반에서 1930년대에 이르는 그 당시의 우선적인 그리고 가장 중요한 과제는 자신을 한편으로 통속적인 '행동주의'로부터 해방시키는 것이었고, 다른 한편으로 자기반성적으로 연구될 수 있는 배타적으로 내적인 주관적 조건으로서 정신 현상에 대한 주체적인 접근 방법으로부터 자신을 자유롭게 하는 것이었다"라고 쓰고 있다. 과학사가들은 『생각과 말』을 두고 인지혁명의 새로운 탄생이라고 치켜세웠다.[Bruner, 2011: 134-135] 행동을 계획하고 실행하는 도구로서 생각과 말을 이해하는 비고츠키의 이론은 많은 서구 심리학자들의 사고에 지대한 영향을 미쳤다. 생각은 인식과 행동을 구조화하는 하나의 양식이다.

그런데 이러한 모든 것들은 각각의 방식으로 행동을 실행하는 데 있어 문화로부터 이용할 수 있는 도구의 조력을 반영하고 있다. 사회는 사람들이 정신적으로 보다 높은 수준의 근거를 가지도록 허용하는 개념 및 아이디어와 이론의 도구 상자를 제공한다. 새로운 상위 개념은 하위의 의미를 변환시킨다. 대수학의 개념을 숙달한 청년들은 보다 광범위한 관점에서 산수의 개념을 보는 장점을 발전시킬 수 있다. 그들에게 새로운 관점으로 그것을 바라보는 사고를 다루는 도구를 제공한다. 이것은 스스로 비추는 마음이다.[Bruner, 2011: 136-137] 의식은 엄청난 역할을 하며, 물론 의식은 그것들을 형성하고 변형하기 위한 언어와 개념들을 갖춘다는 마음관을 가졌던 비고츠키였기에 정통 마르크스주의자들로부터 비판을 받았다. 인간을 자연의 산물일 뿐 아니라 문화의 산물로 이해한 것은 심리학 연구의 큰 자극제가 되었다.

영은 비고츠키가 놀랄 정도로 뒤르켐과 유사한 생각을 갖고 있었다는 점을 발견했다.Young, 2007: 3장과 4장 이미 이런 생각은 영의 스승인 번스타인에게서 발견된다. 뒤르켐이 '사회적 사실'(사회나 집단의 권위)을 제창한 것을 프랑스 가톨릭의 권위 상실 및 교육의 부상과 연결시키듯이, 비고츠키가 고차적 지식/고등정신능력을 제창한 것을 러시아 혁명 이후의 사회 건설과 연결시켰다. 성인생활에 들어가 소비에트 혁명이 일어나면서 비고츠키는 필연적으로 새로운 사회에서 교사들이 직면하고 있는 즉각적인 문제에 초점을 맞추어야 했다.

비고츠키가 역설하듯, 과학적 개념과 결합된 체계화된, 조직화된, 위계적 사고는 점점 더 일상생활의 지시 대상 및 사고에 뿌리내리는 방식을 보여 주어야 한다.Daniels, 2006: 172 이것은 과학적/이론적 개념과 일상적/자발적 개념의 상호 연계된 관계 모형을 제시하는 것이다. 이렇다면 일상적 사고는 체계적인 과학적 사고의 맥락에서 주어지는 구조와 질서이어야 한다. 비고츠키는 개념적 지식을 고양시키는 진정한 지식교육을 강조한다. 인간과 다른 동물의 가장 큰 차이점은 '생각하는 능력'이다. 비고츠키는 이 생각하는 능력을 '기초정신기능'과 '고등정신기능'으로 나누었다. '기초정신기능'은 수동적이고 반응적인 정신기능이고, '고등정신능력'은 능동적이고 의지적인 정신기능이다. 이 중 '기초정신기능'은 인간이라면 태어나면서부터 갖게 되는 생물학적 특성이다. 그러나 '고등정신기능'은 단순히 인간으로 태어났다고 해서 자연스럽게 길러지는 것이 아니다. 비고츠키는 인간의 고등정신기능을 범주적 자각, 자발적 주의, 논리적 기억, 개념적 사고 등으로 나누는데, 이는 목적의식적 학습을 통해서만 이루어질 수 있다. 물론 여기에서 말하는 학습은 학교에서의 학습만이 아니라 문화적 환경이나 타인과의 상호작용을 통해 이루어지는 것을 말한다. 유아기와 아동기 단계를 넘어선 청소년기(대략 초등학교 고학년 이후)에 접어들어서야 아이들은 '개념적 사고[13]'를 하기 시작한다. 개념적 사고를 하기 위해서는 대상을 일정한 범주에 따라 구분하고 공통적 속성을 추출하는 추상적 사고, 원인과 결과를 연결시켜 생각하는 인과적 사고, 일상적 현상과 그 속에 담겨진 본질을 파악하는 비판적 사고 등이 필요하다. 다시 말해 변증법에서 말하는 구체/추상, 경험/이론, 일상/과학의 통일에 의해 '개념적 사고'가 형성된다. 인간의 핵심적인 특징인 '고등정신기능' 또는 '고등사고능력'은 행위의 자유 및 의도성과 관련이 있다. 행위의 의도성은 개념적 사고의 발전과 불가분의 관계에 있다. 왜냐하면 개념적 사고란 실제 상황의 맥락이나 대상의 속박으로부터 분리되어 기호나 상징으로 표현되는 개념에 의해 매개되는 사고로서, 비고츠키는 이를 '자유의 언어'라고 말하기 때문이다.Vygotsky, 2014: 180 인간이 주어진 상황과 맥락, 그리고 세계의 대상으로부터 거리를 두고 이를 대상화하여 자의적으로 통제하거나 조작할 수 있는 것은 상징으로 매개된 개념적 사고를 할 수 있기 때문이다.

그런데 문제는 어른이 되었다고 해서 누구나 '개념적 사고'를 할 수 있는 것은 아니다. 흔히 사회성이나 도덕성이 미숙하여 질타를 받는 성인을 보면, 사회성이나 도덕성 이전에 개념적 사고능력이 부족한 경우가 많다. 이런 모습을 보면 다른 사람들과의 상호작용 속에서 문화적 발달단계를

---

13. '개념적 사고'란 개념이 지시하거나 의미하는 외부 대상이나 사건 자체와는 분리되어 그 개념을 표현하는 언어나 기호와 같은 상징의 체계를 그 체계의 내적 논리에 따라 자유롭게 조작할 수 있는 능력으로서, 보통 추론적이고 절차적인 사유를 가리킨다.

거칠 기회가 없어 그렇게 되었을 수도 있다. 이렇게 유아기적 사고단계에 머물러 있으면 타인의 아픔을 공감하는 능력도 길러질 수 없다. 이런 점에서 볼 때 지식교육은 그 자체로 의미가 있다. 이는 비고츠키의 이론이 전통적 학문 중심 교육이론과 만나는 지점이기도 하다.

영은 동물과 달리 인간이 사회적이라는 점을 인식하고 사회적 관계를 근본적으로 '교수활동pedagogy'이라고 이해한 뒤르켐과 비고츠키의 관점을 받아들인다. 동물로서 단순히 환경에 적응하는 것이 아니라, 모두 인간의 능력을 통해 사회의 구성원이 되고 지식을 창조하는 '교수활동'에 반응한다. 하지만 근본적으로 인간의 사회성의 원천을 해석하는 방법의 차원에서는 생각을 달리한다.

비고츠키의 주된 관심은 학생들이 일상생활에서 접근할 수 없는 고차원 수준의 고등정신기능을 개발하는 데 교사가 어떻게 도움을 줄 수 있는지에 있었다. 비고츠키의 이론은 뒤르켐처럼 지식의 분화에 대한 것이고, 또한 두 종류의 개념의 이항적 구분—이론적/과학적 개념과 일상적 개념—에 의존했다. 그는 교육과정의 역할, 그리고 더 일반적인 학교교육은 학생들에게 온갖 다른 형태로—역사와 문학으로부터 과학과 수학에까지— 이론적 개념을 대한 접근을 시도한다고 보았다. 그리고 고차적 개념에 대한 접근을 일방적 전승의 과정이 아니라, 학습자의 일상적 개념이 이론적 개념에 의해 확장되고 변혁된 복잡한 교수학습 과정으로 보았다. 교육에 있어 지식의 역할이라는 관점에서 볼 때 비고츠키 사상의 함의는 러시아 학자 다비도프Vasily Davidoff의 저작과 그의 '핵심 지식'에 대한 생각, 그리고 추상적 개념을 넘어서 사물의 구체적인 '실재적real' 성질을 파악하는 것으로서 학습에서 가장 명확하게 표현된다.Young, 2012: 146-147

그런데 영은 뒤르켐이 비고츠키가 강조한 자연의 기술적 전유를 무시함으로써 초기 종교에서 발달한 관찰할 수 없는 개념이 어떻게 세계를 변혁시키는 힘을 가진 근대과학이 되었는지를 적절하게 설명하지 못했다고 해석한다. 비고츠키 또한 사고의 발생을 인간의 어린 시절의 실천적 활동에 위치시킴으로써, 이런 실천적 활동이 어떻게 이론에 의해 혁신될 수 있는지를 적절히 설명하지 못했다고 판단한다.Young, 2008b: 61 그래서 영은 양자를 서로 대립적으로 보기보다 보완적 접근을 시도한다. 그는 비고츠키의 사고 작용을 대안적 지식이론으로 발전시켰다. 비고츠키가 지식의 토대를 기술적 분화나 과학과 기술과 같은 전문적 지식과 구별하지 않았다고 보았다. 비고츠키는 지식의 원천을 사회의 일반적 사회구조가 아니라 인간의 활동에 위치시켰기 때문이다.Young, 2008b: 72

비고츠키가 연관시킨 마르크스의 변증법 전통은 뒤르켐의 정적 지식관을 피하면서 지식 및 진리에 대한 신뢰보다 역사를 중심적 원리로 삼는 섭리providentialism[14]를 신뢰했다.Young, 2008b: 63-64 변증법적 도약이란 감각 능력이 없는 물질에서 감각 능력이 있는 물질로 전환하는 것일 뿐만 아니라, 감각이 사고로 전환하는 것이다. 이것은 실재가 즉각적인 감각에 있다기보다, 사고를 하는 데 있어 질적으로 다른 방식으로 의식에 반영된다는 것을 함의한다.Vygotsky, 1987: 47 사고와 감각을 구분한 것은 그 자체가 비고츠키가 이후 과학과 상식을 구분했던 차이를 보여 주는 것이라고 할 수 있다.

비고츠키의 변증법적 유물론은 분명 사회주의적 지향성을 창조적으로 이용한 엥겔스의 개념에서 빌려 온 것이다. 이 개념은 역사와 앎의 주체로부터 지식과 이성을 완전히 자유롭게 하였던 합리주의적이고 경험주의적인 접근을 무너뜨린 헤겔의 사상[15]으로부터 비롯된 것이다.Young, 2008b 하지만 이런 역사적 배태성이 있다고 해서 우리가 역사에 얽매이지 않는

---

14. 섭리(攝理)는 자연계를 지배하고 있는 원리(사물의 근본이 되는 이치)와 법칙이다. 기독교에서는 섭리를 세상과 우주 만물을 다스리는 신의 뜻으로 이해한다.

지식의 개발을 방해했다고 할 수 없다. 이론적 지식은 역사적 행위자들이 사회적으로 뿌리내린 노력 이외의 다른 것이 될 수는 결코 없을 것이다. 물론 지식의 이러한 사회적 성격이 일반화된 범주를 개발하거나, 개인을 넘어서 훈련된 비판적 평가 방식을 증식시키는 가능성까지 부정하는 것은 아닐 것이다. 마르크시즘, 활동이론[16], 실용주의를 포함한 헤겔 이래의 사회이론은 모두 지식 '그 자체를 위한' 것이 아니다. 지식을 인간의 목적에 연결시킴으로써 역사와 무관한 것이 아니라, 객관적이면서 역사적인 지식의 문제로 다루려고 시도했다.

뒤르켐, 비고츠키, 그리고 번스타인이 인식한 바대로 모든 교육의 이론은 사회의 이론이어야 하듯 교육이론 또한 지식이론을 함의하지 않으면

---

15. 헤겔의 체계에서 현실의 이성적인 부분은 현실적인 것이다(Jackson, 2018: 46). 현실적인 것은 플라톤의 경우처럼 형상들의 변치 않는 진리가 아니라, 헤겔이 『정신현상학』에서 설명했듯이 역사 속에서 전개되는 어떤 것이다. 합리성이 점진적으로 발생할 뿐 아니라, 현실 속에서 존재하는 어떤 합리성이 있다. 궁극적 실재는 합리적이고 체계적이므로 실재에 대한 우리의 지식도 역시 체계적인 한에서만 진리라는 것이다. 우리의 지식 체계가 보다 포괄적일수록, 그리고 지식의 관념들이 일관성을 가질수록 그것은 진리에 가깝다고 할 수 있다. 모든 관념과 이론은 지식의 계속적 발전 체계 내의 일관성에 따라 타당해야만 한다.

16. 3세대 비고츠키주의자로 불리는 엥게스트룀(Yrjö Engerström)이 강조하는 활동이론(activity theory)은 교육에서 '교수-학습(obuchhenie)'의 요소와 함께 학습자의 창의성이 밖을 향해 나아가는 교육의 어원인 'educe' 요소를 동시에 고려함으로써 종합적인 분석 모형을 제시했다는 점에서 학문적 의의가 있다. 비고츠키 심리학의 핵심 개념인 'obuchhenie'는 수업(instruction)이 아니라 교수-학습(teaching-learning)의 의미를 갖고 있는데, 밖에서 안으로 들어가서 안이 만들어지는 것이라는 뜻을 지니고 있다. 이는 러시아에서 학습의 문화적, 역사적, 사회적 특성을 보다 더 강조했다는 의미로 해석할 수 있다(성열관, 2019: 49). 러시아 혁명 전통에서 비고츠키는 개인과 초개인적 요인 사이의 상호 영향 관계 속에서 인간이 학습하고 발달한다고 주장했다. 그리고 초개인적인 요인이 교육과 같은 기제에 속하기 때문에 이 이론은 교수-학습과정에서 학습자의 발달을 이해하는 데 중요한 단서를 제공한다. 러시아 혁명기인 1924년 28세였던 비고츠키는 공교육인민위원회에서 일했는데, 이 경험을 통해 근본적 변혁을 위해서는 교육과 문화의 고양이 필요하다고 생각하게 되었으며, 러시아 혁명으로 이러한 가능성이 높아졌다고 보았다. 그는 이를 계기로 인간의 고등정신기능의 발달을 문화와의 관련성 속에서 이해하는 심리학을 발전시켜 나갔다.

안 된다. 이것이 사회적 구성주의에 대한 대안으로서 진실성truthfulness에 대한 약속을 보장하고자 하는 '사회적 사실주의social realism'가 도출된 이유이기도 하다.Young & Muller, 2016: 12 영은 이론적 이해와 경험적 연구를 바탕으로 대안적 개념과 아이디어를 제시하면서 지식에 대한 사회학적 사고를 약화시킨 곤경을 벗어나고자 비고츠키로부터 이론적 원천을 찾았다.[17] 영은 지식사회학의 의미를 본격적으로 재평가하기 시작하면서 비고츠키에게서 놀랄 정도로 사회적 사실주의와 유사한 사고를 하고 있음을 발견한 것이다. 비고츠키에 의하면 인간의 '고등정신기능'은 집단적 삶의 형식에 바탕을 두고 있다. 자신의 내부에 있는 것이라고 생각하는 정신기능도 원래 바깥 세계의 존재, 특히 '사회적인 것'이 내면화된 것이라고 할 수 있다.

비고츠키가 강조하는 '개념적 사고'는 인간 행위의 자유freedom와 의도성intentionality에 필수적이다.곽덕주, 2019: 176-177 그리하여 비고츠키는 진정한 "상상과 창조는 이러한 개념적 생각을 숙달한 이만이 도달할 수 있는 사고, 행위, 인지의 내적 자유의 수준을 반드시 그 전제 조건으로 요구한다"Vygotsky, 2014: 182라고 주장한다. '개념적 사고'란 사고의 대상을 직접적으로 만나는 것이 아니라, 단어나 기회를 매개로 하여 자신의 정신과정을 통제할 수 있게 되는 것인데, 이것은 청소년기에 이르러서야 완성되는 고등 수준의 정신과정이다. 고등 수준의 정신기능은 시각적 개념화를 비롯해 대상과의 직접적인 관계를 통해 형성되는 낮은 수준의 기초적인 혼합적 사고나 복합적 사고와는 질적으로 구분되는 지적 과정의 추상화 산물이다.Vygotsky, 2014: 208

---

17. 교육사회학에서 사회적 사실주의의 표출과 옹호는 하나의 학파를 형성하며 제창되었다. 2008년에는 케임브리지 대학에서 국제적 세미나를 처음으로 개최했고, 이후 심포지움으로 발전되었다.

상상은 항상 구체적인 형태로부터 또 다른 구체적인 형태로 움직이는 창조적 변형 활동이다. 그러나 특정한 구체적 형태로부터 그것의 새롭게 창조된 형태로의 이동과 창조적 구성의 실현 가능성은 오직 추상화의 도움으로만 가능하다. 그래서 추상화는 필수적 구성 요소로서 상상 과정에 통합되지만 그 과정의 중심이 되지는 않는다.Vygotsky, 2014: 220

우리는 여기서 우리가 통상 이해되어 온 개념적 사고와 상상력 간의 관계가 새롭게 정립되는 것을 목격한다. 새로운 의미를 생성하는 창조적 능력으로서 고등정신능력의 발달에서 상상력은 출발점이자 종착점이다. 이렇게 볼 때 '창의력'도 고등정신능력과 무관하지 않다.

'창의력'이라고 하면 '무에서 유를 창조하는 것'처럼 이해하지만, 현실과 무관한 사상은 망상에 불과하다. 비고츠키에게 창조란 '이전에 존재하지 않았던 것을 머릿속으로 생각해 내는 것이며, 이를 다시 현실 속에서 구체화하는 것'이다. 상상력과 창의력을 키우는 데는 별도의 교육이 필요한 것이 아니라 오히려 고등정신능력을 기르는 충실한 기본 교육 속에서 창의력 신장이라는 방향이 정해지는 것이다. 이러한 고등정신기능은 궁극적으로 인간의 자아실현을 위한 '자유의지'를 지향한다. 인간이 자유의지를 가졌다는 것은 자기 멋대로 행동하는 것과는 다르다. 복잡다단한 현실세계 속에 작동하는 법칙을 과학적으로 인식하고 이를 논리적이고 비판적으로 파악하는 기본적인 능력 위에, 다른 사람과의 상호작용 속에서 세계를 더욱 바람직한 방향으로 변혁하는 의지가 작동할 수 있는 것이다. 이렇게 자유의지를 가진 주체적인 인간이야말로 교육을 통해 길러지는 인간의 전면적 발달이라고 할 수 있다.이형빈, 2020: 186

영은 보수적인 도구적 지식의 생산과 전달을 뒷받침하는 기존의 사회

조직의 형태는 진공 상태에서 빠져 늪에서 빠져나오지 못하고 있다며 신보수주의와 관련된 비역사적인 지식이론을 신랄하게 비판한다.Moore & Young, 2010: 30-31 그래서 영은 사회적 구성주의의 상대주의화에 대한 대안을 뒤르켐과 번스타인에게서 찾았다. 발현적emergent 모형을 통해 지식의 사회성에 접근할 수 있다고 할 수 있다. 지식은 채택된 관점과 그것이 사회학 그 자체를 정의하는 방식에 의존한다. 더 기초적이거나 더 낮은 층위의 실재들(예컨대 물질)이 결합하여 더 복합적이거나 높은 층위의 실재들(예컨대 생명, 정신)을 형성하면서 동시에 더 높은 층위의 실재가 더 낮은 층위의 실재로 환원될 수 없는 독자적 속성과 힘을 보유하는 '발현성 emergence'[18]—자연세계와 인간세계 모두에서 나타나는 특징—으로 나아간다. 사회적 실재는 생물학적—더 기초적으로는 물리적—실재에 일방적으로 의존하여 존재하지만, 물리적·생물학적 층위의 실재들로 환원될 수 없는 발현적 속성과 힘을 보존한다. 물론 물리적인 것, 정신적인 것, 그리고 사회적인 것 사이의 관계는 쌍방향적이다.

비판적 사실주의 모형—'발현적' 지식사회학이라고도 불리는—은 첫째, 지식은 실제로 생산되는 체계적 속성의 발현적 산물이다. 둘째, 지식은 나중에 독특한 상징적 생산 양식으로 이해된다. 셋째, 이러한 속성들은 독특하고 지속적인 집단적 양식들로서 비판적 사실주의의 대상들로 구성된다.Moore, 2004: 168 지식을 사회적인 것으로 보는 분석틀은 사회학적으로 '자연적' 지식이 생산되는 양식과 실천에 대한 사회학적 이해를 통

---

18. '발현성'을 고려하는 것은 분석에 시간 차원을 도입하는 것이다. 사회구조와 행위 주체 사이의 상호작용은 시간의 흐름 속에서 일어난다. 발현성은 과정이다. 특정 층위 안에 있는 속성들과 힘들은 다른 층위의 그것들보다 앞서 나타난다. 왜냐하면 뒤의 것은 앞의 것으로부터 발현하기 때문이다. 그렇지만 창발성이 발생하면 이들 층위의 힘들은 다른 층위의 그것들과의 관계에서 상대적 자율성을 갖는다(Danermark, 2005: 297). 철학적 실재론으로서 존재론적 실재론/사실주의가 중시하는 '발현성'은 개인주의와 전체론 사이의 통로를 뚫고 나가는 사회이론의 틀을 발전시킨다(Archer, 2005: 285).

해 실재를 드러내는 방법과 관계가 있다. 지식과 앎을 구별하는 방법과 인간 실천의 구조화되고 발현적인 장으로 지식을 이해하는 방법은 외적으로뿐만 아니라, 내적으로도 철저하게 역사화하는 지식의 이중적 결정이라고 할 수 있다.Moore, 2004: 168

비고츠키가 과학적 개념/개념적 사고와 일상적 개념을 구별한 것은 뒤르켐이 발견한 이론적 지식과 상식적 지식의 구분을 그대로 따른 것으로서 양자 간의 관계를 교실만이 아니라 역사적으로 위치시켜 인간의 목적에 대한 더 넓은 개념과 관련시켰다. 교육과정 이론을 위한 비고츠키가 갖는 중요성은 연구 공동체 내에서 지나친 전문화가 분리시켜 놓았던 새로운 지식의 생성과 학습과정을 통합시킨 것이며, 이것은 비고츠키의 탁월한 시도라고 할 수 있다.Young, 2008b: 64 비고츠키의 '개념적 사고'는 영의 '힘 있는 지식' 개념에 큰 영향을 미쳤다.

보수적·도구적·포스트모던 교육과정 논의에 대한 비판

포스트모더니스트들은 신보수주의와 기술적 도구주의자들의 교육과정 관점에 비판적이었다. 이들은 경제적 결정론자(마르크스주의자)의 아동에 대한 본질주의적 아동관을 거부하면서 진보주의와 연결된 지식의 경험적 기초를 강조했다.Moore & Young, 2010: 15 이에 대해 영은 인식론에 관한 포스트모더니스트의 학문의 전문화와 사회적 불평등의 형태가 잘못 결합되었다고 비판한다. 물론 교육과정의 전문화와 사회적 불평등의 역사적 결합이 이루어진 기원을 증명하기란 쉽지 않다. 하지만 기존의 학문적 전문화가 반드시 고정된 것으로 취급되어야 한다는 비역사적 관점을 옹호할 수는 없었다.

오늘날 인식론적 딜레마는 동전의 양면을 보여 주고 있다. 이를 벗어나는 길은 실증주의와 포스트모더니즘이 공유하는 지식의 문제에 대한 언어 중심성—언어적 전회—과 지식의 앎으로의 환원에 대한 대안을 구체화하는 일이다. 이들은 또한 지식이 지식으로 간주되기 위해서는 확실해야만 한다는 기초주의—무오류 지식의 관점을 가정한다—의 원리를 공유한다. 독단적인 인식론적 실재론자들은 실재에 관한 절대적으로 확실한 지식을 얻을 수 있을 것이라고 주장한다. 이를 두고 '낙담한 절대주의자'로 묘사되기도 한다. 이들 모두는 확실성이라는 거대 진리를 가정한다. 실증주의와 포스트모더니즘에 의해 요구되는 것은 의심이 없는 확실한 지식에 대한 강한 정의라고 할 수 있는 '거대' 진리다. 그러나 그것은 이런 점에서 지식의 토대가 부족한 것을 극복하기 위해 지식의 기준을 얼마나 높게 설정하느냐에 달려 있다.

실증주의자들은 희망에 찬 절대주의자들이었으며, 포스트모더니스트들은 실망한 절대주의자들이었지만, 실증주의로부터 포스트모더니즘으로의 이동은 진리에 대한 오류 불가능성이고, 기초주의 모델에 대한 공약은 낙관주의로부터 비관주의로 이동한 것이나 다름없다. 이 양자에 맞선 사실주의는 또 다른 방향으로 움직였다. 그것은 거대 진리로부터 단순 진리로, 오류 불가능주의로부터 오류 가능주의로, 절대주의 혹은 상대주의로부터 '신빙 가능성reliability'[19]으로의 이동이다. 이러하다면 우리는 서로 대화할 수 있고, 타자의 관점에서 사물들을 보게 되며, 마음을 바꾸도록 설득당할 수 있거나, 또는 포스트모더니즘의 여러 목소리를 내는 무정부적 혼돈을 거부할 수도 있다.

---

19. '신빙주의'는 '자연화된 인식론'으로 귀결될 수 있는 가능성을 내포하고 있다. 고전적인 인식론은 지식과 우연히 참인 믿음을 구분하기 위해 '정당성 조건'을 제시하는 반면, '신빙주의'는 '신뢰 가능한 믿음 형성 과정'을 제시한다.

존재적 인식론을 옹호하는 로버트 브랜덤Robert Brandom[20]은 『이유를 분절화하기』에서 신뢰 가능한 믿음의 형성 과정은 그 자체로 지식의 지위를 획득한다고 본다. 신념을 가진 사람이 자신의 믿음에 대해 직접 정당성을 제시하지 못하는 상황에서조차 신뢰 가능한 믿음 형성 과정은 한 믿음을 지식으로 보장할 만큼 충분하다. 따라서 정당성은 단지 여러 신뢰 가능한 믿음 형성 과정 중 하나로 평가받는다. 여기에 더하여 '신뢰 가능한 믿음 형성 과정'이 자연과학을 통해 순전히 비인식적이고 비평가적으로 해명될 수 있을 경우 인식론 자체는 결국 자연과학으로 환원되어 버릴 것 같다. 인식론이 독자적으로 탐구해야 하는 대상으로서 '정당화 조건'이 더 이상 남겨지지 않을 것이기 때문이다. 지식과 우연한 참인 믿음 사이의 차이는 자연과학이 제시하는 인지 과정을 바탕으로 구분되어야 한다.

신빙 가능성 관점은 인류가 지식을 생산하기 위해 사용하는 여러 방식 중에서 일부는 다른 것들보다 더 믿을 만한 것임이 입증되었으며, 따라서 우리는 의심할 바 없는 확실한 것이 아니라, 다소 믿음이 덜 가는 방식으로 생산된 지식들보다 '오류가 덜한' 진리를 발견해야 한다는 관점이다.Moore, 2004: 149 그래서 '신빙 가능성'은 오류 가능성의 원리라고 할 수 있다. 오류 가능성은 전부 아니면 전무의 관점을 거부함으로써 절대주의와 상대주의 사이에 자리한다. 그것은 우리가 의심 없는 확실한 지식을 생산할 수 있는 어떠한 방법도 없다는 것을 인정한다. 사실 지식의 조건

---

20. 로버트 보이스 브랜덤(Robert Boyce Brandom, 1950~)은 미국의 철학자이다. 피츠버그 대학교에 재직하고 있다. 주로 언어 철학, 심리 철학, 철학적 논리 분야에서 작업하고 있으며, 그의 작업은 이러한 주제에 대한 체계적이고도 역사적인 관심을 나타내고 있다. 브랜덤은 자신의 저작에서 사회적인 규범이 지배하는 언어적 항목의 용도 측면에서 그 의미를 설명하려는, 최초의 전적으로 체계적이고도 기술적으로 엄격한 시도를 선보이며, 그럼으로써 사유의 고의성과 행동의 합리성에 대한 비표상주의적 설명을 제공한다.

이나 인간의 조건은 지식이 불가능하다는 것이 아니라, 어렵다는 것을 말한다. 즉 토대의 부족은 신념의 표준을 갖는 것이 불가능하다는 것이 아니라, 유용하게 지식으로 불리는 어떤 것을 얻으려는 노력이 취약하다는 것을 의미한다. 그리고 '비판적인' 자리에 '비판적 실재론/사실주의'를 옮겨 놓은 것이 '오류 가능성'이다.Moore, 2004: 163 우리의 경험 간의 개연적인 억측일 수 있다는, 진리와 같은 지식의 오류 가능성fallibilism의 개념을 동원해야 하고, 그리하여 오류 불가능성infallibilism으로부터의 질투와 함께 회의주의가 직면할 진퇴양난을 모두 피해야 한다.[21] 이러한 '인식적 딜레마'를 벗어나려는 출구로서 지식에 대한 '강한' 오류 가능성 형식으로 지식의 절대주의 공식을 수정하고자 한다. 지식을 사회적인 것으로 보는 지식사회학적 물음은 자연적 인식론이 생산되는 양식과 실천에 대한 사회적 이해를 통해 실재를 드러내게 되는 방법과 관련이 있다. 따라서 인식적 딜레마를 피하기 위해 자연화된 인식론과 지식사회학의 상보성이 모두 필요하다.

신보수주의와 도구주의 사이의 갈등은 지식 생산과 교육과정 조직의 서로 다른 유형 사이의 갈등으로 보일 수 있다. 첫째, 학문과 교과 사이, 그리고 지식과 그 적용의 절연과 연계, 둘째, 일반적 지식과 직업적 지식 및 학습의 분리와 통합, 셋째, 교육과정 원리로서 전문화와 직선적 순서에서 일반화와 조율화로, 그리고 교수의 위계적 접근과 촉진적 접근 간의 갈등으로 보인다.Moore & Young, 2010: 31 신보수주의자들은 지식이 절연되고, 전문적이며, 선형적이고 계층적인 유형을 통해 가장 잘 생산되고 전달된다는 것을 당연하게 여기는 경향이 있다. 동시에 이들은 이것과 연결된 접근과 결과의 불평등은 물론이고 이들 원리에 의문을 제기하는 정치적,

---

21. 오류 가능성을 전제하는 것을 두고 '인식적 겸손(epistemic humility)'이라고 표현한다(Shipway, 2011: 21-22). 합리적 신념과 인식적 겸손은 상호성의 원리를 구성한다.

경제적 변화를 무시한다. 다른 한편 기술적 도구주의자들은 교수에 대해 더 연계적이고, 통합되고, 조율된 교육과정, 그리고 더욱 촉진적인 접근을 향한 운동을 지지한다.

신보수주의 모델과 대조되는 기술적 도구주의자들의 교육과정 제안 또한 전통적 네트워크와 교과교육학회와 같은 곳의 실천 강령에 해당하는 사회적 근거가 전혀 없어 보인다. 따라서 이들의 교육과정 제안은 표준에 대한 의심을 불러일으키며, 실제 학습이 일어나고 있는지가 의문이 든다. 사회적 사실주의 관점에서 보면 두 모형 모두 잘못이다. 신보수주의적 전통주의에 의해 옹호되는 과거의 교육과정은 교육과정이 위치하고 있는 변화하는 사회적 맥락을 설명하지 못하고 있는 반면, 새로운 교육과정^{영국}의 교육과정 2000은 사회적 네트워크, 신뢰와 실천 강령을 획득할 수 있는 역량을 경시하는 것 같다. 구교육과정이 의심할 바 없이 엘리트주의적인 반면, 도구주의자와 포스트모던주의자들은 이들의 엘리트주의와 변화에 대한 저항에만 초점을 맞춘다. 이들은 교과와 학문의 사회조직이 지식의 획득과 생산을 위한 기초로서 그것의 엘리트주의적 기원을 넘어서고 있다는 것을 인식하지 못한다.

그리고 동등한 네트워크와 실천 규범이 없다면, 비록 일부이기는 하지만, 새로운 교육과정은 다수에게 아무런 이익을 주지 못하면서 신보수적 모델의 이점을 상실하고 말 것이다. 실천의 네트워크와 코드가 없다면, 발현적 교육과정은 신보수주의 모델을 실용적으로 개조하는 것이나 다름없다. 기껏해야 새로운 교육과정은 기존 교육과정과 관련된 교과 전문가의 기존 사회적 네트워크에 계속 기반을 두고 있지만, 더 새로운 형태의 평가 및 조율된 프로그램을 포함한 활동을 확장한다. 기준을 지켜 왔던 전통적 교과 전문가 집단들은 다학문적 교육과정을 뒷받침하는 데 필요한 새로운 유형의 전문적 교사 네트워크에 의해 확장되었다. 게다가 이러한 네트워크가 개발되었을 때 그들은 인지적 관심사항을 거의 다루지 않는다. 어떤 경우 기준을 유지한 교과 전문가의 전통적 집단화는 새로운 유형의 전문적 교사 네트워크에 의해 확장된다. 최악의 경우 직업교육 수준 및 핵심적 기술과 같은 새로운 교육과정의 요소들은 전문적 실천의 어떤 사회적 네트워크도 뒷받침되지 않은 학습 결과의 세분화에 의존할 위험성을 예고한다.

기본적으로 포스트모던 비판들은 구교육과정 모델처럼 신교육과정 모델에서 침묵하는 목소리를 향하고 있다. 포스트모던 논의는 혁신적 대행자로서의 역사적 역할을 담당한 교육에 가장 중요한 영향을 미쳤다. 포스트모던 대안은 다음의 세 가지 기본 원리를 부정한다. 첫째, 사회 진보의 신념에 맞서면서 거대 담론을 부정한다. 둘째, 이성과 과학에 대한 헌신에 맞서 기초주의를 비판한다. 셋째, 합리적으로 스스로 결정하는 개인 모델을 부정하면서 주체의 탈중심화와 파편화를 옹호한다. 그런데 이러한 포스트모던 비판과 그 대안들은 이원론적 비판의 한계를 보여 주는 사례로서 어떤 종류의 침묵들은, 덜 정서적으로 표현하면 '적응'이라는 것은 어떤 교육과정의 특징임을 보여 주는 것에 지나지 않는다. 학습자가 어떤 방식의 적응을 해야 학습을 가장 잘 촉진할 수 있는지, 그리고 어떤 종류의 학습이 가장 중요한지에 대한 이슈는 거의 다루지 않고 있다. 더 넓은 사회적 기초는 물론이고 지식의 발현적 특성을 고려해야 한다는 점을 다시 강조한다면, 지식에 대한 사회적 사실주의 접근은 교육과정사회학이 앞으로 나아갈 길을 제시했다고 할 수 있다.Moore & Young, 2010: 32

진리의 요청과 진실성의 목소리

사실事實, fact은 실제로 있었던 일이나 현재 있는 일이다. 영어 단어 'fact'는 '만들다'라는 뜻을 가진 라틴어 'facere'에서 유래한다. 그 어원이 시사하는 바와 같이, '사실'은 인간이 만들어 낸 것, 즉 인간이 지배할 수 있는 영역에 속하는 것이다. '사실'은 사물에 관한 것, 또는 사물에 귀속되는 것이며, 이러한 관점에서의 지식은 전적으로 '주체'와 '대상'의 관계로 정립된다.최은순, 2019: 260-261 이제 '무엇이 지식인가?'에서 어떤 명제 또는 신념이 '사실'과 일치하는지 아닌지를 따져 보는 것은 대단히 중요한 일이 되었다. '사실'은 현존하는 상황이나 발생한 사건에 대해 입증된 확실한 정보이기 때문이다. 명제가 '사실'과 일치하는 것으로 밝혀질 경우 객관적 지식으로 간주된다. 말하자면 객관성은 어떤 것이 지식임을 보장하는 조건인 셈이다.

헤겔은 진리眞理, truth, Wahrheit가 인식의 총체라고 했다.Bhaskar, 2007: 227 진리는 거짓 없는 사실事實, fact을 능가하는 실재實在, reality, Realität이다. 오류는 일면성, 불완전성, 그리고 추상성에 자리하고 있다. 오류는 그것이 발생시키는 모순들을 통해 인식될 수 있으며, 더 완전하고 더 풍부하며, 더 구체적인 개념적 형식 속에서의 모순들의 통합을 통해 치유될 수 있다. 이러한 과정에서 지양의 원리를 볼 수 있다. 지식은 진실과 거짓을 구분하는 수단에 대한 투쟁의 결과이다. 따라서 진리(참된 이치)란 존재하는 대상을 통해 올바르게 표현되어야 한다. 진리는 존재하는 사실을 증명하는 것이다. 진리의 정의는 개념과 실재의 일치이다. 진리는 존재와 사유의 일치, 인식과 사태와의 일치이다. 인식 내용을 표현하는 진술의 참과 거짓은 진술이 진술되는 것을 옳게 진술하는가와 그렇지 않은가에 달려 있다. 사태나 대상에 일치하는 진술은 참이고, 이런 것들과 일치하지 않는 진술(인식)은 거짓이다. 무엇을 안다는 것, 그리고 무엇을 확신한다는 것은 무엇을 안다는 믿음, 즉 진리 역시 무엇이 확실하다는 '믿음'이라고 재정의되어야 한다.

진리와 비슷한 뜻을 갖는 진실성眞實性, faithfulness은 본질적으로 영원히 변치 않고 확실하여 신뢰할 수 있음을 뜻한다. 진실성이란 실제로 존재하는 것들에 대한 실증이며, 즉, 실제로 증명할 수 있는 논의의 대상이다. 진리는 어딘가에 이미 완성된 것으로 존재하고 있다. 그리고 합리성rationality으로 가는 진리는 합리성을 행사하는 진리이다. 합리성의 행사는 진리의 개념에 내재되어 있다. 진리 요청과 이 요청들 사이의 판단은 이성의 과정 중에 출현하는 변증적 합리성의 행사를 포함한다. 합리성으로 가는 진리는 자유와 해방으로 가는 진리이다. 공부라는 것 또한 그렇게 축적되어 있는 진리를 개인이 이끌어 내는 과정이다.

이론과 실천 사이의 연계를 포함한 이성과 합리성은 비판적 사실주의의 네 가지 수준(도구적 이성/기술적/실증적 합리성, 비판적 이성/실천적 합리성, 해방적 이성/심층적 합리성, 역사적 이성/역사지리적 합리성)과 조응한다.Shipway, 2011: 104 이렇게 진리는 역사적 과정일 뿐만이 아니라, 외재적이고 객관적이다. 이러한 인식은 두 가지 이유에서 중요한 의미를 갖는다. 첫째, 진리란 항상 새로운 지식을 위해 필수적이고 필요한 조건이기 때문이다. 둘째, 지식의 객관성, 즉 진리란 계몽주의 이래 수 세기에 걸친 과학의 성장과 연결되어 있기 때문이다. 진리를 개인의 것이 아니라, 사회적인 (그래서 본질적으로 인간적인) 것으로서 본다는 것은 지식의 생산을 위한 조건인 동시에 우리를 사회 구성원이 되도록 정향을 짓는 조건이라고 할 수 있다.Young, 2008b: 63 도덕적 이상이 행위를 위한 규범인 것과 마찬가지로, 진리 또한 사고[22]의 규범이라고 할 수 있다.

그리고 지식은 교육과정의 코드code, 위치 짓는 기제이지 않으면 안 된다.

따라서 '진실성 약속' 요청은 계몽주의로 돌아가서 추적해 들어가 볼 수 있는 현대 사회사상의 중심적 경향이며, 최근 철학과 인문학으로부터 시작하여 역사적 이해와 사회과학을 거쳐 지금은 자연과학에서 발견의 해석과 연구로 확장하고 있다. 이런 경향은 현상을 통해 그 뒤에 존재하는 진정한 구조와 동기를 꿰뚫어 파악하고자 하는 열망이라고 할 수 있다.Young & Muller, 2016: 11, 110

물리학이나 역사학 같은 과목에서든, 아니면 엔지니어링이나 재무관리와 같은 직업 분야에서든, 지식의 성장, 그리고 나아가 새로운 학습자에게 개방된 획득(가르침과 배움)의 기회는 다양한 전문가들이 참여하는, 바슐라르의 적절한 문구로 말하면, 수정과 비판의 지속적 과정에 달려 있다. 영은 무어2007의 사실주의realism 이론을 더욱 발전시킬 필요가 있다고 보면서 프랑스 과학철학자 바슐라르의 역사적 인식론을 끌어들인다. 그는 객관적 인식이 인식론적 장애물들을 극복하며, 숱한 오류들을 제거하고 수정하면서 점차적으로 달성된다고 보았다.Young, 2012: 146[23]

나아가 영은 카시러1874~1945의 '상징형식Symbolischen Formen'을 끌어들여 지식의 사회학적 접근을 시도한다. 철학에서도 일찍이 우리에게 드러나는 세계 이면의 '실재' 자체를 찾으려는 시도가 있었다. 그러한 실재를 유물론은 '물질'에서, 관념론은 '정신'에서, 경험론은 '감각자료'에서 찾으려고 했다. 그러나 카시러는 이것들이 추상적인 반성의 산물에 지나지 않는다고 본다. 우리에게 실재는 '상징형식'을 창조하는 인간의 정신과, 이렇

---

22. '사고(thinking)'라는 개념은 고도로 추상적 관념이다. 원래는 철학에서 비이성 및 열정의 영향을 받은 활동과 대비된다(Bruner, 2011: 191-192). 사고는 의심 또는 불확실성에서 시작한다. 지식이 통달이나 소유된 것을 가리키는 것과는 달리, 사고는 탐구, 탐색, 추구의 태도를 나타낸다. 사고의 비판 과정을 통해 참된 지식이 수정, 확장되며, 실재에 관한 우리의 확신이 재조직된다(Dewey, 1993: 450).
23. 가스통 바슐라르(Gaston Bachelard, 1884~1962)는 자신을 물리학에 한정하지 않고, 더 넓은 의미에서 지식과 과학적 지식을 구별하지 않고 있다.

게 상징형식에 의해 구조화된 세계뿐이다. 나머지는 이것들로 추상화된 것이며 이것들의 구성 부분에 지나지 않는다. 상징형식은 인간 정신의 산물이다. 따라서 상징형식을 이해하기 위해서는 인간의 정신을 이해해야만 한다. 인간의 정신은 상징형식을 통해서 자신을 표현하는 방식으로만 존재하며, 이러한 표현을 떠나서 따로 존재하지 않는다.

상징형식은 역사적으로 변화해 왔다. 이러한 사실은 인간의 정신활동도 역사적으로 변화한다는 것을 의미한다. 역사적으로 변화하는 상징형식을 고려하지 않고 인간 정신에 대한 내면적인 관찰로 시종하는 것은 오늘날의 인간 정신에 대한 내면적인 성찰로 그칠 것이다. 따라서 과학을 통해 세계를 이해하지 않으면 안 된다. 과학이야말로 우리가 경험하는 세계가 수동적으로 반영된 것이 아니라, '상징형식'에 의해서 구성된 것이다. '상징형식'이야말로 의미의 현현顯現, 명백하게 나타남과 구현具現, 구체적으로 나타남으로서 나타나는 모든 감성적인 현상의 전체를 포괄한다. 과학은 수동적인 관찰로 이루어지는 것이 아니라 도전적이고 창의적인 가설의 정립에 의해서 이루어진다. 우리가 지각하는 세계는 과학이 드러내는 세계에 의해서 대체될 수 없는 독자성과 권리를 갖는다.Cassirer, 1923-1929/2019

지식 자체는 그것의 내용이나 방법에 대해 질문을 하기보다, 참여하고 있는 '세계'와 그것을 인지하고 이해할 수 있는 '상징'과의 관계를 새롭게 정립하고자 한다.Young, 2008b: xvi 비판적·사회적 사실주의자들은 윌리엄스Bernard Williams의 『진리와 진실성』2002을 적극적으로 끌어들였다. 윌리엄스는 대상을 보는 지식의 관점에서 진리truth와 진실성truthfulness을 구분하고 있다. '진리'는 어떤 지식 주장이 기타 지식보다 더욱 인식론적으로 강력하다는 관점에 서 있다. 이것은 지식이 변화하지 않고 영원한 진리라고 말하는 것이 아니라, 지식 주장이 상대적 장점으로 가진 설명력에 있어 비교할 수 있는 합리적 근거가 있음을 말하고자 한다. 이와 달리 '진실성'은 속임수와 만연된 의심에 대한 반추, 속지 않기 위한 준비, 그리고 그 뒤에 놓여 있는 진정한 구조와 동기들에 대해 현상을 통해 보고자 하는 열망이라고 할 수 있다.Williams, 2002: 1 요약하면 '진리'는 외부에 실존하는 세계가 가진 속성이고, '진실성'은 참되고 정확한 것이 삶과 말로 전달되는 내면의 태도이다. '진실성'은 인식론적 측면에서 인간(개인)이 진리라고 인식하고 주장하는 진정성이라고 말할 수 있다. 그렇다면 세계를 이해하는 상징과의 관계 정립은 진실성을 찾는 노력이라고 할 수 있다.

다른 한편으로 '입장/관점 인식론standpoint epistemology'은 지배적인 지식의 한계를 드러내고자 할 뿐만 아니라, 사회적으로 불리한 사람들도 인식론적인 장점을 가질 수 있다. 구성주의 또한 지배집단의 지식이 보편적이고 사심 없는 것이라는 거짓된 주장을 확실히 폭로하기에 호소력을 갖는 접근으로 볼 수 있다. 지식이 계급·성·인종의 권력관계에서 항상 어떻게 구성되는지를 폭로하는 입장/관점 인식론을 취하기 때문이다.Moore, 2004: 155 하지만 입장/관점을 가진 교육과정과 비판적 교육학과 같은 대안적 사고 유형은 '정복당한' 집단의 경험과 입장에 근거하고 있다. 이렇게 환원론적 접근은 지식knowledge을 앎knowing과 뒤섞는다. 그리하여 진리가 상대적이든 주관적이든 그것이 존재하는지, 아니면 이런 종류의 것을 넘어선 것이든지 간에 진리 자체에 대한 회의주의를 널리 퍼지게 하여 점점 진실성에 대한 약속과 같은 차원에 속하게 하였다.Young & Muller, 2016: 11

'진리에 대한 회의주의'는 필연적으로 '진실성에 대한 약속'을 부식시킬 위험이 있다. 특히 폭로 저널리즘muck-raking/unmasking journalism은 관념이 주장하는 것이 참인지 아닌지에 대한 문제를 제거하지 못할 때 또는 내 주장을 입증할 문제로 삼지 못할 때 일어난다. 지식의 '폭로하기' 접근 때문에 제기되는 문제는 교육적으로 심각한 문제를 야기한다. 폭로하기 접근은 단지 그것이 제공하는 이론 외적 기능만 고려한다. 이것은 전체 관념체계와 근원적 사회적 실재에 적용된다. 이런 식으로 관념을 다루기 위해서는 칼 만하임이 지적하듯, 결국 관념을 '허물어야 한다'. 이러한 유사한 접근들은 데리다와 관련된 '해체주의'와 푸코에 연원을 둔 후기구조주의 담론 이론의 영향을 받은 것이다.

이러한 입장은 구성주의 원리를 따르고 있다고 할 수 있다. 왜냐하면 지식은 사회적으로 구성되고, 진리는 그것이 구성되는 맥락에 따라 필연적으로 문화, 언어, 삶의 유형, 패러다임 등에서 상대적이기 때문이다. 둘 다 진실성을 추구하지만, 종종 더 많이 보여 주는 것은 폭로의 방식이다. 폭로 저널리즘과 지식사회학의 일부 지형은 진리가 무엇인지, 그것이 어디에 놓여 있는지—힘 있는 사람의 부패를 드러내는 것—에 대한 의문에 별 관심을 갖지 않는다.Young & Muller, 2016: 12 지식에 대한 앎은 인식론이거나 교육적 문제만이 아니다. 절대주의와 상대주의의 이분법은 또한 정치적 차원이다. '참정치real politics'의 결과이다.Williams, 2002: 2 지식이 탈맥락화되고 가치중립적이라는 생각은 보수적 입장이나 지식의 배경을 이루는 권력을 폭로하는 상대화 시도와 연결되어 있는데, 스스로를 '비판적critical'이거나 '근본적radical'이라고 묘사한다.Maton & Moore, 2010: 8

진리truth는 발견되지 않고 창조되며, 본질적으로 순환적이다. 그런데 구성주의는 집단 사이의 관계, 특히 권력관계 내에서 지식의 기원을 되밟아 가는 환원론적 방식으로 지식을 다룬다. 이러한 기초 위에서 지식관계는 권력관계로서 고쳐 사용되고, 지식은 그것을 생산하는 사람들의 이해관계의 측면에서 이해된다. 따라서 지식은 그것이 공헌한다고 여겨지는 사람들, 즉, 즉 부르주아지, 남성, 백인 등과 관련하여 명명된다. 구성주의 접근은 통상적으로 이해되었던 지식의 진리 상태에 의문을 제기한다. 구성주의가 지식의 조건을 위해 독단적으로 기초주의foundationalism[24]의 요구를 어떻게 공유하는지, 그런 조건들을 충족할 수 없기 때문에 아무런 지식도 존재하지 않는다는 회의적 결론을 어떻게 이끌어 내는지를 이해하는 것이 중요하다.Moore, 2004: 159 구성주의는 진리 개념이 어떤 실질적 객관성을 갖는다는 사실을 부정한다. 진리라는 관념은 그 배후에 있는 이해관계를 위장하는 하나의 '가면'으로 취급된다.Moore, 2004: 148 이 접근은 지식을 이해관계가 타협한 산물로 바라보지 않으며, 진리, 객관성, 합리성 등의 개념을 중시하는 접근들(실증주의)과 대비된다.

이런 입장에 따르면, 독립적으로 존재하는 실재의 근거를 제공한다고 주장하는 지식의 유형들(과학들)은 근본적으로 그 방향이 잘못되었다. 인지적 특권에 대한 주장도 자신들이 표방하는 관점을 가진 사람들의 이해관계를 위장하는 것이다. '사실주의realism, 寫實主義'는 사회적 구성의 합리적 핵심을 유지하면서 '강한 구성주의'의 반실재론을 비판하기 위한 '비판적 실재론'이라고 할 수 있다.조항제, 2019: 42 합리적이고 객관적인 지식의 형식들과 그렇지 않은 다른 지식의 형식들 간의 기본 차이를 정리한다는 것은 사실 한 집단을 나머지 집단들 위로 높이는 것, 즉 남성을 여성 위로, 백인을 흑인 위로 높이는 것이다. 구성주의 관점은 과학에 의해 예증되는 인식론적 실재론의 형식과 반대되는 것으로 스스로를 정의한다. 구성주의 관점은 이러한 반대에 근거하여 나름의 독특한 방법론을 형성했을 뿐만 아니라, 지배적이고 패권적인 지식을 해체하고, 그러한 지식에 의해 억압되고 침묵된 지식들에게 '목소리'를 내도록 하는 독특한 장점을 보였다. 인간이 자신의 목소리로 '말할 수 없는' 세계에 목소리를 낸다는 것, 그 목소리를 들리게 하는 과정을 지지한다는 것은 그 자체가 저항의 시작이다. '목소리'를 지지한다는 것은 다소 추상적이고 엉뚱하게 들릴 수

---

24. '기초주의'는 이성 그리고/또는 감각 경험이 그 자체의 자원들에서 지식 체계를 위한 기초, 그것도 의심의 여지가 없는 기초를 제공할 수 있다는 믿음을 가리킨다(Collier, 2010: 10).

있다. 하지만 기존 현상에 비판을 가하고 새로운 가치를 사회 속에 정착시키기 위해서는 반드시 무언가에 대해 '이야기해야' 한다.Couldry, 2015

오늘날 이런 원칙을 탐구하고 연구하는 '목소리의 사회학sociology of voice'이 관심을 끌고 있다.[25] 이는 지식과 진리의 회복을 위해 교수 도구로서 '지식의 목소리'를 주장한다. 첫째, 수정이 열려 있고 오류 가능성이 있는 진리 개념을 구체화하는 '비판적' 목소리, 둘째, 지식이 그것의 생산이나 이와 관련된 사람들의 활동과 흥미라는 조건으로 환원될 수 없다는 것을 인식하는 '창발적' 목소리, 셋째, 세계에 대한 우리의 지각과는 독립적이며, 그리고 우리가 세계에 대해 알 수 있는 방법에 제한을 가하는 실재가 자연적, 사회적 세계의 대상이라고 인식하는 '실제적'[26] 목소리, 넷째, 지식이 역사적으로 만들어진 특정한 생산방식, 지성의 장에서 생산되고 획득되었다는 것을 인식하는 '물질적' 목소리를 주장한다.Young, 2012: 142-

25. 목소리가 표현되는 일반 원칙은 다음과 같다. 첫째, 사회에 토대를 둔다. 둘째, 목소리는 성찰적 행위 주체성(agency)의 한 형태다. 셋째, 목소리는 체현된 과정이다. 넷째, 목소리는 물질적 형식—물질이 없으면 목소리는 불가능하다—을 요구하며, 그 형식은 개인적이거나 집단적 또는 분산적일 수 있다. 다섯째, 목소리를 고려하지 않는 합리성에 의해 그리고 목소리를 배제하거나 목소리의 표현 형식을 훼손하는 실천에 의해 목소리는 훼손된다(Couldry, 2015).

26. 실제적(practical)의 의미는 '실용적으로 도움이 되는' 의미로 이해될 수 있다. 이론적 활동이 추구하는 내재적 가치와는 달리, 이 활동과 대립하는 '실제적' 활동은 실생활에 도움이 되는 활동 또는 모종의 외재적 가치를 추구하는 활동을 가리킨다. 슈밥(Joseph Schwab)은 실천을 'the practical(실제적인 것/실제성)'으로 부른다. 교육과정은 이론적 과학이 아니라 도덕적 실천이라고 했다. '이론적 연구'의 결과는 연역적이거나 귀납적인 것으로 논리적이다. 반면 '실제적 탐구'의 결과는 특정 사회와 정치적 맥락에서 무엇을 해야 하는가라는 판단을 내리려고 한다(Null, 2016: 60-61). '이론적 탐구'는 마음의 상태를 다루고 있는 반면, '실제적 탐구'는 현상의 상태에 관한 것을 다룬다. 이론적인 탐구의 목적은 탐구에 관한 사람들의 사고방식에 영향을 미친다. 반면 실제적/실천적 탐구는 사회적이고 정치적인 행동을 결정하는 기술이 있다. 이론적인 탐구는 구체적 상황으로부터 추상적인 것 자체를 이끌어 내려고 한다. 반면 실천적 탐구는 교육과정이 문제 상황에서 무엇인가를 위해 존재하는 실천적 탐구를 입증하기 위해 '숙의'를 끌어들인다(Null, 2016: 231-235). 논리의 과제는 체계적이고, 실천의 과제는 영향력의 문제이다.

지식의 '목소리'는 의식적 실천과 그것의 규제적 원리 사이의 균열을 이해하기 위한 수단이고 주체성의 장에 속한다. 이것은 한 문화 내의 사회적 위치와 경계 획득으로부터 위치 조정, 경합화, 벗어나기에 내재한 결렬, 불연속, 간격으로부터 출현한다. 권력은 통합을 하고 파편화하는 사회적 관계나 게임의 다차원적 종합이다. 권력은 목소리를 구성하는 수단이며 그것은 현실의 목소리에서 확립된다. 권력은 목소리로 변환되고, 또한 목소리는 차이로 변환되고, 그리고 차이는 정체성을 만들어 간다. 권력과 담론으로서의 목소리는 다중적 형성과 변혁의 장이다.Diaz, 2010: 87 오히려 지식의 목소리는 사고와 학습이 무엇에 관한 것인지에 관계없이, 교육 목표—'학교는 어떤 교육 목표로 달성하고자 노력해야 하는가'에 대한 해답—를 개념화될 수 있는 과정으로서 저항으로 본다. 중요한 점은 말한 것이 '무엇이냐'가 아니라 그것을 말한 사람이 '누구인가'를 묻는 것이다. 왜냐하면 전자는 후자의 입장 속에 위치할 때만 이해될 수 있기 때문이다.Maton, 2014 윌리엄스는 진리와 진실성의 이름으로 절대적 확신성을 오류 가능성과 신빙 가능성으로 대체한다.Williams, 2002 '진실성의 사회학the sociology of truthfulness'은 '진리의 사회학a sociology of truth'을 필요불가결한 토대로서 요청한다. 지식이 사회학적으로 된다는 것은 하나의 진리의 사회학을 '행위하는' 것이지만 '행해지는' 것이다.Moore, 2009: 16 진리가 없는 진실성이란 그 누구의 이름으로 지지되든 바로 그 원인에 위해를 끼치는 결과를 초래할 수 있다.Maton & Moore, 2010: 10

교육사회학과 문화연구의 사회학과 같은 분야들은 여러 부분으로 나뉘어 지적 파편화, 정치적 무관심 및 해로운 교육 결과를 낳았다. 지식은 항상 평형을 찾는 양자처럼 절대적인 것과 상대적인 것 사이의 중용/관용 내에서 작동한다고 할 수 있다. 나아가 사회적 사실주의는 사회의 진보와 정의를 위해 지식을 회복하고자 한다.Maton & Moore, 2010: 10 사회적 사실주의 작업의 근본 원인은 인식론적으로 보다 힘 있는 형태의 지식을 창출하고, 모두가 접근할 수 있는 수단을 확립하는 것이다.

한편, 구성주의적 비판은 고대 그리스의 소피스트와 회의론자로 거슬러 올라갈 수 있고, 그리고 18세기 초 자연과학의 새로운 헤게모니에 대한 비코의 도전에서 새로운 삶의 활기가 발견될 수 있다. 오늘날 구성주의적 사고는 '진리의 거부자truth denier'로 명성이 높은 로티Richard Rorty와 같은 사람에 의해 지금까지 계승되어 왔다.Young, 2008b: xviii 구성주의적 사고는 당시 신선한 주장으로 받아들여졌지만, 모든 지식은 어느 측면에서 인간 활동의 산물이고, 이는 적어도 암묵적으로, 그리고 때로는 명시적으로 객관적 지식의 가능성에 대한 회의주의로 이끌어진 것은 분명하다. 고대 그리스어로 진리에 해당하는 '알레데이아'(aletheia=a/not+lethe, 망각: 잊어버렸던 것을 되찾는다)는 '비-은폐' 또는 '밖으로 드러내 보이는 것'의 의미를 다시 살려 낼 필요가 있다. 이러한 고대의 전통에 따르면 객관적 사실이 곧 '진리'라는 근대의 과학적 믿음은 절대성에 대한 신뢰를 거두는 것이기에 삶의 본질로서 은폐되어 있는 것을 캐고 파헤치는 반성적 탐구의 의미는 '진리'를 추구하는 인간의 활동으로서 다시 평가되어야 한다.이기상, 2006 비판적 탐구는 겉으로는 자연스러워 보이는 세상에 의문을 던지고, 수면 밑에 감추어져 있는 특정 개인이나 사회집단의 '참된true' 이해관계를 폭로한다. '안다는 것knowing'은 지금까지 당연시했던 그래서 감추어져 있었던 관점들을 밖으로 드러내기 위해 비판적으로 반성하고, 나아가 세상의 변화를 위해 실천적으로 행동하는 것이다. 이와 같은 맥락에서 비판 지향적인 교육과정은 주어진 교육과정 아래에 숨겨져 있는 인간·세계·지식에 대한 가정, 인간이 그 자신과 세상을 마주하는 태도 등을 발견하고, 그러한 발견으로부터 인간의 존재를 왜곡하는 삶의 조건들을 개선하고자 하는 것이다.

지식의 사회적 사실주의 접근

그런데 영은 지식과 교육과정을 새롭게 바라보는 또 하나의 방식으로 '사회적 사실주의social realism'를 선도적으로 제창한다. 영의 '사회적 사실주의'는『지식의 소환: 교육사회학에서 사회적 구성주의로부터 사회적 사실주의로』2008의 출판으로 나타났다. 힐라한은 더 발전적으로『교육과정에서 지식이 중요한가?: 사회적 사실주의 논변』Wheelahan, 2010을 출판했다. 마톤Karl Maton과 무어Rob Moore는 공동으로『사회적 사실주의, 지식과 교육사회학』2010을 편집하여 출판했다. 벡John Beck, 2008, 마톤Karl Maton, 2000, 멀러John Muller, 2000, 무어 · 멀러Moore & Muller, 1999, 마톤 · 무어Maton & Moore, 2009 등도 지식사회학의 주요 이론을 다루면서 지식과 교육과정을 바라보는 대안적 관점으로 '사회적 사실주의'를 제창했다. 사회적 사실주의는 비판적 사실주의critical realism의 연장선에 있다. 사회적 사실주의는 존재론적 문제들에 대한 이성적 논의를 위한 사고틀을 획득하기 위해 실천적 활동의 외부에 서려는 철학적 존재론/실재론적 메타이론이라고 할 수 있다.Archer, 2005: 31 특히 영은 재생산 관점에서 사회적 구성주의로, 그리고 나아가 사회적 사실주의로 이동하는 변화된 입장을 보인다. 계급적 이해관계를 '재생산'하는 교육과정으로부터 스스로 만들어 가는 '구성주의' 교육과정을 거쳐, 이제는 비판적인 것과 사회적인 것 그리고 사실적인 것의 결합인 '사회적 사실주의' 교육과정 이론으로 나아가고 있다.

영은 뒤르켐과 번스타인의 생각들이 지식사회학에서 갖는 중요성을 본격적으로 재평가하기 시작했고, 그리고 비고츠키가 놀랄 정도로 유사한 생각을 갖고 있었다는 사실을 발견했다. 이들로부터 지식과 교육과정을 바라보는 하나의 방식으로 '사회적 사실주의social realism'를 탄생시켰다. 뒤르켐은 교육과정을 위한 기초를 제공하고 있으나 교수활동이 없는 것이 문제이고, 비고츠키는 거꾸로 교수활동은 있지만 교육과정이 없는 것이 문제라고 보았다.Young, 2008b: 61 영은 학문 영역 간, 그리고 학교 지식과 일터 지식 사이의 경계를 만들며 가공하고, 그리고 교류시키고자 했다. 영은 뒤르켐의 사회적 사실[27]에 터한 실재관을 수용하면서도 그의 정적 지식관은 받아들이지 않았다. 영은 비고츠키가 지식의 원천을 사회의 일반적 사회구조가 아니라, 인간의 활동에 위치시키면서 학습을 추상적 개념을 넘어 사물의 '실재적real' 성질을 파악하는 것이라고 보았다고 한다.Young, 2012: 146-147 일상의 지식은 '추상적'이라는 용어와 '구체적'이라는 용어를, '이론'과 대립시키는 것과 매우 유사한 방식으로 대립시키는 경향이 있다. 추상과 구체는 각각 다양한 정도의 분리와 복합의 사안이지만, 분명히 추상화는 삶에서의 복합성과 변이를 포괄하기 위해서 있는 것이 아니라 그것을 다루기 위해서 있는 것이다. 이론적인 것과 마찬가지로 추상적인 것은 모호함 및 실재와의 관계에서 거리가 크다는 관념과 여러 가지 방식으로 결합된다. 사실상 추상적인 것은 사람들의 마음속에만 '존재하는 것'으로 간주되는데, 이것은 추상적인 것이 존재하지 않거나 실재와는 전혀 아무런 관계도 갖지 않는다고 말하는 것과 기본적으로 동일하다. 반면, 구체적인 것은 실제로 '존재하는' 것이다. '구체적인 것'이란 사실이 존재하며 이론에 대비되어 실재하는 것과 똑같이, 명백히 대비되는 관찰할 수 없는 것이라고 간주하는 관념을 포함한다.Danermark, 2005: 79-80

---

27. 산업사회에서 분업의 발전을 통한 사회구조의 분화는, 사회 구성원들이 그 구속력을 받아들여야 하는 사회적 사실이며, 이것은 동시에 현대사회에 어울리는 새로운 사회질서와 도덕을 세우는 사회구조적 맥락이 된다.

사회적 사실주의는 사회적 삶의 기초적인 발생 구조들과 발생 기제들을 파악하는 실천적 사회이론화 활동이라고 할 수 있다. 사회적 사실주의는 구조화 이론과 대립되는 접근으로 나타났다.Archer, 2005: 31-35 사회 구조와 행위 주체 사이의 발현적 속성들의 효과를 보려면 어떤 접촉점이 필요하며, 그것들 사이의 연계는 개인들이 수행하는 위치들(자리, 기능, 규칙, 임무, 권리 등)과 실천·활동으로 구성되는 매개 체제에 달려 있다.Archer, 2005: 33-34[28] 이러한 위치와 실천이 개인화되어야 하는 것이라면, 오직 관계적일 때 그렇게 될 수 있다.

영은 뒤르켐, 비고츠키, 번스타인의 사상을 끌어낸 지식의 사회적 분화를 가져와 지식의 '목소리'에 대한 관념에 터해 교육과정 이론을 제시한다. 지식에 대한 사회적 사실주의 접근은 사물事物, things이 존재론적(있는 것의) 한계, 인식론적(아는 것의) 한계를 모두 가지고 있기에, 이것을 넘어서는 이론과 실천의 결합을 시도한다. 사실이 없는 지식의 사회성을 인식하는 것은 상대주의나 독단주의로 빠질 수 있다. 그리고 지식의 사회성을 인식하지 않고 객관적 실재에 초점을 맞추는 것은 현상 유지를 정당화할 수 있다. 지식을 사회적인 것으로 본다는 것이 의미하는 것은 무엇인가? 이 질문은 거대 진리보다는 오히려 단순 진리에 입각하여 다시 제기될 수 있다. 영은 사회이론을 위해 지식의 문제에 대한 더욱 근본적 질문을 제기한다.

사회적 사실주의 접근에서의 '사회적'은 사회적 구성주의에서의 '사회적' 개념과는 좀 다르다. 영은 사회적 구성주의에서 '사회적' 개념이 진리

---

28. 위치들은 그것들이 발생시키는 실천들보다 앞선다. 사회가 존재하기 위해서는 필연적으로 활동이 멈추지 않아야 하지만, 사회는 그 성질에서 비연속적이다. 왜냐하면 사회 구조에서의 변동이 그다음에 상이한 방식으로 실천들을 조건 짓기 때문이다. 그러므로 구조가 개인에게 미치는 인과적 효과는 관계들의 그물에 의해 각각의 위치에 붙박인 어떤 구조적 이해관심, 자원, 힘, 제약 및 처지들 속에 나타난다(Archer, 2005: 34-35).

를 추구하도록 하는 데 아무런 경계가 없는 것을 비판한다.^{Young & Muller,} 2016: 22 사회적 사실주의 접근은 지식이 사회적으로 '구성'되어 있다기보다, 오히려 사회적으로 '구분'되어 생산되고 있다고 주장한다. 지식이 사회적으로, 맥락적으로 그리고 역사적으로 구성되기는 하지만, 역사적·사회적 구성으로 환원될 수는 없다.

지식의 실재實在, reality는 뒤르켐이 주장한 것처럼 그 자체가 사회적 사실/실재/실체/원천이라고 할 수 있다. 지식은 항상 역사의 일부분이고, 언제나 오류를 범하기 쉽기 때문이다. 양식과 상식 간의 강고한 불연속성은 미래를 극복하기 위한 어떤 일시적인 분리가 아니라, 세계에 대한 새로운 지식을 얻을 수 있는 현실적 조건이기 때문에 '실재적realist'이라고 할 수 있다. 지식의 사회적인 것은 공리주의적 개념을 넘어서는 인식론적, 도덕적 개념을 갖고 있다. 지식이 '사회적'이라고 하는 전제는 마르크스, 뒤르켐, 비고츠키처럼 지식의 생산에서 인간 주체의 역할을 인식하고 있는 것이라고 볼 수 있다. 지식에 대한 사회적 사실주의 접근은 다음과 같은 일련의 긴장을 표현하고 있다.

첫째, 사회적인 것the social과 실재적인 것the realist 사이의 긴장이다. 사회적 세계는 변하지 않을 수 없고, 따라서 단순한 의견이 아닌 지식을 구성하는 것의 개념은 또한 변할 수밖에 없다.^{Young, 2008b: xi} 지식이 결정되는 기준의 문제로서 맥락과 독립된 지식이 존재한다는 것은, 한편으로는 경험론적 기초주의의 기조를 통해, 그리고 다른 한편으로는 그가 거부하는 상대주의의 기조를 통해 어느 정도 능숙한 교섭이 필요함을 함의한다. 근본적으로 이것은 안정과 변화 사이의 긴장으로 이어질 수 있다. 둘째, 지식의 경험주의적 설명은 지식의 기초가 하나의 순수한 관찰, 진리를 지키는 귀납적 특성, 그리고 그다음으로 이어지는 연역적 과정에 근거하고 있기 때문에 정적인 특징을 보여 준다.^{Young, 2008b: xii} 만약 이러한 기초가 유지될 수 없을 정도라고 간주된다면, 경합하는 지식의 주장이나 보다 정확하게 말하면, 이론들 사이에 벌어진 판단을 뒤집을 수 있는 중요한 인식론적 질문이 촉발될 수 있다.

'사실'로서의 교육과정과 '실천'으로서의 교육과정

영이 제창하는 지식의 사회적 사실주의는 '사실fact'로서의 교육과정과 '실천practice'으로서의 교육과정이라는 이분화를 넘어서는 통합적 시도를 한다. '사실'로서의 교육과정은 인식 주체(교사와 학생)와 독립된 사회적 실재를 전달하기 위해 교수요목과 교과서를 만든다. 그리고 우리의 교육과 학습 개념은 '사실'로서의 교육과정과 밀접하게 연계되어 있다. 교육자는 미성숙한 아이들에게 가치 있는 지식을 전달하는 위치에 있고, 학생은 '모르는 존재'로 간주된다.

하지만 '사실'로서의 교육과정은 파울로 프레이리를 비롯한 많은 진보적 교육이론가들로부터 학습과정이 비인간화되고 신비화되고 있다고 비판을 받았다. 그의 교육철학은 지식의 구조가 아닌 인간의 의지와 행위에서 출발한다. 그는 지식의 구조가 인간이 만들어 낸 것이지만, 종종 그들 바깥에 있는 외적 실재로 경험된다고 보았다. 따라서 '사실'로서의 교육과정이 갖는 한계는 첫째, 교과목, 지식의 유형, 학습 목표 및 교육과정 자체를 신비화하는 지배적 관점에 대해 지나치게 민감하게 반응하고, 그래서 신비화의 형태를 띠고 있다는 점이다. 따라서 교육과정은 단지 교사와 학생들의 교실 실천에 무엇을 '부과하는' 것이 아니라, 역사적으로 행위하고 변화시키는 특별한 '사회적 실재'임을 인식할 필요가 있다. 둘째, '사실'로서의 교육과정 관점의 한계는 스스로 생명력을 갖는 것으로 교육과정을 제시하고 있기에 교육과정의 바탕을 이루는 사회적 맥락을 모호하게 할 수 있다는 점이다. 동시에 교육과정을 이해할 수 없고, 변화도 불가능한 '당연한' 것으로 여기고 있다는 점이다.^{Young, 1998: 33}

따라서 대안으로 등장한 실천으로서의 교육과정은 구조가 아니라 사람들이 집단적으로 행동하는 것에 의해 생산하는 지식의 방법에서 시작한다. '실천'으로서의 교육과정은 지식과 교육과정에 대한 교사의 실천이 절대적인 영향력을 미친다. '실천'으로서의 교육과정은 지식의 구조에 위치시켰던 실재, 즉 교육과정을 교실에서의 교사 수업활동으로 대체했다. 실천으로서의 교육과정은 아이들의 관심과 일상적 경험으로 멀어지게 하는 이론적 지식을 중심으로 한 전통적 교육과정에 대한 중요한 대안이라고 할 수 있다.²⁹

그런데 '실천'으로서의 교육과정 또한 한계를 갖고 있다. '실천'으로서의 교육과정은 '사실'로서의 교육과정과 마찬가지로 신비화하는 측면이 있다. '실천'으로서의 교육과정의 한계는 첫째, 교사들과 학생들을 교육과정 내부로 재배치하면서 그것의 외부에 있는 실재를 부정하고 교사와 학생의 주체적인 의지와 행동을 지나치게 강조한다는 점이다. 둘째, 만일 교실의 학습 맥락에서만 교육의 과정을 논의하면, 특정한 교육과정의 역사적인 탄생과 존속, 그리고 개별 교사와 학생의 행동 변화를 간과하게 된다는 점이다. 그래서 '실천'으로서의 교육과정은 역사적 맥락에서 교육과정을 파악하기가 어려워질 수 있다.^{Young, 1998: 33}

결국 '사실'로서의 교육과정과 '실천'으로서의 교육과정이라는 이분법에서는 첫째, 교사와 학생의 실천에서 출발한 처방과 매일의 일상적인 실천

---

29. 교육과정을 역사적으로 파악할 수 없게 한다는 점에서 교육과정을 '실천'으로 보는 관점은 1960년대와 1970년대의 자유학교(free school)와 탈학교(deschooling) 운동처럼 기존 교육과정에 대한 유토피아적 거부와는 또 다른 형태의 대안을 생각할 수 있는 능력을 제한하고 있다는 비판을 받고 있다(Young, 1998: 33).

에서 발전된 이론 모두 그저 이론으로 머무를 가능성이 높다. 이론과 실천 사이에 벌어진 오래된 이슈로서 양자의 대립은 사실 학계나 교육현장에서 오랫동안 보수주의자와 진보주의자 사이에 벌어진 예민한 문제이다. 이 점에서 이론이 제공된 실천, 그리고 실천이 제공된 이론을 동시에 필요로 한다. 둘째, 학교의 학습은 여타 형태의 학습과는 고립되거나 분리된 것처럼 경험되고, 생각되고 있으며, 이러한 분리에 도전을 하는 교육이론이나 학교의 학습과 학교 이외의 학습 사이의 상호 연관성을 보여 주지 못하고 있다. 따라서 전통적인 의미의 교실에 한정하는 것이 아니라, 교사와 학생의 다양한 활동이 교육적 행위로 간주되어야 한다. 셋째, 양자의 관점 모두 교육의 정치적·경제적 측면을 모호하게 함으로써 변화를 위한 이론으로서 가능성을 제한하는 경향을 보이고 있다. 따라서 역사 속에서 사람들의 행위와 관심사가 충돌하면서 교육과정이 산출되는 양상을 반영할 필요가 있다.Young, 1998: 32-33

'사실'로서의 교육과정은 '과거'의 교육과정이라고 할 수 있고, '실천'으로서의 교육과정은 '미래'의 교육과정이라고 할 수 있다. 전자는 전달 지향적이고, 내부 지향적이고, 학문 지향적이며, 후자는 발현 지향적이고, 외부 지향적이고, 문제 지향적이다. 전자는 일상적 지식과 학교 지식을 강하게 구분하는 반면, 후자는 혁신 지향적이고 해방적 약속을 한다. 전자가 '기억'을 위한 교육과정이라면, 후자는 '이해'를 위한 교육과정이다. 영은 양자의 이분법을 넘어 교육과정의 과거적 특성들이 미래를 위한 교육과정을 위해 가치가 있어야 한다고 주창한다. 그리고 학문적 교육과정과 직업적 교육과정의 양분화를 피하고자 한다.Muller, 2016: 53-54 '사실'로서의 교육과정과 '실천'으로서의 교육과정은 이론적 지식과 일상적 지식이 연계된 문제이다. 영은 지식과 경험이 근본적으로 다른 차원에 속하기에 이론적 지식과 일상적 지식 또한 다르다고 본다. 지식 영역들 사이도 다르지만, '학교 안 지식'과 '학교 밖 지식' 사이도 다르다.Young, 2012: 146-149 영은 교육이 해방적이고 사회정의를 위한 것이 되기 위해 지식은 어느 정도 경험과 단절해야 한다고 주장한다. 그가 보기에 경험이란 강력한 힘이기는 하지만, 인식론적 원리나 신뢰할 만한 지식 및 교육과정이 되기에는 부적합하기 때문이다. 따라서 '사실'로서의 교육과정과 '실천'으로서의 교육과정이 통섭되어야 한다.

사회적 구성주의와 사회적 사실주의의 공통점과 차이점

사회적 구성주의social constructivism의 뿌리는 오늘날 아주 많은 구성주의자들이 싫어한다고 고백하는 바로 그 논리실증주의에 있다. 사회적 구성주의는 첫째, 정치적, 사회적, 제도적, 혹은 문화적이든, 어떤 형태의 소여성givenness이나 고정성에 도전할 수 있는 기초를 제공하고 있다. 주어진 소여성에 도전하는 것은 사회학자들이 전통적으로 연구해 온 사회적 규칙, 관행 그리고 제도처럼 과학이나 지식에 일반적으로 적용할 수 있다고 가정했다. 둘째, 사회적 구성주의는 모든 형태의 소여성을 자의적으로 취급하고, 다른 사회적 제도를 고려할 때 잠재적으로 변화시킬 수 있는 것으로 간주하는 것이었다. 그리고 소여성의 형태가 지속되는 한, 다른 집단에 비해 일부 집단의 이익(정치적, 문화적 또는 경제적)이 표현되는 것으로 생각되었다.Young & Muller, 2016: 15

반면 사회적 사실주의social realism와 사회적 구성주의 사이에는 유사점과 차이점이 있다. 유사점으로 사회적 사실주의는 첫째, 사회적 구성주의처럼 지식이 시대를 초월하여 보편적이며, 그것이 생산되는 사회적 맥락과 독립적이라는 보수적 견해를 거부한다. 둘째, '사회적 사실주의'는 지식이 지식 생산자의 공동체에 의해 사회적으로 생산되고, 이들 공동체가 권력과 경합하는 이익을 둘러싼 투쟁으로 지식을 특징짓는다는 '구성주의적' 가정을 받아들였다.Wheelahan, 2010: 8-9

그러나 사회적 사실주의는 지식이 사회적 산물이라는 구성주의적 논변이 다음과 같은 문제점을 야기한다고 판단한다. 첫째, 지식은 주로 또 궁극적으로 자신의 권력과 특권을 유지하고자 하는 지식 생산자 공동체의 산물이며, 그 결과 권력자들이 자신들의 지식 개념과 지식 범주를 권력을 덜 가진 사람들에게 정당화하고 강요한다고 비판한다. 둘째, 이론적 지식과 일상적 지식은 둘 다 사회적 실천의 산물이기 때문에 양자의 구분이 무너질 수 있다고 비판한다.Wheelahan, 2010: 9-10 그래서 영은 지식의 생산, 획득 그리고 이용에 대해 불평등한 접근 기회를 가진 사람들의 '지식의 획득 권한entitlement to knowledge acquisition'을 강조한다.Young, 2014

지식 및 교육과정의 절연과 혼종

영은 방법적 지식에 의해 명제적 지식(이론적 지식, 추론적 지식)이 밀려 나가는 교육과정을 비판하면서 명제적 지식의 소환을 통해 양자의 균형을 잡자는 입장을 취한다. 도구주의 및 구성주의 교육과정 이론가들은 '혼종hybrid'의 교육과정을 지지한다. 이에 대해 멀러Muller, 2000는 '혼종'의 교육과정이 경계의 침투성과 문화적 의미 및 영역의 무질서를 초래한다고 비판한다. 혼종의 교육과정과는 대조적인 '절연적insular' 교육과정은 학문적 경계를 강조하고, 지식 체계들 사이의 통합적 차이, 그리고 그 체계에 적절한 판단의 형식과 기준을 옹호한다. 모두가 그렇지는 않지만, 이 입장은 일반적으로 지식 자체의 본질적인 특징보다는 권위 및 권위가 있는 지식의 기초로서 전통을 강조하는 보수적인 교육과정 모델과 관련이 있다.

이러한 관점에서 교육의 주요한 역할은 권위가 있는 진리로서 지식과 문화의 '전달transmission'이다. 이것의 중요성은 지식에 대한 접근이 배분되는 방식에 의해, 그리고 시험을 치른 결과에 따라 명백한 승자와 패자로 순위가 매겨지는 사회적 선발과 계층화의 기제로서 존재한다. 보수주의는 지식과 그것의 인식론적 지위보다는 전통적 가치와 규범의 문화화에 더 관심이 있고, 전통적/권위주의적 방법으로 가르치는 전통적 지식 체계에 대한 존경의 관계에 기초하여 앞 세대가 이루어 놓은 교육과정에 복종해야 한다.

이에 대해 영Young, 2008은 혼종의 교육과정 지지자들이 교육과정의 경계와 분류가 지식 자체의 특징을 반영한다면서 역사의 산물을 넘어선다는 주창을 거부하는 관점에 대해 강한 비판을 가한다. 혼종의 교육과정과 대조되는 절연적 교육과정은 교육과정을 구성하기 위한 전통적/학문적 경계를 복원시켜 새롭게 강조한다. 영과 같은 입장을 취하는 멀러Muller, 2000 또한 혼종적 교육과정과 절연적 교육과정에 대한 논의를 진보적/보수적 양극단의 용어로 구별하고 있다. '진보적progressive' 교육과정 이론은 교육과정의 경계가 자유를 억압하고 제한하고 있기에 문화적 경계를 넘어서고자 한다. 경계선을 넘어 경계가 없는 삶을 사는 것은 지배적·윤리적 이상이다. 인식론적 경계를 넘어서는 사실과 의미를 탐구하는 것이 주요한 연구의 이상이다. 아이들이 발견하는 것이 무엇이든 경계를 넘어서도록 가르치는 것은 교수학의 이상이다. 모든 분열과 구분을 넘어 세계를 상호 연결 정도의 연속적인 네트워크와 흐름으로 취급하는 것은 있어야 할 모든 것이다.

연구자나 학습자가 세계를 이해하거나 변화시키기 위해 특정 분야와 학문으로부터 기존 지식과 개념을 획득하고 구축할 때 새로운 지식 및 교육과정은 생성된다.Young, 2008b: 64 번스타인은 교육과정을 결정할 때, 아동이 여러 종류의 서로 다른 의식의 형식을 경험하도록 할 기회도 결정하게 된다고 본다. 번스타인은 교육사회학자들이 사회관계가 학교에 어떻게 '중개relay'되는지에 대한 관심을 갖지만, 교육 자체에 대해서는 분석하지 못했다고 지적하면서 뒤르켐으로부터 이 질문에 답하는 실마리를 찾았다. 인간은 어떻게 사회적 존재가 되는지, 상징적 질서, 사회관계 및 경험 등의 관계는 무엇인지, 사회구조와 상징체계가 어떻게 연결되고, 이 관계 안에서 집단들의 위치에 따라 의식, 경험, 정체성이 어떻게 형성되는지 등이 번스타인의 강한 문제의식이었다.

이러한 구조가 진행 중인지 또는 일부 구조가 다른 구조보다 더 우연적인지에 대해 우리에게 많은 상상력을 불러일으키지 않는다면, 혼종 hybridity은 역사적으로 이러한 구조의 우연적인 측면을 나타낸다. 혼종의 원리는 영의 아주 최근 생각으로서, 지식 내용과 교과 사이의 경계와 분류가 지식 그 자체의 특징을 반영한다는 주장을 거부하고, 그것을 항상 특정의 역사적 환경과 이해 관심의 산물로 본다. 이것은 모든 형태 및 종류의 지식이 지닌 본질적 통일성과 계속성, 그리고 모든 분류적 경계의 잠재적 침투성을 강조한다.Young, 2008b: 87 다른 말로 하면 혼종을 선호하는 교육과정론자들에 따르면 무엇이든 다른 것들과 잘 어울린다는 것이다. 혼종의 원리는 자주 점점 현대경제와 사회의 '경계가 없는' 특성으로 보이는 연속성의 차원에서 옹호되고 있다. 혼종에 기반을 둔 교육과정은 현재의 실재reality를 인정하는 것과 다름없다. 이것은 학습 자체의 경향을 갖는 학교교육에 도전하는 것이고, 더 젊은 사람들에게 적절한 교육과정을 만드는 방법을 제공한다. 동시에 더 포용적인 교육과정이 적용 가능하도록 함으로써 평등과 사회정의의 정치적 목표를 지지하는 것으로 볼 수 있다.

이와 달리 절연insularity의 원리는 새로운 지식의 생산과 획득을 위한 조건이 교육과정 혁신, 특히 교과의 경계를 넘어서기, 일상적 지식의 교육과정으로 통합, 교육과정 기획에서 비전문가의 참여 가능성에 제한을 가한다. 이런 경계를 벗어나기 위해 지불해야 할 교육적 대가는 클 것이다. 이런 절연의 원리는 교육과정의 현상 유지를 위해 무비판적으로 제기될 수 있다. 하지만 이것은 두 가지 논점이 발생한다. 첫째, 절연은 특정의 내용 자체가 아니라, 지식 내용 간의 관계와 연관이 있다. 달리 말하면 절연은 특별한 항목의 주제나 내용을 위한 논변이 아니라, 지식의 영역 사이, 그리고 이론적 지식과 일상적 지식 사이에 존재하는 경계의 필요성을 위한 논변이다. 둘째, 절연은 정치적 목적을 위해 사용되었지만, 무엇보다 정치적 원리 자체는 아니다. 절연의 원리는 다음과 같은 지식의 관점에 기반을 두고 있다. (1) 지식은 사회적 필요나 이해관계 또는 그것의 사용이나 목적과 동일화될 수가 없다. (2) 지식은 경험에 기반을 둘 수 없다.Young, 2008b: 87 이것은 거의 400년 전 '진정한 지식이란 모든 관습과 사례를 넘어선다'는 데카르트의 강조점이기도 하다. 영의 논변은 진정한 지식이란 내성內省, introspection을 통해 성취된다는 것에 있지 않으며, 오히려 지식의 획득과 생산을 위한 사회적·역사적 조건이 무엇인지가 더욱 중요하다고 역설한다. 방법에 대한 담론이 무엇인가? 이것은 지식과 진리에 대한 계몽주의 철학자들의 주장을 무비판적으로 받아들이거나 포스트모더니스트들처럼 이를 무조건 거부하는 것이 아니다. 영은 이들의 한계, 즉 지식과 이성의 개인주의적이고 비역사적인 관점, 그리고 자연과학과 지식을 동일시하는 경향을 넘어서고자 한다.

절연의 원리는 새로운 글로벌 경제 조건에서 민주적으로 선출된 정부의 혼합화 압박을 받는 교육적 보수주의의 표현이나 다름없고, 동시에 특권을 옹호하는 것에 대한 대응이라고 할 수 있다. 이러한 시나리오에 따르는 것은 진보주의를 멀리하면서 학문적 또는 교과 기반 교육과정으로 대체하고자 하는 것과 같다. 보다 가능성 있는 결과는 교과 기반 교육과정을 유지하는 공립학교와 아직 남아 있는 그래머 스쿨, 그리고 즉각적인 경제적·정치적 필요와 부합되도록 목표를 설정하는 교육과정을 개발하라는 압박을 거부할 수 없도록 하는 여타 학교 및 대학들 사이에는 새로운 분화가 등장할 가능성이 더 크다.

영이 강조하는 절연의 원리는 오래된 방식인 18세기의 연구실험실의 설립과 18세기 초 대학 교육과정의 기본으로 돌아가는 것이다.Young, 2008b: 86-87 절연은 지식의 양식에서 계속성보다는 차이를, 그리고 전문적으로 이론적 지식과 일상적/상식적 지식 간의 차이를 강조한다. 그런데 절연의 원리는 교육과정에서 지식과 양식 간의 분화와 분류가 단지 초기의 사회적 분화의 반영이라는 관점을 거부한다는 면에서 번스타인과 다른 입장을 보인다. 교육과정의 분류는 사회적·정치적 원천일 뿐 아니라, 인식론적인 교수적·학습적 토대를 갖고 있기 때문이다. 다시 말하면, 이것은 근본적 방식에서 사람이 배우는 방식과 그들이 새로운 지식을 생산하고 획득하는 방식과 관련이 있다.

이렇게 절연과 혼종의 원리 차원에서 보면 과거의 교육과정과 미래의 교육과정 사이에는 긴장이 발생한다. 과거 지향적 '절연의 교육과정'은 침범할 수 없는 금지의 성질을 가진 문화적 경계, 텍스트의 분류화, 그리고 학문의 자율성을 강조한다. 지식 체계의 통합적 차이와 그것에 적절한 판단의 형식과 표준 사이의 차별을 고양시킨다. 이와 대조적인 미래 지향적 '혼종의 교육과정'은 지식의 형식 및 종류에서 본래적 정체성과 계속성, 분류된 경계의 침투성, 그리고 문화적 의미와 영역의 혼합을 중시한다. 따라서 현대 진보적 교육과정 이론에서 문화적 경계의 '가로지르기'는 모든 교수학의 목적이고, 그리고 목적이어야 한다.^{Muller, 2000: 57} 지식의 판단

<del>Muller, 2000: 57</del>과 분류적 통합은 '경계 가로지르기'의 그다음 단계의 목표이다.

여기에서 영은 학교와 대학에서 학습한 지식의 유형과 일상의 삶에서 획득한 상식이나 실용적 지식의 구분/절연/경계선을 인식한 교육과정의 지식을 기초로 하면서, 동시에 교육과정 이론의 대안을 번스타인이 강조한 재맥락화에서 찾는다.^{Young, 2008b: 82-83} 교육을 독특한 장으로 만드는 것은 지식의 생산과 재맥락화, 그리고 그것의 가르침과 배움이 이루어지는 과정이기 때문이다. 과학으로부터 맥락적 지식을 흡수하고 재맥락화함으로써 일반적으로 기초과학의 점점 커지는 이론적 지식구조에 내적으로 주의를 기울이지 않으면 안 된다. 지식의 존재이유는 세상의 특정 문제와 얽혀 있고, 기능은 이 문제를 해결할 필요가 있으며, 동시에 그것들과 함께 해결책을 찾기 위해 바깥을 향해 있다. 영은 지식이론과 교육과정 논의에서 지식과 경험의 대화/연계 및 지식의 일반화/추상화와 함께 실천화/재맥락화를 요구한다. 특히 '인식하는 자'와 '인식 대상'의 관계를 근본적으로 해체해 버린 시장 원리를 넘어서기 위해 교육의 자율성을 가진 학교교육은 더욱 대안적 사회변화를 위한 재맥락화의 장이 되어야 한다고 역설한다.

지식의 분류 및 교수의 통제 그리고 코드화

영은 지식 경계의 침투성과 영역의 복잡성을 보이는 '혼종의 교육과정 hybrid curriculum'을 비판하면서도 교육과정의 경계선 강화 및 분류화 또한 거부한다. 혼종의 교육과정과 대조를 이루는 '절연의 교육과정insular curriculum'은 교육과정을 구성하기 위한 전통적 교과를 강조하는 경향이

있기 때문이다. 나아가 혼종의 교육과정과 절연의 교육과정 사이의 논쟁은 진보적/보수적 양극성으로 투영되기 때문이다.Wheelahan, 2010: 5-6 따라서 영은 분류화와 얼개화를 통해 학교 조직과 교육활동의 코드를 밝히고자 한 번스타인의 견해를 따른다.[30] 영은 번스타인의 지식의 분화 논의를 세 가지로 요약한다.Young, 2012 첫째, 분류화와 얼개화의 개념과 함께 상징적 의미의 유형을 분리시키는 핵심이 되는 사회적 범주로서 뒤르켐의 '경계선' 개념을 발전시킨다. 강한 분류화는 전통적 교과로 구분되어 분리된 교육과정을 말하고, 약한 분류화는 통합된 것으로서 교과 사이의 경계가 약한 교육과정을 말한다. 전자가 강하게 분류된 교육과정이고, 후자는 약하게 분류된 교육과정이다. 강한 분류화는 교사-학생 사이의 단절을 심화시키고, 교육과정이 삶과 유리되도록 하는 단점이 있다. 또한 커뮤니케이션 방식의 일상성을 말해 주는 코드인 강한 얼개화는 가르칠/배울 내용의 선정, 진도의 빠름/느림, 정답의 당연한 정도(개방성/폐쇄성) 등을 모두 교사가 통제함으로써 학생들의 자율적 참여를 저해할 수 있다.성열관, 2013

분류화와 얼개화의 조합에 의해 결정되는 코드code란 '어떤 것에 의미를 부여하는 경향'을 말한다. 코드는 규제적 원리로서 암묵적으로 획득된다. 관련된 의미와 그것의 실현 방식과 그리고 맥락을 규정/선택/통합한다. 이때 의미는 분류화(권력)와 관련되고, 실현 방식(규칙, 전수)은 얼개화와 관련되며, 그리고 맥락/조직은 분류화와 얼개화의 조합으로 현재화된다. 분류화를 통해 어떤 사태에 의미를 부여하는 아이들의 코드는 자신의 가정 배경과 밀접한 관련이 있다. 코드란 분류화와 얼개화의 정도에 따라 그 의미가 결정되는 것이다.Bernstein, 1990 분류화가 강하다 함은 범주

---

30. 번스타인은 초기 논문에서 뒤르켐의 분류화와 얼개화를 다루었으며, 후기의 논문에서는 뒤르켐과 구별되는 위계적 지식구조와 수평적 지식구조의 구분을 제시한다.

들 간의 구분이 명확히 나타남을 의미한다. 이러한 분류화는 권력을 생성한다. 그래서 강한 분류화는 경계가 미약한 상황보다 훨씬 더 위계적, 서열적 공간을 만드는 경향이 있다.

그래서 번스타인은 뒤르켐이 강조한 지식의 사회적 사실/실재와 비고츠키가 우선시한 개념을 통해 세계 변혁의 가능성에 기초한 교육과정을 요청한다.Young, 2008b: 61 번스타인1990에 따르면, 사회의 통합은 그 구성원들이 서로 다른 입장, 관점, 이해관계를 가지고 있다 하더라도 하나로 묶는 것을 말한다. 번스타인은 사회 통합의 두 가지 형식을 기계적 연대와 유기적 연대로 보는 뒤르켐1933의 주장에 착안하여, 학교를 '닫힌' 조직과 '열린' 조직으로 구분하고 각 특징을 파악하고자 했다.성열관, 2013 닫힌 학교가 선호하는 범주의 순일자singulars는 위계와 권위를 촉진하고, 외부와의 강한 경계 및 절연을 강조한다. 열린 학교가 선호하는 범주의 혼합은 외부와의 경계가 약하기에 참여와 협력을 촉진한다. 이는 리얼한 지식(힘 있는 지식)과 리얼한 사회적인 것(힘을 가진 사람의 지식)의 결합을 시도한다.

미래를 위한 대안적 교육과정

영은 이론적으로 지식이 어떻게 발전하는지와, 어떤 탐구 영역, 즉 자연과학이 사회과학과 다른 방식으로 발전하는 것에 큰 관심을 보인다. 그리고 실천적으로는 이러한 관심이 상식common sense에 근거하고 있기에, 특히 '힘이 없는 집단' 출신의 학생들이 지식을 식별할 수 있고, 세계(자연적·사회적)를 비판적으로 이해할 수 있는 체계적 사고를 하는 것을 가로막는 기존 교육과정을 비판적으로 바라본다. 나아가 영은 미래를 위한 대안적 교육과정을 논의한다. 여기에서 말하는 '미래'는 지식의 획득과 생산이 더 이상 별개의 현상이 아니라, 증대된 동질성 중의 하나로 추정되는, 매우 다양해진 다수의 사회적 실천들의 집합이라고 할 수 있다.

영은 미래적 사고를 강조하는 미래학futurology이 본질적으로 매우 부정확한 과학이라고 본다. 왜냐하면 미래학은 모든 사실을 결코 가까이에 두지 않기 때문이다. 말하자면, 다음의 두 가지를 반드시 수반한다는 뜻은 아니다. 첫째, 미래가 우리가 다룬 모든 사실을 담고 있지 않다고 하여 우리가 분별하는 추세를 예상할 수 없음을 뜻하는 것은 아니다. 둘째, 더 적절하게 표현하면 우리가 구상하는 시나리오와 예상되는 결과들이 어떤 종말론적 고리를 가지고 있다고 하여 불가피하게 과장되었거나 틀렸다는 뜻은 아니다.Young & Muller, 2016: 79 그래서 영은 사회적 사실주의 접근 방식을 통해 미래를 위한 대안적 교육과정을 다음과 같이 제시한다.

- 교육과정의 대안적 접근은 지식이 형성되고 발전되어 온 사회적, 역사적 맥락과는 상당히 독립된 보수적 관점을 지지하지 않는다.
- 교육과정의 대안적 접근은 특별한 역사적 맥락과 경합적 이해관계 및 권력 투쟁의 특징을 지닌 세계로부터 발생하는 것으로써 사회적으로 생산되고 획득되는 것이라는 관점에서 지식을 바라본다. 동시에 대안적 접근은 지식이 특정 집단의 이익에 대한 관심을 보전할 수 있는 발현적 속성을 가진 것으로 인식한다. 즉, 인지적 또는 지적 관심사에 관해 이야기하고 논쟁할 준비를 갖추지 않으면 안 된다.
- 교육과정의 대안적 접근은 단순히 이런 저런 '사회적 실천의 집합'이라는 지식의 관점을 받아들이지 않는다. 미래의 교육과정은 '실천'(발현 지향적, 외부 지향적, 문제 지향적)으로서의 교육과정뿐 아니라 '사

실'(전달 지향적이고 학문 지향적, 내부 지향적)로서의 교육과정을 포함하고 있기 때문이다. 양자의 이분법을 넘어 교육과정의 과거적 특성들은 미래를 위한 교육과정을 위해 가치가 있어야 한다.Muller, 2016: 53-54 '사실'로서의 교육과정과 '실천'으로서의 교육과정은 이론적 지식과 일상적 지식이 연계된 문제이다. 영은 지식과 경험이 근본적으로 다른 차원에 속하기에 이론적 지식과 일상적 지식 또한 다르다고 본다.Young, 2012: 146-149 분류화의 형태와 내용이 고정되어 있지 않고 변하지만, 영역들 사이의 분류, 그리고 이론적 지식과 일상적 지식 사이의 분류화가 교육 내용의 근간이 되어야 한다.Young, 2008b: 89

대안적 교육과정을 위한 도전은 이러한 분류화의 성질을 분명하게 하지 않으면 안 되고, 그리고 그것에 근거하면서도 좀 더 거시적 평등 및 참여의 목표와 부합되는 교육과정의 개발을 탐구할 필요가 있다.Young, 2008b: 89 이런 관점을 가지고 영은 과거로부터 축적된 유산과 다가올 미래의 압박 간의 긴장을 역사적 과정으로만 바라보는 것은 충분하지 않다고 보면서 대안적 시나리오로서 '미래를 위한 시나리오 1', '미래를 위한 시나리오 2', '미래를 위한 시나리오 3'을 제시한다.

미래 시나리오 1(전통주의):
경계가 주어지고 고정된 미래는 '자연적'이거나
'사회화가 덜된' 지식의 개념과 연계되어 있다

사회과학에서 논리실증주의와 그것의 경험적 유사성으로 상징되는 〈미래 시나리오 1〉은 지식을 일련의 검증 가능한 명제와 이를 검증하기 위한 방법으로 정의하는 비사회적asocial이거나 '사회화가 덜 된undersocialized' 인식론을 불러내는 것으로 설명될 수 있다. 이러한 전통주의적 접근은 특정한 역사적 맥락에서, 그리고 특정 학문의 경계 안에서 그들의 '사회적' 생산을 암묵적으로 당연한 것으로 다룬다.Young & Muller, 2016: 68

〈미래 시나리오 1〉은 과거 지향적 학문과 엘리트주의에 바탕을 두고 있다. 〈미래 시나리오 1〉은 우리 대부분이 알고 있는 지식을 당연한 것으로 여기게 하는 것인 지식을 '전승'하는 전통주의traditionalism 교수 모형을 중시한다.Young & Muller, 2016: 90, 96-99 미래는 '사회화가 덜 된' 지식 개념과 연계된다. 엘리트 체제 속에서 모든 대중교육체제가 주요한 원천이기는 하지만, 유일한 원천은 아니다. 왜냐하면 엘리트 체제는 대개 지배계급의 자손인 '선택된 소수'에게, 때로는 '선민'에게 엘리트의 문화적 지식을 전달하는 체제이기 때문이다. 이 체제는 이들의 지배를 공고히 하기 위해 지배를 받는 계층을 지배적 지식 전통으로 입문시킨다. 이러한 전통은 학문/교과의 경계가 지식을 위한 조건과 그것의 내적 역동성, 창조력, 변화에 대한 개방성을 무시하는 사회적 명령에 의해 고착되어 있기 때문에 지나칠 정도로 고정적이다. 이것들은 이런 이중의 고정적 의미에서 사회적으로 보수적이다.

19세기 말까지 적어도 유럽에서는 민주화를 위한 세 가지 힘이 이러한 엘리트주의의 근본을 무너뜨렸다. 첫째, 학교교육 집근 기회에 대한 아래로부터의 일반화된 요구, 즉 대중화 요구였다. 둘째, 사회적, 자연적 세계에 대한 지식의 폭발이다. '힘 있는 지식powerful knowledge'의 폭발은 '힘을 가진 사람들의 지식knowledge of the powerful'인 교육과정의 전통적 이념에 도전했으며, 구엘리트 체제의 시대에 뒤떨어진 전통을 서서히 하지만 꾸준히 휩쓸어 갔다. 그리고 셋째, 훨씬 이후에는 페미니스트적이고, 탈식민주의적인 사회운동의 지식 우선순위가 하나로 통합되어 갔다.Young & Muller, 2016: 70-71

이렇게 모든 나라에서 발견된 엘리트 교육체제는 이런 삼중적 도전에 대처해야 했다. 〈미래 시나리오 1〉은 미미하지만, 가능한 더 넓은 사회적 세력에 접근할 수 있는 동시에 엘리트 시스템을 계속하려는 시도를 나타낸다. 이러한 엘리트 체제를 확장하는 것은 시스템이 경쟁해야 하는 다음과 같은 내재된 한계를 안고 있다.Young & Muller, 2016: 71

- 보수적 사고방식으로 훈련된 노동시장이 더 이상의 노동자를 흡수할 수 없는 한계
- 동등한 성공을 할 수 있는 모든 아이들에게 중산층 가정의 중요한 부속품으로서, 그리고 그것의 성공을 위한 조건을 필요로 하는 엘리트 지식 전통으로 인도하는 대중적 학교교육 시스템의 한계

매우 다양한 범위에서 대중적 학교교육 시스템 및 공식적 지식은 이러한 한계를 극복하는 데 실패했으며, 그들이 야기할 성공 조건의 불평등한 배분을 '보정'하는 데에도 실패했다. 이런 비판의 기본 입장은 엘리트들을 위한 큰 경로와 대중을 위한 작은 경로를 견지하는 하나 또는 또 다른 유형의 계열화와 분리 체제가 존재한다. 나머지는 하나 이상의 직업 경로가 제공되고 있지만, 그 최악의 형태는 '지나치게 단순화한' 버전—수학 문해력, 커뮤니케이션이나 대중적 과학—의 엘리트적 지식을 드러내고 있다. 소위 직업적 교육과정은 기술적으로 점점 더 그렇게 절차화되고 있다. 디지털 포디즘은 이러한 절차주의를 불리한 집단에만 한정시키지 않고 있으며, 그리고 '힘 있는 지식'[31]에 대한 접근 기회를 대중에게서 차단시키고 있다.

---

31. 영의 '힘 있는 지식'의 주창은 번스타인에게서 빌려 왔지만, 더 원천적으로는 헤겔의 영향을 받은 비고츠키의 영향을 받은 것으로 보인다(Derry, 2013: 144-145).

이런 결과는 지식에 접근할 수 있는 주요한 도구인 학교교육과 함께, 사회계급에 따라 지나치게 계열화된 시스템에서 비롯된 것이다. 이런 상황은 지속적으로 불공정성을 보이고, 그래서 저항을 받고 있다. 이런 의미에서 〈미래 시나리오 1〉은 사회적 분리, 불평등, 불행 그리고 갈등을 담고 있는 용기를 필요로 한다. 부정의를 생산하는 메커니즘은 이를 반대하는 사람들로부터 엘리트 교육과정의 형태—명백한, 엄격히 규정되어 있는, 학업 진도에 맞추어진—로 인식되고 있다. 그것의 경계성은 주요 문제로 보이며, 그래서 적어도 〈미래 시니리오 2〉와 관련하여 사회정의를 확대하고 불평등을 줄이는 조건은 이러한 경계를 제거하는 것이다.Young & Muller, 2016: 71

〈미래 시나리오 1〉은 교육체제 내에서 새로운 혁신의 원천이 거의 없다. 교육과 더 광범위한 맥락은 두 개의 평행 세계로 계속 존재할 것이다. 그러나 우리는 지역과 전통문화의 보수주의, 남과 북 사이의 갈등, 예를 들어 다른 근본주의 전통 사이의 분리를 기반으로 분화를 증가시킬 수 있다. 이런 시나리오에서 경계를 사회적인 것이 아니라, 주어진 것으로 다루는 것은 기존 권력관계를 유지하고 정당화하는 기반이 되고, 논의의 원인을 제한한다. 물론 독재국가에서 순수한 〈미래 시나리오 1〉의 형태는 존재할 수 없지만, 〈미래 시나리오 1〉에 아무런 미래가 없다고 생각하는 것은 잘못이다. 예를 들어, 미래의 많은 요소들이 영국의 시스템에 잔존하고 있으며, 미래에도 여전히 쉽게 머물러 있을 것이다. 이 시나리오가 계속된다면 그것의 최악의 결과는 사무엘 헌팅턴이 말하는 '문명의 충돌'이 발생하는 것이며, 좀 더 구어적으로 표현하면 조지 부시의 '테러와의 전쟁'을 강하게 연상시킨다.Young & Muller, 2016: 71-72

미래 시나리오 2(진보주의 또는 신자유주의):
경계의 극단end of boundaries 지점에서 미래를 위한
'과잉 사회화된' 지식의 개념과 연계되어 있다

'과잉 사회화된over-socialized' 인식론과 연계되어 있는 〈미래 시나리오 2〉는 첫 번째 접근 방식에 직접적으로 대응하면서 발생한 것으로 지식의 명제적 특성을 약화시키고, 인식론을 '누가 알고 있는지', 그리고 인식자와 그들의 실천을 식별하는 질문으로 환원시킨다.Young & Muller, 2016: 68 〈미래 시나리오 2〉는 일차적으로 〈미래 시나리오 1〉이 가진 지식의 외재적 실재관을 선호하는 전통주의에 대항한 진보주의progressivism의 반발로부터 시작되었다. 〈미래 시나리오 2〉의 '과잉-사회화된' 지식관은 교사와 학습자의 창의적 활동을 강조하면서 혁신과 다양성의 급속한 성장을 다루는 STEM[32]을 중시한다.Young & Muller, 2016: 96-97 진보주의는 합리주의와 경험주의를 반대하는 구성주의[33]에 근거하고 있으나, 인간 활동의 산물이며 그것의 역사를 강조하는 지식의 지평을 시정하려고 한다. '활동activity' 또는 '실천practice'으로의 관점 전환은 애초에는 정치적으로나 인식론적으로 근본적이었고 해방적이었다. 진보주의는 사회적·교육적 위계를 주어진 것이거나 변화되지 않는 것으로 보는 것을 거부하기에 민주화 운동과 연계되어 있다고 할 수 있다.Young & Muller, 2016: 98

그런데 지금은 그렇지 않은 방향으로 나아가고 있다. 〈미래 시나리오 2〉는 평등화와 책무성의 도구로서 투입되기보다는 경계선의 지속적 약

---

32. 최근 STEM(과학, 테크놀로지, 엔지니어링, 수학)에서 STEAM(과학, 테크놀로지, 엔지니어링, 수학, 예술)으로 발전하고 있다.
33. 교육의 진보주의를 뒷받침하는 이론적 운동으로서 '구성주의'는 교육과정에 대한 논의에 사회학적 토대를 확립하려는 중대한 시도를 하고 있다(Young & Muller, 2016: 98).

화, 지식과 제도의 탈분류화, 노동시장의 불투명성, 그리고 일반적 결과에 초점을 맞춘다. 〈미래 시나리오 2〉의 이념적 요소는 디지털 기술의 폭넓은 도입과 함께 학습자가 주도권을 행사하면서 모든 수준에서 교수·학습 과정의 탈전문화 및 연구의 세분화를 낳았다. 〈미래 시나리오 2〉는 〈미래 시나리오 1〉을 지탱하는 힘들의 반발을 이겨 내면서 모든 나라에 영향력을 행사했다. 지식의 경계를 약화시키고 탈분류화를 추구하는 사람들은 선별적 교육과정의 도구로 가장 넓은 의미에서 모듈화라는 용어를 사용한다. 이러한 지식 및 교과의 경계 약화를 극복하기 위해 다음과 같은 결합을 요청한다.Young & Muller, 2016: 72

- 교과 간의 경계, 학교 지식과 일상적 지식의 경계가 약화되기에 학교 교과의 통합이 필요하다.
- 교과와 지식의 경계가 약해짐에 따라 항상 일반적 기능 또는 결과 용어로 교육과정의 내용을 규정해야 한다.
- 서로 다른 학습자의 학업성취 점수의 경계가 약화되기 때문에 누적적 평가보다 형성적 평가를 촉진하여야 한다.
- 서로 다른 자격(학문적/직업적 자격)이 약화되고 있어 경계가 통합된 국가 자격 체계를 도입하여야 한다.
- 전문가와 초보 학습자의 경계가 약화되고 있기에 지시적 가르침보다 촉진적 가르침을 추구하여야 한다.

〈미래 시나리오 1〉은 계층화와 저항 모두를 불러왔고, 〈미래 시나리오 2〉는 계층화를 불러왔다. 하지만 이것은 은밀한 종류의 것으로서 미래와 관련된 명백한 목표는 현재 침몰하였으며, 흔들리는 불행한 학습자들은 그들을 뒤틀리게 하는 것이 무엇인지를 볼 수도 없다.

이것은 또한 불만, 더 구체적으로 말하면 물질적 요인을 지닌 불만을 야기하였고, 자신 및 타인을 향한 직접적 폭력과 같은 더욱 파괴적인 문화적 형태는 물론이고, 청소년들의 상당한 무관심을 불러왔다. 즉, 〈미래 시나리오 1〉의 명백한 계층화는 적어도 최적의 반대와 배제된 사람의 '목소리'를 낳게 한 반면, 〈미래 시나리오 2〉의 명백한 계층화는 해체된 공적 문화를 촉진하는 다양하게 개별화된 '탈출' 전략으로 점차 이어질 수 있다.

〈미래 시나리오 2〉의 진보주의 교육은 아이들의 '자연적natural' 발달(특히 초등학년에서)과 지식의 상대주의 관점을 강조하는데, 영은 이러한 교육이 학교의 지식과 학교 밖 지식의 경계를 모호하게 하는 인식론 부재를 초래했다고 비판한다.Young & Muller, 2016: 89

그리고 〈미래 시나리오 2〉에서 '경계의 극단'은 엘리트와 사적 부문 및 제도에서 사라지는 전문적 지식에 대한 접근 기회로 이어질 것 같지 않다. 공교육이 자격 요건으로 구축되었지만, 점점 사용가치와 교환가치 등 가치가 점점 하락함에 따라 자격증 인플레를 초래하는 자격 요건에 대한 접근성이 높아짐으로써 지식에의 불평등한 접근을 대체할 가능성이 높아졌다. 어떤 희생을 치르더라도 시장과 개별적 선택의 촉진에 집착하는 '신자유주의자들'과, 학습자가 전문적 지식의 권위주의에 따라 보는 것으로부터 자유로운 '급진적인 사회적 구성주의자들' 간의 명백한 정치적 차이에도 불구하고, 새로운 지식의 생산과 획득에서 경계의 역할에 대한 비판적 탐구는 기본적인 인식론적 유사성을 공유하도록 한다. 그래서 다 필연적인 상대주의적 결과와 함께 도구적 지식이론으로 마무리되었다.

이런 관점에서 보면 〈미래 시나리오 1〉과 〈미래 시나리오 2〉는 인식론적인 거울 쌍둥이라고 할 수 있다. 그들의 선언된 수사와 수단, 그리고 원하는 목표가 다를 수 있지만, 최종적 결과는 미묘하게도 똑같은 경향을 보였다. 그러한 탈脫분류화de-differentiating 기제가 성취하고자 하는 최고 상태는 경계를 허무는 것이 아니라, 그것들을 비가시적으로 만드는 것—더 불리한 사람에게 더욱 강조된 비가시성invisibility—이다. 즉, 그들의 최상의 의도를 거역하는 〈미래 시나리오 2〉 주창자들—진보적 교수학progressive pedagogy[34]과 그 변형을 옹호하는 사람들—은 교수학이 선호하는 학습자, 말하자면 늘 그렇지는 않지만 항상 다른 또래들보다 뒤처지는 저소득 가정 출신들을 선호하도록 설계된 바로 그 학습자들에게 비가시적인 지식 및 학습의 개요를 제공하는 것이다.Young & Muller, 2016: 73

사실 활동/실천을 지향하는 〈미래 시나리오 2〉는 다음과 같은 사항에 지나치게 가치를 두고 있다는 비판을 받는다. 첫째, 전문적 지식을 희생하면서 행위자 중심의 경험을 중시한다. 둘째, 지식의 차이를 희생시키면서 학습자의 차이를 강조한다. 셋째, 일반적 교수학generic pedagogy은 지식의 종류에 따라 달라지는 교수학을 고려하기보다 결과 기반이나 문제 기반 학습에 초점을 맞춘다. 넷째, 지식을 희생시키는 기능/역량을 강조한다.Young & Muller, 2016: 99-100 이런 비판은 명제적·이론적 지식을 경시하고 절차적·추론적 지식을 중시하는 것과 맞물려 있다. 양자의 타협은 내재적 인식론과 교수활동의 구성물이라고 할 수 있다.Young & Muller, 2016: 100-102, 198-201

미래 시나리오 3(사회적 사실주의):
신생하는 글로벌 맥락에서 지식의 창조와 획득을 위한 조건으로서
경계 유지와 경계 가로지르기는 양자 사이의 다양한 관계에 있다

---

34. 진보적 교수학은 과학적 발견에 초점을 맞추면서 교수와 학습의 과정을 중시한다 (Young & Muller, 2016: 98). 진보주의 교육은 발달주의, 휴머니즘, 낭만주의, 민주주의, 실용주의, 경험주의, 탈학교주의 등을 소중히 여긴다(심성보, 2018).

모든 아이들을 위한 〈미래 시나리오 3〉은 〈미래 시나리오 1〉과 〈미래 시나리오 2〉에 대한 비판과 분석으로부터 시작한다. 이것은 어떤 의미에서 '사회적 사실주의' 이론이 제공하는 것이 무엇인지, 그리고 미래를 위한 대안이 어느 정도의 신뢰성을 가져야 하는지를 설명한다. 〈미래 시나리오 3〉은 '힘 있는 지식'이 획득되고 생산되는 특정의 사회적 조건이 존재한다는 가정에 기반을 두고 있다. 이 조건은 주어진 것이 아니라 역사적이면서 또한 객관적이다.

〈미래 시나리오 1〉은 경계선이 주어지고 이를 당연하다고 여기기에 사회적 조건의 역사성이 부정되었다. 〈미래 시나리오 2〉는 전문적 공동체의 비판적 역할에서 구현된 역사성뿐 아니라 객관성조차 부정되었다. 〈미래 시나리오 2〉는 기껏해야 은유적 표현인 '남반부south'의 개념에 들어 있는 새로운 상향식 사회운동의 잠재력과 인식론에 대한 순진한 낙관주의와 함께 점점 무-경계화와 파편화된 글로벌 탈분류화를 제시한다.Young & Muller, 2016: 74

이와는 대조적으로 〈미래 시나리오 3〉은 두뇌 분야(신경과학)에서든, 정신(역사를 넘어선 합리주의)에서든, 혹은 인간 실천의 세계(실용주의와 변증법적 유물론)에서든, 주어진 실체로서가 아니라 영역 특유의 글로벌 전문 공동체로 정의되고, 새로운 지식과 인간의 진보를 보다 일반적으로 획득하고 생산하기 위한 기초로서 경계의 지속적 역할을 강조한다. 이러한 시나리오는 하버마스[35]가 역설하는 '미완의 근대성 프로젝트'라고 할 수 있다. 이것은 백 년 전 막스 베버와 에밀 뒤르켐이 강조한 것이기도 하다. '힘 있는 지식'은 곧 '좋은 사회(좋은 일자리와 주택 및 문화 등)'를 창

---

35. 하버마스는 지식의 생산을 위해 경험-분석적 지식, 역사-해석적 지식, 비판 지향적 지식과 같은 인식론적 삼각 틀을 통한 교육과정의 개발 가능성을 보여 주었다(김성훈, 2017: 213-234).

조하는 데 기여할 것이다. 즉, '힘 있는 지식'은 사회정의를 위한 교육과정과 결합되어 있다. 결국 사회정의를 위한 교육과정은 정의로운 학교와 정의로운 사회와 연동될 것이다.

미래 교육과정 시나리오의 발전 방향

〈미래 시나리오 3〉의 많은 특징들, 그것들의 함축적 의미, 그리고 그것들이 어떻게 변화할 수 있는지를 탐구할 필요가 있다. 영은 세 가지 시나리오와 사회적 사실주의자들의 지식이론에 기초하여 교육의 미래에 대한 예측을 구성했다. 마이클 영이 남아공의 케이프타운대학의 요한 멀러 교수와 함께 제시하는 〈미래 시나리오〉의 특징과 함의는 학제성의 경계와 유형, 선호되는 교육과정과 교수활동의 유형, 그리고 교육 불평등을 해소하는 교육과정의 함의에 대한 구체적 대안을 제시한다.Young & Muller, 2016: 74-79

① 학문의 미래: 학제성의 경계와 유형

학문의 미래와 관련된 지식과 제도, 그리고 이들의 상호의존과 연계된 경계와 유형은 앞으로 50년 동안 지식에 대한 가장 중요한 점을 예견하게 한다. 이것은 어떤 형태의 지식이 왜 전문화를 지향하고, 또 다른 것은 변동 또는 다변화를 지향하는지의 경향을 이해하도록 한다. 그리하여 서로 다른 지식 발전의 경향은 더 일반적으로 교육과정을 위한 중요한 함의를 갖게 한다. 전자의 경향이 가르칠 학습 순서와 진도 조절, 그리고 위계적 조직에 대한 질문을 제기하는 반면, 후자의 경향은 과목의 선정, 교육과정에 포함할 내용, 그리고 극단적으로 어떤 객관적 기준이 있는지에 대한 질문을 주로 제기한다. 교육과정에 대한 '사회적 사실주의' 접근 방식은 지식의 형식과 교육과정의 조직 사이의 밀접한 관계를 설명하고자 한다.Young & Muller, 2016: 74

오늘날 학제성disciplinarity의 종식을 선언하는 것이 유행처럼 되고 있는데, 학제성은 공고히 지속되어야 한다. 학제성은 모든 견고한 사회적 형태와 마찬가지로, 사실 변형되고 적응하는 것이지만, 학제성의 종식을 요구하는 보고서는 매우 과장되어 있다고 할 수 있다. 이것은 새로운 학제적 양식이 주기적으로 나타나는 것을 의미하는 것은 아니다. 이렇게 하는 것은 사회의 실존을 위한 전제 조건이다. 이것은 이론적 지식이 사회적으로 힘을 가진 지식이어야 하는 이유이다. 이론적 지식에 대한 접근은 그 자체에 대한 사회의 대화를 하도록 하는 접근 기회를 제공해 주기 때문에 중요하다. 이 대화는 사회가 지구 온난화와 같은 위협에 어떻게 반응해야 하는지에 대한, 그리고 사회의 가치, 규범, 도덕, 그리고 은행 규제 여부와 국가의 전쟁 참여 여부, 난민 처리 방식 등의 문제에 대한 논의를 포함한다. 학생은 사회와의 대화에 참여할 수 있으려면 지식에 접근해야 한다. 이것은 학생들 모두가 물리학이나 영문학의 복잡성을 이해할 필요가 있음을 의미하는 것이 아니다.

오히려 그들은 지식이 사용되는 방식과 논변의 타당성을 평가하는 데 응용될 필요성이 있는 폭넓은 범주를 이해하기 위해 학제성이나 학문적 추론 방식에 접근하여 필요가 있다. 예를 들어 인문학과 사회과학으로부터 지식을 이용하는 능력은 학생들에게 과학적 방법의 폭넓은 이해 덕분에 적어도 인간이 지구 온난화 등 자연세계와의 관계를 형성하는 방법을 토의할 수 있는 어느 정도의 접근 기회를 제공하면서, 정치의 논변과 서로 다른 경합적 정책 제안들을 평가할 수 있는 방법을 제공한다.

새로운 양식은 처음에는 '영역regions' 형태나 새로운 문제를 둘러싼 기존 학문/교과의 그룹화 형태로 다양하게 발생하는 것이며, 나중에는 안정된 공동체와 함께 별개의 구분 가능한 방식으로 나타날 것이다. 지식의 경계란 자의적인 것이 아니다. 그것이 촉진되는 내부의 방식과 그것을 지탱하는 사회적 관계는 시간이 흐르면서 안정된 '사회적 인식론social epistemology'[36]의 형태로 자리를 잡아 가고 있기 때문이다. 이러한 형태는 각 유형에 적합한 경계의 정도에 의해 결정되며, 결과적으로 각 형태의 지식이 어떻게 발전하거나 성장하느냐에 따라 결정될 것이다.

학문들은 개념적 진보의 형태에 따라, 객관성의 형태에 따라 다르다. 전자와 관련하여, 일부 학문들은 견고하고, 개념적으로 정당화된 발전을 향한 경향이 있다. 이것의 지식구조는 통합을 지향하는 그들의 끊임없는 개념적 뼈대에 의해 결정된다. 이러한 형태의 개념적 뼈대의 교육과정적 함의는 이들 학문이 성숙한 형태로 전문가의 지도 아래 가르치는 순서에 따라 가장 잘 학습되는 오랫동안 축적된 추상의 위계를 발전시킨다는 것이다. 수학과 과학은 가장 명백한 예이다. 이러한 학문들이 특정한 의미에서 개념적으로 풍부하다. 이것은 반드시 많은 개념들을 포함한다는 것은 아니다. 많은 개념들은 광범위한 학문과 구별되지 않는다. 이것은 위계적으로 관련된 개념들의 오래된 순서를 가지고 있다. 위계의 모든 단계에서 충돌을 일으키는 것은 대개 개념적 학습이 중단되는 것을 의미한다.

또 다른 학문은 개념의 변동이나 다변화를 통해 발전하는 경향이 있다. 그런데 이것은 예를 들어 역사와 지리를 위한 공간과 관련된 거시적 개념의 원리—과거 혹은 그 이상의 추상적 시간—가 있지만, 다른 내용

---

36. '사회적 인식론'은 사회적 실천에 참여함으로써 인간은 지식을 얻는다는 사실에 근거를 두고 있다. 사회적 인식론의 관점에서 볼 때 장점은 인간은 사회적 지식인이며, 그렇기 때문에 고립된 개인으로서 알 수 있는 것보다 훨씬 더 많은 것을 알게 된다는 것이다. 물론 약점은 인식론적인 사회적 실천—참인 혹은 정당화된 믿음을 성공적으로 형성하고 견지하는 데 영향을 미치는 규범 지배적 상호작용의 패턴—이 지닌 인간의 인식론적 의존성이 체계적으로 그릇된 정보에 취약하다는 것이다(Buchanan, 2020: 166-167).

이나 콘텐츠 클러스터보다 개념에 관한 내용이 덜하다. 여전히 다른 학문들은 새로운 기술과 일을 하는 방법을 개발함으로써 실질적으로 발전한다. 실용적 개발은 전통적 수공예 같은 새로운 실천이나 소프트웨어 개발이나 웹사이트 설계와 같은 새로운 형태의 개념적 실천을 말한다. 개념, 내용, 그리고 기능은 각 학문에 구현되어 있는데, 이것의 상대적 현저함은 그것을 분화시키는 것이다.^{Young & Muller, 2016: 75} 모든 학문들은 학문으로 존립하기 위한 연구 대상을 가지고 있으며, 견고하고 안정적이기 위해 객관성을 나타낸다. 말하자면 이것들은 진리를 창출하기 위해 정당하고, 그리고 안정적으로 신뢰하는 수단을 공유하고 있다. 이 설명에 의하면 진리는 연구 대상과 현명한 실천자 공동체 간의 안정된 동반자이다. 하지만 학문들은 그 대상이 자연적인지 혹은 사회적인지에 따라 등가적 객관성에도 불구하고 달리 표현된다. 대상이 사회적일수록, 대상의 개념에 의해 적용되는 대상에 대한 한계는 더 커진다. 그럼에도 불구하고 객관성의 개별 형태는 분석적 적합성의 동일한 준거—특정 대상의 왜곡 없이 학문적 개념에 의한 가장 단순하고 최대의 하위 가정—를 충족시키지 않으면 안 된다.^{Young & Muller, 2016: 75}

〈미래 시나리오 2〉로부터 강한 객관성을 구하는 이유는 '전문적 지식 expertise'에 대한 강하고 신뢰할 수 있는 개념을 다시 복원하기 위해서다.^{Young & Muller, 2014; Young & Muller, 2016: 75} 전문성의 쇠퇴와 전문적 지식에 대한 신뢰 상실은 경계성boundaryness 사유를 상대화하려는 의도치 않은 결과를 낳고 말았다.^{Muller, 2000} 강력한 지식과 전문적 지식인에 대한 신뢰는 상식적 회의론에 의해 공동화되고 말았다. 이것은 적어도 제2차 세계 대전 이후 태어난 유럽의 성인들에게 독특한 형태의 자기기만을 초래했다.^{Young & Muller, 2016: 75-76} 우리의 삶이 그들에게 더욱 더 의존하고 있음에도 불구하고, 우리는 전문적 지식 및 지식인을 조롱하는 경향이 있다.

예를 들어 의료 소송이 기하급수적으로 증가하더라도, 우리는 더욱 의료화된 세계에 살 수밖에 없을 것이다.

게다가 우리 사회의 많은 청소년들은 자기기만을 벗어날 수 있는 보호 전략을 아직 발전시키지 못하고 있는 것이 문제다. 이들 대부분은 부모와 미디어로부터 강력한 지식을 발전시키지 못하고 있다는 사회적 조롱을 받아 왔다. 그 결과 이들은 아주 광범위한 가치 하락을 받을 정도로 감지되는 그 무엇을 통제할 만큼 열심히 노력하지 않았기 때문에 학교에서 실패하고 말았다.Young & Muller, 2016: 76

② 선호되는 교육과정과 교수 모델

우리가 지식경제knowledge economy에 살고 있다고 말하는 것의 의미는 학교교육을 위한 두 가지 주요한 함의를 갖는다. 첫째, 경제와 그것을 지원하는 사회가 역설적으로 반드시 재생산에 관한 것은 아니지만, 지식의 진보를 중시하고 있다는 점이다. 이 점은 지식의 발전이 가속화되고 있는 시대에 전문화와 변동 혹은 다변화가 지배적 사회규범이 되었고, 교육과정이 이에 지속적으로 적응해야 한다는 압력이 점점 더 빈번해지고 있음을 말한다. 이는 실천하는 사람들의 공동체가 지식의 발전과 밀접한 관련을 맺고 있기 때문에 대학의 교육과정에서는 그렇게 명백하지 않다. 실제 이들이 지식의 발전을 운영하고 있다. 이것이 무엇을 의미하고 어디에서 가시화되는지가 지식의 발전을 운영하는 고등교육기관과 그렇지 않은 기관 사이를 새롭게 구분한다. 이러한 위계는 현재 글로벌 순위에 의해 매우 엄정하게 나타나 있다. 그리고 훨씬 더 정밀한 예는 정당한 절차에 따라 분명하게 개발되어야 한다. 미래 경제와 사회는 지식 생산자의 생산성 순위를 매기기 위해 강고한 신호 전달 체제를 지속적으로 요구할 것임은 의심의 여지가 없다.

두 번째 함축적 의미는 전통적으로 뒤처지고 있는 학문—예를 들어 역사—에서도 점차 개념적 진보가 이루어져야 한다는 것이다. 새로운 역사 지리학적 접근 방식이 허공에서 사라질 것이라는 의미는 아니다. 오히려 새로운 디지털 기술은 이전에는 밝혀질 수 없었던 사실들을 만들어 내고 새로운 개념적 진보를 요구하는 탐구 방식을 가능하게 할 것이다.Young & Muller, 2016: 76 신경학의 새로운 발전을 이끄는 MRI 스캔은 그 사례다. 인구통계학, 물리학의 대형 강입자 가속기Large Hadron Collider 및 다양한 생물과학 분야에 걸친 나노 기술은 유사점이 있다.

이 같은 발전은 교육과정 및 교수학을 위한 어떤 특별한 함의를 갖는다. 지식이 아주 느리게 변하는 시기에 발달했던 엘리트적 교육과정이 지배하는 〈미래 시나리오 1〉에서는 내용이 주도했으며, 이것의 가장 나쁜 교수활동은 기억과 암기 학습이라고 할 수 있다. 결과적으로 엘리트적 교육과정에 대한 주요한 대안은 〈미래 시나리오 2〉의 사고방식에서 가장 정밀한 표현들을 발견했고, 그것은 '단순한' 내용과 '단순' 암기에 반대하는 관점을 가졌다. 그리고 모든 형태의 내용 규정 및 암기와 기억 학습을 거부하는 급진적 형태를 취했다. 이러한 거부는 일반적 기술과 결과 기반 교육과정을 둘러싼 창발적 〈미래 시나리오 2〉의 합의에서 표현이 발견된다. 즉 〈미래 시나리오 1〉의 엄격성에 대한 대안을 밝힌 〈미래 시나리오 2〉는 내용 기반으로부터 역량 기반skill-based 우선으로 방향을 전환했다.Young & Muller, 2016: 77

〈미래 시나리오 1〉과 〈미래 시나리오 2〉의 형식 모두에 해당되지만, 특히 후자의 경우에는 개념에 별로 관심을 갖지 않는다. 왜냐하면 개념적 진보가 기능 기반의 용어가 아닌 개념적 용어로만 기호화되거나 규정될 수 있기 때문이다. 개념에 기초한 규정은 반드시 내용을 포함하고 있기 때문에, 이것은 적어도 〈미래 시나리오 2〉의 감수성으로 보이며, 〈미래 시나리오 1〉의 오래된 내용 기반 우선순위와 매우 흡사하다. 그 결과 과학과 같이 개념이 풍부한 과목에서도 자격/교육과정원Qualifications and Curriculum Authority의 학교 과학에 대한 최신 교과과정 제안에서 알 수 있듯이, 〈미래 시나리오 2〉의 세계에서 교과과정이 제대로 규정되지 않고 있다.Young & Muller, 2016: 77

이러한 경향이 우수한 교과 자격을 갖춘 교사들을 채용할 수 있는 충분한 자원을 가진 학교들에게는 격차를 보충하는 데에서 넘을 수 없는 장애물은 아닐 것이다. 하지만 자격을 갖춘 교사를 유인할 수 없는 열악한 지역사회에 근무해야 하는 학교의 경우는 불가피하게 문제가 되지 않을 수 없다. 이러한 학교에서는 교사가 교과과정에 명확한 표기를 할 수 없고, 그것을 알지 못하면 아이들의 학업이 뒤처지거나, 나중에 중요할 수 있는 개념적 단계를 놓치는 문제가 발생할 수 있기 때문이다. 동시에 학생들은 개념적 종점에 도달할 때까지는 뒤처지며 그들에게는 학업 향상에 대한 자원이나 동기 부여가 결여되어 있다. 또한 이러한 경향은 특히 사정 및 평가와 관련하여 교사들로부터 강한 신호를 빼앗아간 〈미래 시나리오 2〉가 선호하는 비지시적/촉진적 교수학에 의해 악화된다. 현대의 연구에 따르면 개념이 풍부한 과목에서 강력한 신호를 보내는 평가가 부유한 가정뿐만 아니라 가난한 가정에서도 학생들의 학업성취를 향상시키는 데 매우 중요하다는 것은 분명하다.Young & Muller, 2016: 77

③ 교육 불평등 해소를 위한 교육과정의 함의

〈미래 시나리오 3〉은 지식의 분류성differentiatedness을 인식하는 데 중요하다. 이는 다음의 두 가지 함의를 갖는다. (1) 교육 내용(미래 시나리오 1)이나 교수기술(미래 시나리오 2)에만 너무 이념적으로 고정시키는 교육과정의 형태는 교육 기회 및 학업성취의 배분이 갖는 함의뿐 아니라 일부 과목에는 별로 관심을 두지 않는 것이다. (2) 지식의 분화differentiation 인식에서 개념과 기능 및 내용이 모두 중요하다는 것을 분명히 해야 하고, 그리고 그것이 교육과정에 규정되지 않으면 안 된다. 그렇게 하지 않으면 인식론적 접근 기회의 평등화를 향한 지금까지의 진행된 학업 향상은 지체되고 말 것이다. 이것은 사회정의의 구현과 미래적 지식 기반 경제의 생존 가능성 모두에 미치는 함의가 있다.Young & Muller, 2016: 78

영은 과거 지향적 〈미래 시나리오1〉(전통주의)의 배제성과 현재 지향의 〈미래 시나리오 2〉(사회적 구성주의)의 상대주의가 가진 문제를 극복하기 위해 〈미래 시나리오 3〉에서 대안을 찾고자 한다. 〈미래 시나리오 1〉은 국가 주도의 교과 중심 교육과정이고, 〈미래 시나리오 2〉는 교사 주도의 아동 중심 교육과정이 주를 이룬다.Young & Muller, 2016: 85-87 적어도 단기적으로 80년 전 그람시에 의해 예시적으로 표현된 비관적인 견해로부터 도출되는 것은 놀랄 일이 아니다.

> '활동적 학교active school'에는 여전히 기계주의적인 예수회 교육을 거부하는 투쟁적 경향을 보이는 낭만주의적 측면과 고전주의적인 합리적 측면이 불편하게 극적 대조를 이루고 있다. 이제 고전적인 합리적 단계에 들어가 결국에는 새로운 방법 및 형태의 자연적 원천을 확보하는 방법을 발견하지 않으면 안 된다.Gramsci, 1965

그람시는 소위 진보주의 교육운동의 주된 내용인 '활동적 학교'의 최고 단계인 '창조적 학교creative school'를 제시한다. '활동적 학교'에서는 〈미래 시나리오 2〉의 단기적 가능성이라고 할 수 있는, 일부 학습자에게 지름길을 제공하는 것—참 학습real learning은 쉽고, 재미있고, 더욱 게임과 같다—으로 보이는 것은 물론이고, 정부와 국제기구를 위한 매혹적인 시나리오도 제시된다. 이것이 헛된 기대라면, 불리한 계층이 가장 어려움에 처할 가능성이 확실하며, 엘리트 학교에 인기를 끌 가능성은 별로 없을 것 같다.

대안적 교육과정의 구성을 위해 영은 사회정의와 인식론적 측면 모두에서 〈미래 시나리오 3〉에서 대안을 찾는다. 〈미래 시나리오 1〉이나 〈미래 시나리오 2〉가 계속 지배적일 경우 나타날 부정적 결과를 극복하고자 한다. 사실 이들 미래학은 예측되는 설명이라기보다는 이상형에 가깝다. 이러한 미래는 막스 베버가 오래 전에 언급한 것처럼, 현재 정책의 경향 및 있을 수 있는 의도하지 않은 결과를 규명하는 데 얼마나 유용한지의 차원에서 판단되어야 할 문제이다.Young & Muller, 2016: 78

영은 향후 30년 동안 어떤 미래가 지배할 가능성이 가장 높다고 거의 말하지 않았다. 이것은 정치적이고 교육적이거나 문화적인 질문이다. 이것은 권력의 문제이고 교육과정이 불가피하게 '힘을 가진 사람들'의 지식을 표현하는 현실 때문에 정치적이다. 시장과 책무성, 그리고 제도적 순위의 결합이 교육정책을 계속 지배하는 한, 〈미래 시나리오 2〉의 지배가 계속될 것이다. 하지만 신자유주의는 적어도 경제와 재정관리의 영역에서 도전을 받고 있다. 교육정책에 대한 이러한 변화의 영향을 예측하기는 어렵다. 한 가지 가능성은 서비스 직업의 성장 가능성에 대한 회의론이 더 커질수록 제조업의 부활과 함께 과학에 기초한 지식이 더 큰 가치를 가져다줄 수 있다는 사실이다.

가능성 있는 미래를 예측하는 것 또한 문화적 질문이기도 하다. 왜냐하면 인식론적 제약은 좋든 나쁘든 교육과정 정책이 무엇을 할 수 있는지, 권력을 누가 가지고 있는지, 그리고 어떤 경제적 제약이 있는지를 형성할 것이기 때문이다. 영의 '사회적 사실주의' 접근을 통한 지식이론과 교육과정 논의는 이러한 제약을 넘어서기 위한 장기적인 교육적 중요성을 다시 주장하기 위한 시도라고 할 수 있다. 우리의 입장은 보수적 입장을 옹호하는 것이거나 황금빛 과거로 돌아가자는 것이 아니다. 지식의 기능은 결코 그럴 수 없다. '힘 있는 지식'에 대한 접근성은 '힘 있는 지식' 이론과 그 지식이 획득되는 과정, 그리고 그 과정에서 형식교육의 결정적인 역할과 함께 소수의 사람들만이 아니라 모든 사람의 권리라는 견해(우리가 공유하는)와 마주하지 않으면 안 된다.Young & Muller, 2016: 7

'힘 있는 사람의 지식'에서 '정의로운 힘을 가진 지식'으로

모든 교육과정의 발전들은 신자유주의적 경제정책과 국가의 개입주의와 함께 교육과정의 위기를 야기하고 말았다. 영은 반교육적인 교육정책의 시장화를 거부하고, 특정의 사회적 실천, 이해관계, 그리고 맥락을 초월하는 독특한 역할을 부인하면서 지식의 지식이론과 교육과정 정책, 그리고 실천 사이의 비판적 관계를 위한 토대를 제거하려는 시도에도 비판적 태도를 취한다. 기본적 교육 원리로서 학문/교과 영역들 사이, 그리고 교육과정과 경험 사이에 일어나는 지식의 분화는 개념, 기능 및 내용에 모두 중요하며, 모든 교육과정에서 규정되어야 한다는 것을 함의한다. 이 원리를 적용하는 방법은 특정 프로그램의 목적과 학습자의 사전 경험에 의존할 것이다. 또한 분류화의 원리를 인식하지 못하는 것은 인식론적 기회 접근의 평등화를 위해 지금까지 진행된 진전을 지연시킬 것이다. 영은 학교와 대학 등 교육기관은 과학과 다른 학문이 보수적이라는 것과 같은 의미에서 기본적으로 '보수적'임을 유념하지 않을 수 없다고 본다. 이것은 보존하고 전달하는 지식이 고정되었다거나 주어진 것이라는 의미가 아니다.

　그런데 교육기관이 지식을 보존하고 전달하는 것이 아니라면, 각 세대가 그것을 재창조하지 않으면 안 된다. 그렇게 되지 않으면 어떤 사회적 진보도 일어나지 않게 되고, 새로운 지식의 획득과 생산은 불가능할 것이다.Young & Muller, 2016: 54 중요한 점은 학교의 보수적인 역할(문화적 보수주의)과 일부 계층의 이익과 특권을 유지하려는 정치적으로 보수적인 역할—불평등한 사회의 일부인 교육제도의 산물—을 구분할 필요가 있다는 것이다. 전자가 아닌 후자 방식의 보수주의에 대해서는 비판하지 않을 수 없다.Young & Muller, 2016: 54 두 보수주의 유형 간의 관계—문화적 또는 정치적 유형의 보수주의라고 불리는—는 교육사회학의 주요한 주제이기는 하나 별로 연구되지는 않았다. 지금까지의 연구는 거의 정치적 보수주의에 집중되었다. 교육제도의 보수적 성질과 변화에 대한 저항, 그리고 현대 세계와 별 관계가 없는 시대착오적 권위 형태와 낡은 교육과정은 미래적 사고를 위한 토대로는 매우 한계가 있다.Young & Muller, 2016: 66

　첫 번째 한계로는 한 세대에서 다른 세대로 전달하는 지식의 전승과 관련된 제도로서 학교의 내재적으로 보수적인 역할 및 변화에 저항하고, 더욱 힘 있는 집단의 특권을 유지하는 모든 제도의 경향으로서 '보수주의'를 구분하지 못했다는 점이다. 교육제도의 '구조적' 보수주의와 '사회적' 보수주의를 구분하는 것은 교육과정 설계에서 인식론적 한계를 구분하는 데 중요한 의미를 갖는다. 사회적 사실주의는 권력과 특권을 유지하는 교육제도의 '사회적 보수주의' 관점에 대해서는 비판적 입장을 취하고, '구조적 보수주의'에 대해서는 지식의 획득과 진보 및 혁신을 위한 조건으로 받아들인다.Young & Muller, 2016: 69 오늘날 급변하는 사회에서 학교가 어떻게 한 세대에서 다른 세대로 지식과 가치를 계속해서 전달할 것인지를 생각해 본다면, 우리는 이 두 가지 형태의 보수주의를 구별할 필요가 있다. 두 번째, 학교가 더 넓은 사회의 변화에 중점을 두어 그것에 젊은이들을 적응시키는 방식을 가리키는 문화적 기관이라면, 그들에게 장기적 이익을 가져다줌에도 불구하고, 자신의 즉각적 필요를 넘어서는 논리를 간과할 위험성이 있다.Young & Muller, 2016: 66

영은 교육과정을 '힘 있는 자의 지식'으로 생각하는 것과는 대조가 되는 '힘을 가진 지식'의 개념이 교육과정에 포함된 지식 그 자체의 특징과, 그리고 그것에 접근할 수 있는 사람들을 위해 무엇을 할 수 있는지를 역설한다. '힘을 가진 지식'의 개념은 권력의 배분에는 관심이 없으며, 적어도 직접적으로는 그렇다. 다른 말로 표현하자면, '힘을 가진 지식'은 인식하는 사람이나 권력이 아니라, 사회정의를 위한 지식의 획득을 목표로 한다. 지식을 누가 규정하거나 창조하는지에 대한 영의 초기 관심은 많이 줄어들었다고 할 수 있다. 만약 지식이 당신이 대안을 예측할 수 있게 해 주고, 설명을 해 주고, 대안을 구상할 수 있게 해 준다면, 그런 지식이 '힘이 있는' 것이다. 따라서 '힘을 가진 지식'이란 다음과 특징을 갖는다.Young, 2009

- 힘 있는 지식은 추상적이고 이론적(개념적)이다. 이것은 일반적인 것과 관련이 있으며, 구체적인 것과는 관련이 없다.
- 힘 있는 지식과 연관된 개념은 서로 관련이 있으며 그들은 한 시스템의 일부분이다.
- 힘 있는 지식은 신뢰할 만하지만 도전받을 수 있다.
- 힘 있는 지식은 종종 경험에 대해서 반직관적이다. 우리는 지구가 태양 주위를 돌고 있다는 것을 경험할 수 없다.
- 힘 있는 지식은 교사와 학생이 직접적으로 경험하는 것과는 독립된 실재를 갖고 있고, 우리는 사회나 중력을 경험하지는 못하지만, 그

규칙이 깨지면 진리라는 것을 알 수 있다.

이러한 것들이 지식의 '힘'의 일부라면, 우리는 어떻게 특정의 지적 자원을 제공하지 않는 지식과 구별할 수 있는가? 그렇다면 교육과정에 유용할 수 있는 '힘을 가진 지식'을 정의하기 위한 세 가지 준거를 제안할 수 있다.Young, 2014: 74-75

- 힘 있는 지식은 일상적 경험을 통해 습득하는 '상식적' 지식과는 구별된다: 상식적 지식은 우리의 일상생활에서 필수적일 뿐만 아니라 항상 특정한 맥락에 묶여 있다. 상식적 지식은 세월이 흐르면서 경험을 통해 발전한다. 이것은 가르치는 것을 필요로 하지 않고, 경험을 얻기 위해 학교에 갈 필요도 없다. 하지만 이것은 우리 경험의 맥락과 연결되어 있고, 학교는 이러한 한계를 극복하기 위해 존재한다.
- 힘 있는 지식은 '체계적'이다: 이 개념들은 우리가 교과 또는 학문이라고 부르는 집단들 간에 서로 체계적으로 연관되어 있다. 힘 있는 지식은 특정 맥락이나 경우를 넘어서 일반화 및 사고의 터전이 될 수 있다. 강력한 지식의 체계적 구조, 그리고 그것이 일반화를 위한 자원이 되는 가장 명확한 예는 수학과 물리학에서 찾아볼 수 있다. 그러나 사회과학, 인문학, 예술과 같은 다른 형태의 지식들 또한 특정 사례와 맥락을 넘어 일반화를 위한 어느 정도의 제한적 개념을 가지고 있다.
- 힘 있는 지식은 '전문적'이다: 힘 있는 지식은 명확하게 구별되는 집단, 대체로 전문직에 의해 개발된 지식으로서 탐구의 중심이나 영역을 명확히 정의하고 있으며, 상대적으로 정해진 경계선을 가지고 있어서 다른 형태의 전문적 지식과 구별된다. 이 집단은 소설가, 극작

가부터 핵물리학자와 마케팅 전문가까지 다양하다. 힘 있는 지식의 전문적 특성은 왜 습득이 어려운지, 습득하려면 왜 전문 교사가 필요한지 그 이유를 설명한다.

영은 '힘을 가진 사람의 지식knowledge of the powerful'과 '힘 있는 지식 powerful knowledge'을 구분한다. 양자의 지식은 관련이 있으나, 동일한 것은 아니다. 힘을 가진 사람의 지식은 지식의 생산, 획득 그리고 사용에 대한 불평등한 접근을 통해 형성되고 구별된다. 사회의 엘리트는 학생들에게 사회적 권력을 가질 수 있는 학문적 교과와 전문직을 준비시키는 엘리트 학교와 대학에 중점을 둠으로써 과잉 대표되었다. 힘/권력을 가진 사람의 지식에 대한 분석은 지식에 대한 접근성이 매개되는 방식과 주어진 정당성에 초점을 맞추고 있다.

그런데 영이 지식을 높은 위상을 가진 것으로 특징짓는 것은 지식 그 자체의 어떤 것을 말하고자 하는 것이 아니다. '힘 있는 사람의 지식'과 '힘을 가진 지식'을 구분함으로써 '힘 있는 지식'이 무엇을 할 수 있는지, 또는 그 지식에 접근할 수 있는 사람들에게 제공할 수 있는 지적 힘에 대해 말하고자 한다.Young, 2008b 힘 있는 지식은 세계에 대한 더욱 신뢰할 만한 설명을 하고, 새롭게 생각하고 그것을 획득할 수 있는 방식을 제공하고, 그리고 학습자에게 정치적, 도덕적 및 여타 유형의 토의에 참여할 수 있는 언어를 제공할 수 있다. 이를 위해 민주주의 가치를 구현하고, 그것에 접근할 수 있는 기회를 제공함으로써 '배분적 정의'[37]의 이슈를 처리하도록 한다. 이론적 지식을 접할 기회에 대한 물음은 배분적 정의의 핵심적 이슈이다. 배분적 정의와 지식에 대한 접근성 논변은 힘을 가진 사람의 지식과 힘이 있는 지식 사이의 구분을 가정하고 있다. 이론적·추상적 지식에 대한 힘/권력을 가진 사람의 특권적 접근성은 '생각할 수 없는'

것과 '아직 생각하지 못한' 것을 생각하기 위해 지식을 동원하는 능력을 제공한다. 힘이 있는 지식은 자연적·사회적 세계에 접근할 수 있고, 그리고 이 세계가 어떤 것인지에 대한 사회와의 대화에 참여할 수 있기 때문에 힘이 있다. 지식은 지식 생산자 공동체에 의해 사회적으로 생산되고, 재작업되고, 수정되기에 불가피하게 그것의 생산 징표를 남기며, 그리고 지식의 상태는 언제라도 진행 중인 작업으로 간주되어야 한다.

하지만 지식은 권력과 특권의 징표를 얻는 것이지만 그것이 전부는 아니다. 배분적 정의에 대한 논변은 힘없는 사람이 지식의 형태와 본질에 기여할 수 있도록 진행 중인 작업으로서 지식에 대한 공평한 접근을 보장하는 것에 관심이 있고, 이것은 지식의 장 내에서 중요한 것을 정의하는 데 참여할 것을 포함한다. 지식을 권력으로 환원시키는 논변은 지식 그 자체를 실재적인 것으로 다루지 않으면서 그것에 대한 접근에 대해 문제를 삼지 않기 때문에 힘 있는 지식으로부터 힘을 갖지 못한 사람을 배제시키는 것으로 나아간다.Wheelanhan, 2010: 9-10 결국 '힘을 가진 사람의 교육과정'에서 교육은 언제나 문화적 선택에 의해서 이루어지는데, 이 선택은 의식적으로 발생하기도 하고, 무의식적으로 발생하기도 하는 특징을 갖고 있다.Young & Muller, 2016: 70-74

이러한 관점에서 사회적 사실주의 접근은 교육과정을 대체로 학습 행

---

37. '정의'는 소득과 부, 권리와 의무, 권력과 기회, 공직과 영광 등 사회적 가치들이 적법하고 정당하게 분배되는 것을 의미한다. 정의는 전통적으로 '시정적 정의'와 '배분적 정의'로 구분된다. '시정적 정의'는 사회적 가치가 부당하게 침탈되거나 왜곡 분배되는 경우에 사법작용을 통해 원상회복과 그에 대한 보상이 이루어지게 함으로써 실현되는 것을 말한다. '배분적 정의'는 사회경제적으로 약자적 지위에 있는 구성원을 옹호하기 위해 사법작용을 통해 기존의 분배 구조에 조정을 가하는 것이다. 교육 기회의 균등은 민주주의 사회의 핵심 가치이고, '배분적 정의'를 실현하기 위한 최소한의 장치이므로, 모든 아이가 자신의 적성과 재능에 따라 균질의 교육을 받을 수 있도록 해야 한다. 특히 위기의 청소년들에게 교육은 '사다리'가 되어야 한다. 그래야만 '배분적 정의'가 실현되고 국가와 사회의 지속적인 발전이 가능해진다는 것을 잊어서는 안 된다.

위를 지원하는 교육적 수단이면서 정치적 수단으로 여긴다. 이런 관점은 교육과정이 진리와 진실성의 성질을 담지하고 있기에 교육과정 정책결정 자들 및 학교의 교육과정 리더들에게는 도전이다.

그리고 사회적 사실주의는 '사회정의'를 추구한다. 사실 지식이 탈맥락 적이고 가치로부터 자유롭다는 관념은 보수적 위상과 연관되어 있으며, 지식 배후의 권력을 폭로하는 상대화 시도는 비판적이고 급진적이라고 할 수 있다.Maton & Moore, 2010: 8 교육은 사회를 보상할 수 없다. 다른 말로 하자면 불평등의 근원은 교육과정이 아닌 사회에 있기 때문이다. 하지만 영은 지식교육을 통해 세계에 비판적으로 개입함으로써 사회정의를 향한 것으로 가도록 하는 교육의 해방적 역할이 가능하다고 본다. 영은 결과의 평등을 위한 교육과정, 보다 사회적으로 정의로운 사회를 위한 교육과정 을 제시한다. 동시에, 그것이 사회를 보상할 것이라고 기대할 수 없더라도, 교육과정이 무엇을 할 수 있는지에 대해, 또는 그것을 가치 있게 만드는 학생에 대해 질문하는 것이 중요하다고 본다.Young, 2014: 73-74 교육과정이 사회를 곧바로 개혁할 것이라고 기대할 수 없더라도, 모순은 발생할 수밖 에 없고, 이런 틈새는 발생할 수밖에 없다. 틈새 속에서 교육과정 및 교과 서 개혁과 함께 대안적 교수학습활동을 필요로 한다.

'힘/권력'과 '지식/앎'이라는 두 단어를 서로 연결시키는 것은 새롭지 도 않고 교육에만 특정된 것도 아니지만, 지식의 유형을 구별하는 교육적 아이디어로서의 '힘 있는 지식'은 새로운 개념이다. '힘'과 '지식'을 연결하 는 교육과정 접근은 첫째, '힘 있는 사람의 지식'에 의해 어떤 사회나 조 직에서 힘을 가진 사람들 또는 집단에 초점을 맞추어서 지식이 무엇인지 정의한다. 학교교육과정의 경우, '힘 있는 사람의 지식'이라는 개념은 어 떤 지식이 포함되고, 또 무엇이 포함되지 않는지, 그리고 누구에 의해 이 루어지는지를 가리킨다. 그것은 첫째, '기존의 정의와 지식의 선택에서 누가 이익을 얻는가?'라는 질문에 초점을 맞추었다. 둘째로, 교육과정과 관련하여, '누가 교육과정에 특정 주제와 개념을 포함시키고 배제하는 힘을 가지고 있는가?'라는 질문에 초점을 맞추고 있다.Young, 2014: 72-73 이런 제기된 문제들은 일부 지식이 교육과정에 포함되거나 제외될 때 발생하는 이해관계에 관한 것이다.

학교와 대학과 같은 교육제도의 경우 교육적 역할의 일부는 새로운 세대에게 이전의 세대가 발견한 '힘 있는 지식'을 보존하고 전달하는 것에 있다. 영은 포스트모던 사고를 하는 상대주의와 결합된 니힐리즘과는 달리 '힘 있는 지식'이 이끄는 교육과정의 역할을 중시한다. 영의 교육과정 이론은 '힘 있는 사람들의 교육과정curriculum of the powerful'에서 '힘 있는 교육과정the powerful curriculum'으로의 전환을 보여 준다. 학생들의 문화적 경험을 반영해야 한다는 교육과정 논의에 의문을 품은 영은 '힘 있는' 지식과 교육과정을 강조한다. 그래서 지식에 대한 사회구성주의 관점과 현재 벌어지고 있는 교사 중심에서 학생 중심 교육과정[38]으로의 전환에 담긴 논리를 문제 삼으면서 '사회적 사실주의'를 주창하고 있다. 영은 '무엇'이라는 학문/교과를 희생하면서 '어떻게'라는 교수학습 방법론으로 전락하는 주류의 교육정책에 대해 비판적이다. 영은 무엇이 좋은 교육이

---

38. 학교가 다른 어떤 면보다 아동에게 맞게 만들어진다면, 교육과정은 아동의 요구와 흥미에 의해 결정되어야 한다. '학생 중심' 교육과정은 흔히 '아동 중심' 교육과정이라고 알려져 있으나, '학습자 중심' 교수학습에 참여한 많은 사람들이 아동이 아니었기 때문에 약간 오도된 면이 있다. '학생 중심' 교육과정은 어느 정도 학생들을 스스로가 학습자가 되어야 하는 점 때문에 교사로부터 분리하는 것처럼 보이는 한계가 있다. 학습자 중심의 관점과 모델이 교육자들로 하여금 이해하도록 돕는 것이 개별 학습자들(나이가 적든 많든, 학생과 교사-모든 인간처럼)의 독특한 관점과 요구, 능력과 장점이라는 복잡한 배열을 가져온다. 학습자 중심 교육과정의 지향은 학생들이 실제로 배우고 싶어 하는 것을 학습해야 한다는 흥미 이론에서 발견된다. 학습자 중심 교육과정의 기초 또는 토대는 개인의 성장과 발달에 있다. 이러한 학습자 중심 교육과정은 '진보주의 교육'의 전통에서 비롯된다(Ellis, 2012: 58-73).

고, 학교는 실제 무엇을 위한 것인지를 진지하게 논의한다. 아이들에게 가르침과 배움의 즐거움을 가져다줄 수 있는 정의로운 교과 중심의 교육과정을 제안한다.

학교 교과 지식을 '힘 있는 지식'으로 표현하는 것은 개념적으로 전통주의(〈미래 시나리오 1〉)와 진보주의 혹은 신자유주의(〈미래 시나리오 2〉) 교육사상의 부족함을 상쇄하기 때문에 도움이 된다.[39] 사회적 사실주의(〈미래 시나리오 3〉)는 〈미래 시나리오 1〉과 〈미래 시나리오 2〉의 부정적 결과를 넘어서고자 한다. '힘 있는 지식'은 허시Hirsch가 중시하는 핵심적 지식목록(주로 전통적 학문적 지식)과 구별되는 지적 자원을 강조한다. 〈미래 시나리오 3〉은 아이들의 교육적 권리에 대한 개념을 확립하고, 지식을 기반으로 한 사회정의를 위한 교육의 근거를 제시한다.Young, 2014: 167-169; Young & Muller, 2016: 70-74 교육과정이 학생들의 관심사에 기초해야 한다는 상당히 '진보적progressive' 기법이 주도하는 교육적 사고를 하는 상대주의와 그것의 필연적 결과, 그리고 학교교육과정의 내용을 '핵심 지식'의 거의 고정된 선택으로 보는 '전통적' 견해Hirsch, 1987; 2007—〈미래 시나리오 1〉로 특징지었던—의 부적절함 모두에 비판적이다.

〈미래 시나리오 3〉은 제3의 길을 넘어서고자 하는 하그리브스Andy Hargreaves의 『학교교육 제4의 길』을 연상하게 한다. 우리 교육은 〈미래 교육과정 1〉의 전통주의와 〈미래 교육과정 2〉의 진보주의 또는 신자유주의, 그리고 〈미래 교육과정 3〉의 사회적 사실주의가 중첩되어 있기에 적절한 배합이 필요해 보인다. 교육 내용 중심적인 전통주의(학문 중심)와 교육 방법 중심의 진보주의(아동의 발달)가 대립되지 않고 균형을 이

---

39. 진보주의 교육은 과도한 지식교육을 벗어나기 위해 학생의 흥미와 관심을 중시하는 '아동중심주의'를 중시하고 있지만, 학교교육의 본래적 목적인 지식교육을 멀리할 가능성이 있다. 교수–학습의 심리적 측면을 강조하는 진보주의 교육은 교육을 통해 '성취'할 수 있는 측면을 도외시하는 경향이 있다.

룰 필요가 있다. 영은 학습 내용이 특정되어 있지 않는 교육과정이라면, '사회적 실재/사실'에 대한 접근으로서 지식과 교육과정에 대한 인식론적 접근을 시도하면서 모두가 누려야 할 '지식에 대한 획득 권한entitlement to knowledge'[40]을 제창한다. 학생들의 지식 획득 권한은 사회정의와 연계된 교과 기반 접근을 하고 있다. 영의 '인식론적 접근 기회epistemological access'라는 개념은 교육제도가 제공하는 기회가 반드시 사회적이지는 않은 방향으로 작동하고 있음을 경고하고 있다.Young & Muller, 20016: 54

'힘을 가진 지식'이 이끄는 학교

복잡한 현실적 상황과 결정을 이해하려는 어떤 아이디어와 마찬가지로 '힘 있는 지식'이라는 아이디어는 다양한 주제에 걸쳐 다양한 맥락에서 탐구하고 시도한다. 이것은 희망컨대 교사와 교육과정 이론가들 사이의 대화의 기초가 될 수 있을 것이며, 경험으로부터 분화된, 세분화된, 체계화된 사상을 통해 다른 과목과 교육과정 전체의 의미 수정, 명료화, 그리고 더 큰 전문화로 이끌어질 수 있다. 그렇게 하여 새로운 개념이나 더 나은 정의가 도출된다. 지식 기반 교육과정 디자인에서 고려해야 할 원리는 전문화의 형태, 국가교육과정과 학교의 개별화된 교육과정의 관계, 학교의 지식(교육과정)과 일상의 지식(교육 내용)의 차이, 교수활동과 교육과정의 차이, 학생과 교사의 피드백으로서의 학업 향상에 대한 평가와 교

---

40. 영의 은사이자 동료이기도 한 번스타인은 『계급, 코드 그리고 통제』(Bernstein, 2000)에서 개인의 발전, 사회적 통합, 정치적 참여에 대한 젊은이들의 '교수 권리'의 이념을 개진한 바 있다. 이 권리는 교육적 과정의 결과로 표현된다. 그에게 있어 지식에 대한 접근은 교육적 권리에 대한 그의 구분에 내포된 불평등과 싸우는 중요한 교육적 기여이다. 이것은 '힘 있는 지식'이라는 마이클 영의 개념을 위한 맥락을 제공한다.

육과정 및 교수활동 주도자로서의 평가 등을 고려해야 한다.^{Young & Muller,}

Young & Muller, 2016: 143-146

마이클 영은 『지식과 미래학교』에서 '힘 있는 지식이 이끄는 학교 powerful knowledge-led school'의 10가지 원칙을 제시한다.Young, 2014: 154-156

① 지식은 그 자체로 가치가 있다: 배움은 청소년기의 목표이다.

② 학교는 사회를 대표하여 공유된 강력한 지식을 전달한다: 우리는 그들이 세상을 이해하고 향상시키는 데 필요한 것을 가르친다.

③ 공유된 '힘 있는 지식'은 학습된 공동체를 통해 검증된다: 우리는 모델 학습자로서 연구와 교과연합회와 계속해서 교섭한다.

④ 아이들은 세상을 이해하고 해석하기 위한 '힘 있는 지식'이 필요하다: '힘 있는 지식'이 없으면, 아이들은 그것을 가지거나 오용하는 사람들에게 의존하게 된다.

⑤ '힘 있는 지식'은 일상생활에 필요한 지식보다 인지적으로 우수하다: 그것은 아이들의 일상경험을 초월하고 그들을 해방시킨다.

⑥ 공유된 힘 있는 지식은 아이들이 유용한 시민으로 성장할 수 있게 해 준다: 어른으로서 그들은 세상을 이해하고 협력하며 함께 형성할 수 있다.

⑦ 공유된 지식은 정의롭고 지속 가능한 민주주의의 기초이다: 함께 교육을 받은 시민들은 공동선을 공유하고 이해한다.

⑧ 모든 아이들이 이 지식에 접근할 수 있어야 하는 것은 공정하고 정당하다: 힘 있는 지식이 문을 열어 준다. 모든 어린이들이 그것을 이용할 수 있어야 한다.

⑨ 공유된 지식 전달을 위해서는 어른의 권위를 수용하는 것이 필요하다: 지식을 전달한 교사의 권위는 사회에 의해 주어지고 가치가 부

여된다.

⑩ 교수활동은 어른의 권위와 힘 있는 지식 그리고 그것의 전달과 연계된다: 우리의 모든 아이들을 위해, 이 모든 것을 성취할 수 있는 수준 높은 전문가가 필요하다.

영이 제시하는 대안인 〈미래 시나리오 3〉에서는 '모든' 아이들이 강력한 지식에 접근할 수 있게 하고, 이러한 헌신을 교육학과 결합하여 점진적으로 교육과정 과목의 전체 범위에 대한 접근을 확장하며, 학생들과 학부모들에게 이 지식을 습득하는 것이 가치 있는 일이고 그들의 권리라고 설득한다.Young, 2014: 195 영은 탈전문화된 교육자를 재전문화하여 학생들이 '힘 있는 지식'에 더 평등한 접근을 하도록 한다. 학생들이 다양한 경험을 하도록 하면서, 교과의 교수학습활동을 통해 '힘 있는 지식'을 확장시키는 교육 목표를 달성하도록 한다.

마이클 F. D. 영 이론에 대한 평가

영은 영국의 교육체제가 학문의 급격한 팽창과 진보주의의 자유를 잘 결합하지 못해 혼란을 겪었다고 평가한다.Young & Muller, 2016: 94 영은 시장경제와 경제적 제국주의를 위해 교육적·정치적 범주가 희생되고 있다고 비판한다. 그는 오늘날 시험과 시장이 주도하는 역량에 터한 교육정책, 학문 중심 교육과 직업 중심 교육의 분리에 대한 심각한 문제제기와 함께 지식과 교육과정의 새로운 역할을 제시하고 있다. 교육과정의 지식 문제는 교육과 교육과정 연구, 실습, 직업교육, 고등교육, 성인 및 지역사회교육, 고등교육 정책 및 평생학습의 사회학 등에서 중심적 관심사이다.

영은 근대/근대성의 완성을 포기하는 '탈학교화된 사회de-schooled society'에는 미래가 없다는 베이커Baker, 2008의 주장을 지지한다. 근대의 '미완성'은 근대화 자체에 대한 열의만큼이나 중요하다고 보는 합리주의자라고 할 수 있다. 영의 스승인 번스타인 또한 뒤르켐의 프로젝트에 따라 집합에서 통합으로의 교육과정 이동, 기계적 연대(전통사회)에서 유기적 연대(근대사회)로의 진화를 강조한 바 있다.Sadonik, 2006: 200 뒤르켐은 지식과 진리의 도덕적 역할을 부정하지 않았으며, 지식과 진리의 사회화와 인간화를 추구했다.Young & Muller, 2016: 20 헤겔과 하버마스가 역설한 대로 '미완의 근대'를 완성시키고자 한다. 미완의 근대 프로젝트는 나와 다른 사람들이 교육과정에 대한 논의에서 동조하는 지식에 대한 사회적 사실주의 접근의 주요한 특징이 되어야 한다. 정보사회 도래로 인해 스스로가 자신을 재교육화하는 사회가 된 것이다. 그래서 영은 뒤르켐에게 있어 가장 원시적인 사회에서 발견되는 경험과 그 지식으로 인한 모든 결점과 실패에도 불구하고, 더 커다란 평등과 사회정의의 가능성을 보면서 그것이 학교교육의 해방적 가능성의 기반이 된다고 보고 있다. 영이 제창하는 사회적 사실주의 지식이론은 기술적 전환과 과학적 합리성을 특징으로 하는 '지식사회', '네트워크 사회'의 아이디어를 포착하는 데까지 나아간다.Young, Lauder, Daniels, Lowe, 2012

영의 사회적 사실주의는 비판적 사실주의를 대안적으로 수용하고 있으면서도 비판성보다 미래적 대안에 더 초점을 두는 편이다. 그리고 영은 사회성에 사회정의를 결합한 교육과정을 제창한다. 결국 교육자는 '정의로운 힘을 가진 지식'으로 무장되어야 한다는 것이다. '힘/권력을 가진 사람들의 지식the powerful'으로부터 해방되기 위해서 사회정의를 지향하는 힘 있는 지식의 획득을 주장한다. 이런 지식에 접근할 수 있는 모든 사람을 위한 획득 권한entitlement을 가져야 한다. 지식에 대한 획득 권한을 제공하는 것이 교육의 핵심 요소일 것이다. 사회가 토론과 논쟁을 수행하기 위해 지식을 사용하기 때문에 지식에 대한 접근은 사회정의의 핵심 과제이기도 하다.

영은 성찰적 근대화를 위한 미래를 지향하는 새로운 교육과정 조직이론을 변증법적으로 구성할 것을 제시한다. 왜냐하면 첫째, 지배적인 교육과정에 대한 모든 비판은 반드시 모순되는 목적들을 동반하기 때문이다. 따라서 과거로의 회귀와 미래의 가능성이라는 동시적 형태를 취해야 한다. 과거는 나쁜 것과 동일시하고 미래를 좋은 것과 동일시하는 진보주의자의 수령에 빠지지 않아야 한다. 이러한 사고는 보수주의자에게도 해당될 것이다. 둘째, 사회는 인간이 만들어 낸 것이고, '세상은 적어도 원칙적으로는 언제나 바뀔 수 있다'는 사실을 사람들에게 알려주는 것이 지식인의 유일한 역할이다. 모든 비판은 분명한 대안을 제시해야 한다. 비판만으로는 체계적인 지식과 학습의 토대를 구축할 수 없다. 따라서 구체적인 정책이나 실천을 말하고자 하는 것이 아니라, 정책과 실천의 변화를 유도할 수 있는 대안적 원칙을 제시해야 한다.Young, 1993: 16 기존 교육과정에 따른 지식의 층화, 교과목 간의 절연을 분석하면서 새롭게 구성되는 미래 지향적인 교육과정을 위한 전략은 원칙적으로 새로운 지식 콘텐츠에 초점을 둘 것이 아니라, 지식 간의 새로운 관계에 초점을 두어야 한다. 즉, 다양한 지식, 기능 및 태도를 포함한 미래 지향적인 교육과정의 개념은 이론과 실천의 관계, 교과와 학교의 새로운 관계, 교과지식과 비교과지식의 새로운 관계, 새로운 형태의 전문화, 지식의 전문화와 분업에 따른 전문화의 관계, 학문교육과 직업교육의 분리 체제의 대안으로서 이론적 이해 및 활동의 새로운 연계, 학교교육과 비학교교육의 새로운 관계 및 여러 교과의 상호관계 등을 정비하지 않으면 안 된다.Young, 1993: 16-17

그런데 영은 사회적 구성주의와 사회적 사실주의를 지나치게 이분법적으로 바라보고 있다. 교수학습활동에서 주체들이 자율적으로 만들어 가는 학습자 중심 경험이나 사회적 구성주의를 위험하게 보고 있다. 하지만 사회적 사실주의는 내용학의 과제이고, 사회적 구성주의가 방법학의 과제라고 이해한다면, 양자가 극단적으로 분리될 필요가 없을 것이다. 영은 번스타인의 관점에 따라 교수활동을 강조하지만, 상대적으로 학습활동에 대한 언급은 잘 보이지 않는다. 학습자의 관심, 여건 등을 고려한 문제의식은 보이지 않는다. 이렇게 보면 영이 방법론적으로 사회적 구성주의의 상대주의 경향을 급진적으로 비판하고 있는데, 아동 중심 혁신교육과 지식 중심의 혁신교육을 대립적으로 보아서는 안 될 것이다. 이론적 지식의 소환을 지나치게 강조함으로써 역량과 경험적 지식을 소홀히 할 가능성이 있기 때문이다. 우리 사회의 경우 이론적·개념적 지식, 한마디로 교과서적 지식이 암기 위주의 입시교육으로 변질되어 경험적·일상적 지식이 배제된 현실을 감안한다면 양자의 통섭을 필요로 한다. 양자의 지나친 분리는 학교 및 사회의 변화 모두에 큰 도움이 안 될 것이다.

그러므로 대안적 실천으로서 사회적 실천을 '지식의 실천' 또는 '실천의 인식론'으로 이해하는 변증법적 사고가 필요하다. 이론적 실천자로서의 교사와 실천적 이론가로서의 학자들의 긴밀한 소통 공동체가 필요하다. 우리나라의 경우 학자들의 학문 공동체와 교사들의 실천적 공동체가 너무 분리되어 있기에 이 점을 유념해야 한다. 특히 과도한 국가주의, 관료주의, 교사 중심이 문제가 되는 사회이기에 아동의 자율성을 포용하는 통합적 지식이론과 교육과정을 정립해야 한다. 따라서 지식의 기능과 역할, 그리고 사회변화에 대한 종합적 전략이 필요하다. 지식에 대한 외재적 접근과 내재적 접근 사이에 상호작용하는 복잡성과 역동성이 갖는 심층적 의미, 그리고 그것이 미시적/거시적 사회변화의 과정에서 맥락화하는 방식의 의미는 교육제도 내의 다른 변화들과의 관련성을 고려함으로써 파악할 수 있다.Moore, 2009: 100 따라서 지식의 '비판성'과 '사회성'이 융합된 '비판적·사회적' 사실주의 접근을 모색할 필요가 있다.

6.

지식과 교육과정에 대한
비판적·사회적 사실주의 접근

포스트모더니즘과 구성주의의 인식론적 오류

교육과정의 주류적 모델인 보수주의, 도구주의, 구성주의는 지식을 인과적 목표로 보지 않고 도구적으로 접근했다. 세 흐름은 각각 지식의 중요성을 경시하고 그것을 다른 교육과정의 목표에 종속시켜 지식을 교육과정의 중심에서 밀어내었다. 이것은 지식이 세계의 본질 및 사회와의 대화를 가까이하도록 이끄는 것이 아니라, '도구적으로' 접근하도록 했다.Moore, 2007 결국 지식이 교육과정의 중심으로부터 밀려남으로써 교육과정의 위기, 더 궁극적으로는 교육의 위기가 초래되는 것으로 귀결되었다. 이러한 접근 방식은 지식을 생산하는 장과 그것이 존재하는 사회 사이를 절연·단절시키는 것이나 다름없다. 왜냐하면 사회구조와 상호작용이 대치되는 국면이 전개되면, 반구조주의적 경향과 자기 파괴적인 상대주의로 나아갈 가능성이 있기 때문이다.

우선 다양한 포스트모더니즘[1]은 모두 확고하게 반인식론적 경향을 보인다. 포스트모더니스트들은 특정 철학적 또는 이론적 기획, 칸트적인 계몽적·이성적 주제, 언어의 완전성 또는 경험과학의 방법과 같은 것에 재현과 지식의 근거를 두는 모든 근대적modern 시도들을 불신한다. 최근 포스트모더니즘의 반인식론적 경향은 다양한 논쟁, 토론, 대치 사고를 야기했다. 이러한 사고는 재현의 위기를 불러일으켰다. 왜냐하면 포스트모더니즘은 모든 확실한 의미의 종언을 선포하며, 신념과 지식, 과학과 문학, 진짜와 가짜, 그리고 궁극적으로는 진리와 허위 사이의 인식론적 구분을 통한 수평화 시도를 하기 때문이다. 그리고 지식 공급자가 실재에 대한 어떠한 정확한 재현, 나아가 결과적으로 어떠한 유형의 명백한 진리 주장을 가로막기 때문이다. 또한 정치적으로 포스트모더니즘은 억압받는 집단의 해방을 향한 이론가들의 어떤 지침의 제시도 거부하기 때문이다. 이러한 포스트모더니즘의 반인식론적인 태도는 관점주의를 난무하게 하여 무한 해석을 가능하게 하는 과도한 상대주의화를 초래하였다. 그리고 무엇이든 괜찮다는 방식을 취하며 진보적 정치 행위를 불가능하게 하는 허무적인 반근본주의적 해석학으로 치닫게 했다.

이렇게 포스트모더니스트들은 지식을 확립하는 수단으로서 과학적 방법의 우월성을 과도하게 신뢰함으로써 사회적 실천이자 역사적 및 문화적 산물로 바라보는 관점은 실패했다며 모던적 사고의 종언을 선언한다. 과학의 비역사적 성격은 개인 그리고 그와 분리된 합리적 응시의 대상이 될 수 있는 원자론적 모델과 관련이 있다. 포스트모던 사고와 비슷한 사고 경향을 보여 주는 구성주의 접근 또한 과학을 역사의 밖에 존재하며,

1. '포스트모더니즘(postmodernism)'에 대한 일치된 정의는 없다. 그것은 20세기의 후반기에 선진 사회에서 발생했던 변화의 종말론적 성격 및 그 깊이와 관련된 모든 분야를 망라하는 관념의 성좌로 가장 잘 이해된다. 포스트모더니즘은 모더니즘 혹은 계몽적 기회의 근본 원리와 열망이 불가능할 뿐만 아니라, 처음부터 환상에 근거했음을 인식하고 새로운 의식의 질서를 주장한다. 이러한 의식의 급진적 변화는 대체로 근본적인 사회변화와 연관된다. 그것은 문화적일 뿐만 아니라 경제적이고 정치적이다. 그러나 여기서의 관심은 철학적 포스트모더니즘과 지식에 대한 회의적 비판이다. 포스트모더니즘과 그것의 추론들—해체, 상호텍스트성, 담론, 수사학과 초현실—은 1980년대와 1990년대의 지적, 문화적 유행어가 되었다. 그러나 그것의 대중화와 활성화가 포스트모더니즘이란 무엇인가에 관한 개선된 이해를 가져오지는 못했다. 포스트모더니즘을 둘러싼 논쟁의 중심에는 적어도 인문학과 사회과학에서 제기된 많은 것들의 객관적이고 맥락 독립적 진리의 획득 가능성에 관한 중요하고도 오래된 문제가 자리하고 있다.

어떠한 사회적 맥락으로부터도 유리되어 있는 것으로 규정한다. 그리하여 인식 주체뿐만 아니라 지식도 맥락으로부터 자유롭게 되었다. 합리성은 모든 역사적, 사회적 맥락과 실천을 가로질러 작동하고 그 모든 것들로부터 독립된 보편적이고 초월적인 것으로 여겨졌다. 고독한 개인이 독립적인 대상의 실재와 마주하는 개인주의적 인식론이 그것의 대표적인 결과다. 대부분 활동 중인 과학자들은 스스로 통상 경험하는 어떤 것으로부터 결코 떼어 놓기 어려운 과학적 지식에 대한 사회학적 분석들을 발견한다. 그래서 이들은 사회학적 분석에도 불구하고 발견된 결과물을 쉽게 믿지 않는다.

사실 근대적 교육 사고의 영향을 받는 선진 산업사회에서 교육의 목적은 교육받은 시민에 의한 진보적 사회변화를 촉진하는 것이었다. 시민들은 과학과 기술을 경제적·사회적 삶을 위해 합리적으로 응용함으로써 풍요로운 삶을 위한 능력을 갖추도록 교육을 받는다고 생각했다. 그런데 대량 학살과 자연 파괴 등 근대적 이성의 패악은 근대적 사유 방식 자체에 대한 불신을 가져왔다. 탈근대적postmodern 사고는 거대 담론을 부정함으로써 사회 진보에 대한 신념을 약화시켰다. 기초주의에 대한 비판은 이성과 과학에 대한 공헌을 경시했으며, 나아가 주체의 탈중심적·파편적 사고는 합리적 자기결정성을 차단했다.

하지만 구성주의의 환원 논리는 미시적/질적 접근과 거시적/양적 접근의 구별을 이데올로기화함으로써 이러한 작업을 수행하기 어렵게 했다. 구성주의는 대개 '인지적 구성주의cognitive constructivism'를 주로 가리킨다. 지식 형성에서 사회적 상호작용보다 개개인의 인지적 작용을 더 중요하게 여기며, 인지 발달의 기원이 개인 내부에 존재한다고 간주한다. 개인의 자율적 구성을 중시하는 인지적 구성주의는 전통적 학습의 '전달' 모형에 대해 매우 비판적이다. 인지적 구성주의를 '급진적 구성주의radical constructivism'라고 부르는 이유도 여기에 있다. 구성주의가 인간의 모든 지식은 인간의 특수한 맥락에 의거해 구성된 것에 지나지 않는다고 하는 '급진적인' 주장을 하기 때문이다.[2] 그리고 구성주의는 니체적 니힐리즘과 진보와 진리 또는 지식의 어떤 가능성도 거부하는 '포스트모던post-modern'[3] 관점으로 발전했다. 그래서 영은 구성주의적인 포스트모던 사고가 극단적 상대주의로 치달아 진리 탐구를 방해했다고 판단한다.Young & Muller, 2010: 117-118

게다가 급진적 인지주의와는 대조적으로, 지식이 사회적으로 구성되고 특정한 문화적 맥락에서만 의미가 있다는 신념을 보이는 '사회적 구성주의social constructivism'가 대두했다. 이는 급진적 구성주의의 자기 구성적 측면과 더불어 학습자의 지식 생산에서 지식의 사회적 과정을 부각시킨다. 학교교육과정의 교과 내용인 지식이 시간의 흐름에 따라 정당하게 바뀌어야 하며, 그 지식이 구현되는 사회적, 정치적, 지리적 공간과 상호보완적이어야 한다는 발전된 주장을 편다. 지식의 학습과 인지 발달의 과정은 생물학적 유기체로서의 발달과정을 넘어 사회적 환경과의 관계를 형성하고 그 환경 내에서 유의미한 타인에 의한 영향의 중요성을 강조한다. 지식은 상호 교류의 과정이며, 이런 과정에서 학습자의 역할은 스스로 발전하는 실행 시스템에 참여하는 것이다. 이런 접근은 이론적으로 '비판적 교수학critical pedagogy'[4]과 유사한 측면을 보인다.Vicker, 2007: 321

---

2. 브루너의 전기 사상과 로버트 글라서, 그리고 장 피아제의 사고는 인지적 구성주의의 대표자라고 할 수 있다.
3. 'post-modern'의 'post'는 '넘어서/脫(beyond/off)'의 의미와 함께 '후기(after)'와 '반(anti)'의 의미를 갖고 있다. 모두 '근대 너머(post-modernity)'에는 동의하나, 미완성된 근대적 기획의 완성에 초점을 둘 것이냐, 아니면 근대의 거대 담론 프로젝트를 전체주의로 규정하고 해체 수준으로 갈 것이냐에 따라 노선이 갈린다.
4. 비판적 교수학(critical pedagogy)은 진보주의, 구성주의, 사회적 재건주의, 다문화주의 등으로 나타났다(Cho, 2014).

사회적 구성주의와 사회적 사실주의의 관계

현대 구성주의적 상대주의의 포스트-모던 형식은 '포스트post'라는 수사적 접두가 함축하는 급진적 대안이기보다는 실증주의의 변형이라고 보아야 한다.Moore, 2004: 162 그러기에 지식이 탈맥락화되고, 가치중립적이고, 격리된, 객관적이라는 실증주의 사고뿐 아니라, 지식이 특정의 문화적·역사적 조건 속에서 사회적으로 구성되었다—반드시 이해관계와 권력과 얽혀 있다—는 구성주의 사고의 오도된 이분법을 벗어나야 한다. 새로운 지식사회학은 지식이 사회적으로, 역사적으로 구성되기는 하지만, 역사적·사회적 구성으로 함몰될 수 없다. 지식의 '실재'는 뒤르켐이 주장한 것처럼 그 자체가 사회적 원천이라고 할 수 있다. 지식의 실재는 역사적일 뿐만 아니라 객관적 과정을 통해 만들어지기 때문이다. 지식의 기본은 세계에 대한 우리들의 상징적 성질이다. 인간 자신과 외적 세계와의 거리를 의식적으로 만들어 낸 것은 문명화의 기본적 행위라고 할 수 있다.

이러한 '강한' 사회적 구성주의 접근은 특정의 담론 구성에서 인식적 헌신을 피하고, 진리를 형성하는 기제와 정당화 논리, 그리고 한 지식 유형이 다른 지식 유형보다 낫다고 결정하는 수단을 위치시키는 문제를 일으켰다. 푸코처럼 모든 진리 주장이 인간들 사이의 타협, 논증, 동의 또는 부동의로부터 나온다고 본다. 이러한 사고 태도는 극단적 상대주의 사고로 치달을 수 있다. 상대주의는 지식의 문제와 관련하여 적절한 '비판적' 대응을 하지 못했다. 이에 '약한' 사회적 구성주의가 대안으로 제시되었다.Scott, 2010: 114-116 인식론적으로나 교육적으로 사회적 구성주의 접근은 '지식사회knowledge society'에 필요한 견고한 지식을 제공할 수는 없다는 반론이 크게 제기되었다. 다양한 방식의 상대주의로 유도된 지식에 대한 사회적 구성주의적 비판이 더욱 촉발되었다.[5] 지식이 사회적으로 역사적으로 구성되기는 하지만, 역사적·사회적 구성물로 환원될 수 없기 때문이다. 지식은 사회적으로 '구성'된 것이라기보다, 오히려 사회적으로 '구분'되어서 '생산'되고 있다. 사회적으로 구성되었다고 그것이 실재일 수도 없고 진리일 수도 없다.

그래서 사회적 구성주의의 '구성주의'를 '사실주의realism'로 대체하여 '사회적 사실주의social realism'가 제창되었다. 사회적 구성주의에서 '사회적' 개념이 진리를 추구하도록 하는 데 아무런 경계선이 없는 것은 더욱 문제가 되었다. 이것이 '사회적 구성주의'에 대한 대안으로서 진실성truthfulness에 대한 약속을 보존하고자 하는 '사회적 사실주의'가 도출된 이유이다.Young & Muller, 2016: 12, 22 포스트모던 상대주의에 대한 비판은 이미 '비판적 사실주의critical realism'가 공격의 포문을 연 바 있다. 비판적 사실주의는 실증주의와 포스트모더니즘 사이에는 기본적으로 연속성이 보이고 있음을 분명히 했다. 비판적 사실주의는 지식과 관련하여 환원주

---

5. 사회적 구성주의자들은 사회 구성원들이 무엇이 실재인지를 알게 되고, 동시에 이를 창조해 내는 방식을 보여 주기 위해서 사회 현상 분석에 피터 버거(Peter Berger)와 토마스 루크만(Thomas Luckmann)의 아이디어를 적용한다. 사회적 구성주의(social constructionism)는 사람들이 말하는 것이나 그들의 삶과는 독립적으로 존재한다는 사회적 실재론을 비판한다. 사회적 구성주의자들은 개인들이나 사회가 실재라고 인지하거나 이해하는 것이 그 자체로서 개인들과 집단들의 사회적 상호작용의 창조물에 해당하는 구성물이라고 믿는다(Giddens, 2011: 135). 그래서 사회적 실재를 '설명하려고' 시도하는 것은 그러한 실재가 구성되는 과정을 간과하거나 무시하는 것이 된다. 그러므로 사회적 구성주의자들은 사회학자들이 이러한 과정을 진술하고 분석해야만 하며, 이 과정이 초래하는 사회적 실재라는 개념 자체만 단순히 분석해서는 안 된다고 주장한다. 이러한 주장을 하는 사회적 구성주의자는 사회학 중에서 포스트모던 학파에 중요한 영향을 미쳤다. 궁극적으로 사회적 구성주의는 다른 대부분의 사회학적 접근과 아주 다른 방식으로 사회적 실재를 이해하는 이론적 접근 방법이다. 사회적 실재가 객관적으로는 존재한다고 가정하지 않는 사회구성주의자들은 사회적 실재가 구성되는 과정을 진술하고 분석하며, 그래서 그러한 구성들이 사회적 실재로서 자체의 위상을 공고히 하는 데 기여한다는 점을 분석한다. 사회적 구성주의자들이 사회적 실재의 주관적 형성을 보여 주려고 시도하지만, 그 과정에서 어떤 측면은 객관적이지만, 또 다른 측면은 구성된 것으로 선택적으로 보여 줄 수 있다고 본다(Giddens, 2011: 138).

의 입장을 취하면서 그 어떤 진정한 자율성을 허용하지 않는 입장/관점이론standpoint theory, 그리고 일반 이론의 차원에서 객관적 개연성 구조의 존재론적 지위와 계급 내부의 변종을 설명해 내지 못한 부르디외의 상관주의relationalism를 통해 미해결된 이슈를 제기했다.

이러한 문제의식을 가진 비판적 사실주의자들crtical realists은 '강한' 구성주의 접근에 대한 대응 논리를 개발했으며, 교육사회학의 '비판적 사실주의critical realism'[6] 논의를 촉발시켰다. 비판적 사실주의는 '발현적 물질주의emergent materialism'의 관점에서 지식과 지적 생산의 장을 동시에 설명해 냄으로써 인식론과 지식사회학 사이의 전통적 분리를 극복하고자 했다. 그리고 이를 넘어서고자 하는 '사회적 사회주의'가 대두했다. 교육의 연구와 교육 그 자체로 지식의 사회적 성격을 이해하고자 하는 '사회적 사실주의'는 '비판적critical' 사실주의 교수학만으로는 환원주의적이고 강한 상대주의적 경향을 갖는 구성주의의 근본적 대안이 될 수 없다는 입장을 취한다. 그래서 사회적 사실주의는 교육정책에서 지식에 대한 대안을 모색한다. 사회적 사실주의 교육과정은 사회적·역사적인 것으로 이해하는 지식과 교육의 사회학 안에서의 방법 문제와 밀접한 관련을 맺는다. 사회적 사실주의는 교육과정에 대한 전통주의, 진보주의, 기술적 도구주의 그리고 포스트모던 접근 사이를 둘러싼 문제들을 집중적으로 다룬다.

이론적 지식과 일상적 지식의 구별

어떤 종류의 지식이 교육과정에 포함될 수 있는가? 추상적인 지식과

---

6. '비판적·사회적 사실주의'는 오늘날 다양한 이론화와 동시에 운동성을 보여 주고 있다.

매일의 삶의 지식이 교육과정에서 하는 역할은 어떤 것이어야 하는가? 사회적 사실주의자들은 지식과 경험이 근본적으로 다르다고 본다. 따라서 이론적 지식과 일상적 지식도 다르다. 학교에서 가르치는 지식과 학교를 넘어선 지식은 또한 각자 다르다. 이들은 지식의 구조적 차별화가 학교의 지식과 학교 밖 지식에 대한 보다 적절한 개념화의 핵심이라고 보며, 지식의 분화와 교육적 중요성을 중시한다. 학교의 지식과 학교를 넘어선 지식에 대한 보다 적절한 개념화는 지식의 사회적 분화와 함께 교육의 중요성을 다음과 같이 주장한다.

- 이론적 지식theoretical knowledge과 일상적 지식everyday knowledge은 다르다: 지식과 경험은 근본적으로 다르다. 지식의 영역들 사이의 다름, 그리고 '이론적' 지식과 '일상적' 지식 사이의 다름으로 이어진다. 이 구분에 따른 형식은 교육과정에 무엇을 포함하고, 무엇을 포함하지 않을지를 판단하는 데 중대한 의미가 있다. 이론적 지식과 일상적 지식의 차이가 묵살되거나 모호하게 되면, 무엇을 포함하고 배제하는 것에 대한 신뢰할 만한 결정을 한다거나 학교의 공식 교육이 무엇을 위한 것인지를 말하는 것을 더욱 어렵게 할 수 있다. 따라서 관련된 사람들의 도덕적·정치적 관점을 넘어서는 지식의 이론적 개념 및 일상적 개념 차이가 없다면, 교육과정 결정(성교육, 도덕교육, 취업기술 등)은 불가피하게 정치의 영역으로 축소되고 말 것이다. 이론적 개념과 일상적 개념의 구별을 모호하게 만드는 다음과 같은 이유가 있다. 교육과정에서 지식과 경험의 근본적 차이, 이론적 지식과 일상적 지식의 차이, 지식 영역들 사이의 차이, 학교 안 지식과 학교 밖 지식 간의 차이를 바탕으로 교육과정에서 지식의 선정, 교수방법론의 선택, 학습자의 태도, 그리고 평가를 위한 전략을 수립하는 것

이 매우 중요하기 때문이다. 교육과정의 이론적 배경에 대한 이해는 교육과정의 해석과 이어지는 실행에 필수적이며, 여기에는 학습이 이루어질 수 있는 교수학습과 구조에 대한 계획이 포함된다.

- 지식 영역들 간에도 다르다: 지식 영역들 간의 차이는 지적 분할을 겪는 노동의 수직적 차원(뒤르켐)과 교육적 지식의 분류화(번스타인)로 설명될 수 있다. 분류화가 지식을 교육과정(교육 내용)으로 조직화한 것이라면, 얼개화는 분류화를 통해 정당화된 지식을 교수활동을 통해 전달하는 것이라고 할 수 있다. 지식의 분화differentiation 이론은 영역의 다름이 자의적인 것이 아니라, 상당한 수정과 비판이라는 역사적 과정의 산물이라는 것을 전제한다. 학문과 교과 간의 영역 차이가 단순한 관행적 토대와 대조되는 인식론적 토대를 갖고 있는 정도를 이해하는 것은 영역의 경계와 학습자의 정체성 및 학습 향상, 다원적·초월적·상호적 학문 사이를 둘러싼 논의와 모듈화 및 학생 선택의 한계를 처리하는 데 긴요하다.

- 학교에서 가르치는 지식과 학교를 넘어선 지식은 다르다: 학교의 지식과 학교를 넘어선 지식의 차이는 이론적 지식과 일상적 지식의 개념 구별(비고츠키), 그리고 교수 지식의 분류화 개념(번스타인)에 대한 영의 해석으로부터 나온 것이다. 하지만 학교의 지식과 학교를 넘어선 지식은 교육과정(새로운 지식을 획득하기 위한 조건)과 교수활동(새로운 지식의 획득 과정에 수반되는 가르침과 배움의 활동)을 구분하는 데 특별히 중요한 의미를 나타낸다. 교육과정과 교수활동의 관계는 뒤르켐과 번스타인에게서 모호하게 다루어진 부분이다. 뒤르켐은 분명하게 전달에서 학습자의 능동적인 역할, 그리고 교육의 핵심에 놓여 있는 학교 지식의 재맥락화의 정도를 과소평가했던 지나치게 결정론적인 전달 모델에 의존하고 있다. 반면 비고츠키는 교수학

습 이슈의 복잡성에 더 민감했으나, 이론적 혹은 과학적 개념이 정확하게 무엇을 의미하는지가 분명하지 않다. 공식 교육에서 비고츠키의 작업에서 나온 학습의 사회문화적/사회역사적 활동이 지식의 역할을 크게 경시한 이유이다. 교수활동은 교사가 학생들이 학교로 가져오는 학교 밖의 지식을 설명하는 데 있어 교육과정에 대해 분명하게 설명하지 못하고 있다.Young, 2012: 146-149; Young & Muller, 2016: 45-47

　모든 지식은 사회적으로 구분되어 있다. 이 구분은 실재하는 것이며, 단지 사회적으로만 구성된 것도 아니다. 학문적 교과에서 지식의 생산은 지식을 창조하기 위해 사용된 사회적 실천에 의해 만들어진 일상적 지식과는 구별되어야 한다. 이 구별은 지식과 경험의 다름에서 시작되었으며, 지식 유형 간의 경계로서 학교의 지식과 학교 밖의 지식 사이의 경계는 임의적인 것이 아니라 사회적이고, 지식의 경계 논의는 역사를 갖고 있기 때문이다. 양자 사이의 경계 논의는 분배에도 영향을 미치며, 이론가들의 책임은 이 점을 명백히 드러내고 설명해 주고 있다. 교육과정은 세 종류의 지식 사이의 관계를 분명히 할 필요가 있다. 즉, 학교교육과정과 패키지화된 지식(아이들에게 가르치는 지식), 학계와 관련 기관에서 경합이 일어나는 지식, 그리고 일상에서 일, 사랑, 여가를 추구하면서 구성되고 이루어지는 상식적 지혜와 실천적 기량 사이의 관계를 분명하게 해야 한다.

　학생들은 또한 테크놀로지의 증대된 복잡성, 일과 사회가 대부분 직업이 필요로 하는 지식 요구가 증대되고 있음을 의미하기 때문에 지식에 접근해야 한다. 많은 직업은 또한 학문적 교과 내에 위치한 전문가 공동체에 의해 공유된 '이론적' 개념을 포함한 맥락에 맞는 지식을 필요로 한다. 노동자들은 그들의 일이 복잡성과 난관 속에서 성장하듯, 서로 다른 방식과 맥락에서 이론적 지식을 이용해야 한다. 이들은 그 지식의 맥락에 한정된 적용을 선택하고 응용된 것이라면 맥락을 넘어선 학문의 의미 체계에 접근할 필요가 있다. 예를 들면 전기기사, 정비공, 엔지니어는 적절한 공식을 사용하여 적절하게 응용하려면 수학을 이해할 필요가 있다. 아동 돌봄 노동자와 교사는 아동발달의 문제를 확실히 파악하려면 아동발달 이론을 알아야 한다. 이들은 또한 교육제도와 가족 간의 관계가 일부 가족에게는 좋지만, 다른 가족은 어려움을 겪는 문제에 대해 사회계급과 민족의 배경에 의해 매개되는 방법을 이해하려면, 아이들의 지원을 위해 사회학적 통찰을 필요로 한다. 이러한 사회학적 통찰은 중상류층 학생들에게는 그들의 지식 및 교육에서 가족과 학교환경이 서로 상응한 반면, 불리한 위치에 있는 학생들에게는 결손 및 교육의 불평등한 결과를 초래했다는 점을 밝혀 낼 수 있다.

게다가 모든 노동자들은 직업적 실천의 장을 지지하는 이론적 지식에 대한 접근을 필요로 한다. 이들 사례는 교육이 대부분의 사람들이 이론적, 학문적 지식에 대해 접근할 수 있는 주요한 방식이기 때문에 일터의 향상이 교육의 향상과 강하게 결합되어 있는 방식을 잘 보여 준다. 결국 모든 자격은 학생들에게 현장에서 당장 필요한 직업 결과뿐 아니라, 더 높은 수준의 공부를 필요로 하는 학문적 지식을 제공해야 한다.

지식의 인식적 관계의 핵심적 차원으로서 지식의 객관성에 초점을 맞추는 것은 과학적 지식이 객관적인 반면, 일상적 지식은 그렇지 않다는 것을 근거로 양자가 구별되지는 않는다는 것을 보여 준다. 이것은 일상적 지식이 세 가지 차원에서 객관적일 수 있기 때문이다. 첫째, 지식은 객관적으로 진리일 수 있기 때문이다. 둘째, 대상에 대한 지식은 대상에 대한 주체의 개방성에 의해 발생할 수 있기 때문이다. 셋째, 주체는 인간의 태도로서 객관적 지식을 추구할 수 있기 때문이다.Wheelahan, 2010: 48 이렇게 보면 사회과학 교과에서 볼 수 있는 상대주의의 비합리성 경향은 일상의

'객관적' 지식과는 비교된다. 이런 점은 우리가 세상 속에 살아야 하기에 그것 속에서 대상, 사건, 그리고 사람들과 관계를 맺어야 하는 이유이다. 그리고 우리는 우리가 선택한 방식으로 그것에 대한 신념을 '구성'할 수가 없기 때문이다. 우리가 살고 있는 환경에 어느 정도의 객관적 지식이 발달하는 것은 세상에서 살아가는 조건이라고 할 수 있다.

이론적인 것과 일상적인 것이 모두 객관적 지식일 수 있는데, 이들 사이의 관계를 이론화하기 위해서는 개념적/이론적 지식을 '획득하는 과정'과 그것이 일터에서 '응용되는 맥락' 사이를 구분해야 한다. 일상적 지식이 일상의 상호작용에서 일어나지만, 뒤르켐과 번스타인이 말하고자 하는 핵심적 가르침은 추상적/이론적 지식이 일반적, 명시적, 그리고 일관적인 의미체제로서 획득된다는 것이며, 지식의 통합은 특정 맥락의 적합성이 아니라, 의미의 통합에 의해서 일어난다는 점이다.Wheelahan, 2010: 48 따라서 일터 학습에서는 학생들에게 일반적이고 원리적인 지식으로서 구조화된 객관적 지식에 대한 접근성을 제공할 수 있어야 한다. 이것은 교육과정에서 이론적 지식과 일터 사이의 관계에 절충이 이루어지는 기초다. 다시 말하면 이론적 지식을 창조하고, 획득하고, 사용하는 과정은 동시에 일어나야 하고, 특별한 것을 이해하기 위해 동원되는 것이라면 의미체제로서 이론적 지식의 획득이 필요하다. 이것은 학생에게 특별한 적용을 맥락적으로 구별하고, 선택하고, 적용할 수 있는 역량을 제공하지 않으면 안 되는 기초다. 또한 지식을 적용함에 있어 우리는 대상에 대한 더 나은 이해, 그리고 그 대상이 가진 지식의 결함을 이해하기 때문에 지식을 새로운 맥락에 적용하는 과정은 의미체제를 위한 함의를 갖는다. 이것은 응용학문뿐 아니라, 순수학문에서도 학문적 변화의 과정에 기여한다. 지식을 생산하고, 획득하고, 사용하는 과정은 비판적·사회적 사실주의 접근의 핵심적 관심사이다.

지식 및 교육과정에 대한 비판적·사회적 사실주의 접근

비판적·사회적 사실주의는 19세기 후반 뒤르켐 사회학과 20세기 후반 번스타인의 사회학에 크게 빚진 교육사회학이 발전하여 새로이 출현한 접근이라고 할 수 있다. 양자가 각각 한계를 갖지만, 추상적·이론적·수직적 지식과 맥락적·일상적·수평적 지식의 구분, 각자가 사회에서 하는 역할, 각자가 의존하는 사회적 관계를 구분함으로써 서로 다른 종류의 지식을 분석하고 분류하기 위한 중요한 이론적 도구를 제공한다. 하지만 지식의 본질에 대한 이론화를 계속하는 것이 중요하다는 것은 둘 다 한계를 가지고 있기 때문이다. 이런 한계에 따라 무엇이 교육과정에 포함되는지, 교육과정은 어떻게 조직되고 전달되는지, 누구에게 그리고 누구에 의해 전달되는지, 학업성취는 어떻게 평가되는지 등 근원적인 질문이 제기된다.

영과 멀러Young & Muller, 2017는 사실주의/실재론의 두 접근―형식주의 실재론과 자연주의 실재론을 구분한다. '형식주의적formalist' 실재론은 지식 자체 구조의 객관성 모델에 바탕을 두며, 이 구조를 상당히 중요하게 여긴다. '자연주의적naturalist' 실재론은 지식과 지식 대상 사이의 관계에 초점을 두며, 자연과학과 사회과학이 이를 이용하는 방법이 다르지만, 자연과학과 사회과학 둘 다 특정 대상에 대한 객관적 지식을 추구하기 때문에 양자는 상당한 친화성이 있다.Moore, 2007 영과 멀러는 자연주의적 접근의 사례가 비판적 사실주의와 같은 반실증주의 철학이라며, 형식주의 접근으로서 카시러Cassirer의 철학을 대안으로 제시한다. 다만 영과 멀러는 이것을 구분 지점으로 보기보다 오히려 대화와 토의의 기초가 되는 출발로 본다. 이들은 우선적 선택이란 객관성과 비객관성 사이에 있기 때문에 어느 하나의 선택이 필요하지 않다고 생각한다.Young & Muller, 2017

한편 비판적·사회적 사실주의의 출현은 신자유주의 교육정책의 부상과 관련되어 있다. 비판적·사회적 사실주의 접근을 바탕으로 기존의 통설(신보수주의[7]와 기술적 도구주의,[8]) 그리고 포스트모던 비판자들을 비판하면서,[9] 역사적으로 인간 창조성의 집단적 성취로서의 지식을 복원시키기 위해 다시 교육과정 논의로 돌아간다. 비판적·사회적 사실주의자들은 첫째, 교육과정 연구에서 지식이 간과되고 있음을 비판하며 교육적 지식의 사회학을 제창하면서 특권층의 사회적 이해관계를 보존하려는 교육과정을 비판했다. 그렇게 하여 사회적 배열처럼 교육과정에 대한 새로운 개념화를 시도한다. 둘째, 지식의 형식을 거부하고 '사회적 실천들social practices'[10]에 기초한 교육과정을 새롭게 제창한 허스트Paul Hirst의 후기 교육철학에 대해 교육과정의 지식과 일상생활의 과정에서 획득한 지식을 구별하는 데 아무런 근거를 제시하지 못하고 있다고 비판한다. 비판적·사회적 사실주의자들은 사회적 실천을 '지식의 실천'으로 이해한다.Young & Muller, 2016: 79 셋째, 사회적 구성주의자들처럼 포스트모더니스트들(푸코, 로타르 등)의 기존 교과 중심 교육과정 모델에 대한 상대주의적 경향[11]을 비판적으로 본다.Young, 2008b: 81-82 이들은 아무런 대안을 제시하지 못하

---

7. 신보수주의자들은 각각의 선택사항들 중 전자를 지지하는 경향이 있다. 지식은 절연된 전문적, 직선적, 위계적 모델을 통해 가장 잘 생산되고 전달된다는 것을 당연하게 여겼다. 동시에 이들은 이들 원칙과 관련된 접근성과 결과의 불평등뿐만 아니라, 이에 의문을 제기하고 있는 정치적, 경제적 변화를 무시하고 있다.

8. 기술적 도구주의자들은 정반대로 더욱 연계적이고, 통합적이고, 모듈화된 교육과정, 그리고 교수학습활동에 대해 더 촉진적이고 접근을 하는 흐름을 지지했다. 이들은 신보수주의자와 달리 더 많은 기량/기능 기반 교육과정을 요구하는 고용주들의 요구를 반영하여 변화하는 글로벌 경제와 그것의 함의를 잘 인식하고, 지식과 학습의 필요성을 이해한다. 하지만 그들의 교육과정 제안은 지식의 생산과 습득을 뒷받침하는 인지적이고, 교수학습적인 관심에 거의 주의를 기울이지 않는다. 결과적으로, 그들의 교육과정은 기준에 대한 의구심을 불러일으켜 의도하지 않게 신보수주의자를 지지하게 된다.

9. 도구적 기술주의, 신보수주의, 포스트모더니즘은 경험과 역량의 강화가 주도력을 발휘하는 조건 아래 교육과 사회에서 지식의 위치를 다시 생각하게 하는 학문(disciplines)과 교과(subjects)의 위치와 중요성을 복원하고자 한다.

고 있기 때문이다.

그래서 구성주의, 도구주의, 보수주의에 대한 대안으로 비판적·사회적 사실주의 접근이 관심을 끌고 있다. 일반교육이든, 계속교육이든, 직업교육이든, 고등교육이든, 교육을 다른 모든 활동과 구별할 필요가 있기에 교육의 최우선적 목적은 지식의 습득이라고 할 수 있다.Young, 2008: 81 비판적·사회적 사실주의critical and social realism 교육이론가들은 학생들로 하여금 이론적 지식과 일상적 지식 간의 경계, 서로 다른 유형의 이론적 지식 사이의 경계를 탐구하게 하기 위해 이론적 지식에 대한 접근성을 준비시킬 필요가 있다고 주장한다. 이런 준비를 위해 학생들이 실천의 장을 형성하도록 사회와의 대화와 토의에 참여하도록 한다.

---

10. 허스트의 '사회적 실천(Social practice)'을 국내 연구자들은 '실천', '사회적 인간 활동', '사회적 실제', '행위전통', '실천전통'으로 번역한다. 어떻게 번역하든 'practice'는 실제적 활동에 국한한 것이 아니며 이론적 활동을 포함하는 다양한 사회적 인간 활동 전체를 포괄하는 의미를 담고 있다(홍은숙, 2017: 323-324). 허스트의 전기 사상인 '지식의 형식' 이론과 이에 기초한 자유교양교육이 주된 경향인 주지주의 교육으로부터의 전환이라고 할 수 있다. 그는 말한다. "이론적 지식을 건전한 실제적 지식의 발달과 합리적 인성 발달의 논리적인 기초로 본 것은 내 입장의 주요 오류였다. 이제는 실제적 지식이 이론적 지식보다 더 근본적이며, 실제적 지식이 이론적 지식의 고유한 의미를 분명히 파악하는 데 근본적이라고 생각한다"(Hirst, 1993: 197). 이렇게 교육의 개념이 지식의 형식에의 입문이 아니라, 다양하고 폭넓은 사회적 실천에의 입문이 되어야 한다는 새로운 교육관을 제시했다. 이러한 교육관을 후기 허스트의 교육론이라고 부를 수 있다. 교육 내용을 이론적 학문 활동으로부터 다양한 실제적 활동으로 확장하여 어떤 실천적 전통―축구공 던지기, 벽돌 쌓기, 무 심기가 아니라 축구, 건축, 농경 등―을 가르쳐야 한다는 교육 내용의 선정 기준―내적 가치(서로 격려하며 함께 발전시키고 공유하는 종류의 것)와 탁월성(구성원의 성장)의 결합―에 관심을 기울였다.

11. 역사와 문화를 초월하기 위해서는 상대주의의 한계를 초월하지 않으면 안 된다. 독립적으로 역사와 문화의 세계를 알기 위해서는 공통적인 척도와 기준을 가져야 한다. 그렇게 해야 차이와 이질성이 같음과 동질성을 가질 수 있다. 그래야 지식은 차이가 제거된 정통한 지식이 될 수 있다. 상대주의는 확실히 두렵다. 왜냐하면 상대주의는 알아야 하는 유일하게 특권적인 입장이란 없으며, 각자의 표준을 지닌 다양한 다른 입장들만 존재하고, 권위를 부여하는 중심의 가능성이 명백히 파괴된다고 주장하기 때문이다. 이는 차이와 이질성이란 제거될 수 없으며, 지식과 진리는 정복될 수 없음을 의미한다(Usher & Edwards, 1994: 37).

우리는 이를 위해 교육학에서 지식의 위치에 대한 비판적·사회적 사실
주의자들의 대안적 교육과정에 관심을 가져야 한다. 교육과정의 기본으
로서 자연세계와 사회세계에 대한 지식의 객관성과 진실성을 제공하는
지식 그 자체의 성질과 비판적·사회적 사실주의 접근은 중요한 대안이
될 수 있기 때문이다. 비판적·사회적 사실주의 접근은 지식의 철학적·사
회적 토대를 이해해야 한다. 이 접근은 이론적으로 교육과정에서 지식을
구조화하는 기반으로서 객관성의 약속과 진실성의 추구에 토대를 제공
한다. 이것은 지식의 본질에 대한 분석과 그것이 무엇에 관한 것인지, 그
것이 생산되는 방식, 다른 종류의 지식구조, 이론적 지식과 일상적 지식
을 뒷받침하는 각각의 상이한 사회적 관계, 교육과정에서 지식이 재생산
되고 학생들에 의해 획득되는 방식 등의 함의를 제공한다. 이렇게 함으로
써 지식의 본질과 구조, 그것이 생산하는 방식은 교육과정에서 지식이 분
류되고, 가르칠 순서가 정해지고, 학습 진도가 조절되는 방식을 위한 교
육과정적 함의를 갖는다.Bernstein, 2000

하지만 학생의 이론적 지식에 대한 사회적 접근이 인식적 접근에 의해
매개되어야 하기 때문에, 번스타인이 강조하는 지식의 사회적 관계는 지
식의 인식적 관계를 고려할 필요가 있다.Wheelahan, 2010: 38-49 뒤르켐이 강
조한 성과 속의 경계 그리고 교육과정에서 풀지 못한 지식의 사회적·인식
적 관계를 분석해야 한다. 나아가 지식은 사회적·인식적 관계에 의해 공
동 결정되어야 한다. 교육과정이 지식에 대한 접근성의 공평한 배분을 위
해 구조화하는 것이라면, 지식 생산 및 획득의 철학적·사회적 조건을 분
명하게 하지 않으면 안 된다. 이것은 '비판적·사회적 사실주의자들critical
and social realists'이 교육과정 논의에서 지식을 정해진 것이라 하거나 오직
지식의 재생산에만 초점을 두지 않는 이유이기도 하다.

비판적·사회적 사실주의는 비판적이고 사회적인 실재관을 갖고 있

다. 모든 지식은 지식 생산자의 공동체에 의해 사회적으로 생산되기 때문에(지식의 사회성), 실재는 '사회적social'이다.Wheelahan, 2010: 7-8 또한 지식은 항상 수정을 열어 놓고 있기 때문에(오류 가능성), '비판적critical'이다.Moore, 2007: 33 '비판적'이라는 말은 철학적 맥락에서 순진한 또는 독단적이라는 뜻과 대비되는 의미를 갖고 있다. 비판적 사실주의란, 존재론으로 볼 때 인간이 확인할 수 있든 없든 외부에 실재가 존재한다고 보는 '사실주의realism'라는 점에서 칸트 부류의 불가지론과 대척점에 있으며, 실재를 불충분하게 반영하는 메타 이론들, 예컨대 실증주의나 사회적 구성주의(인식론적 상대주의)에 반대하며 사회적 고통과 악을 만드는 구조에 문제제기를 한다는 의미에서 '비판적'이다. 그리고 사실주의는 지식이 우리의 사회적 구성과는 독립적으로 존재하는 실재이기 때문에 객관적 세계의 실재이기도 하다.Wheelahan, 2010: 7-8

세계에 존재하는 객체들은 고유의 속성과 인과적 힘에 의해 운동하면서(실재적 영역), 조건에 따라, 즉 다른 객체들과의 상호 간섭에 의해 특정의 사건들을 산출하기도 하고 그렇지 않기도 하며(실제적 영역), 인간은 그렇게 발생된 사건들이나 상태들의 일부를 경험한다(경험적 영역). 존재의 영역들은 실재적인 것, 현실적인 것, 경험적인 것의 종합물이다. 존재의 영역은 경험적인 것the empirical, 사물의 경험, 실제적인 것the actual, 실재적인 것the real, 사물 그 자체, 객관적이고 주관적인 사건을 낳는 생성적 기제을 모두 포함한다.Young & Muller, 2016: 135 그리고 발생하는 일련의 사건은 '실제적인 것the actual, 발생한 것'이라고 부를 수 있다. 그러나 사건을 공공 결정하는 기제들은, 비록 그 기제들의 어느 하나도 사건에서 완벽하게 예증되는 일은 없지만, '실재적인 것the real'이다. '실재적인 영역'은 세계의 사건들을 발생시킬 수 있는 것들, 즉 비유적으로 기제들이라고 부를 수 있는 것들로 이루어진다.

또한 '경험적인 것the empirical'은 오로지 경험으로만 구성된다. '경험적 영역'은 우리가 직접 또는 간접으로 경험하는 것들로 구성된다. 경험적 영역은 과학의 맥락 속에서 자료들이나 사실들을 포함하고 있는데, 늘 이론 부과적이거나 이론 침투적이다. 자료들은 모두 어떤 이론과의 연관 속에서 생겨나기 때문에, 경험주의적 연구의 전통에서 주장하듯, 사건이 직접적인 방식으로 경험되는 것은 아니다. 자료는 늘 이론적 개념화에 의해 매개된다.

그런데 사람이 모든 사건을 다 경험하는 것은 아니다. 이 영역은 사건들이 발생하는 영역, 즉 '실제적' 영역과 구별된다. 세계에서 발생하는 것은 관찰되는 것과 같지 않다. 실제적인 것은 사건과 경험으로 구성되지만, 그것이 실현되지 않는 한, 여기에 속하지 않는다. 그리고 '기제'는 실험을 통해 현실화한다. '기제'를 존재론적으로 부족함이 있는 등급으로 추방하는 이론—이론적 실체나 논리적 구성물과 같은—은 실재성의 인과적 기준을 인정하지 않는다. 즉, 그런 이론은 우리가 경험할 수 있는 것들만을 '실재reality'라는 존재론의 영역에 입장시킬 것이다. 그러나 우리는 실제적인 것의 수준 안에서 실재의 인과적 기준을 늘 사용하는데, 그렇게 하지 않는다면 실제적인 것은 경험적인 것을 결코 벗어날 수 없을 것이다. 그러므로 경험 세계에서 아주 일상적 표현은 근본적으로 현혹적인 것이다. 이 표현은 실재의 세 영역들을 단 하나의 영역으로 환원시키기 때문에 인식적 오류[12]를 범할 수 있다.Collier, 2010: 75-76; Danermark, 2005: 43-46[13]

세계의 존재론적 층화ontological stratification는 세계에 존재하는 객체,

---

12. '인식적 오류'는 실제 자체를 경험적 관찰로 환원시키는 것을 말한다. 즉, 실재를 경험적으로 근거 지어진 관념과 동일한 것으로 파악하고 정의한다.
13. 과학 활동은 우리가 경험하는 것들과 실제로 일어나는 것들과 세계의 사건들을 만들어 내는 기저적인 기제들 사이의 관계와 무(無) 관계를 탐구하고 찾아낸다.

기제, 구조가 서로 얽혀 있을 뿐 아니라, 그것들이 상이한 층들에 속하며, 또한 서열을 이루고 있음을 가리킨다. 예컨대 생명 유기체는 물질로 구성되고 물질에 둘러싸여 있기 때문에 존재할 수 있다. 이런 의미에서 물질은 생명 유기체보다 더 기본적인 층위에 속한다고 할 수 있다. 차례로 생명 유기체는 이성적 동물로서 인간보다 더 기본적 층위에 속한다고 할 수 있고, 그러므로 인간 사회나 역사보다 더 기본적 층위라고 할 수 있다. 이것은 더 기본적인 층위의 객체들을 설명하는 과학들이 덜 기본적인 층위의 객체들을 설명하는 과학들보다 설명적 우위를 가질 수 있음을 의미한다. 생물 유기체는 물질들의 화학적 결합으로 구성되어 있기 때문에 물리학과 화학의 법칙은 생물학의 법칙을 일정 정도 설명하는 것일 수 있다. 과학은 그 본질적 운동에서 세계의 층화를 포착하려 애쓴다. 하지만 이 말이 덜 기본적인 층위의 과학 지식을 모두 그것의 뿌리가 되는 더 기본적 층위의 과학 지식으로 환원할 수 있다는 뜻은 아니다. 새로운 층위의 객체는 그것을 형성하는 더 기본적 층위의 구성 요소들이 보유하지 않는 발현적 속성들emergent properties을 갖기 때문이다. 뒤르켐이 사회적인 것에 대한 비환원적 이해의 기초라는 나름의 정당성을 지닌 하나의 과학으로서 사회학의 자율성을 구축하고자 마음을 기울였던 것도 바로 이 때문이었다. 이는 '발현적 물질주의emergent materialism'라고 할 수 있다.Moore, 2004: 167-168 지식이 단순히 생산의 즉각적 조건으로 환원될 수 없다는 면에서 '발현적'이다.Moore, 2007: 33[14] 그것은 문화를 초월한다.

따라서 발현적 물질주의자는 비물질적 속성인 정신 현상의 존재를 받아들인다. 이 존재는 인과적으로 충분히 복잡한 전체 혹은 체계의 속성이원론property dualism이라고 할 수 있다. 이 속성은 과학에 대한 실증주의적 단일모형보다는 각각의 독특한 영역에 따라 방법론적으로 전문화된 과학들의 집합이라고 할 수 있다. 이 과학들은 나름대로 구분되는 영역을 중심으로 방법론적으로 특화되었지만, 각각을 과학으로 불릴 수 있도록 하는 절차적 규약(논리적 엄밀성과 일관성 요구, 증거 중시, 오류 가능성)을 공유한다. 문화적 실체란 통상적 의미의 '사물'이 아니다. 문화적 실체는 시작한 시간이 있고, 아마도 조만간 파괴될 것이다. 그렇지만 그것은 공간에 위치하지 않는다. 영웅교향곡은 비록 다양한 종류의 물리적·정신적 경우들이 자리하고 있을지라도, 공간에 존재하지 않는다. 주로 사회과학은 물질적 대상들의 생성력보다는 사회적 실천의 생성 원리를 설명하는 것에 관심이 있다. 그러나 이 원리들은 그 규제력과 물질적 효과에 있어서 확실히 실재적이다.Moore, 2004: 169-170

이 기제가 현실화되어, 즉 통상적으로 함께 작동하는 다른 기제들로부터 고립되면, 폐쇄 체제closed system가 작동될 수 있다. 폐쇄 체제는 발생 기재들이 고립되어 다른 기제들로부터 독립적으로 작동할 때 존재한다. 실험의 수행은 폐쇄 체제를 창출하고 발생 기제들을 통제하며, 동시에 그것들을 조정함으로써 특정한 사건을 만들어 내는 것을 함축한다. 이 기제의 운동을 표현하는 법칙을 예증하는 사건들이 나타날 수 있다. 폐쇄 체제는 특정 객체들의 작동을 대체로 인위적으로 제약하거나 허용한 상태이기 때문이다. 과학자가 특정 기제만이 작동하도록 실험을 구성했다면

---

14. 예컨대 생물 유기체는 화학 법칙 이외의 다른 법칙들의 지배를 받으며, 화학 법칙에만 근거해 예측할 수 없는 것들을 수행할 수 있다. 인간의 두뇌는 신경세포와 보조세포들로 구성된 세포 덩어리지만, 개별 세포에서는 찾을 수 없는 고등한 사고능력을 보유한다. 그러므로 두뇌의 구성을 세포들에 입각해 설명할 수는 있지만, 두뇌의 힘은 세포들의 결합으로 형성된 새로운 층위에서 발현하는 속성이며, 신경세포 및 보조세포의 속성으로 환원해 설명할 수는 없다. 더 기본적 영역과 딜 기본적 층위의 객체들은 더 기본적 층위의 객체들의 부수 현상이나 결과는 아니다. 더 기본적 층위의 객체들에 뿌리를 두는 창발성은 세계의 환원 불가능한 존재론적 특징으로, 이 때문에 '전체는 부분의 합보다 더 크다'. 물론 더 기본적 층위의 객체들이 더 중요하다고 할 수는 없다. 창발적 속성을 갖는 딜 기본적 층위의 객체들도 그보다 더 기본적 층위의 객체들에 작용을 가한다. 이렇게 세계는 더 기본적 층위의 객체들이 딜 기본적 층위의 객체들을 대체하지 않으면서 설명하는 일련의 서열을 형성한다.

폐쇄 체제를 만들었다고 할 수 있다. 실험은 평상 상태에서는 현실화되지 않은 채 작동하는 기저적인 기제들의 세계로 향해야 한다. 이와 달리 개방 체제open system는 상이한 발생 기제들이 서로 결합하여 작동함으로써 그 결과가 다양하게 발생하며, 더 많은 기제들이 관련될수록 결과를 예측하는 것이 더 어려워진다.Scott, 2010: 19-20 이 체제에서는 세계의 여러 객체들이 인위적 제약을 받지 않고 그것들 자체의 속성에 따라 서로 간섭하며 작동한다. 개방 체제에서의 자연에는 수많은 발생 기제가 더불어 작동하고 있으며, 서로 결합해 사건들을 일으킨다. 따라서 개방 체제에서 발생하는 사건들은 법칙을 연역적으로 정확하게 예측할 수 없는 국면들로 취급하지 않으면 안 된다.

롭 무어와 마이클 F. D. 영은 지식의 성장과 교육과정의 구성을 위한 네 가지 '지식의 목소리voice of knowledge'를 제안한다.

- 비판적critical 목소리는 수정의 가능성을 열어 놓고, 오류 가능성이 있는 진리 개념을 구체화한다.
- 발현적emergentist[15] 목소리는 지식이 그것의 생산이나 이와 관련된 사

---

15. 발현성(emergence)은 환원론의 비정합성과 부적합성을 예증하고 그 대안으로 등장한 사실주의/실재론(realism)에 바탕을 두고 있다. 이는 철학적인 것과 사회학적인 것을 연결하는 것으로 간주될 수 있다. 이러한 입장은 지식 내에서 그리고 지식에 근거하여 작동하는 외적 요인들의 중요성을 부정하는 것이 아니라, 오히려 지식이 실재적인 어떤 것에 근거하여 작동하는 것이라 주장한다. 발현성은 자율성이 허상(illusion)인 곳에서 중요하다. 왜냐하면 이것은 지식에 대한 환원 불가능한 자율성 원리에 근거하기 때문이다. 이러한 자율성은 환원론(reductionism)에 의해 부정되었고, 관계 모델에서도 결여되었다(Moore, 2004: 168). 발현적 관점은 기초주의와 반대로 지식이 본래적으로 사회적이며, 역사적으로 자리매김된다고 주장한다. 이러한 지식의 '이중 결정'은 외적으로뿐만 아니라, 내적으로도 철저하게 역사화된다는 것이다. 지식을 향한 구성주의적 접근의 환원론과 지식 생산의 발현적 속성이라는 점에서 지식을 정의하는 비판적인 사실주의가 가장 잘 대비된다. 특정 과학은 그것이 관심을 두는 영역들의 구별되는 존재론적 속성들에 의해 전문화된다.

람들의 활동과 흥미라는 조건으로 환원될 수 없다는 것을 인식한다.

- 실재적realist 목소리는 세계에 대한 우리의 지각과는 독립적이며, 또 우리가 세계에 대해 알 수 있는 방법에 제한을 가하는 실재가 자연적, 사회적 세계의 대상이라고 인식한다.
- 물질적materialistic 목소리는 지식이 역사적으로 만들어진 특정의 생산방식, 또는 지성의 장에서 생산과 획득을 인식한다.

Young, 2012: 142-144; Young & Muller, 2016: 40-42

교육정책을 형성하는 '지식의 목소리'를 내고자 하는 것은 지식이 계속 공허한 범주로 남아 있지 않도록 하기 위해서다. 이러한 과정을 명백하게 하는 것이 교육과정과 관련된 지식의 '사회적 사실주의'의 과제라고 할 수 있다.

지식의 분화에서 위의 네 측면(비판성, 창발성, 실재성, 물질성)은 각각 독특한 초점을 두고 있지만, 이들 사이는 중첩된 측면도 있고, 각 유형의 명료화를 진전시킨 측면도 있다. 지식의 네 측면을 강조하는 사회적 사실주의는 구성주의적 관념론의 반실재론적 방식보다는 지식의 사회적 생산에 중점을 두고 있다. 이 입장의 주요한 관심사는 경험에 기반을 둔 정체성의 주관성들보다는 역사적으로 생산되고 지속되는 지식 생산과 변형의 집합적 관계다. 관료주의 또는 시장주의 교육정책의 물화物化[16] 경향으로

---

16. '물화(reification/Verdinglichung)'는 생산함과 생산물의 통일이 깨어지는 과정이다. 다른 사람을 도구적으로 이용하는 특히 극단적인 형식을 특징짓는 현상으로 다른 주체들을 그들의 인간적 속성에 맞춰 대하지 않고, 느낌 없고 생명 없는 대상처럼 마치 '물건'이나 '상품'처럼 취급한다는 의미에서 우리들의 도덕적 혹은 윤리적 원칙들에 어긋나는 인간 행동을 일컫는다(Honneth, 2015: 18-19). 예를 들어 대리모에 대한 증가하는 수요, 애정관계의 시장경제화, 섹스산업의 폭발적 성장 등이 그렇다. 그리고 '물화'는 '객체화(objectification/Objektikation)'와 구별되어야 한다. '객체화'는 생각할 수 있는 모든 사회적 삶에 필수적이며, 인간이 그의 생산과 그 생산물로부터 거리를 확립하는 객체화 과정 속의 계기로 정의된다.

인해 주관성 또는 주체성을 탐구하는 것이 중요한데, 이것은 인간 실존의 물적 조건 내에서 행해져야 하고, 오직 인식론적 실재 안에서 성취될 수 있다는 점을 인식하는 것이 더 중요하다.

비판적·사회적 사실주의의 주요 연구 초점은 지식의 생산(연구)과 지식의 획득(가르침과 배움)에 대한 집단적 코드와, 그들이 위치한 사회변화와 관련이 있다. 지식 생산의 내재적인·사회적·집단적 성격, 지적 영역의 복잡성과 지식의 생산 및 전달의 과정, 그리고 지식의 생산 및 습득과 관련된 인지적 관심사와 기타 관심사의 비대칭을 강조하고 있다. 이러한 문제는 지식사회/글로벌사회의 미래와 지식의 사회적 조직, 그리고 사회적 구성체 사이의 관계에 중심이 되는 방식으로 지식의 문제에 초점을 맞춘다. 지식의 생산 및 전달이 사회적 이익과 권력관계와 복잡하게 얽혀 있다.

비판적·사회적 사실주의는 지식 그 자체를 인과적으로 중요한 것으로 취급하기 때문에 교육과정에 대한 주류적 접근법과 다르다. 비판적·사회적 사실주의는 우리의 지식이 결코 완전하지 않고 항상 진행 중인 작업이기는 하지만, 지식이 자연적·사회적 세계에 대한 접근성을 제공하기 때문에 조밀하게 짜인 특정 상황을 넘어 자연적·사회적 세계에 대한 접근을 제공해 주는 초월적 속성을 가지고 있다고 주장한다. 이 접근은 '객관성'에 대한 이중의 약속을 수반한다.

- 객관성은 자연적·사회적 세계가 우리가 생각하고 있는 것으로부터 독립하여 존재한다는 개념에 대한 약속을 포함하고 있다. 많은 사람들은 자연세계가 우리 개념과는 독립적으로 존재한다는 것을 받아들이고 있으나, 이와 비슷하게 사회세계도 우리의 개념과 독립하여 존재한다는 가정을 발견한다. 여기서 논란의 여지는 사회세계가 비록 중요한 부분이지만, 특히 사회적 관계 형성에서 우리의 개념과는

독립적으로 존재한다는 점이다. 하지만 사회적 세계는 사회적 관계의 상호작용 및 역사적·자연적·물질적 산물이다.

- 객관성에 대한 약속은 첫 번째 전제에 바탕을 두고 있다. 세계가 객관적으로 존재하고, 우리들의 마음이나 담론의 구성물이 아니라면, 우리의 지식이 항상 부분적이고 사회적으로 중재되고, 그에 따른 사회적 조건에 의해 표시되고, 결과적으로 잘못될 수 있다고 하더라도, 이때 지식의 목적은 객관적 실재를 이해하는 것이다.

Wheelahan, 2010: 10-11

첫 번째 약속은 객관적 실재의 존재에 대한 것이고, 두 번째 약속은 교육과정의 기초로서 객관적 지식에 대한 것이다. 객관성에 대한 두 유형의 약속은 우리의 지식이 항상 진실을 향해 진행 중인 작업이며, 새로운 증거에 비추어 볼 때 오류가 있고 수정 가능함을 이해하는 것인데, 교육과정의 규범적 목표가 학생들에게 진리에 대한 접근을 제공해야 한다는 것을 의미한다. 학생들에게 인지하고 탐구할 수 있는 능력을 준비시키는 것은 그것을 유지하거나 변혁시키는 능력은 물론이고 참여시키는 방법을 선택하도록 하는 것이다. 사회적 사실주의자들은 학생들이 지식 접근성을 준비해야 하는 핵심적 경계가 이론적 지식과 일상적 지식 사이의 경계라고 본다. 양자는 일반직업 교육과정과 전문직 교육과정 내에서 관계를 가져야 하는데, 교육과 사회적 영역(일터) 사이의 구분에 따른 각각 상이한 유형은 지식에 대한 접근성을 다르게 제공하기 때문에 중요한 의미를 갖는다. 결국 형식 교육의 목적은 학생들이 지식을 획득하도록 첫째, 학생들이 일상생활에서 대부분의 사람들에게 접근이 가능하도록 하고, 둘째, 지식을 획득하려는 사람이 자신의 경험을 넘어 자신이 속한 사회적·자연적 세계를 어느 정도 이해하도록 하는 것이다.Young, 2008b: 164

'비판적' 사실주의와 '사회적' 사실주의의 융합

세계는 함께 존재하고 작동해 사건들을 만들어 내는 수많은 기제들의 복합체다. 사회를 변화하고자 하는 비판적 사실주의critical realism가 '인식론'에 머물러 있다면, 사회적 사실주의social realism는 인식론을 포함한 '존재론'으로의 확장을 시도한다. '비판적'이란 물리적 실재가 부분적으로 베일에 가려 있고 간접적으로 조우하는 경우가 번번하다는 사실을 인식하고 있다. 사물들의 참된 본질이 접근할 수 없는 것으로 남겨진 채 사물들의 외양만 어렴풋이 인식하는 것이 아니다. 인식론(사물에 대한 지식)은 존재론(사물들의 실제 본질)으로 인도하는 신빙성 있는 안내자가 된다. 모든 지식을 대칭적이거나 평등하게 처리하는 방식에서 '비판적'이다. 교육에서 '비판적critical'이란 비판이론,[17] 비판적 교수학, 비판적 사실주의에서 사용된다. 여기에서 '비판적'이란 수정의 가능성을 열어 놓고, 오류 가능성이 있는 진리 개념을 구체화한다.Moore, 33; Young, 2012: 142-144; Young & Muller, 2016: 40-42 철학적 맥락에서 '비판적'이란 순진한 또는 독단적이라는 뜻과 대비되는 뜻을 갖는다. 지식사회학과 교육사회학에서 '비판적'이란 진보주의(아동 중심적) 교육과 전통적(지식 중심적) 교육을 구분하기 위해 사용된다.Moore, 2007: 21 비판적 교수학critical pedagogy은 여러 가지 면에서 진보주의 교육과 연계되어 있다.

사회적 사실주의에서 '사회적social'이란 첫째, 교육적 학습과정이 '혁신적transformative'이기 때문이다. 이것은 사회에서 바람직한 것으로 여겨지는 어떤 방식으로 '사람'을 변화시키는 것을 목표로 한다. 둘째, 교육과

---

17. '비판이론(critical theory)'은 1930년대 프랑크푸르트학파로부터 정립되어 체계화되었으며, 사회과학 분야에서 일상적인 현상에 대한 이론과 방법론적인 접근에 사용되고 있는 중요한 담론이다. 초기 비판이론은 마르크스주의와 신마르크스주의자들의 생각으로부터 커다란 영향을 받았다.

정 변화는 역사적으로 '사회변화'—학교체제의 사회적 구성에서 반영된—와 결합되어 있고, 교육과정에 대한 논의가 더 넓은 논의와 갈등과 얽혀 있기 때문이다.Moore, 2007: 4-5 따라서 양자는 갈등과 이것이 야기한 더 큰 모순을 피하려고 서로를 포함하지 않은 채 논의를 할 수는 없다.

모든 지식은 지식 생산자의 공동체에 의해 사회적으로 생산되기 때문에 '사회적'이다.Wheelahan, 2010: 7-8 지식은 항상 수정을 열어 놓는 오류 가능성을 열어 놓고 있기에 '비판적'이다.Moore, 2007: 33 지식의 대상인 독립적으로 실존하는 실재의 존재와 우리가 그것을 알 수 있는 방법에 대한 객관적 한계를 제공하는 속성을 인정한다는 점에서 '실재적realist'이다.Moore, 2007: 33[18] 지식의 대상인 세계에 대한 것, 즉 우리가 구성하는 지식의 사회적 구성과는 독립해서 존재한다.Wheelahan, 2010: 7 그래서 사회적 실재social reality는 사회적이고 실재적이다. 그리고 지식이 역사적으로 창조된 상징적 생산을 통해 세계에서 생산된다는 면에서 물질적materialist이다.Moore, 2007: 33

관념론idealism과 대조되는 실재론/사실주의realism는 구성주의constructivism를 넘어선다.Maton & Moore, 2010: 5 사실주의의 관심은 주관성보다는 지속적이고 집합적인 지식 생산의 관계라는 점에서 구성주의보다 더 철저하게 사회적이고 해방적이다.Moore, 2009: 121-132 영2008의 책 제목에서 보듯 '사회적 구성주의에서 사회적 사실주의로의 전환'은 임의적 및 비임의적 근거를 모두 가질 수 있는 사회적으로 개발되고 적용되는 절차에 따라 상대적으로 자율적인 실천 분야 내에서 그것의 '생산'에 초점을 맞추는 '구성'의 측면에서—특히 우리가 세계의 구성에 어떻게 반응할 것인지의 결과로부터 벗어나 우리가 세계를 적합하게 구성하는 것을 함의할

---

18. 이러한 존재론을 '존재론적 실재론/사실주의(ontological realism)'로 호칭하기도 한다.

때—지식을 바라보는 관점의 변화를 예고한다.Maton & Moore, 2010: 6 사실주의자들은 세계에서 필연성, 가능성, 잠재성—사물의 성질을 고려할 때, 어떤 것들이 함께 가야 하는지, 어떤 일이 함께 일어날 수 있는지—을 식별하려고 노력한다. 따라서 사실주의는 지식이 어떻게 생성되는지 '사회적' 관점에서 지식의 사회성sociality과 관련된 관심사를 강조하고 지식이 단순히 생산되는 것, 그 이상—이 양식은 세상을 형성하는 데 도움을 준다—을 강조한다.Moore, 2009: 122 이 역량은 그것의 '확실성'을 의미하는 것이 아니라, 실제 효과를 갖는 자체 대상으로서의 성질을 의미하는 객관적 성격에 의해 주어진다. 지식의 구조에 의해 채택된 기타 유형은 다른 효과를 갖는다. 사회적 사실주의는 오랜 시간에 걸쳐 힘을 가진 누적된 지식을 구축하는 지성적 장을 위한 역량 효과를 탐구하는 관점을 가진 또 다른 유형을 이론화하기 위한 언어를 제공한다.

사실주의寫實主義, realism[19]는 존재론적 사실주의와 비판적 사실주의, 사회적 사실주의로 나타난다. 첫째, '존재론적 사실주의ontological realism'는 지식의 대상이 존재론적·인과적으로 우리에게서 독립적인 실재라고 생각한다. 지식은 그 자체가 아닌 다른 것에 관한 것이고, 우리의 상징적 영역을 넘어서는 실재가 존재한다고 본다.Maton & Moore, 2010: 4 이렇게 독립적으로 존재하는 실재(자연적 실재, 사회적 실재)의 타자성은 우리가 믿는 것—우리는 정원 바닥의 요정처럼 우리가 좋아하는 무엇이든 믿을 수 있다—이 아니라 우리가 알 수 있는 것에 대해 독립적인 외부의 제한을 제

---

19. 'critical realism'은 일반적으로 '비판적 실재론'으로 번역되고 있으나 필자는 '비판적 사실주의'로 번역했다. '비판적 실재론'은 '실재를 비판적으로 구성한다'는 의미를 갖는데, '실재론'으로 번역할 경우 'realism'이 갖는 '사실주의'의 의미는 살리지 못하는 한계를 갖는다. '실재론(實在論, realism)'은 '관념론(觀念論, idealism)'과 반대되는 사상으로서 실재에 대한 논의 또는 쟁론의 뜻을 갖기에 '관념주의'와 반대되는 '실재주의'와 같은 의미를 갖는 '사실주의'라는 번역어를 채택한다. 'social realism'도 '사회적 실재론'으로 번역하지 않고 '사회적 사실주의'로 번역했다.

공한다. 존재론적 사실주의는 경험이 독립적으로 계속된다는 세계관으로서 우리가 물체들에 대해 사유할 수 있는 능력을 가지고 있음을 인정한다. 우리가 물체에 관해 생각할 수 있으려면 경험에 독립적으로 존재하는 물체가 존재해야 한다. 역사와 사회의 시공간 속에서 지속되는 대상의 형이상학적 모델은 우리가 사물에 관해 사유하기 위해서 필수적이다. 판단 개념, 즉 어떤 것을 말하거나 어떤 것을 생각하는 것은 우리와 독립하여 존재하는 진리 개념에 우리를 연관시킨다. 우리는 판단할 때 우리의 판단이 잘못되었음을 보여 줄 개념에 스스로 볼모로 잡혀 있다. 어떤 것이 사실인지를 판단할 때마다 우리가 틀렸음을 증명할 수 있는 사태들, 즉 세상이 실제로 존재하는 방식이 있다. 그런데 그것은 우리가 판단하는 방법에 독립적이다. 왜냐하면 독립적인 진리 개념을 인정하는 것이 판단행위의 전제 조건이기 때문이다. 이는 판단과 진리를 엄밀하게 구별하는 것이 가능하다는 것이다.

그러나 상대주의는 이러한 구분을 부정한다. 왜냐하면 진리란 권력에 기여하기 위해 가면을 쓴 판단에 불과하다고 보기 때문이다. 이러한 구분은 이론의 내적 언어와 이론 밖의 것을 기술하는 언어 사이에는 담론의 간극이 있음을 보여 준다. 두 개의 기술 언어 사이에는 '담론의 간극'이 있다.Moore, 2004: 167 우리의 지식이 언제나 사회적·언어적으로 특정하게 매개된 서술로 표현되며, 확실한 기초를 결여하고 있고 오류일 수 있다고 하더라도, 경쟁하는 이론들/믿음들 가운데 어느 하나를 다른 것들보다 더 우월한 것으로 선택할 합리적 근거가 있다. 이러한 의미에서 인식론적 상대주의는 반드시 보편적이고, 불변하는 본질적 진리일 필요가 없다. 인식론적 상대주의는 판단의 상대주의(서로 다른 지식 사이를 판단할 수 없다)보다 판단의 합리성(충돌하는 지식 주장의 상대적 장점을 결정하기 위한 합리적이고 상호 주관적인 토대가 존재한다)을 옹호한다.Maton & Moore,

2010: 4 이 입장은 교육에 대한 사회적 사실주의의 중심적 관점이다. 그 주요 관심사 중 하나는 어떻게 '우리', 즉 인류가 지식을 생산하게 되는지에 관한 것이다. 이것을 '사회적' 사실주의라고 부르는 것은 실증주의로 대표되는 지식의 논리적 자산에 대한 관심이 아니라, 실재적인 것의 배경적 제약에 반하여 판단이 생산되는 집단적 절차에 대해 관심을 갖는 전통적 인식론과 대조를 보이기 때문이다.

둘째, '비판적 사실주의'는 인식론적으로 우리로 하여금 세계와 경험 사이를 구분하게 할 뿐 아니라, 실재적인 것, 실제적인 것, 경험적인 것을 구분하게 한다. 지식이 실재한다는 '비판적 사실주의' 인식은 '존재론적 사실주의'—실재는 상호의존적 존재이다—에 근거하고 있다. 하지만 비판적 사실주의는 지식이 사회적으로 구성되기는 하지만, 지식으로서 지위를 붕괴시키지 않으려고 한다. 지식은 특정 형태의 역사적으로 발전된 사회성의 결과이기 때문이다.

비판적 사실주의자가 '실재적인 것'을 거론할 때, 이것은 특권적 지식이 아니라 다음 두 가지를 말한다. 하나는 그것이 우리에게 경험적인 대상인지, 그리고 우리가 그 성질을 충분히 이해하고 있는지에 관계없이, 자연적이든 사회적이든 존재하는 모든 것이다. 또 하나, 실재적인 것은 대상의 영역, 즉 그것의 구조와 힘이다.Moore, 2009: 121-122 그것들이 물리적이든, 광물이든, 관료주의와 같이 사회적이든 상관없이, 특별한 방식으로 행동하는 특정의 구조와 인과적 힘이나 역량, 인과적 경향이나 수동적 힘, 즉 어떤 종류의 변화에 대한 특정의 감수성을 가진다. 비판적 사실주의는 진리와 확실성이 모두 정도의 문제라는 점을 인정한다. 그래서 비판적 사실주의자들은 낙담한 절대주의자들이 선호했던 회의적 교리의 전형인 전부 아니면 전무의 오류를 피했다.

마르크스주의[20]와 뒤르켐주의를 연결시키는 비판적 사실주의는 교육에 있어 지식의 목소리를 내고 있다. 비판적 사실주의는 사물을 어떻게 변화시키는가? 무엇을 가르칠 것인가? 이 질문에 관심을 갖는 '비판적 사실주의critical realism' 또는 '인식적 사실주의epistemic realism'는 다음과 같은 특징을 보인다.

- 실재는 독립적이다. 어떠한 경우에도 실재는 우리의 표상으로부터 독립적이다. 실재는 객관적으로 존재하는 것이며, 우리가 원하는 대로 통제할 수 있거나 우리가 원하는 대로 존재하는 것이 아니다.
- 존재론과 인식론은 구별된다. 즉, 존재론은 인식론으로 환원할 수 없다.
- 실재는 우리에게 세계를 발견할 수 있게 한다.
- 오류 가능성을 인정한다.
- 이론들을 합리적으로 평가할 수 있다.
- 실재는 동일한 존재론적 층위 수준에 있지 않다—실재적real, 힘·기제, 실제적actual, 힘·기제의 실제화·구체화, 경험적empirical, 구체화된 현상에 대한 경험.
- 인과과정이 언제나 경험되는 것도 아니고, 설혹 경험되더라도 언제나 인과적 효과를 산출하지 않는다.
- 어떠한 믿음이 거짓이라고 비판하면서, 동시에 그러한 믿음이 지속되는 이유를 설명함으로써 가치판단에 일정한 영향을 미칠 수 있다.

Danemark, 2005

그렇다면 비판적 사실주의는 사물을 어떻게 변화시키는가? 무엇을 가르칠 것인가? 이런 질문에 대해 오랫동안 교육사회학은 인식론적으로 취

---

20. 모든 마르크스주의자가 사실주의자는 아니며, 또한 모든 사실주의자가 마르크스주의자는 아니다. 하지만 비판적 사실주의는 실재의 물질성에 우선적으로 관심을 두고 있다.

약한 상대주의적 구성주의의 영향을 강하게 받아 왔다. 두 영역은 이러한 경향을 서로 강화한다. 교육에 관심을 두는 이 두 영역 스스로에게 가장 기본이 되는 범주를 부정하기 바란다는 것이 이상하다! 비판적 사실주의의 기대는 지식이 자율성과 관련하여 환원론에 반대하는 입장을 지지하는 능력 때문이다. 따라서 '비판적 사실주의'는 교육과 관련하여 다음과 같은 설명 틀을 잘 이해할 필요가 있다.

- 사회적 세계의 중심이 되는 존재론과 인식론 사이의 관계, 특히 교육과의 관계, 그리고 이러한 관계에 근거한 사회적 대상에 대한 설명을 해 주는 자료를 수집할 필요성
- 사회적 대상의 구성에 적절한 경험적 연구 방법의 선택과 이용
- 사회적 세계의 탐구에 대한 경험적·해석적 접근의 상관성을 포함한 구조와 행위 주체 사이, 양적·질적 전략 사이, 객관성과 주체성 사이, 실재론과 관념론 사이, 그리고 존재론적 사실주의와 인식론적 상대주의 사이 등 여러 가지 오래된 모순의 해결
- 구조와 행위 주체 사이의 정점頂點 관계와 이것들의 상이한 형태
- 사회적 세계의 공시적 설명보다는 통시적 설명의 필요성
- 교육제도와 시스템, 그리고 교수법 및 테크놀로지와 관련된 변화 메커니즘의 이해(번스타인 등)
- 지식의 구성 및 구성체, 그리고 양자가 학교교육과정에 갖는 함의
- 교육과 이것이 이해되는 방식에 대한 비판적 접근의 채택 필요성

Scott, 2010: 3-4

비판적 사실주의는 이분법, 즉 실증주의와 해석학, 집단주의와 개인주의, 구조와 행위 주체, 이성과 명분, 마음과 몸, 사실과 가치 사이의 이분

법에 대항한다. 이분법의 균형을 극복하기 위해 제3의 화해 방식으로 개인들 사이의 관계로서 사회를 강조하는 '관계주의relationism'를 제안한다. 진화론적 발현성 개념을 통해 구조 및 행위 주체의 비환원성과 상호의존성을 중시하는 '혁신적 사회활동' 모형을 강조한다. 바스카는 현상의 이유와 원인 사이의 갈등을 해결하기 위해 이성의 인과적 효과성을 제시한다. 물질주의와 관념주의, 또는 마음과 몸의 사이의 이원론 대신에, 공시적인 발현적 힘을 가진 물질주의를 제시한다. 행위자는 완전히 가치중립적 상황에 놓여 있지 않으며, 사실은 가치판단을 생성할 수 있는 결과에 존재하지 않는다.Shipway, 2011: 22

셋째, '사회적 사실주의social realism'는 철학적이라기보다 실체적substantive이다.Maton & Moore, 2010: 5 사회적 사실주의는 실증주의나 절대주의 또는 구성주의적 상대주의 사이를 선택하는 인식론적 딜레마에 대한 대안을 대표한다. 사회적 사실주의는 지식의 '구성'보다는 지식의 '생산'에 초점을 맞춘다. 사회적 사실주의자들은 실재가 지식의 사회적 구성이 아니라 지식의 사회적 생산이어야 하고, 또 관념적 태도가 아니라 물질적 태도를 가져야 한다고 주장한다.Moore, 2009: 154 이렇게 보면 사회적 구성주의는 일이 실제로 일어나는 방식이라기보다는 '사회학적 구성주의'라고 할 수 있다. 영은 사회적 구성주의가 사회적인 것을 잘해 왔으나, 사실주의로까지는 도달하지 못하고 있다고 판단한다.Young, 2008 '사회적 사실주의'는 기본적으로 지식이론의 강고한 기반을 제공하기 위해 '비판적 사실주의'를 지식사회학과 교육사회학 안으로 끌어왔다.Moore, 2009: 154 '비판적 사실주의'는 지식을 사회적인 것으로 다루며, 논리적 실증주의처럼 진리를 위한 조건을 추상적 논리 형식이 아니라, 그것이 생산하는 물리적 조건(집합적·사회적 관계)을 통해 찾는다. 실재적인 것의 영역은 독특한 힘과 경향을 가진 복잡한 대상(자연적 대상, 사회적 대상)의 측면에서 기술된다.Moore, 2009: 122-123 따라서 복잡한 실재를 이해하려면 간학문적 작업이 매우 중요하다.

'비판적 사실주의'는 지식 생산에 초점을 맞춤으로써 지식사회학과 인식론 그리고 교육사회학에서 지식 생산을 연구하기 위한 '자연화된 인식론'이 지닌 함의 사이의 관계에 대한 새로운 문제가 제기될 수 있다.Moore, 2004: 150 비판적 사실주의가 교육정책에 있어 적절한 역할을 개념화하는 데까지는 나아가지 못하면서Moore, 2009,[21] 그 대안적 관점으로 '사회적 사실주의'가 제기되었다.Young & Muller, 2016: 38 사회적 사실주의는 자의적이고 비사실적irrealist 접근을 하는 과도한 사회적 구성주의에 반발하여 발전된 철학이다.Scott, 2010: 116 사회적 사실주의는 번스타인의 사회학(지식의 사회적 관계)과 비판적 사실주의(지식의 인식론적 관계)의 결합이라고 할 수 있다.Wheelahan, 2010: 12

'사회적 사실주의'는 구성주의적 상대주의와 기초주의적 절대주의에 맞서 '신빙 가능성reliability'[22] 입장을 취한다. 인식론의 철학적 학문에서 이론의 범주인 '신빙 가능성'은 철학적 회의론을 거부하며 정당화와 지식이론으로 발전되었다. 신빙 가능성은 대리인이 진리 신념을 형성하는 과정의 기여도 측면에서 지식이나 정당성을 설명하려고 하는 광범위한 인식론적 이론을 포함한다. 신빙 가능성을 믿는 '사회적 사실주의'는 다음과 같은 사회이론에 바탕을 두고 있다.

---

21. 비판적 사실주의자인 십웨이는 특별한 제약이 없는, 부재로부터 해방된 '해방적 교육학'을 제창하기도 한다(Shipway, 2011: 177-210).
22. 진리와 신념 사이의 지식 구성 연계의 본질은 인식론의 주요 문제이다. 철학적 전통을 따라 플라톤의『테아이테토스(Theaitetos)』로 거슬러 올라가면 지식은 진실된 신념이라고 정당화되었다. 원하는 지식의 정당화 본질은 상당한 논쟁의 문제이지만, 중심 개념은 신념이 정당화될 때 그것이 정당화되지 않을 때보다 진실이 훨씬 더 낫다는 것이다.

- 상대주의는 반드시 지식의 사회이론을 따르지는 않는다. 대조적으로 사회이론은 생산되는 독특한 코드와 실천을 규명함으로써 진리와 객관성 주장을 위한 기반이 된다.
- 사회이론은 지식 생산의 즉각적 조건을 초월하는 방식(유클리드의 지리나 뉴튼의 물리학)으로 어떤 지식이 객관적인 것을 인정해야 한다.
- 지식과 사회적 이해관계를 연계시키고자 하는 사회이론은 두 가지 유형의 이해관계— 외적 이해관계(사회에서 더 넓은 분화를 반영하는)와 내적 이해관계(지식 자체의 생산과 획득)—를 구분해야 한다.
- 지배와 배제와 같은 이분법적 범주를 사용하는 경향을 가진 포스트모더니스트 이론과 대조되는 더 적절한 사회이론은 드물기는 하지만, 지식을 총체적인monolithic 것으로 다루어야 한다. 이것은 지적 분야의 경쟁적 성격을 명백하게 할 수 있는 상세한 역사 및 민족지학 연구의 중요성을 가리킨다.Maton & Moore, 2010: 26

　이 입장은 비판적 사실주의(존재론적 사실주의+인식론적 상대주의+판단의 합리성) 철학에 근거하고 있다.Maton & Moore, 2010: 4 사회적 사실주의는 진리와 진실성을 반대되는 것으로 보지 않으며, 이것 아니면 저것이라는 양자택일의 접근을 하는 것도 아니다. 사회적 사실주의 접근은 현재를 통해 그 배경을 이루는 실재의 구조를 보고자 하지만, 이 구조가 사회 권력 및 기득권의 각본 이상임을 인식한다.
　사회적 사실주의는 지식 유형 간의 '경계'로서 학교의 지식과 학교 밖의 지식 사이의 경계를 논의한다. 지식의 경계는 임의적인 것이 아니라 사회적이며, 지식의 경계 논의는 역사를 갖고 있으며, 교육의 분배에도 영향을 미친다. 이 점을 명백히 드러내고 설명해 주는 것이 이론가들의 책임이다. 이 구분에 따른 형식은 교육과정에 무엇을 포함하고, 무엇을 포함하지 않을지를 판단하는 데 중대한 의미를 갖는다. '사회적 사실주의'는 지식의 사회적 분화와 함께 교육적 중요성 논의를 발전시키고 있다. 철학적으로 이 물음에 대한 분석틀로서 지식에 대한 '사회적 사실주의'는 다음과 같은 명제를 전제하고 있다.

- 지식은 사회적으로 생산된다.
- 지식과 경험은 근본적으로 다르다.
- 이론적 지식과 일상적 지식은 다르다.
- 지식 영역들 간에도 다르다.
- 학교에서 가르치는 지식과 학교를 넘어선 지식은 각자 다르다.

Moore, 2009: 136; Young, 2012: 146-149; Young & Muller, 2016: 45-47

사회적 사실주의 접근은 진리의 논리적 재구성이 항상 특정의 집단적 코드와 가치 내에서의 타자와의 대화이기 때문에Collins, 2000, 지식의 사회적 성격을 그것의 인식론적 지위에 내재한 것으로 인식한다. 이것은 전통주의와 도구주의 또는 포스트모던 비판이 초래한 교육적 딜레마를 피하기 때문에 다음과 같은 중요한 함의를 갖는다.

- 교육과정의 결정에서 신보수적 전통주의 그리고 적절성이나 학습자의 경험과 같은 개념에 의존하는 비역사적 소여성givenness을 피한다.
- 경제적 또는 정치적 요구와 같은 도구주의로부터 교육과정을 위한 자율성을 지킨다.
- 사회적 배제를 극복하고, 지식 생산과 전달에 관여하는 '인지적 이해관계'의 참여 확대와 같은 목표의 균형을 유지하는 차원에서 교육과정 제안을 평가한다.

- 교육과정에서 학습 결과를 명시하고, 테스트를 전문가 위원회, 네트 워크 그리고 실천의 코드 역할로 확대하는 기준과 지식에 대한 논의 를 재정향한다.Maton & Moore, 2010: 33

　사회학적 관점에서 볼 때, 지식에 대한 사회적 사실주의자들의 지식 접 근이 갖는 위의 네 가지 의미는 주류적 접근(전통주의와 도구주의)과 이 에 대한 포스트모던 비판자들이 제기하는 대안보다도 인간이 가진 창조 성의 집단적 성취로서 받아들여지고 있다.

　사회적 사실주의자들이 생각하는 지식은 구성주의 담론 이론과는 대 조되는 어떤 것에 관한 것이며, 다른 것(자연적으로나 사회적으로 실재하 는 것)은 지식 주장에 대한 독립적 검토의 가능성을 제공한다는 점에서 객관적으로 실재한다고 본다. 이 검토는 시간과 공간으로 확장된 특정 유형의 사회성으로 구조화된 끊임없는 토론과 논쟁, 혁신과 창의성의 형 태를 통해 지적 공동체의 작업 속에서 이루어진다. 그것은 시간과 공간 의 확장된 존재를 가진 인식적 공동체, 과거가 존재하는 공동체, 과거의 죽은 사람들의 관심사가 미래의 살아 있는 구성원들의 관심사가 되도록 한다.

　그러면 어떤 종류의 지식을 교육과정에 포함시킬 것인가? 사회적 사실 주의자들은 근본적으로 사회적·역사적 토대를 부정하지 않으면서 교육 과정에 대한 논의를 위해 지식을 다시 불러들이고 있다. 실천의 사회적 분야로서 지식은 교육의 가장 기초가 된다. 교육을 이해하기 위한 지식의 발현적 속성과 더 넓은 사회적 기반을 모두 고려하지 않으면 안 된다. 사 회적 사실주의 접근은 지적 생산의 논리와 교육적 재생산의 논리 사이의 간격을 예리하게 인식한다.Maton & Moore, 2010: 7 예를 들어 물리학 연구 실 험실에서 발견된 실제와 물리 수업에서 발견된 실제가 동일한 것은 아니기 때문이다.

그리고 지식에 대한 사회적 사실주의 접근은 교육과정사회학을 위한 가능한 방법을 제시한다. 교육과정의 이론적 배경에 대한 이해는 교육과정의 해석 및 실천에 필수적이다. 여기에는 학습이 이루어질 수 있는 교수학습과 구조에 대한 계획을 포함하고 있다. 사회적인 것과 사실적인 것을 결합시킨 '사회적 사실주의' 교육과정은 교육과정의 분류가 사회적·정치적 원천뿐 아니라, 인식론적이고 교수·학습적인 토대에 기반을 두고 있다. 인문학 또는 대부분의 사회과학 분야에서 사회적, 역사적, 지리적 현상에 대한 생각은 서로 다른 방식으로 접근을 한다. 사회적 사실주의 접근은 이론적으로 정교할 뿐 아니라, 실천적으로도 적절한 교육과정 접근을 시도하면서 교육의 장에서 지식에 대한 상상력을 고양시키고 있다.

그동안 '비판적' 사실주의와 '사회적' 사실주의는 초기 사상에서는 차이를 보였지만 최근에는 상호보완적 경향을 보이고 있다. 그렇다면 비판적·사회적 사실주의는 사물을 어떻게 변화시키는가? 무엇을 가르칠 것인가?

- 실재에 대한 보수주의, 절대주의, 포스트모더니즘, 실증주의, 구성주의에 대해 비판적이다.
- 실재에 대한 인식론(지식의 인지적·합리적 측면)과 존재론(지식의 실체적·관계적 측면)을 공존시킨다.
- 실재의 경험적, 비판적, 발현적, 실제적, 물질적 목소리를 중시한다.
- 지식의 오류 가능성을 인정하고, 지식의 비판성과 사회성을 동시에 강조한다.
- 정의로운 힘 있는 지식의 획득을 위한 접근성을 강조한다.
- 지식/학문 및 교육과정의 절연과 혼종의 공존을 모색한다.

- 강한 문법(분류화 및 얼개화)과 연동된 가시적·전통적 교수법과 약한 문법(약한 분류화 및 얼개화)과 연동된 비가시적·진보적 교수법의 조화를 모색한다.

롭 무어Rob Moore는 지식의 비판성과 사회성을 융합한 사실주의를 '비판적·사회적 사실주의critical and social realism'라고 명명한다.Moore, 2007: xi 우리에게는 지식의 비판성과 사회성이 동시에 필요하다. 대안적 교육과정을 위해 번스타인 등의 비판적/인식론적 사실주의와 영의 사회적 사실주의를 통섭하고자 한다. 지식의 인식적이고 사회적인 관계는 상호 영향을 미치도록 이론적/개념적 지식을 내재화·실천화하고, 구조화해야 한다. 지식에 대해 이용 가능한 증거를 기반으로 둔 진리인지를 증명할 수 있는 진실성을 추구한다면, 인식론적·존재론적 개념 틀을 구축해야 한다. 사회적인 것과 인식적인 것을 조화시킴으로써 학생들에게 지식구조와 체계에 접근할 수 있는 정도는 물론이고, 그 대상에 대한 접근을 제공하는 정도에 의해 판단될 수 있는 교육과정을 비판하기 위한 기초를 제공한다. 학생들은 지식을 비판하고 평가하기 위한 근거를 제공하지 않으면 안 된다.

지식이 실재하고, 상호의존적 존재라고 인식하는 '존재론적 사실주의'와 발전된 지식 및 교육과정에 대한 비판적·사실적 사회주의 관점이 동일한 것은 아니지만, '비판적 사실주의'가 비판적 인식론에 더 많은 관심을 갖는 반면, '사회적 사실주의'는 관계적 존재론/실체론에 더 많은 관심을 보이고 있다. 교육과정 논의는 비판적·사회적 사실주의 내에서 지식의 객관성이 이해되는 다양한 방식으로 이해되어야 한다. 교육과정 논쟁의 통상적인 틀을 벗어나기 위해서는 '인식론'의 기본 문제로 돌아가야 한다. 이론적 지식은 뚜렷하게 관련이 없는 대상과 사건을 연계시켜 현재를 넘어 미래 또는 대안 세계에 투사하는 수단이다. 전통적으로 학문적 교과 지식으로서 조직된 이론적 지식은 사회가 개인 경험의 한계를 초월하여 자연 및 사회 세계에서 관계의 본질로 보이는 것을 넘어서는 수단을 구성한다. 모든 사회에서 물질적인 것과 비물질적인 것의 연계, 알려진 것과 알려지지 않은 것의 연계, 생각할 수 있는 것과 생각할 수 없는 것의 연계, 여기에 있는 것과 여기에 없는 것의 연계, 특수한 것과 일반적인 것의 연계, 과거·현재·미래의 연계를 필요로 한다.Wheelahan, 2010: 2

또한 각각에 의지하면서 교육과정을 이론화하는 데 사용될 수 있는 개념적 도구를 발전시키는 중요한 공통성이 있다. 양자는 사회를 권력에 대한 접근의 사회적 배분에 의해 다르게 배치된 행위자들을 구속 가능하게 하는 사회계급과 같은 객관적 구조로 구성된 것으로 보며, 이러한 의미에서 둘 다 '사회적 사실주의'에 포괄될 수 있다.Wheelahan, 2010: 13 양자는 또한 지식의 독특한 실재와 그것을 생산하는 사람으로부터의 독립, 그리고 그것을 생산하는 맥락에 동의한다. 그들은 지식이 사회적·역사적으로 구성되지만, 그 맥락으로 환원될/축소될 수 없고, '실재적인 것the real'을 이해하기 위해 감각자료를 넘어설 필요가 있다는 데 동의한다.Wheelahan, 2010: 13 그래서 지식은 그것을 생산하는 조건에 의해 특징지어지고, 이런 면에서 역사적으로, 사회적으로 위치 지어지지만, 또한 지식의 독특한 실재를 부여하는 초월적 속성, 그리고 특정한 맥락을 초월하는 능력과 독립성을 가져야 한다. 그래야 생각할 수 없는 것과 아직 생각하지 못한 것을 생각하는 데 이용될 수 있다. 양자는 사회의 사회적 구조화에 기여할 수 있는 인과적 기제와 원리를 식별하기 위해 이론적 분석과 유사한 유형을 이용한다.

그래서 새로운 교육과정을 위해 '비판적 사실주의'와 '사회적 사실주의'를 조화시킬 필요가 있다. 지식의 인식적이고 사회적인 관계는 서로에게 영향을 미칠 것이다. 그렇게 함으로써 지식은 교육과정에서 구조화될 것이다. 따라서 인식적인 것과 사회적인 것을 조화시키려면 '약한' 사회적 구성주의를 수용해야 한다. 인식론적 접근 없이는 지식에 대한 아무런 사회적 접근을 할 수 없기 때문에 인식적인 것에 초점을 맞추어야 한다. 학생들은 지식에 대한 사회적 접근을 하고 그것을 생산적으로 사용하려면 지식을 총체적으로 이해해야 한다.Wheelahan, 2010: 47 인식적인 것과 사회적인 것의 조화 여부는 교육과정을 비판할 수 있는 기초를 제공하여 지식이 대상에 대한 접근성을 제공하는 정도, 그리고 교육과정에서 학생들에게 지식구조와 의미 체계에 대한 접근이 제공되는 정도에 따라 판별될 수 있다.

7.

교육과정 이론의 위기와
교육과정 정책의 방향

교육과정 이론의 위기

20세기에 접어들어 학교교육이 대중화되면서 전통적 학문science[1] 중심의 교육과정은 쇠퇴하기 시작했다. 학문의 경계에 대한 부정은 많은 진보주의자들에게 매력적으로 다가왔다. 학교는 더 이상 특권계급의 전유물이 아니게 되었다. 지식사회의 도래로 더 이상 지식 생산은 폐쇄적 엘리트의 배타적 독점물이 아니게 되었다. 이제 학교와 삶 사이의 인위적인 구분은 사라졌고, 학교는 삶을 준비하는 장소가 되었다. 대중교육의 대두로 요약되는 이러한 교육적인 변화는 학교에서 가르치는 교과의 수적인 증가를 가져왔다. 기존의 전통적 학문(고전학, 수학 등)을 중심으로 편성되던 교육과정은 새로운 교육적 요구, 즉 삶의 유용성을 충족시키는 데 한계를 노정했기 때문이다. 따라서 실생활에 도움이 되는 내용들이 새롭게 학교의 교육과정에 추가되기 시작했다. 학교의 교육과정은 지적인 문화유산을 대표하는 교과들의 합이 아니게 되었다. 새롭게 학교의 교육과정 안으로 들어온 것이 한두 가지가 아니다. 실용적 정보가 앎의 기초를

---

1. '학문(scientia)'은 자명한 원리 또는 보다 상위 학문의 조명하에 진리임이 알려진 원리를 통해 획득한 확실한 지식을 가리킨다. 학문이란 알려진 지식의 총화이자 그 특성에 따라 학자들이 수많은 지식을 연구·논의하기 위해 구분한 지식의 범주화다.

이루는 기본적 지식을 밀어내고 있다. 그래서 교육과정의 중핵적 지식이 설 자리를 잃었다.

포스트모더니즘, 구성주의, 도구주의, 보수주의 등 각종 사조는 학교교육에 영향을 미쳤다. 이들 새로운 사조는 세계의 본질과 사회와의 진정한 대화를 경시하며, 지식을 중요한 목표로 보지 않고 '도구적으로' 간주하도록 한다.Moore, 2007 지식의 중요성을 경시하고 그것을 다른 교육과정의 목표에 종속시키는 경향은 지식을 교육과정의 중심에 위치시키지 못하도록 한다. 교육과정에 대한 주류적 접근(구성주의, 도구주의, 보수주의)이 이론적·개념적 지식을 교육과정의 중심으로부터 밀어냄으로써 교육과정의 위기를 초래하게 되었다. 이러한 접근 방식은 지식 생산의 장과 사회 사이의 절연을 초래했다.

지식사회에서 지식의 변화된 성질에 대한 논의는 교육과정의 이론화와 교육의 목적과 교수학pedagogy의 본질에 대한 새로운 이해로 이어졌다. 의무교육 이후 교육 및 훈련 분야에 따라 교수학의 이해와 그에 따른 실천이 다양하게 나타났지만, '새로운 교수학new pedagogy'이 등장하고 있으며, 구성주의 이론과 실천을 세계 이해의 주요한 원천으로 삼고 있다.Wheelahan, 2010: 5 교육 전체의 맥락뿐만 아니라, 교수학 내에서 그리고 교육과정의 구성 및 재구성에서 얻은 맥락은 '새로운 교수학'의 매우 중요한 요소가 된다. 교육과정은 내용 및 과정의 관점에서 볼 때 맥락적이고 우발적인 것일 뿐만 아니라, 종종 명제적 지식으로부터 멀어짐으로써 지식의 본질이 다르게 인식된다. 맥락에 대한 강조는 교육과정에 대한 주요한 접근인 사회적 구성주의와 기술적 도구주의에 의해 공유되고 있지만, 교육과정에 대한 제3의 주요한 접근으로 대두된 보수주의는 전통을 옹호하면서 맥락을 계속 회피하고 있는 경향을 보인다. 교육과정에 대한 지배적 접근, 즉 구성주의, 기술적 도구주의, 보수주의는 각기 자기 방식으로 지식을 다른 교육과정의 목표에 종속시키기 때문에 교육과정의 위기를 초래했다. 그리고 신자유주의의 도구주의 경향은 시장을 지식, 상품, 사람의 자유로운 흐름을 위한 궁극적 기제로 간주함으로써 교육과정의 문제를 야기시켰다.

이러한 문제로 인해 도구주의 경향, 환원주의 및 과도한 상대주의에 반발하는 흐름이 나타났다. 이런 흐름을 '비판적·사회적 사실주의critical and social realism'가 주도했다. 비판적·사회적 사실주의는 주류의 교육과정에서 밀려난 '지식의 소환'을 요청한다. 이들은 사회적 구성주의 이론들과 미세한 차이를 보이면서 대체로 학습이 맥락에 의존하고 사회적으로 매개되며, '실재 세계real world'에 위치한 학습자에 의한 의미의 능동적 구성을 수반한다는 데 합의한다. 이들의 문제의식은 암묵적인 것, 맥락적인 것, 응용적인 것에 초점을 두는 지식교육이 학문적 지식을 희생시킨다고 보는 것이다. 맥락적인 것에 초점을 둠으로써 주로 경제에 필요한 지식과 기술을 생산하는 데 관심을 갖게 하고, 교육의 더 넓은 목표와 동떨어지게 하여 학문적 지식을 경시할 수밖에 없다는 것이다. 도구주의 및 구성주의 교육과정 이론가들은 서로 다른 철학적 가정을 가지고 맥락의 본질을 다르게 이론화하고 있다. 이들은 교육과정 논의에서 실제 환경에서의 학습, 특히 일터의 학습을 옹호하면서 지식의 복잡성과 깊이를 희생시킨다. 여기에서 교육과정의 위기가 발생하고, 나아가 교육의 위기로 귀결된다. 이런 사태의 전개는 사회정의의 측면에서 볼 때 더욱 위태롭다. 일터의 경험에 근거한 교육과정이 직업 프로그램의 기초가 됨으로써 학습자들이 더 나은 교육의 가능성educability을 제공받지 못하기 때문이다.[2]

정부 정책 결정자들은 전문적 지식 생산자의 권위와 자율성에 대해 의문을 갖기 때문에 혼종적 교육과정을 선호하고, 이들의 작업 또한 책무성 측정을 보다 개방적으로 만든다.Young, 2008: 37 결국 혼종적 교육과정을 내재적으로 진보적인 것으로 인식하는 신자유주의적 도구주의는 그것을 관리주의의 도구로서 이용하기 때문에 선택적으로 적용한다. 교육의 목적과 역할이 미시경제 정책의 프리즘을 통해 정의됨으로써 교육을 인적 자본 형성에 필요한 것으로 재규정하게 되었다. 하지만 이것은 사회정의와 시민사회의 본질에 관한 더 넓은 사회적 이유와는 거리가 멀다.Muller, 2000: 6 이런 교육과정과 학습은 학생들에게 사회와의 대화에 더욱 폭넓게 참여하는 데 필요한 지식을 제공하기보다 일터의 직접적인 과업과 역할에 협소하게 연관시켜 버렸다.

우리나라의 경우에도 1990년대 제6차 교육과정 개정에서 구성주의가 주요 교육철학적 원리로 채택됨에 따라 이 담론이 교육과정 논의를 지배했다. 이로 인해 근원적으로 지식교육의 위기를 초래했다. 자기 주도적 지식을 형성하려는 구성주의 담론은 무기력한 지식교육의 근원이 된 객관주의 지식관과 주지주의적 교육관의 병폐를 완화시키고자 한 것이지만, 지식의 생산 기반 자체를 허물고 말았다. 왜냐하면 교육 내용의 성격을 지식의 형식이나 개념적 사고로 이해하기보다 경험적이며 일상적인 사고로 이해하려는 경향이 강했기 때문이다. 이러한 교육과정에서의 전환과 흐름은 반주지주의적 교육문화를 초래하고 말았다.곽덕주, 2019: 158-159 이런 상황에서 설상가상으로 신자유주의 교육정책의 파고와 함께 대두한 '역량' 중심 교육의 강조는 근본적으로 종래의 지식교육에 대해 회의와 의심을 갖게 했다.

---

2. 남아공과 호주의 결과 기반 교육과정, 「플라우든 보고서」를 따랐던 영국의 아동 중심 교육과정, 그리고 퀸스랜드의 매우 급진적인 '새로운 기본 교육과정'의 문제들은 그 사례를 많이 보여 준다. 모든 결과는 특정 일터 역할과 업무와 연관되어 있기 때문에 영국의 국가직업자격증(NVQ/National Vocational Qualification)과 이와 비슷한 호주의 구조화된 훈련 패키지 같은 역량(competency) 기반 교육에 바탕을 둔 직업교육·훈련(VET) 자격에서 지식은 크게 밀려났다.

교육철학과 교육과정

존재론(형이상학)은 궁극적 실재의 본질에 주요한 관심을 두고 있다. 우리가 마음이라고 부르는 것은 그 자체가 실재하는 것인가? 아니면 단지 물질운동의 한 형태에 지나지 않은가? 모든 유기체의 행동은 인과적으로 결정된 것인가? 아니면 인간과 같은 자유의지를 갖는 것인가? 형이상학은 측정될 수 없는 개념, 즉 실재, 변화, 자아, 정신 등과 같은 개념을 다룬다. 과학은 확실히 인간에게 많은 물질적 발전을 가져다주었지만, 모든 인간의 물질적 욕구가 충족된다고 하더라도, 인간은 자신이 살고 있는 세계 속에서 완전한 충족감을 갖지는 못한다. 인간은 본질상 형이상학적 존재로서 여러 분야의 공적 지식과 사적 경험으로부터 세계의 궁극적 본질을 이해하고자 하는 욕구를 지니고 있다.Kneller, 1990: 20

철학적 실재론의 기본 원리는 물질이 궁극적인 실재라는 것이다. 산, 나무, 도시, 별과 같은 사물은 그것을 관찰하는 개인의 마음이나 절대자의 마음속에 있는 관념이 아니라, 인간의 마음으로부터 독립하여 존재하고 저절로 실재한다는 것이다. 실재론자들은 물질의 실재에 대한 이러한 견해에서는 일치하지만, 그 밖의 다른 면에서는 일치하지 않으므로, 실재론의 철학은 다양한 분파를 이룬다. 오늘날 주요 학파 중 하나는 '합리적 실재론'[3]이고, 다른 하나는 '자연적 실재론'[4] 또는 '과학적 실재론,' 그리고 '비판적·사회적 실재론/사실주의'이다.

지식의 본질을 탐구하는 철학 분야를 '인식론epistemology'이라고 한다. 인식론자로서의 철학자는 지식의 본질을 그것 자체로서 깊이 생각한다. 즉 앎에 관련된 제각기 다른 활동들 간에는 어떤 공통점이 있는가? 앎과 믿음 사이에는 어떤 차이가 있는가? 우리가 감각에 의해 제공받는 정보를 넘어서서 알 수 있는 지식은 무엇인가? 인식 행위와 인식된 사물 사이

에는 어떤 관계가 있는가? 지식이 '참'이라는 것을 우리는 어떻게 주장할
수 있는가? 인식론자들은 과학자들과 달리 사실보다는 오히려 개념에 관
심이 많다. 교사의 입장에서 보면, 인식론에서 이루어 놓은 가장 중요한
구분 중 하나는 상이한 지식 형태 간의 구분이다. 이러한 지식의 형태에
는 계시적 지식, 직관적 지식, 이성적 지식, 경험적 지식, 권위적 지식 등
이 있다.

관념론자들의 인식론은 감각을 통해 받아들인 지식이 불확실하고 불
완전한 것이라고 본다. 왜냐하면 물질적 세계는 보다 완전한 존재의 왜곡
된 복사물일 뿐이기 때문이다. 따라서 참된 지식은 이성에서만 나오는 것
이라고 하며, 그 이유는 이성은 사물의 물질적인 구체적 형태를 넘어 존
재하는 순수한 정신적 형상을 분별하는 능력이기 때문이다. 반면 실재론
자 또는 사실주의자들의 인식론은 동일하게 말할 수는 없으나 전통적으

---

3. '합리적 실재론'의 전통은 '고전적 실재론'과 '종교적 실재론'으로 나뉠 수 있다. 종교적
   실재론의 주류는 로마 가톨릭 교회의 스콜라주의이다. 이 두 학파는 모두 아리스토텔
   레스의 전통을 갖고 있다. 고전적 실재론자들이 아리스토텔레스 철학을 직접적으로 취
   한 데 반해, 스콜라 철학자들은 토마스 아퀴나스 기독교 철학(토마스주의)의 입장을 취
   하고 있다. 고전적 실재론자들이나 종교적 실재론자들은 물질의 세계가 그것을 관찰하
   는 인간의 마음으로부터 독립적으로 존재하는 실재라는 점에 동의한다. 그러나 종교적
   실재론인 토마스주의자들은 물질과 정신이 최상의 지혜와 선으로 질서정연하고 합리
   적인 우주를 창조한 신에 의하여 창조된 것이라고 주장하는 점에서 고전적 실재론자와
   차이를 나타낸다(Kneller, 1990: 25-26).
4. 자연적/과학적 실재론은 15~16세기 유럽에서 과학의 발전에 따라 일어난 철학의 한 분
   파(베이컨, 로크, 흄, 밀, 페리, 화이트헤드, 러셀 등)이다. 회의적이고 경험적인 자연적/
   과학적 실재론은 철학이 과학의 객관성과 엄밀성을 추구해야 한다고 주장한다. 우리
   인간 주변의 세계는 실재하는 것이므로 이 세계의 속성을 탐구하는 것은 철학의 과업
   이라기보다는 과학의 과업이다. 철학의 기능은 여러 과학 분야에서 밝혀낸 다양한 사
   실이나 개념들을 통합하는 데 있다. 자연적 실재론자들은 인간이 고도로 발달된 신경
   계통과 선천적인 사회적 성향을 지닌 생물학적 유기체이다. 따라서 인간의 문화적 성
   취가 마음이나 영혼으로 불리는 독립된 실재에 기인한다고 가정할 필요가 없다. 우리
   가 '사고'라고 부르는 것도 유기체가 그 자신을 그의 환경에 관련시키는 실로 고도의 복
   잡한 작용이다. 대부분의 과학적 실재론자들은 인간의 자유의지의 존재를 부정한다
   (Kneller, 1990: 27).

로 실체성이나 인과율과 같은 마음 자체의 범주를 감각자료에 적용시킨다는 플라톤이나 칸트적인 견해를 부정한다. 실재론자들은 우리가 지각하는 세계는 우리가 관념적으로 재창조한 세계가 아니라, 존재하는 그대로의 세계(사물 자체)의 성격이라고 말한다. 어떤 관념이나 명제는 그것이 기술하고자 하는 세계의 특성과 '대응'할 때 참이 된다. 참된 지식은 있는 그대로의 세계에 대응하는 지식이다.Kneller, 1990: 43-44

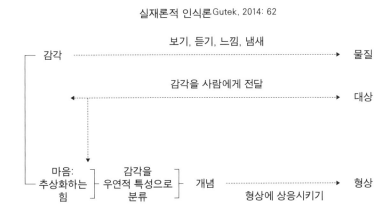

실재론적 인식론Gutek, 2014: 62

이렇게 보면 실재론자들은 사실주의자로 분류될 만하다. 사실주의자들realists은 다음과 같은 전제에서 출발한다. 첫째, 인간에 의해 만들어진 것이 아니라 실제 존재하는 세계 또는 객체의 세계가 있다. 둘째, 인간의 정신은 실제 세계에 대해 알 수 있다. 셋째, 이러한 지식은 개인적·사회적 행위를 알려 주는 가장 신뢰할 수 있는 지침이다.Ornstein, Levine & Gutek, 2011: 163 이러한 세 원리를 가지고 사실주의realism의 교육적 함의를 갖는다. 사실주의 철학은 감각적 학습을 강조하고, 대상을 과학, 화학 등의 범주로 구성되는 것을 중시한다. 사실주의자들은 인식자knower의 마음과는 독립된, 그것에 외재한 물질적 세계를 믿는다. 모든 대상은 물질로 구성된다. 다시 말하면 물질은 특정 대상의 형태나 구조에 따라 구성된다. 그리고 앎(인식론)은 두 가지 관련된 단계(감각+추상)를 포함한다. 첫째, 인식자는 마음으로 대상을 인지하고 그것에 대한 감각자료(색깔, 크기, 무게, 냄새, 소리 등)를 기록한다. 마음은 대상에 이들 자료를 항상 또는 때때로 존재하는 특성으로 분류한다. 학습자는 필요한 특성을 구별함으로써 대상의 개념을 추상화하여 특정 부류에 속하는 것으로 인식한다. 이 분류는 대상이 같은 부류의 다른 구성원과 어떤 특성을 공유하지만, 다른 부류의 대상과는 공유하지 않는다는 것을 확인한다.

세계관을 형성하는 교육철학[5]으로서의 사실주의자는 체계적인 개별 과목의 교육과정이 실재에 대해 가장 정확하고 효율적으로 배울 수 있는 방법을 제공한다고 믿는다. 교과를 조직하는 것은 사물을 분류하는 정밀한 방법이다. 예를 들어 과거의 인간 경험은 역사로 조직될 수 있다. 국가, 정부, 입법부, 그리고 사법 체제와 같은 정치 조직은 정치학으로 분류될 수 있다. 사실주의자들은 이와 같은 주제에 대한 체계적인 탐구를 통해 실재에 대한 지식을 습득한다. 특정 규칙은 지적·합리적 행동을 지배한다. 그러므로 사람들은 합리적인 방식으로 행동할 때 가장 인간적이며 이는 지식을 바탕으로 의사결정을 내리는 것을 의미한다. 자연적·사회적 실재의 관찰로부터 사람들은 자연과 사회가 어떻게 기능하는지에 대한 이론을 발전시킬 수 있다.Ornstein, Levine & Gutek, 2011: 164 이들 이론에 따라 행동할 때 사람들은 합리적으로 행동한다. 사실주의 이론은 우리가 '실재'를 구성한 것이라기보다, 우리가 실재의 객관적 질서의 세계에 살고 있다고 주장한다. 우리는 시간과 공간에 존재하는 실재에 대한 진리를 발견할 수 있고 그것을 지식으로 조직한다. 이 지식은 행위, 선택 및 행동을 위한

---

5. '세계관(worldview)'은 실재의 필터로서의 세계관, 삶을 위한 해석적 개념 틀로서의 세계관, 문화의 토대로서의 세계관 등의 기능을 한다(Rogers, 2009: 57-62).

최고의 지침이다. 사물은 질료와 형상이라는 두 차원으로 구성된다. 질료와 형상의 결합으로 이루어진 인간은 인간성humanitas을 가진다. 육체와 정신은 각각 분리된 별개의 실체가 아니며, 양자가 하나로 결합하기 전에 그중 어느 것 하나만을 인간이라고 볼 수 없다. 따라서 사물이 실재의 대상이 되기 위해서는 어떤 형태, 설계 그리고 구조에 따라 조직되지 않으면 안 된다.

사실주의적 교육과정realist curriculum은 전형적으로 학생의 준비성과 발달단계와 관련하여 가르쳐지는 능력, 활동, 그리고 주제로서 조직된다.Gutek, 2014: 66 삶의 내재적 목적은 삶 전체를 통해 남아 있지만, 사람이 성숙함에 따라 더 복잡한 성취 방법을 찾는다. 실재를 찾는 가장 효과적이고 효율적인 방법이 체계적으로 조직된 교과를 통해 그것을 탐구하는 것이라는 논리가 사실주의적 교육과정의 기본이다. 지식의 문제는 주로 존재론과 인식론과 관련이 있다. 무엇이 실재인지를 묻는 '존재론ontology'은 가장 가치 있는 지식knowledge 및 교육과정curriculum과 관련이 있고, 지식은 무엇에 토대를 두어야 하는지를 묻는 '인식론epistemology'은 가르치고 배우는 수업instruction의 방법과 관련이 있다. 존재론과 인식론과 결부된 교육과정 논의는 '완성된 실재'로 볼 것인지, 아니면 '가능성의 실재'로 볼 것인지와 연계된다. 교육과정을 기술적이고 경제적인 측면에서 이해할 것인지, 아니면 자유와 해방이라는 측면에서 이해할 것인지가 주요한 관심사이다. 이들 질문은 모두 교육철학의 문제와 관련되어 있다. 어떤 관점의 교육철학을 지지하든, 교사는 자신에게 맡겨진 학생들에게 학교의 '공식적인(명백하게 진술된)' 교육과정을 가르칠 책임이 있다. 그리고 교사는 또한 적법한 텍스트로서의 교육과정이 학생들 개개인의 고유한 존재 방식을 부정하는 획일적인 교육과정임을 비판적으로 인식하지 않으면 안 된다. 이러하다면 교사로 사는 것은 필연적으로 형식적인 '계획plan'

철학	존재론 (궁극적 실재의 본질)	인식론 (앎과 지식에 대한 이론)	가치론 (윤리적·미적 가치)	교육적 함의	지지자
관념론 이상주의	실재는 영적이거나 정신적임, 실재는 변화하지 않음	앎은 잠재적 관념의 소환	가치는 보편적이고 절대적이고 영원함	교과 중심 교육과정은 문화의 위대한 지속적 관념을 강조함	에머슨 프뢰벨 헤겔 플라톤
실재론 사실주의	실재는 객관적임, 우리와 상호 의존적으로 존재하나 우리는 그것을 알 수 있음	앎은 감각과 추상에 터한 개념화로 구성됨	가치는 보편적·자연적 법칙에 터해 절대적이고 영원함	교과 중심 교육과정은 인간적이고 과학적 학문을 강조함	아퀴나스 아리스토텔레스 브라우디 마리탱 페스탈로치 허친스 아들러
실용주의 실험주의	실재에 대한 신념이 경험, 환경과 상호 작용에 터함을 주장하며 형이상학을 거부, 실재는 계속 변화함	앎은 과학적 방법을 사용함으로써 관념을 경험하고 테스트함으로써 비롯됨	가치는 상황적이거나 상대적	수업은 과학적 방법에 따라 문제 해결에 기반	차일즈 듀이 제임스 퍼스
실존주의	본질 이전의 실존, 실재가 주관적임을 주장하면서 형이상학을 경시함	우리의 앎은 개인적 선택으로부터 나옴	가치는 사람에 의해 자유롭게 선택됨	교실의 대화는 각 개인이 의미 있는 선택을 통해 자아 개념을 창조하는 각성을 자극함	키르케고르 사르트르 마르셀 모리스 그린
포스트 모더니즘	형이상학을 사회경제적 지배를 위해 이용하는 역사적 구성물로 보고 이를 거부함	텍스트의 원천을 찾고, 지배집단과 계급이 사용하는 텍스트(정전)를 해체함	주변화된 사람과 집단의 가치를 강조	학교는 지배받는 집단의 힘을 강화하기 위한 민주적 비판과 사회변화의 장임	데리다 푸코

으로서의 명시적 교육과정과 '생생한 경험/체험lived experience'으로서의 잠재적 교육과정 사이에 불통이 발생한다.

　교육과정 논의는 분리되어 있는 교육정책, 교육철학, 교육사회학, 교사 교육 사이의 상태를 연결시켜야 보아야 한다. 교육과정 논의는 교육의 맥락과 내용 사이의 관계를 이론화할 필요가 있다. 지식의 생산은 집단적 작업 및 동료와의 논의와 토의에 참여함으로써 주로 발생한다는 관점을 중대하게 다룬다. 따라서 실천과 이론을 동시에 요구한다. 이론적 지식을 실천으로, 또 실천을 이론적 행위로 강조함으로써 두 영역의 경험을 풍성하게 할 수 있을 것이다. 이론은 실천과 분리될 수 없다. 오히려 이론과 실천이 상호작용하고, 결과적으로 서로의 한계를 극복함으로써 각각의 초점을 강화하고 그 용량을 넓혀야 한다.Pinar, 2005: 313-314[6] 이론(추상화)과 실천(구체화)은 분리될 수 없는 실체의 양면, 즉 동전의 양면과 같다. 이러하다면 실재관은 이론과 실천의 상호작용 과정 속에서 형성될 것이다.

지식, 사회, 학생 모두에 관련된 교육과정은 삶의 과정이고 예술이라고 할 수 있고, 혹독한 도전이며 훈련의 과정이라고 할 수 있다. 교육과정의 구성은 사람들 개개인 사이의 싸움, 과거의 재활성화, 현재의 이해, 미래의 발견을 통해 이루어질 것이다. 자기 동기화와 사회의 재건을 동시에 필요로 한다. 교육과정과 교수학습과정에서 사적이고 공적인 영역은 재건되어야 한다.Pinar, 2005: 281-316 교육과정은 과학과 예술, 실천과 이론, 정의와 무기력, 민주주의와 전체주의 사이의 갈등 상황에 놓여 있다.Null, 2016: 16 교육과정은 교육의 가장 영원하면서도 논쟁적인 중심에 서 있다. 오늘날 교육과정은 가르침과 수업에서 매번 논란이 되는 이슈의 중심에 있다고 할 수 있다. 따라서 교육과정 논의는 공적인 논쟁 중 중요한 주제이다. 그것은 현재와 미래의 사회를 형성하기 때문이다.

오늘날 '본질주의'는 하나의 독자적 이념을 내세우는 이념이라기보다

---

6. '교육과정의 재개념화'를 주장한 파이너는 오늘날의 학교교육이 지나친 객관성의 강조로 인해 개인의 주관성과 자아를 상실했다고 주장했다. 그는 교육과정 연구의 재개념화를 위해 개인의 주관성을 회복하는 자서전적 방법론을 강조했다.

는 고전 중심의 '지적 전통주의', 사회에서 필요한 지식과 기능을 가르쳐야 한다는 '사회적 행동주의', 아동 중심의 '교육적 진보주의' 등의 세 가지 이념을 적절히 절충하는 입장을 보인다.박승배, 2019: 66 본질주의는 '지적 전통주의(항존주의)'와 상당 부분에 걸쳐 주장이 겹친다. 진보주의자들progressives은 가르칠 내용, 즉 교과의 선정 원리로서 아동의 흥미와 필요를 중시했기 때문에 학교에서 실용성이 강한 교과를 강조하고 인류

교육과정 조직 접근Ornstein, Levine & Gutek, 2011: 421

교육과정 접근	상응하는 철학 및 이론	강조되는 내용	강조되는 수업
과목 중심 교과 영역	항존주의 본질주의	3R(읽기, 쓰기, 셈하기), 학문적·직업적 과목	지식, 개념, 원리, 전문적 지식
항존적	항존주의	3R, 자유교양과 고전, 영원한 가치, 학문적 열정	기계적 암기, 전문적 지식, 정신도야
본질적	본질주의	3R, 자유교양과 과학, 학문교과, 학문적 탁월성	개념과 원리, 문제 해결, 본질적 기술
기본으로 돌아가기	본질주의	3R, 학문적 교과	구체적 지식과 진리, 훈련, 측정 가능한 목적이나 역량의 달성
새로운 중핵 교육과정 (핵심 교과)	항존주의 본질주의	모든 학생을 위한 공통 교육과정, 학문에 초점	공통지식, 지적 기술과 개념, 가치와 도덕적 이슈
학생 중심 활동 중심	진보주의	학생의 필요와 흥미, 학생들의 활동, 학교-지역사회 활동	활동적·실험적 환경, 프로젝트 방법, 효율적 생활
적절성	진보주의 사회적 재건주의	학생의 경험과 활동, 느껴지는 요구	사회적·개인적 문제, 반성적 사고
인간주의	진보주의 사회적 재건주의 실존주의	성찰, 선택, 정서적 과정	개인적·집단적 학습, 유연한·예술적·심리적 방법, 자아실현
대안적 자유학교	진보주의	학생의 필요와 흥미, 학생의 경험	놀이 지향, 창조적 표현, 자유로운 학습환경
가치 중심 인격교육	사회적 재건주의 실존주의	민주적 가치, 윤리적·도덕적 가치, 간문화적·보편적 가치, 선택과 자유	감정, 태도, 정서, 실존적 사고, 의사결정

가 쌓은 전통적 문화유산, 즉 고전과 같은 과목은 소홀히 취급한다. 이런 상황을 목격한 본질주의자들essentialists은 고전이야말로 인류의 지혜에 접촉하는 길이며, 사회의 공통 전통과 신념, 그리고 보편적 진리에 접근하는 가장 쉬운 길이라는 주장을 펴게 되는데, 이는 '지적 전통주의자들intellectual traditionalists'의 주장과 일치한다. 가르칠 내용, 즉 교과를 조직하는 원리에서도 진보주의자들은 아동의 현재 경험과 관심을 중심으로 해야 한다고 주장하는 반면, 본질주의자들은 아동의 현재 경험, 관심, 흥미에 구애됨이 없이 논리적으로 학문의 체계를 갖추어 조직하여 가르치는 것이 아동으로 하여금 미래의 성인생활을 준비하도록 하는 데 훨씬 도움이 된다는 입장을 취한다. 이 입장은 사회에서 필요로 하는 지식과 기능을 체계적으로 학생들에게 전달하는 것이 필요하다고 주장하는 '사회적 행동주의자들social behaviourists'의 입장과 일치한다. 또한 본질주의자들은 교육의 주도권을 교사가 쥐어야지 학생에게 넘겨서는 안 된다고 주장하는데, 이 또한 지적 전통주의자들과 사회적 행동주의자들의 주장과 일치한다. 이처럼 본질주의자들은 지적 전통주의자들과 사회적 행동주의자들이 주장하는 내용을 상당 부분 수용하고 있다. 동시에 이들은 지적 전통주의자들과 사회적 행동주의자들이 진보주의를 철저히 부정하는 것과는 달리, 진보주의자들이 교육 방법에 끼친 영향을 인정한다.

어떤 지식이 가장 가치 있는 지식인지에 대한 이와 같은 교육과정 이념 사이의 논쟁은 특징이 약간 변하고 주장하는 학자들이 교체되었을 뿐 지금도 계속되고 있다. '지적 전통주의'는 1982년에 '파이데이아 제안'이라는 이름으로 미국에서 부활했다. '교육적 진보주의'는 1967년부터 1973년 사이에 '열린 교육'이라는 이름으로 부활했고, '사회적 재건주의'는 1970~1980년대에 걸쳐 '계급적·문화적 재생산 이론'으로 부활했다. 교육의 생산성과 효율성을 높이려던 '행정적 진보주의'는 인터넷을 앞세워 현재 한창 확산 일로에 있다. 우리나라도 교육적 진보주의가 '열린 교육'이라는 이름으로, 행정적 진보주의가 '교육정보화'라는 이름으로 1990년대부터 지금까지 주된 교육과정학 이념으로 작용하고 있다.^{박승배, 2019: 68}

교육과정의 이론과 실천(Smith, 2018)

	자유교양주의자	과학적 교육과정론자	발달주의자	사회개선론자
교육의 지향	• 교육은 이성의 힘과 서구 문화 유산의 최고 요소와 연계된 오래된 전통의 수호자	• 교육은 인간의 특별한 활동의 수행에 존재하고, 삶을 준비하는 교육은 이러한 특별한 활동을 명확하고 적절하게 준비함	• 아동 발달의 자연적 질서는 가장 의미 있고, 그리고 가르쳐야 하는 것의 결정이 과학적으로 옹호되어야 함	• 학교는 사회의 변화 및 정의를 위한 주요한 힘
교육 과정	• 이성적 힘의 체계적 개발과 정전의 소통	• 과학적 관리의 부상과 사회적 효율성 개념의 영향을 받고, 목표(학생에게 일어나는 변화의 진술)와 이를 충족시키는 학교교육의 조직에 초점을 둠	• 아동의 실제 흥미, 필요, 학습유형과 조화되는 교육과정 추구	• 타락, 악, 인종 및 젠더 불평등, 그리고 특권 및 권력의 남용을 직접적으로 다루어야 하고, 이러한 남용을 효율적으로 처리하기 위해 새로운 세대를 길러 내는 교육과정
핵심 사상가	C. W. Taylor	F. Bobbitt R. W. Tyler	G. S. Hall	L. F. Ward
핵심어	전수	생산	과정	실천

학문적 교과의 이해는 진보주의와 결합될 수도 있고, 시장주의와 결합할 수도 있다. 따라서 인문주의와 진보주의, 그리고 직업주의가 종합적으로 통섭되어야 한다. 진보적 교수학이 목욕탕의 물(지식의 반역사적 관점)이 더럽다고 아이(진리, 객관성)까지 버리는 상대주의의 오류를 범해서는 안 된다. 반교조주의가 반권위, 반지식으로 발전해서는 안 된다는 말이다.^{Kitchen, 2014: 3-7, 38-52}

학문 및 교과 발전을 위해 분화된 독자적인 분과 영역의 전문화를 발전시키면서도 동시에 인문학과 사회과학, 그리고 예술의 통섭체제를 구축해야 한다. 지식교육이 깨달음 및 지혜나 탈/몰-교양으로 전락하지 않도록 하기 위해 인문학과 사회과학의 통섭을 통한 교육이 더욱 중요하다. 우리나라의 경우 교과의 내재적 가치를 중시하는 본질주의 운동은 교과의 '기계적 암송'으로 전락하고 있는 현실이고, 동시에 이 지지자들은 대부분 사회정의를 경시함으로써 기존 현실을 유지하는 보수적 기능을 하고 있다. 따라서 우리의 혁신교육 운동은 학생의 자율성과 주체성을 중시하는 아동 중심적 진보주의와 사회의 정의 및 재건을 중시하는 사회개혁적 진보주의로 갈리는 경향이 있지만, 둘이 공존하는 방향으로 나아가야 한다.

갈등하는 교육과정 그리고 모순의 발생

오늘날 교육과정은 매우 다양한 경합적 쟁점을 보이고 있다. 경합적 질문을 둘러싼 상충되는 교육과정의 딜레마를 해결해야 한다.Joseph, 2011: 15; 김성훈, 2017: 16-26 참조

첫째, 인지적 발달로서의 합리주의 교육과정이다. 지식이라고 여겨지는 것은 무엇인가? 그것은 앎인가? 지식은 인식이 가능한 움직이는 정신의 일부분인가? 아니면 그로부터 독립적인 부분인가? 인지적 발달로서의 교육과정은 거의 모든 것을 배우는 데 적용될 수 있는 지적 조작의 향상, 지적 과정의 강화, 인지적 기술의 계발, 지력의 개발을 강조한다. 무엇을 교육해야 하는가보다는 어떻게 교육해야 하는가에 주목한다. 인지적 발달로서의 교육과정은 학문적 합리주의 교육과정과 유사하다. 교육은 아이들을 지적 전통으로 입문시키는 과정이다. 이러한 과정을 통해 아이들은 인류의 위대한 문화유산을 접하게 한다. 교육과정은 고전적인 지식들

로 구성된다. 그것들은 인류의 지적 활동을 대표하기 때문이다.

둘째, 자아실현 및 완성된 경험으로서의 교육과정이다. 개인의 해방과 발달을 위한 수단으로서 가치 지향적 목적과 필요가 중시된다. 교육과정의 역할은 학습자 개인이 만족하는 완성된 경험을 제공하는 것이다. 아동 중심적, 자율적, 성장 지향적이다. 교육은 개인의 자유와 발달을 위한 수단이자 성취의 과정이다. 교실 안에서 교사와 학생들은 공리적인 원칙이나 사회의 물질적인 요구로부터 벗어나 지식의 순수함과 아름다움을 그 자체로 즐길 수 있어야 한다. 학생들은 지식을 자유롭게 사용하면서 자신의 존재감을 높이고, 세상에 대한 감수성을 고양하여 미래에의 가능성을 구현할 수 있도록 해야 한다.

셋째, 공학으로서의 교육과정이다. 교육과정의 지식을 학생들이 어떻게 유용하게 사용할 수 있는가? 공학으로서의 교육과정은 교육의 내용보다 교육의 방법을 강조한다. 교육과정은 미리 정해진 목적을 달성하기 위한 효과적인 수단이다. 활동은 이미 진술된 목적이나 목표를 달성하기 위한 수단으로 계획되었기 때문이다. 지식의 전달과 학습의 활성화를 돕기 위한 수업공학의 발달에 관심이 있다. 공학적인 언어는 도구주의적 합리성에 기인한다. 이러한 관점에서 학교교실의 활동은 심리적이고 사회적인 언어에 의해 정당화되고 통제된다. 공학적 교육과정은 경제적인 질문을 많이 한다. 지식의 통제가 현 사회의 불평등한 권력, 상품, 서비스의 분배와 어떤 관계에 있는가? 그런데 교육과정의 사고가 공학적 목적만 달성해서는 안 된다. 왜냐하면 공학적 사고를 통한 통제는 교육과정의 도구주의적 재구조화를 통해 교사들이 자신의 일을 자율적이고 창의적으로 해 나가는 것을 방해하기 때문이다. 이러한 노동과정은 교사들을 단순사무노동자proletarianization로 만들고, 학생을 시장화를 위한 수단으로 전락시킨다. 결국 이러한 방식은 학생을 비인간화시키고 말 것이다.

넷째, 심미적 교육과정이다. 교육과정의 지식을 학생들의 개인적인 의미와 어떻게 연결할 수 있는가? 교육과정의 설계와 수업을 어떻게 예술적으로 실행할 수 있는가? 심미적 교육과정의 미학적 가치평가에서 지식은 권력이 아닌 아름다움과 관계된다. 그렇다면 학생들은 지식을 추구하는 과정에서 인간의 미적인 가능성에 이바지할 수 있는 그들의 내적인 가능성을 비판적으로 인식해야 한다. 심미적인 활동에서와 마찬가지로 교육적인 활동에서 지식은 인간의 의미(인간이 삶의 과정에서 발견되는 진리)에 대한 상징이다. 미학적 형태의 지식은 인간의 내부 감정과 외부 세계에 대한 반응의 표시이다. 미학적 지식은 비평 활동을 포함한다. 따라서 교사와 학생들의 말과 행동은 예술적인 비평의 대상이 된다. 교사와 학생들은 대화를 통해 상호 비평의 과정에 참여한다.

다섯째, 정치적 교육과정이다. 누가 지식의 선택과 분배를 통제하는가? 그것은 어떤 기관을 통해서 이루어지는가? 어떤 지식이 가장 가치 있는가? 그것은 누구의 것인가? 정치적 교육과정은 사회적 재건과 맞물려 있는 교육과정이다. 교육 및 교육과정의 사회적인 역할을 강조한다. 사회적 필요가 개인적 필요에 우선하고, 사회개혁과 미래 사회를 위한 준비 활동을 중시한다. 사회적인 가치와 정치적인 입장이 분명하게 언급된다. 사회의 재건을 주장하는 사람들은 학교가 현재와 미래, 현실과 이상 사이에서 가교 역할을 할 것을 요구한다. 학교가 다가올 사회의 변화를 이끌어야 한다는 거시적 패러다임을 견지한다. 정치적 교육과정은 이데올로기와 맞물려 있고 윤리적 문제와 얽혀 있다. 우리가 교육을 함에 있어 타인들을 어떻게 책임 있고 정의롭게 다룰 수 있는가? 학생과 교사에 대한 우리의 입장은 어떤 도덕적인 행위와 공동체적인 개념에 기초하는가? 또한 정치적 교육과정은 역사적인 전통의 문제와도 맞물려 있다.

다양한 교육과정 담론 사이에는 갈등과 모순이 발생한다. 교육과정은 교육체제의 문화적, 정치적, 역사적 맥락, 그리고 그것들이 작동하는 세계와 결부되어 있기 때문이다. 재생산으로서의 교육과정, 혁신으로서의 교육과정, 소비로서의 교육과정은 대치와 논쟁의 장임을 보여 주고, 여러 가지 관련 교육과정의 개념틀에서 인식되어야 할 다양한 기본적 요점이 존재한다. 교육과정은 그것이 위치한 문화적·사회적·정치적 맥락을 반영한다. 교육과정의 정의에 대한 논쟁은 지적 담론의 문제일 뿐 아니라, 사회적·정치적 우선권과 관련된 문제이기도 하다. 교육과정은 광범위한 문화

교육과정의 개념화Higgs, 2016: 4-5

교육과정의 재개념화	내용
'재생산'으로서의 교육과정	'잠재적 교육과정'이라는 용어는 재생산으로서 교육과정의 핵심적 측면이다. 이 교육과정의 개념은 어떤 학생들이 다른 학생들보다 더 많은 이익을 누리고 있다고 믿는다. 그것은 교실과 교과서에서 표면적으로 볼 수 있는 것 이상으로 다른 일이 일어나고 있음을 암시한다. 이 잠재적 교육과정은 단지 일부 학생들이 잠재적 교육과정의 규칙을 더 잘 파악하여 성공할 수 있을 뿐 아니라, 특정한 유형의 학생들만이 자신의 장점을 이용할 수 있도록 보장함으로써 의도적 형태의 선별을 하는 역할도 한다. 이를 보면 교육과정이 사회의 분단을 재현하는 역할을 하며, 따라서 교육과정을 사회적 재생산으로 보는 생각이 있음을 알 수 있다.
'혁신'으로서의 교육과정	교육의 역할에 대한 정치적 논의는 학생의 삶에 파워와 혁신의 잠재력을 갖게 하는 이론을 창출할 수 있다. 힘을 갖게 하는 데 관심을 가진 학문은 교육이 어떤 집단을 배제하고 있다는 가정에서 시작되고, 어떤 사람들이 체제 내에서 불이익을 받고 있다는 것을 인식하도록 한다. 혁신적 모델은 교육 경험이 학생들의 지식, 능력 및 기능을 향상시키는 방법을 찾게 되고 이러한 용어들은 학생들에게 힘을 실어 줄 수 있다.
'소비'로서의 교육과정	교육제도가 유리한 학생 인구를 놓고 서로 경쟁함에 따라 현대 교육과정은 점점 소비자의 수요에 의해 더 많이 안내된다. 오늘의 학생들은 교육의 소비자로 간주되고, 교육과정은 노동시장에서 경쟁해야 할 것으로 예상되는 학생들을 유치하는 기량과 지식을 제공하도록 설계되었다. 이 모델에서 교육과정은 점점 밖의 이익에 의해 영향을 받는다. 정부, 산업, 그리고 학생들 모두 교육기관들이 제공하는 교육과정 유형에 대해 직접적이거나 간접적으로 더 많은 발언권을 갖고 있다. 사회적 가치가 어떻게 시장을 향한 방향으로 전환했는지를 보여 준다. 소비로 보는 교육과정 개념은 사회적 가치가 어떻게 시장으로 옮겨 가는지를 보여 주고, 어떤 사람에게는 이 개념 자체가 학생들에게 힘을 실어 주거나 교육을 변화시킬 수 있는 잠재력을 제공하는 것으로 보인다.

적·사회적·정치적 질서 속에서 창조된다. 따라서 지식을 형성한 외적 맥락을 인식하지 않으면 교육과정을 이해하기란 쉽지 않다. 모든 교육과정은 규칙을 이해하고 준수하는 과정이 필요하며, 그중 일부는 명백하지만, 대부분은 암묵적으로 남아 있다. 특히 잠재적 교육과정은 지배적이고 강력하다. 교육과정의 토대를 구성하는 교과 영역이나 지식의 분야는 교육과정의 변화를 강력하게 견지하고 있다.

교육과정에 대한 여러 담론들은 매우 복잡하고 자유로운 민주사회의 교육과정 구성 논의에서 항상 논쟁적 주제들이다. 교육과정과 그것의 혁신적 목적에 대한 공적 논의는 교육적·사회적 '변화'의 조건 아래서 발생하고, 그래서 이 상황에서 더 큰 긴장과 갈등을 반영한다.Moore, 2007: 11-12 교육과정이 내재적으로 사회적인 것에 덧붙여 교육과정 논의는 항상 사회적으로 '맥락화'된다. 교육과정이 '사회적'이라는 말은, 학습과정이 특히 사회적으로 바람직한 방식으로 학생을 변혁시키는 또는 함양하는 과정으로 보이기에 '내재적으로' 사회적이다. 그리고 사회와의 관계를 중심적 출발점으로 삼는 교육과정에 대한 광범위한 접근이 필요하다.

교육과정의 다양한 목적을 결정하는 중요한 역할을 하는 국가는 사회적 재생산을 수행하는 제도이면서, 동시에 그 재생산 과정에서 틈과 모순을 낳는 저항의 제도이기도 한 이중성을 지니고 있다. 따라서 사회구조는 교육체제/학교체제의 재생산 과정에서 모순이 발생할 수밖에 없다. 모순contradictions은 단순히 고충이나 문제점을 넘어 활동체계(주체, 매개, 대상, 공동체 등으로 이루어진) 내에 역사적으로 쌓인 '구조적 긴장'이라고 할 수 있다. 이러한 모순은 변화의 원동력이 된다. 모순은 갈등을 낳기도 하지만, 이런 모순의 상황에서 벌어지는 갈등은 성장과 발달을 위한 과정이 되기도 하는 것이다. 탈정치적으로 보이는 학교 혹은 교실이라는 공간은 외부 권력과 통제의 메커니즘이 작동하는 정치적 장이기도 하다. 교실이라는 장 안에서 거시적 구조가 작동하며, 외부 관계와 담론의 재생산이 이루어지기도 하고 균열이 일어나기도 한다. 즉 교실은 상징적 통제가 관철되기도 하고 모순이 발생하기도 한다. 이러한 거시-미시 구조의 연관은 교실을 교수활동 재맥락화 장의 일부로서 구조적이고 정치적으로 재조명하도록 한다. 교수-학습의 과정은 그 안에 권력과 통제의 규칙을 담보하면서 때로는 기존 지식과 규범 체제를 유지하고, 또 때로는 대안적 변화를 일으키는 역동적 장이라고 할 수 있다. 사회구조와 기제의 실재는 사회구조의 재생산을 모듈화한 것이다. 지식의 중요성이 증대됨으로써 한편으로는 그것이 사회적, 문화적, 경제적 번영에 반영되었지만, 다른 한편으로는 지식의 객관성과 진실성에 대한 의구심이 커져 갈 수 있다. 대체로 교육은 민주주의 사상과 대립한다. 바로 이 점에서 교육은 항상 무엇이 정당한 지식을 구성하는지를 정의하는 권력집단과 교육에 관한 의사결정에서 배제되는 집단 간의 투쟁의 진원지가 되어 왔다. 하지만 긴장, 갈등, 모순이 일어나는 공간은 교사가 가르침의 삶을 경험하는 장소, 교사가 학생들의 영혼을 만나는 장소, 희망과 믿음의 장소, 정의와 돌봄의 장소, 궁극적으로 진정한 교육을 실현하는 인간적이고 공동체적인 장소이기도 하다.

따라서 교육자는 모순을 인식함으로써 이를 해결해 나가는 과정을 거쳐 주체들의 비판적 사고를 확장해야 한다. 학교와 수업을 변화시키고자 하는 노력은 모순과 갈등을 필연적으로 동반하며, 그러므로 모순과 갈등을 부정적으로만 볼 필요가 없다. 모순은 변증법적 전개를 통해 학습자를 성장시키고, 활동 체계를 변화시키는 동기를 부여한다는 점에서 중요한 의의를 지닌다. 사회를 재생산하려는 제도의 규칙과 이데올로기, 그리고 물질적 이익의 메커니즘들 사이에는 모순, 한계, 틈이 발생되기 마련이다. 새로운 교육 질서를 만들어 내는 틈새적 혁신interstitial transformation은

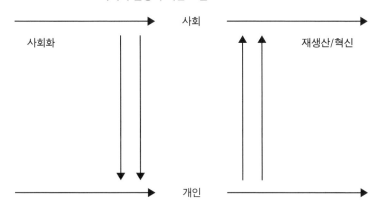

사회적 활동의 혁신 모델Shipway, 2011: 84

기존 제도의 한계를 약화시키면서 새로운 사회적 힘을 강화시키는 대안적 제도를 창조하는 데 결정적 역할을 할 수 있다.Wright, 2012 교육체제 형성의 과정에서 기존 담론은 더 이상 원래의 것이 아닌 것으로 전환될 수 있는 틈새가 생길 수 있다. 학교는 국가에 의해 정당성과 안정을 확보하기 위해, 특히 위기의 시기가 감지될 때 이용되면서 지배적 교육의 재생산을 위한 도구가 되기도 하고, 반대로 학교는 제도의 틀 내에서 공식적·비공식적으로 민주의식과 시민성을 배우고 함양하는 공간이 될 수도 있다.

교육과정은 고정되어 있지 않고 만들어진다. 이러하기에 교육과정은 결코 사라지지 않을 과목이며, 특히 현대사회에서 제도들, 시스템, 자격 인정 등에 의존한다. 교육과정은 과목을 채택하여 다루는 것이며, 교실에서 사용할 수 있도록 준비하고 학생들에게 지속되도록 하기 위해 이를 이행하고 완수하도록 한다. 추상적 지식 체계로서의 기술적, 윤리적, 지역적 환경에 대한 질문들을 설명하려면 교육과정을 결정하는 전문가가 필요하다. 이들에 의해 만들어지는 새로운 아이디어는 기존 신념을 흔드는 것에서 나온다. 그렇지 않다면 새로운 생각이라고 할 수 없다.

우리가 누구이며, 어떤 점에서 진리라고 믿지 않는 것들을 가르쳐야 한다는 것은 교육에 대한 어떤 정의와도 일치하기 어려울 것이다. 그러면 이 문제의 답을 어떻게 내릴 수 있는가? 인식론은 우리가 어떻게 참이라고 믿게 되고, 실제로 참이며, 참이라는 것이 증명될 수 있다는 신념을 갖게 되고, 확실히 하는가와 연관이 있다. 교육을 통해 의도하고자 하는 것이 무엇이든지 또는 교육 때문에 일어나리라고 믿는 것이 무엇이든지, 그것들은 학습자를 변혁시키고자 하는 의도된 지식의 전달을 통해 일어날 것이다. 이것은 가르치는 방법보다 더욱 광범위한 무엇을 가리킨다. 왜냐하면 교육과정은 내용의 선택 및 내용들 안에서의 관계에 대한 구성도 포괄하는 지식의 조직화이기 때문이다.Moore, 2004: 147 외형적으로 보기에 상당히 비슷할 수도 있지만, 그 조직은 매우 다를 수 있다. 학생들은 유사한 지식 체계를 갖게 되지만, 지식의 관계를 규정짓는 아주 다른 원리들을 습득할 것이다.

그리고 이러한 원리들은 더 광범위한 사회적, 개인적 함의들을 지닐 것이다. 전통적 형태는 교과의 범주와 내용을 구분하고 그 위계를 각각 적절한 자리에 고정함으로써 순수한 가치를 가르치는 것처럼 보일 수 있다. 반면에 진보적 형태는 범주들이 섞이는 것을 조장하며 혁신적인 재구성을 추구하는 것으로 여겨질 수 있다. 이런 식으로 교육과정의 두 형태는 사회질서의 다른 원리들을 드러내는 것으로 간주될 수 있을 것이다. 전통적 교육과 진보적 교육을 둘러싼 논쟁은 전통에 대한 존중 대 변화 허용, 즉 사회질서와 사회변화 사이에 나타나는 긴장처럼 사회 그 자체에 대한 갈등으로 다루어졌다.

교사로 사는 것은 필연적으로 형식적인 '계획'으로서의 교육과정과 '경험'으로서의 교육과정 사이에서 갈등과 긴장을 경험하게 된다. 그러나 갈등과 긴장은 그것이 주는 부정적인 이미지와 동시에 새로운 가능성 또한 지니고 있다. 교과서의 주어진 세계/실재와 실제 살아 움직이는 상황적 세계/실재 사이의 갈등적 위치에 있는 교사는 역사적·사회적 모순을 담지하면서도 그것에 균열을 낼 수 있다. 그렇다면 계획으로서의 교육과정과 생생한 경험으로서의 교육과정 사이의 공간에 거주하는 것은 하나의 교육과정 세계를 이해하면서 다른 하나의 교육과정 세계를 포기하는 양자택일식의 극단적 상황은 아니다. 이와는 반대로 교사가 양자의 긴장 속에서 새로운 가능성을 보고, 교사로서의 존재론적이고 인식론적인 정체성과 가르침의 의미를 반성해 볼 수 있는 기회를 갖는다고 할 수 있다.

교육과정을 개념화·이론화하기

교육과정은 왜 중요한가? 그것은 바로 교육과정이 로드맵 구실을 하기 때문이다.Ravitch, 2011: 348 로드맵이 없다면, 순환식 수업을 계속하다가 그 어디에도 도달하지 못할 것이다. 따라서 교육과정은 다른 여러 가지 개혁의 시작점이라고 할 수 있다. 교육과정 자체로서 우리 교육의 모든 문제가 해결되는 것은 아니기에 그것이 특효약이 될 수도 없지만, 교육과정이 없다면 우리가 무엇을 성취하려는지 정의할 의지도, 능력도 없다는 것을 의미한다.Ravitch, 2011: 340 교과 내용을 잘 가르치고 교육적으로 평가하는 것은 교육의 본래적 임무다. 교과를 가르치고 배우는 일은 이 과정에 참여하는 사람의 특별한 관심을 요구한다. 교수-학습 과정에서 교사와 학습자는 교과(교육 내용)를 매개로 하여 만난다. 교과 내용을 가르치고, 그 가르침을 확인하고 평가하는 과정을 통해 학생의 학습과 삶은 향상된다. 교사는 교실에서 교수와 학습의 질을 최적화하기 위해 교육과정 개발에 대한 다양한 접근법의 영향을 이해할 필요가 있다. 그래야 교사는 교육과정을 효과적으로 해석할 수 있게 되고 최적화된 학습을 이룰 수 있다. 교육과정은 체계적인 개혁의 요체이자 교수법, 교원교육, 평가 및 전문인력 개발의 시작점인데, 교육과정이 제대로 수립되지 못한다면 체계적인 개혁이나 재정비도 무의미할 것이다. 교육과정은 교사, 학생, 학부모, 교원교육자, 평가법 개발자, 교과서 출판업계, 기술 서비스 제공업체에 교육의 목표를 일러준다. 또 어떻게 가르쳐야 하는지에 대한 교사의 결정에 직접 개입하지 않으면서도 교사에게 가치 있는 목표로 나아갈 수 있는 확실한 방향성을 제시해 준다.

교육과정[7]이란 무엇이라고 정의할 수 있는가? 인간은 기본적으로 어떤 조직과 유사한가? 교육과정은 무엇을 위한 것이며 누구를 위한 것인가? 누가 교육과정을 만들어야 하는가? 어떻게 이러한 결정을 하는가? 어떻게 우리가 의사결정을 구성해야 하는가? 좋은 교육과정을 만들기 위해 교육과정 개발 혹은 숙의에 전문적인 사람들은 무엇을 해야만 하는가?

교육과정[8]은 교육의 심장이다. 교육의 과정educational process 중심에 교육과정curriculum이 존재한다. 교육과정은 교육의 과정을 구성하는 동시에 전체 교육의 과정에서 매우 중요한 위치를 차지한다. 교육과정은 무엇을 가르쳐야 하는지, 어떻게 가르쳐야 하는지, 누가 교육과정을 결정하는지 등이 결합된 복합적 산물이다. 어느 단위에서 최종적 결정권을 행사해야 하는지와 관련된 권력구조와 밀접하게 연관되어 있다고 할 수 있다. 지식의 운영과 편제를 결정하는 공식 교육과정은 어떤 인간형을 길러 내야 하는가라는 목적과 연결되어 있기도 하다. 정치적, 문화적, 학술적 세계와 얽힌 복잡한 인식, 아이들의 발달적 요구와 연관되어 설계된 교육과정은 지식의 사회역사적 실재인 동시에 문화정치적 구성체이기도 하

---

7. 교육과정은 접근 방법에 따라 교육 내용으로서의 교육과정, 학습 계획으로서의 교육과정, 학습 경험으로서의 교육과정, 학습 결과로서의 교육과정, 성취기준으로서의 교육과정으로 구분할 수 있다. 교육과정의 수준 차원에서는 계획된 교육과정, 지원된 교육과정, 가르쳐진 교육과정, 학습된 교육과정으로 나누기도 한다.

다. 이렇게 사회의 복잡한 요구와 연결되어 있는 지식은 국가와 학문계(교과교육을 포함하여) 그리고 시민사회의 선택적 전통을 통해 만들어지는 소통과 합의에 토대를 둔 민주적 교육과정이어야 한다. 또한 교과subject matter는 교육과정curriculum 안에 포함된다. 그 이유는 첫째, 교육과정이 무엇을 가르쳐야만 하는가에 대한 것이기 때문이고, 둘째, 생각·사고, 행동·실천, 목적·의도가 결합되어 있기 때문이다.Null, 2016: 31 교육과정에서 가장 중요한 것은 교과를 가르치고 배우는 일이다. 교육과정은 학습을 위한 계획이며, 교수-학습과정에서의 특정 목표(결과), 즉 이론적 실천으로 실제화하는 데 필요한 지식의 몸체이다. 교육과정에는 공식적/명시적/의도된[9] 교육과정, 실천으로 실행된[10] 교육과정, 묵시적 교육과정, 잠재적(공식적이지 않은, 종종 감추어진 것으로 추론되는) 교육과정, 평가된 교육과정 등이 있다.Booyse & Plessis, 2018: 4 또 전달되어야 하는 지식 체계/내용의 질서(syllabus)로서의 교육과정(이론적인 것), 학생의 특정 목적(생산/product·outcome)을 성취하기 위한 시도를 하는 교육과정(생산적인 것), 실천(praxis)으로서의 교육과정(실천적인 것)으로 분류되기도 한다.Smith, 2018 따라서 교육과정 안에 구조화되는 지식은 지식에 대한 이론과 관련

---

8. '교육과정'의 어원은 라틴어 '쿠레레(currere: 달리는 경주로)'에서 찾을 수 있다. '쿠레레'는 경주로가 아니라 경주에서 각각의 말들이 각각의 코스를 따라 달리는 개인적인 경험을 강조한다. '쿠레레' 개념은 교육과정을 '삶의 여정'으로 이해하고, 자기 지식의 추구 과정이자 타인과의 공감적 의미 소통을 이루는 진정한 공공의 지식을 구성하는 교육과정을 강조한다. 쿠레레 방법은 회귀, 전진, 분석, 종합의 과정을 밟는다. 재개념주의자들의 핵심적인 역할은 교육과정을 학습 내용이나 수업 계획안 차원이 아니라, 교실에서 발생하는 학생들의 학습 경험을 기술하고 이해하며 평가하는 것으로 확대하는 것에 두었다. 재개념주의자들은 주류의 교육과정학(행동주의적 목표, 계획, 평가의 지배)에 도전했다. 이들은 두 부류의 나뉘었다. 하나는 마르크스주의에 입각해 사회적인 해방을 추구하는 거대담론의 주창들이고, 다른 하나는 개인의 실존적인 해방에 관심을 갖는 사람들이다.
9. '의도된(intended)' 교육과정이란 학교에서 일어나기를 바라는 것에 대한 아이디어, 진술된 목적이나 특정 교과의 문서화 등을 의미한다.

되어야 할 뿐만 아니라, 교수방법론을 포함해야 하고, 특정 단계에 있는 학습자의 인지적 요구 수준과 맞아야 하며, 모든 계층의 학습자에게 공평한 것이어야 한다. 교육과정 이론화curriculum theorizing란 교육과정의 실제들(설계, 개발, 교수, 평가, 조직 개발, 계속적 탐구활동 등)을 지도해 줄 수 있는 광범위하고 진보적인, 다양한 비판적인 사유 활동의 프로젝트라고 할 수 있다.김영천, 2012: 24-25 교육과정학curriculumlogy은 종종 사회학적, 행동주의적 방법론을 활용하기도 하지만, 최근 연구보다는 탐구, 공부, 이론, 관점이라는 용어들을 더 선호하여 사용하는 경향을 보이고 있다. 지식의 인식론적 관계와 사회학적 관계는 서로 배타적이어서는 안 되고 각각 다른 것의 정보를 필요로 한다.

자연세계와 사회세계에 대한 지식(인식론)과 사물들의 실제 본질을 탐구하는 지식(존재론)을 모두 필요로 한다. 철학(교육철학)과 사회학(교육사회학)은 때로는 중첩되고, 때로는 대립되지만, 넓게 보면 철학은 지식과 그 지식이 관련된 대상과 우리가 접근할 수 있는 조건, 그리고 그 지식의 한계 사이의 인식적 관계를 동시에 탐구할 공존의 지혜가 필요하다. 철학과 사회학은 객관적 지식의 습득을 위해 필요한 사회적 조건은 물론이고, 그 지식을 생산하는 데 필요한 사회적 조건이 확립되는 기반이라고 할 수 있다. 인간의 인식은 완벽할 수도 있고, 불완전할 수도 있으며, 심지어 인식이 잘못되어서 마침내 실수나 오류로 이어질 수도 있다.

그렇다면 도대체 무엇을 어떻게 인식할 때 제대로 된 앎/지식을 얻을

---

10. '실행된(enacted)' 교육과정이란 교육과정의 해석과 실행에 따른 결과, 학교의 일들이 현존하는 상태, 즉 실제 일어나는 것을 의미한다. '의도된' 교육과정이 같더라도, 교육과정이 실제 시행되는 맥락(물질적 자원, 교사 등)에 따라 '실행된' 교육과정이 다르게 나타날 수 있다. 국가교육과정의 수립은 '의도된' 교육과정보다는 '실행된' 교육과정, 즉 실제 교육과정이 시행되는 맥락인 교실, 교사, 학생의 중요성을 깨닫고, 이를 중심으로 하는 방향으로 나아가야 할 것이다.

수 있는 것이며, 제대로 된 삶을 살아갈 수 있는 것인가? 사회에 적절하고 필요한 것을 결정하는 지식과 기술의 혼합물을 체계적이고 계획된 방식으로 전달하는 것이 보장되도록 설계된 것이 '교육과정'이다.Higgs, 2016: 4 교육과정은 가르치고 배우는 과정에서 어떤 지식이 포함되고 배제되는지를 말한다. '교수-학습teaching-learning'의 개념은 교육의 공간에서 가르치고 배우는 활동을 포괄한다. '교수-학습', 즉 페다고지pedagogy는 또한 이 활동을 지원하기 위한 정책, 전략, 계획 그리고 인프라를 모두 포함한다. 교육과정은 교육의 언어에서 주요한 개념의 하나이다. 학습과 관련된 교육과정, 가치관, 신념 및 원리들을 통해 이해, 지식, 교과, 지역사회 및 개별성 그리고 사회가 실현된다.

교육과정의 개념화·이론화는 끝이 없고, 열려 있으며, 진화·발전 과정 중에 있다. 교육과정의 탐구는 과거의 집착으로부터 벗어나 다양하고 확산된 교육과정의 재개념화curriculum reconceptualization와 재영토화를 이론화할 것을 요구하고 있다. 타일러Ralph Tyler 등의 전통적 유형과 라더Patti Lather 등의 진보적 유형으로 크게 대별된다. 대표적인 두 교육과정 탐구의 주요한 목적이 '이상적이고 가치 있는 삶을 살기 위한 학교교육과정의 개발과 이해'에는 공통된 입장을 취하고 있지만, 가치 있는 삶이 과연 어떤 것인지에 대해서는 근본적으로 다른 철학적 입장을 취하고 있다. 비판적 사실주의자는 진보적 교육과정의 관점을 선호하고, 사회적 사실주의자는 진보적 교육과정의 관점을 지지하면서도 전통적 교육과정의 관점을 완전히 배제하지는 않고 있다.

이제 새로운 교육과정은 지식의 재생산뿐만 아니라 지식의 생산에도 관심을 가져야 한다. 이 두 가지는 매우 다른 문제를 제기하지만, 지식이 생산되고 구성되는 방식에 대한 특정의 접근은 문화적·사회적 재생산을 이해한다는 점에서 교육과정 개혁에 중요한 영향을 끼쳐 왔다. 교육과정

교육과정 계획 접근법 비교Booyse & Plessis, 2018: 23-24

랠프 타일러	로렌스 스턴하우스	파울로 프레이리
• 교육과정을 생산품으로 본다(목표/도구적 접근) • 최종 결과물을 선형적인 초점을 두고 있다. 그것은 중간에서 갈라질 수 없다.	• 교육과정을 처음에 결정되는 것이 목표가 아닌 교수 과정에서 변화하는 목표를 가진 과정으로 본다. • 지식은 성찰적이어야 한다.	• 교육과정의 목적에 대해 생각해야 한다. 이것은 학습자가 언어, 경험 및 그들의 일상 투쟁과 연결되고, 그것을 이해할 수 있도록 해방하는 역할을 수행해야 한다.
• 목표, 내용, 방법, 연속 질문	• 지침과 전문적인 개발이 중요하다. • 학습자는 내용을 가지고 무엇을 할 것인지를 알아야 한다. • 이해와 기준이 과정에서 중요하다.	• 지적, 사회적, 정치적 해방(학습자들이 지식에 대해 어떻게 느끼고 있으며, 경험이 일상생활에서 사용될 수 있는지 여부).
• 교육 목적, 경험 등이 중요하다.	• 가르치는 동안 연구를 수행하고, 연구하는 동안 평가하며 목표로 도달하는 과정을 수정한다.	• 우리가 가르치는 방식은 학습자를 변화시킬 것이다. 그것은 언제나 정치적이다. 학습자에게 권한을 위임하거나 그들을 길들인다. • 학습자와 함께 이해를 협상한다.
• 교육과정에 포함될 최상의 내용을 찾기 위해 연구를 수행하고 내용을 평가한다.	• 과정을 이해하고 있는지를 확인하기 위해 그것을 테스트·조정·평가한다. • 학습자들은 학습 과정에서 변화해야 한다.	• 학습자들은 학습의 가치를 고려할 수 있어야 한다.

의 철학적·사회학적 접근은 교육과정이 사회적으로 생산되고 역사적으로 위치 지어지는 인식에서 출발한다. 그래서 사회학은 인식론과 결합해야 한다. 지식의 인식론적 관계와 사회학적 관계는 서로 배타적일 필요가 없고, 각각 다른 것의 정보를 필요로 하는 것이다. 이것은 비판적·사회적 사실주의 이해를 풍부하게 할 수 있는 충분한 대화를 위한 기초를 제공하고, 번스타인의 중심적 공헌과 함께 뒤르켐의 분석을 확대한다. 번스타인의 사회학에 기반을 둔 지식과 교육과정의 비판적·사회적 사실주의 이론화는 지식의 본질을 이론화하는 개념적 도구와 그것이 교육과정에서 구조화되는 방식을 발전시킬 수 있다. 이것은 다음의 두 가지 이유에서이

전통적 교육과정의 목적	진보적 교육과정의 목적
1. 학교가 추구해야 하는 교육 목적은 무엇인가?	1. 억압적인 사회적 실재를 해결하는 변혁적·교수적 실재는 무엇인가?
2. 그러한 목적을 도달하는 데 도움이 되는 학습 경험은 어떻게 선정할 것인가?	2. 그러한 교수적 실재를 지지하는 이론이란 무엇인가?
3. 효과적인 수업을 위해 학습 경험은 어떻게 조직되어야 하는가?	3. 그러한 이론을 지지하는 연구란 어떤 것인가?
4. 학습 경험의 효과는 어떻게 평가되어야 하는가?	4. 다차원적 목소리, 해방적 삶의 가치는 무엇인가?

다. 첫째, 철학과 사회학은 서로 상호의존적 관계에 있고, 각각은 상이한 통찰력을 가져오며, 서로 다른 이슈를 처리하기 때문이다. 둘째, 비판적 사실주의 철학과 번스타인 사회학은 서로 보완적 성질을 갖고 있기 때문이다. 철학과 사회학을 상호의존시킴으로써 교육과정에서 지식의 장소를 이론화하는 것은 지식의 본질에 대한 철학적 분석과 지식 및 지시 대상, 지식 생산과 획득의 사회적 조건에 대한 사회학적 분석을 가능하도록 한다.Wheelahan, 2010: 12

철학과 사회학은 중첩되지만, 넓게 보면 철학은 지식과 그 지식이 관련된 대상과 우리가 접근할 수 있는 조건과 지식의 한계 사이의 인식적 관계를 탐구한다. 이 지식의 객관성과 진리성 추구는 확립된 기초이다. 사회학은 인식자와 지식, 그리고 지식을 생산하는 데 이용되는 사회적 관계에 초점을 둔 사회적 관계를 탐구한다. 이것은 객관적 지식의 습득을 위해 필요한 사회적 조건은 물론이고, 그 지식을 생산하는 데 필요한 사회적 조건이 확립되는 기반이다. 게다가 전문화된 사회적 실천과 지식 생산자들의 공동체를 전제로 하면서 철학의 전제 조건이 존재하고, 이론 발전의 존재론적·인식론적 경계를 설정하는 데 있어 사회학을 위한 철학적 전제 조건을 필요로 하기 때문에 각각은 서로에게 정보를 제공한

다.Bhaskar, 1998

　따라서 새로운 교육과정의 이론에서는 지난 수십 년간 구성주의, 후기
구조주의, 포스트모더니즘에 의해 교육의 사고를 지배했던 기존 접근에
대한 새로운 대안으로서 사회적 사실주의social realism 접근이 시도되었다.
지난 수십 년 동안 교육사회학 내에서 연구의 한 가닥으로 사실주의 지
식사회학이 나타난 것은 주류 사회학에서 사회적 사실주의 전통을 재발
견할 정도로 교육연구의 넓은 분야와 교육정책에서의 다른 발전에 대해
비판적인 대응을 했기 때문이다.

　따라서 새로운 교육과정사회학은 다음의 과제를 해결하지 않으면 안
된다. 첫째, 교육사회학, 교육정책과 교육과정에서 역사적으로 위치하는
지식에 대한 접근을 해야 한다. 둘째, 신교육사회학으로부터 포스트모더
니즘에 이르기까지 교육사회학의 연속된 관념론적 구성주의 접근에서
나타나는 것처럼 상대주의에 대한 체계적 비판을 발전시켜야 한다. 셋째,
실증주의와 구성주의에 대한 대안으로서 비판적·사회적 사실주의에 근
거한 인식론적으로 강고한 지식의 비판성, 발현성, 실제성, 물질성을 제시
하고, 이것이 학교 지식과 교육 불평등 문제에 대한 함의를 갖도록 해야
한다. 넷째, 비판적·사회적 사실주의 인식론 사고 속에서 번스타인의 지
식이론이 어떻게 지식의 '사회성sociality'에 적용될 수 있는지를 탐구하고
지식사회학에 대한 새로운 접근을 시도해야 한다. 다섯째, 생산의 범주
및 경제의 관점, 그리고 일/노동의 세계는 교육의 규제와 통제를 위해 중
요한 영향력을 행사하는 여러 방식에 의해 구성되었다는 사실에 주목해
야 한다.Moore, 2007: xiii 여섯째, 교육과정은 사회적·정치적 삶을 이해하기
위해 필요한 기초적인 지식을 제공하는 전통과 학생을 연결해야 하며, 동
시에 학생들이 이러한 전통을 좀 더 발전·심화시키는 결정을 내릴 때 현
명하게 숙고하도록 준비하는 과정이 되게 해야 한다.Null, 2016: 40

우리는 무엇을 가르쳐야 하는가?

학교는 인간의 필요에 의해 만들어진 문화적 발명품이다. 그런데 우리는 중요한 사회적 기관으로서 학교가 이미 존재하는 문화 속에서 태어났기 때문에 이 사실을 잊어버리기 쉽다. 하나의 문화적 발명품인 학교가 존재하는 모든 문화권에서는 '학교에서 마땅히 가르쳐야 할 가장 가치 있는 지식이 무엇인지'에 대한 논쟁이 일어난다. 논쟁은 문화권에 따라 다르지만, 첫째, 학교에서는 인류가 남긴 문화유산 중에서 가장 고급스러운 것만을 골라 다음 세대에 전달하는 것이 좋다는 입장이 있다. 소위 고전을 가르치자는 관점이다. '문화적 전승'을 강조하는 관점이라고 할 수 있다. 둘째, 현 사회에서 필요로 하는 것을 학교에서 가르쳐야 한다는 입장이 있다. 이는 사회적 필요를 중요시하는 관점이다. '사회적 효율성'을 강조하는 관점이라고 할 수 있다. 일/직업의 세계를 준비하는 일도 이 영역에 속한다. 셋째, 미숙하게 태어나서 성숙한 인간으로 성장해 가는 어린이의 필요를 좇아 가르쳐야 한다는 입장이 있다. 눈에 뚜렷이 보이지는 않지만 나름대로 소질과 가능성을 가지고 태어난 어린이가 그 소질과 가능성을 최대한 펼칠 수 있도록 옆에서 조력하는 방식으로 학교교육의 내용이 구성되어야 한다는 관점이다. 개인의 완성과 인간의 잠재력 계발을 중시하는 '자아실현'의 관점이라고 할 수 있다. 넷째, 학교교육이 사회의 발전과 진보를 위한 기능을 해야 한다는 입장이다. 학교는 새로운 사회의 도래를 준비하는 기관이라고 할 수 있다.[11] 학교가 불평등을 줄이는 '사회정의'의 기능을 해야 한다는 관점이다. 이 경우 지식은 사회변화에 매우 중요한 기능을 한다.

이 네 입장 중 어느 한 입장을 취하든 또는 절충된 입장을 취하든 모든 학교에서는 모종의 중요한 내용을 가르치는데, 우리는 이를 통상 '교육과정'이라고 개념화할 수 있다. 지식이란 무엇인가? 누가 그것을 어떻게 만드는가? 그리고 우리는 어떻게 그것을 인식하는가? 이러한 질문은 '무 엇을 가르쳐야 하느냐'와 가장 관계가 깊다. '우리는 무엇을 가르쳐야 하 는가?'라는 질문은 '우리는 무엇을 믿어야 하는가?'라는 형태로 다루어 질 수 있다. '우리가 알고 있는 것'이 '우리가 누구인지'에 영향을 미치므 로 이루어지는 교육을 위한 핵심적 물음이다. 어떤 환경에서 무슨 목적을 갖고 누구에게 무엇을 가르칠 것인가? 교육과정 논의에서 '우리는 무엇을 가르쳐야 하는가?'의 문제가 가장 중요하다. 교육과정 이론은 "무엇을 가 르칠 것인가?" "지식은 왜 그토록 중요한가?"라는 질문을 제기하고 해답 을 찾는다. 지식이 인간의 의식과 사유 방식, 그로부터 산출한 의미 있는 결과 등을 포괄적으로 지칭한다고 할 때, 지식은 가르쳐야 할 대상 가운 데 가장 중요한 위치를 차지한다.

그러면 특정한 학교, 대학에서 우리의 교육과정이 어떠한 것이어야 하

---

11. 조지프 피시킨은 최근 기회의 불평등을 해결하기 위해 기회단일주의를 기회다원주의 로 전환할 수 있는 방안을 제시한 『병목사회(Bottlenecks)』(2014)를 출판하였다. '병목 사회'는 기회균등 논의가 '균등'에 초점을 맞춘 것과는 달리 '기회' 자체를 파고든다. 그 리고 이러한 기회가 병목현상으로 정체되고 있는 것이 가장 중요한 문제이며, 그렇기 때 문에 기회를 주어진 것으로 놓고 그것의 균등한 분배를 고민하기보다 사회가 만들어 놓은 기회구조 자체를 바꾸는 방법을 궁리한다. 가령 한국의 학생들은 대학수학능력평 가 시험에서 좋은 성적을 거둬 명문대에 입학하는 것을 최우선 목표로 삼지만, 가정 형 편 때문에 혹은 여러 가지 이유로 경쟁에서 성과를 거두지 못하는 대다수의 학생들은 단 한 번 주어진 기회에서 탈락하게 되고, 이러한 결과는 인생을 설계하는 시점에서 큰 영향을 미친다. 경희대 김종영 교수도 한국과 같은 대학입시체제를 가진 사회를 '중요한 시험사회(big test society)'라고 명명하고, 높이 평가되는 광범위한 목표를 성공적으로 추구하기 위해서는 반드시 통과해야 하는 기회구조의 좁은 지점의 극단적인 사례로 들 고 있다. 병목현상은 '기회의 지리학(geography of opportunity)'과 관련이 있으며, 기 회를 다양한 공간 안에서 창출해야 함을 강조한다. 한국의 경우 거의 모든 기회가 서울 에 집중되어 있기 때문에 서울은 극소수에게만 기회의 공간이 되며, 나머지 절대다수에 게는 '폐쇄와 배제의 공간'이 된다. 김 교수는 학위자본의 약화를 위해 대학서열화가 철 폐되어야 하며, 교육독점체제의 구조, 즉 교육병목(대학병목, 시험병목, 계급병목, 직업 병목) 현상을 완화할 수 있는 대학통합네트워크 방안을 제시한다.

는가를 결정하기 위해 어떠한 과정을 사용해야만 하는가? 이런 것들이 교육과정의 중요한 질문이다. 학교의 교육과정에서 가장 중요한 것은 무엇보다 학문/교과/지식을 가르치고 배우는 일이다. 교과 내용을 잘 가르치고 교육적으로 평가하는 것은 교육의 본래적 임무다. 교수-학습 과정에서 교사와 학습자는 교과(교육 내용)를 매개로 하여 만난다. 교과 내용을 가르치고, 그 가르침을 확인하고 평가하는 과정을 통해 학생의 학습과 삶은 향상된다. 궁극적으로 세상의 질서를 변화시키는 힘을 가진 지식의 획득을 통해 사회의 변화와 진보를 가져오도록 해야 한다. 지식은 혼돈의 조각들을 질서 있게 모아 놓은 것이다. 따라서 교육활동에는 일관된 질서가 있어야 한다. 그렇다고 해서 지식에 내재하는 혼란을 학생들에게 감추어서도 안 된다. 학교에서 가르치는 '교과'는 실재를 반영하며, 우리는 교과를 배울 때 바로 '실재'를 마주하게 된다.

지식은 왜 그토록 중요한가? 왜 이 순간 교육과정 논의가 필요한가? 그것은 바로 지식이 세상의 질서를 움직이는 힘을 갖고 있기 때문이다. 이런 점 때문에 교육과정에서 가르칠 내용과 행동이 교과제도로 성립될 때에는 정당화 과정이 요구된다. 교육과정이 결국 무엇을 가르칠 것인가에 대한 결정이란 관점에서 보면, 이 과정에서 필연적으로 배제되어 가르칠 기회를 잃어버리는 내용도 생기게 된다. 이때 학교에서 배제되는 내용, 즉 '영null' 교육과정[12]이 발생한다. '영' 교육과정은 교과에서 배제되거나 학교 교과 목표에 부합하여 학생에게 가르칠 가치가 있는데도 안 가르쳐서 학생이 배울 기회를 갖지 못하는 것까지 포함된다. 민주시민교육이나 문화예술교육 등이 '영' 교육과정처럼 운영되었다고 할 수 있다.신은희, 2020: 22

무엇을, 어떻게 가르칠 것인지 등 교육과정을 구성하는 데 사용되는 원

---

12. '영(null)' 교육과정은 학교에서 소홀히 하거나 의도적으로 가르치지 않는, 존재하지 않는 교과나 지식, 사고방식 등의 교육과정을 말한다.

리는 '수업 담론'instruction discourse, 담론적 질서의 규칙이다. 교육과정에서 이것은 '무엇이 중요한가?'를 결정하는 데 사용되는 원리이다. 그런데 '무엇이 중요한지'는 항상 '왜 중요한지'와 연결되어 있고, 그리고 이것은 교수 담론에 의해 상상된 '사람의 유형'과 관련되어 있다. '왜 중요한지'는 규제적 담론regulative discourse, 사회적 질서의 규칙에 의해 뒷받침된다.Bernstein, 2000: 13 이렇게 수업 담론은 지배적 담론인 규제적 담론에 뿌리박고 있다. 수업 담론은 지식이 틀 지어지는 가르칠 내용의 선정, 순서, 진도, 평가에 대한 규칙을 생성하지만, 이것은 사회적 질서의 원리에 따라 존재할 것이다.Wheelahan 2010: 33 명시적 수업의 실현(소극적 실현/적극적 실현)과 관련된 '수업 담론'과 학교의 규범적 질서(잠재적 교육과정을 포함한)와 관련된 '규제 담론'은 얼개화의 정도에 따라 다양한 유형이 만들어진다.

최근에 발달하기 시작한 교육과정의 이론적 토대를 발전시킨 비판적·사회적 사실주의 접근은 교육의 주요한 목표가 학생들에게 지식에 대한 접근을 하도록 준비시키는 것이라고 주장한다. 이러한 접근은 학생에게 일상적 지식과 이론적 지식의 구분, 서로 다른 유형의 이론적 지식들의 구분 등 상이한 유형의 지식을 '인식recognize'할 수 있는 역량을 제공하도록 추구되었다.Wheelahan, 2010: 4 교육과정에서 학생들에게 서로 다른 유형의 지식을 '인식'시키고, 그리하여 학습 결과를 생산하거나 '실현'시키기 위해 지식의 구조화를 위한 기초를 제공하지 않으면 안 된다.Wheelahan, 2010: 18-37 이 접근은 학습이 맥락적이고 상황적이라고 주장하는 교육과정 이론, 특히 구성주의 교육이론을 비판한다. 왜냐하면 맥락과 상황에 바탕을 둔 교육과정 이론은 교육과정의 중심으로부터 이론적 지식을 다른 것으로 치환하면서 학생들이 사회의 논쟁과 모순 문제에 개입할 수 있는 지식에 대한 접근을 거부하기 때문이다.Wheelahan, 2010: 1 다시 말하면 학생이 이론적 지식에 접근할 수 없다면 사회와의 대화에 참여할 수 있는 수단을 부정하는 것이다. 따라서 지식에 대한 새로운 교육과정 논의를 위해 학생들은 이론적 지식에 접근할 수 있어야 한다. 이론적 지식의 획득은 인간과 사회를 변화시키는 핵심적 도구이기 때문이다.

우리는 어떤 유형의 교육과정을 필요로 하는가?

교육제도가 성공적이고, 효과가 있고, 장기적이고, 실질적으로 되기 위해서는 필수적으로 이러한 질문들을 다뤄야 한다. 교육과정은 학교이건, 교회이건, 비영리 단체이건, 혹은 정부의 프로그램이건 간에 항상 특정 기관 내에서 의사결정을 하는 데 관련이 있는, 구체적이고 가시적인 주제라고 할 수 있다. 교육과정은 어떤 과목을 가르칠 것인가를 설명하고 이를 논의하는 사람들을 필요로 한다. 교육은 종종 교과에 관한 사항이 없이 논의될 때도 있지만, 모든 교육과정 논의는 어떤 식으로든 교과를 설명해야 한다. 교육과정 논의는 교육과정에 대한 사려 깊은 연구를 통해서만 대답을 할 수 있다.

그런데 교육과정의 변화는 단순히 하나의 교육과정을 다른 하나의 교육과정으로 대체시키는 것이 아니다. 교육과정의 변화는 그 변화가 일어나는 맥락을 신중하게 고려하지 않았을 때 성공하지 못하기 때문이다. 학교의 교육과정은 국가의 정치적이고 사회적인 변동을 고려한다. 교육의 문제는 국가적인 관점에서 접근해야 하기 때문이다. 하지만 실제에 있어서 국가의 정치적이고 사회적인 변동은 학교교육을 직접적이고 전제적으로 지배하지 못한다. 교육과정의 본질과 기능에 관한 일반적인 신념이 또한 교육과정의 변화에 영향을 주기 때문이다.

그렇다면 교육과정의 개혁은 국가의 변동을 직접적으로 반영하는 것이

교육과정 개발 및 함의에 대한 다양한 접근Booyse & Plessis, 2018: 13-14

접근 방식	접근 초점	대변자	가정	교사와 학습자를 위한 교육과정적 함의
행동적 접근	• 기술적·과학적 원리에 의존 • 패러다임, 모델, 단계별 전략 사용 • 청사진이나 기록 • 논리실증주의, 개념적–경험주의, 경험주의, 합리적–과학적, 기술적	보빗 차트스 타일러 타바 가네	• 선택되고 구성할 수 있는, 알 수 있는 구성 요소	• 행동주의는 마음의 깊이를 탐색할 수 있는 연구를 허용 • 교사는 학습을 사회적 맥락 속에서 인지 가능한 개인으로 인식
학문적 접근	• 지식, 내용 • 이론적, 단순한, 비현학적 • 전통적, 지적 • 철학적·지적 작업에 근거를 둠	듀이 모리슨 보이드 보드 브루너	• 교육과정 개발은 해결책을 포함하고, 합리적임	• 교육과정 개발은 학문적 합리성과 이론적 논리에 의해 지도되는 체계적 과정임 • 확고한 접근 방식
경험적 접근	• 포스트모던 관점 • 정서적, 사회적, 육체적, 정신적 • 전인을 포함, 사회적 활동이 중심 • 주관적, 개인적 • 과정, 인간적, 아동 중심, 개인 상호 간의 관계	듀이 킬패트릭 스턴하우스 애플 파이너	• 교육과정 개발은 상당히 불확실성으로 가득 찬 역동적 과정임	• 교사와 그들의 협동적 교육과정 결정을 강조 • 자기 주도적, 구조화되지 않은, 각자 진도에 맞춘 개별화 수업 프로그램
기술적 접근	• 학습자가 인생에서 기능할 수 있도록 준비 • 학습은 행동의 변화를 포함 • 입증할 수 있는 • 관리적, 시스템에 기반 • 과학적, 생산 지향적, 분석적, 경험적 • 학문적 모델과 연계되나 차별화됨	타일러 가네 런더너 헌킨스 카우프만 프라트	• 주요 단계가 구별되고 관리됨 • 객관성, 논리성	• 요구의 평가가 시작점 • 관리 원칙은 이 접근의 적용과 조정을 도와줌 • 목표는 행동 유형이나 수행 목표의 형태로 공식화됨
자연적 접근	• 창조적 문제 해결, 실제적·협력적 교육과정 • 교사는 그들의 생각과 가치를 알림	워커 앨런 글래톤 프레이리	• 교육과정 개발은 주관적·개인적·심미적·교류적	• 학문적·경험적·기술적 접근법과 같은 교육과정 요소들이 사용됨, 덧붙여 특정 이해집단과 관점 내에서 계속되는 주고받음이 존재, 협상과 교육과정 합의

| 인간적
접근 | • 비과학적, 창조적 문제
  해결
• 결과(상향적)
• 핵심 교과(예술, 음악)
• 사회에 대한 요구
• 진보주의 철학, 아동 중
  심 운동
• 학생의 자연적 발달과
  호기심에 기반을 둔 집
  단 프로젝트
• 학습할 자유 | 아이즈너
주드
프란시스
파크
매슬로
로저스 | • 교육과정 개
  발은 주관적,
  개인적, 자기
  충족에 초점 | • 형식적·계획적 교육과
  정뿐 아니라 비형식과
  잠재적 교육과정도 중요
• 교육과정 결정에 더 많
  은 교사 투입 허용 |

아닌, 우리의 관념을 통해 사회의 경향이나 정치적인 사건을 간접적으로 반영하는 것이다. 환언하면 교육과정의 변화는 국가의 공론화된 문제와 교육과정의 이론적인 원리 사이의 타협, 즉 상호작용을 통해 이루어지는 것이다. 그러므로 새로운 정치·사회적인 경향이 출현했을 때 그것은 특정 교육과정 이론과 결합해 학교교육에 구현된다. 문제는 시간의 흐름에 따라 정치·사회적인 경향은 끊임없이 변화하고, 그때마다 새로운 쟁점과 타협이 가능한 서로 다른 교육과정의 이념들이 출몰을 반복한다는 것이다. 이렇게 국가 전체의 정치적이고 사회적인 분위기에 따라 교육과정이 수시로 변화하는 상황에서는 교육과정의 원칙을 상실할 수 있다. 정치적이고 효과적인 수단으로서 교육이 강조되면서 정작 교육과정의 근본적인 의미와 역할에 대한 진지한 대화는 사라지기 때문이다.

오늘날 자유교양교육주의자와 신교육사회학자들은 교육과정에 대해 서로 다른 관점을 표명한다. 영은 이론적 지식은 사회가 아직 생각하지 못했고 생각할 수 없었지만, 대안적 미래alternative future를 상상하는 데 사용되는 수단이 될 수 있다고 본다. 지식사회가 도래하면서 대안적 미래의 상상과 구성을 둘러싸고 서로 다른 제안을 하는 교육과정학자들이 나타났다. 그 하나의 진영은 보수주의 관점을 대표하는 미국의 허시E. D. Hirsch, 1928~[13]이다. 또 하나의 진영은 진보주의 관점을 대표하는 영국의

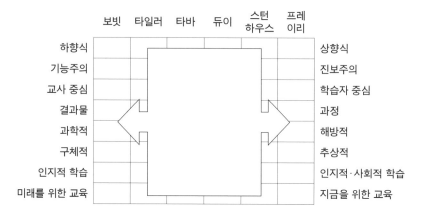

연속체-교육과정 설계를 위한 교육과정 이론가의 기여Toit, 2011: 65

	보빗	타일러	타바	듀이	스턴 하우스	프레 이리	
하향식							상향식
기능주의							진보주의
교사 중심							학습자 중심
결과물							과정
과학적							해방적
구체적							추상적
인지적 학습							인지적·사회적 학습
미래를 위한 교육							지금을 위한 교육

영Michael F. D. Young이다. 보수주의 교육이론가인 허시는 최근『지식이 왜 중요한가?: 실패한 교육이론에서 우리 아이들을 구해내기』2016를 출판하면서 지식의 중요성을 강조했다. 허시는 일찍이『문화적 소양』1988에서 기억은 가치가 있으며, 젊은이들이 사실fact의 학습을 사랑해야 한다고 주장했다.

교육은 학습자에게 특정한 내용을 강조하는 핵심적인 지식을 가르쳐야 한다. 교육은 사회를 이루고 있는 기본적인 원리(학문/교과)인 지식의 구조를 가르쳐야 한다.Hirsch, 1996: 28

---

13. 미국의 부시 대통령 시절 교육차관보였던 교육사학자 래비치(Diane Ravitch)는 버지니아 대학교의 영문학과 명예교수인 허시에게『문화적 소양』(1987)을 저술하도록 설득했다고 한다. 래비치는 차터스쿨과 자유학교를 가장 극렬하게 비판하는 학자이지만, 핵심 지식 교육과정에 대해서는 열성적으로 지지한다. 허시의 논지는 개념이나 기능이 아닌 지식을 교육과정의 목표로 삼아야 한다는 것이다. 허시는『우리에게 필요한 학교, 왜 만들 수 없는가?』(1999)에서 자신은 민주당 당원이며 '준사회주의자'라고 소개하며, 자신에게 영향을 미친 사람으로 사회주의자 안토니오 그람시에 감사의 말을 전하고 있다.

허시는 학생들이 가르칠 필요가 있는 '중핵 지식'으로부터 박탈되었다고 비판한다. 그는 또한 모든 학생들에게 역사, 전설, 신화, 문학의 공통 핵심 사항을 가르쳐야 한다고 주장하면서(지적 전통주의+사회적 행동주의), 그러한 기본 지식을 수단으로 하여 학생들이 현대사회에서 효과적으로 활동할 수 있어야 한다고 믿었다.Hirsh, 2016 교사가 가르쳐야 하고 학생들이 학교에서의 경험의 결과로서 반드시 배워야 하는 '중핵 지식 체계'가 있다고 보았다. 지식 중심 교육과정의 토대는 학문에서 비롯된 교과이다. 지식 중심 교육과정을 옹호하는 사람들은 학문적인 지식을 가르쳐야 한다고 주장한다. 소위 '체계적 학습'이라고 부르는 것을 통해 지식을 심화하면서, 그들 스스로가 학문을 배운 학생인 전문 교사들이 가르치는 과정을 점차로 제공해야 할 필요가 있다는 것이다.Ellis, 2012: 132-133 우리가 문화적으로 교양 있는 사회를 만들려면, 공통적으로 있어야 할 지식을 필수적으로 배워야 한다. 중핵 지식 교육과정은 교사와 학생이 고전문학, 문법규칙, 수학과 과학의 기초, 예술, 지리, 역사를 배울 필요가 있다는 점을 강조한다. 국가 발전과 보수주의적 교육관을 반영하고 있다고 할 수 있다.

이에 대해 마이클 F. D. 영2013은 지식이 어떻게 구성되었는지를 고려하기 위해 교육과정을 경합시키는 '누구의 지식인가?'의 관점에서 '힘 있는 사람들의 지식knowledge of the powerful'보다는 '힘을 가진 지식powerful knowledge'을 제창한다. 힘을 가진 정의로운 지식을 강조하고 있다. 영은 그렇게 생각하지 않지만, 이는 종종 허시의 '중핵 교육과정'과 연관이 크다.Derry, 2018 허시가 주장하는 지식은 모든 사람들에게 본질적이다. 교육과정의 원천을 과거에서 찾는 아놀드Mattew Arnold[14]나 앨런 블룸Alan Bloom[15]의 유형에 가까운 허시의 지식관은 지식의 '사회적' 문제를 야기한다. 그리고 그람시가 역설한 대로 사회의 혁신을 위해서는 전통적/보수적 교육과정 속에서 진보적 요소를 찾아야 한다.

그래서 영은 교육과정이 과거로의 회귀와 미래의 가능성이라는 형태의 양극단보다는 이들을 동시에 취할 것을 제안한다. 또 한편으로 과거를 나쁜 것과 동일시하고, 미래를 좋은 것과 동일시하는 진보주의자들의 수렁에 빠지지 말아야 한다고 본다.Young, 2013: 16 모든 비판은 분명한 대안을 제시하지 않으면 안 된다. 진보 없는 전통으로의 회귀는 미래가 없고, 전통이 결여된 진보는 토대가 없는 진보로서 사상누각이 될 위험이 있다. 지식의 인식론적 관계와 사회학적 관계는 서로 배타적이어서는 안 되고 각각 다른 것의 정보를 필요로 한다. 오래된 지식이 감옥이기도 하지만, 과거를 응축시키고 가능한 미래를 여는 균열/틈새의 지점이기도 하기 때문이다.

'사실'로서의 교육과정은 '과거'의 교육과정이라고 할 수 있고, '실천'으로서의 교육과정은 '미래'의 교육과정이라고 할 수 있다. 전자는 '전달'

---

14. 아놀드는 『교양과 무질서』(1869)에서 가장 훌륭한 문화는 인간 본성의 완전한 실현이 우리에게 우아함과 지성을 제공해 준다는 것을 일깨워 줄 뿐 아니라 우아함과 지성이 세상에 만연하도록 만드는 열정을 우리에게 심어 준다고 하면서 문화가 왜 필요한지를 강조했다. 그는 문화는 대중의 기호에 맞추어야 한다는 생각에 반대하면서 문화의 사회적 개념을 역설했다.

15. 블룸은 『미국 정신의 종말』(1988)에서 미국의 고등교육이 어떻게 민주주의를 실패시켰고, 오늘날 학생들의 정신을 허약하게 했는지를 상세하게 서술하고 있다. 시카고 대학의 사회사상 교수며 플라톤과 루소의 번역가로 알려진 정치철학자 블룸은 당대의 지적·도덕적 혼란을 비판한다. 20세기 미국의 사회적·정치적 위기가 실상은 지적 위기라고 말한다. 대학이 목표를 잃은 것으로부터 학생들이 배우지 않는 것까지, 또는 자유화로부터 이성을 대신한 창조성에 이르기까지 블룸은 미국의 민주주의가 어떻게 유럽의 저속화된 니힐리즘과 절망, 관용을 가장한 상대주의를 무심코 받아들였는지를 보여 주고 있다. 블룸은 오늘날 과거를 이해하지도 못하고 미래에 대한 비전도 없이 황량한 현재에 살고 있는 젊은이들을 우리는 보고 있다고 말한다. 더구나 그들의 교육을 맡고 있는 우리의 대학들은 학생들에게 자연의 질서와 그 안에서의 인간의 위치를 깨닫게 했던 철학과 문학의 위대한 전통에 대한 지식을 이제는 제공해 주지 못하고 있다. 고등교육은 진지하고 인간적인 학문의 기반이 되어 왔던 자기 자신에 대한 지식을 격려하고 키워 나가는 일에 실패하고 있다고 질타한다.

지향적이며 '내부' 지향적이며 학문 지향적이고, 후자는 '발현' 지향적이고 '외부' 지향적이고 '문제' 지향적이다. 전자는 일상적 지식과 학교 지식을 강하게 구분하는 반면, 후자는 '혁신' 지향적이고 '해방적' 약속을 한다. 전자가 '기억'을 위한 교육과정이라면, 후자는 '이해'를 위한 교육과정이다. 영은 양자의 이분법을 넘어 교육과정의 과거적 특성들이 미래를 위한 교육과정을 위해 가치 있어야 한다고 주창한다. '사실'로서의 교육과정과 '실천'으로서의 교육과정은 이론적 지식과 일상적 지식이 연계된 문제이다. 영은 지식과 경험이 근본적으로 다른 차원에 속하기에 이론적 지식과 일상적 지식 또한 다르다고 본다. 지식 영역들 사이도 다르지만, '학교 안 지식'과 '학교 밖 지식' 사이도 다르다.Young, 2012: 146-149 절연과 혼종의 원리 차원에서 보면 과거의 교육과정과 미래의 교육과정 사이에는 긴장이 발생한다.

이에 대해 한나 아렌트는 블룸이나 허시와 같이 서구 문화의 정수인 '고전'을 특권화하여 문화적 자본을 정당화하고 주인의 목소리를 권위화하는 문화적 소양을 갖게 하는 인문교양교육의 형식으로 돌아가는 것을 바라지 않았다.Gordon, 2001: 55-56 그렇게 하는 것은 프레이리[16]가 우려한 '은행저축식 교육banking education'으로 돌아가는 것이나 다름없다. 그래서 아렌트는 옛것으로 단순히 회귀하는 것이 아니라 옛것의 '재사유 rethinking'를 통해 그것의 현재적 유용성을 드러내는 데 관심을 두었다.

서로 다른 유형의 지식 조직은 갈등하는 사회의 유형을 대표한다. 그렇다면 우리는 어떤 유형의 교육과정을 필요로 하는가? '우리가 무엇을 가르쳐야 하는가?'라는 교육과정의 문제가 교육과정의 중심에 있다. 하나의

---

16. 프레이리의 교육과정 관점은 결코 가치중립적이지 않다는 것을 인식해야 한다고 주장함으로써 교육과정 설계 연구에 정치적 권력관계 관점을 추가했다. 따라서 학습은 학습자를 억압하거나 해방시킬 수 있는 힘을 가지고 있기 때문에 교육과정의 잠재적 측면을 주의 깊게 살핀다.

교육과정은 내용의 선정과 함께 그 속에 관계의 구조화가 포함된 지식의 조직화이다. 무어는 교육과정에서 지식이 재생산되는 방식뿐 아니라 생산되는 방식에 관심을 가져야 한다고 주장한다.Moore, 2004: 147 교육과정의 상이한 요소 사이의 관계가 지식이론이나 인식론에 의해 구조화된다. 교육과정 논쟁의 통상적인 틀을 벗어나기 위해서는 인식론의 기본 문제로 돌아갈 필요가 있다. 인식론은 지식 주장의 진리 가능성—이 주장은 새로운 증거에 비추어 수정될 수 있지만—에 관심을 갖는다. 판단은 인식론이 (1) 진리라고 믿어져야 하고, (2) 사실상 진리여야 하고, (3) 진리를 입증해야 하는 신념을 갖게 하는 방식의 확립에 관심을 두기 때문에 인식론적 요청에 기반을 두어야 한다.Wheelahan, 2010: 39 교육과정은 학생들에게 이러한 세 가지 준거를 제공하여 지식의 객관성을 판단할 수 있는 능력을 개발해야 한다. 이것은 의문의 여지가 없는 보편적 진리로서 지식을 전달하는 전통적/보수적 교육과정과는 대조되는 관점이다. 학생들에게 이런 준거를 적용할 수 있는 능력을 제공하는 것은 지식의 객관성과 진실성을 검토하고 입증할 수 있도록 지식에 대한 비판적 접근을 계발하는 데 도움이 된다.

그런데 오늘의 교육과정학은 '미래의 교육과정'에 관한 논쟁에 기여할 준비가 제대로 되어 있지 않다. 왜냐하면 교육과정학에는 견고한 지식이론이 결정적으로 결여되어 있기 때문이다. 이런 면에서 인식론과 과학철학 논의는 지식이 사회적인 것으로 주장되는 다양한 방식을 살펴볼 필요가 있다. 영은 지식의 성장이 점증하는 전문화와 분화를 수반하는 과정, 그리고 차별적인 사회적 평가 및 층화와 관련되어 온 과정을 구분했다.Young, 1998: 15-16

영은 사회구성주의 지식이론이 궁극적으로 사회변화의 힘을 가져오지 못했다고 판단한다. 그는 비판적인 것과 사회적인 것, 사실적인 것을 결합하여 정의로운 '사회적 사실주의social realism' 교육과정 이론을 발전시켰다. 영은 초기에 마르크시즘의 관점 속에서 교육과정 이론을 구성하였으며, 대처리즘 등장과 동구 사회주의 몰락을 겪으면서 비판적 교육학critical pedagogy으로부터 어느 정도 벗어났다가, 후기에 들어 사회정의를 위한 힘 있는 지식의 복원을 강하게 주창했다. 이러한 영의 교육사상은 경험과 구별되는 지식의 사회적 사실을 중시하는 뒤르켐, 그의 정적 지식관을 회피하면서 단순히 환경에 적응하는 것이 아니라 인간의 고등정신 능력을 계발하고자 하는 비고츠키, 세계와 그것을 인지하고 이해할 수 있는 상징의 관계를 새롭게 정립하려는 카시러, 교육과정이 과거를 전달하는 수단일 뿐 아니라 새로운 의식을 형성하는 수단이기도 하다는 번스타인의 생각을 끌어들인다.

번스타인의 제자인 영은 인식론과 사회이론의 경계를 가로지르는 이론적이고 실용적인 논의를 한 교육과정사회학자로서 사회적 현상으로서의 지식을 어떻게 다룰 것인지, 지식에 대한 사회학적 접근이 교육과정 논쟁에 주는 시사점은 무엇인지에 대해 관점의 중대한 전환을 보여 준다. 지식과 진리를 개인의 것이 아니라 사회적인 것으로 본다는 것은 지식의 생산을 위한, 우리를 사회의 구성원이 되도록 방향 짓는 조건이라고 할 수 있다. 지식을 소홀히 다루고 있는 교육과정 논의를 위험스럽게 보면서 미래를 위한 사회정의와 정의로운 지식을 중시하는 교육과정을 제창한다. 만약 교육정책을 형성하는 '지식의 목소리'가 지식이 계속 공허한 범주로 남아 있지 않게 하려면, 이러한 과정을 명백하게 하는 것이 교육과정과 관련된 지식의 '사회적 사실주의' 또는 철학적 사회학의 과제라고 할 수 있다.

상식적으로 교육과정적 지식curricular knowledge[17]으로 선정된 것은 지식의 '이론 외적extra-theoretical' 기능 때문이 아니라, 포함될 수 있었지만 그렇지 못한 현 사회 내의 다른 지식과 무관한 어떤 속성 때문이다. 이것은 가르쳐지는 지식과 거짓되고, 유해하며, 하찮은 혹은 어떤 다른 방식에서 부적절한 지식을 구분하는 타당한(논쟁의 소지는 있지만) 경계 설정 기준demarcation criteria이 된다. 여기서 포스트모던 상대주의는 경계를 설정하는 기준의 가능성을 부정한다는 면에서 심각한 문제를 안고 있다.Moore, 2004: 155

교육의 목적은 학생들이 세계에서 살아갈 수 있는 지식과 역량을 갖추도록 도와주는 것이다. 세계가 발현성[18]의 복잡성, 층화 그리고 과정에 의해 특징지어진다면, 이때 교육과정을 위한 핵심적 역할은 학생들에게 이런 복잡성에 대한 접근성과 수단들을 제공하는 일이다. 이것은 존재론적 약속이 교육과정을 위해 인식론적 함의를 갖는 이유이다. 이러한 함의는 교육과정이 사실주의적 존재론과 인식론적 오류 가능성, 판단의 상대성 이론에 반하여 세워져야 한다는 것이다. 다시 말하면 교육과정을 이끄는 통찰은 첫째, 자연적·사회적 세계는 우리의 개념과 독립하여 존재하고, 둘째, 세계에 대한 우리의 지식은 항상 오류 가능성이 있고, 셋째, 판단을 내릴 근거가 거의 없기 때문에 상대주의는 피해야 한다는 것이

---

17. '교육과정적 지식'은 학교 교수요목에서 패키지화된 공식적 또는 코드화된 지식, 그리하여 아이들에게 가르치는 지식이다(Muller, 2010: 9).

18. '발현성'은 한편으로 덜 기본적 층위들을 더 기본적 층위들로 환원하는 환원론적 입장에 반대하고, 다른 한편으로 두 층위들을 완전히 독립적인 것으로 취급하는 이원론적·다원론적 입장에 대항한다. 더 기본적 층위의 과학들이 덜 기본적 층위 과학들이 다루는 객체들에 관해 무엇인가를 알려 줄 수는 있겠지만, 이 객체들의 특성을 설명할 수는 없다. 상이한 층위의 객체들을 다루는 상이한 과학들의 설명들은 동시에 유효하며 일관될 수 있다. 그러므로 세계의 층화는 과학의 층화와 분화의 조건이며, 과학들의 발전과 분화는 세계의 다층적 층화를 드러낸다. 물리적, 화학적, 생물학적, 경제적, 심리적, 사회적 등의 층위를 구분하는데, 각각의 층위를 바탕으로 과학의 서열이 성립한다. 과학의 설명은 하나의 발생 기제를 더 기본적인 다른 발생 기제에 입각해 설명하는 '수직적 설명'과 사건을 발생 기제들과 조건들에 입각해 설명하는 '수평적 설명'으로 구분할 수 있다.

다.Wheelahan, 2010: 70 결국 학생들에게 진실의 한 가지 최종 버전을 가르치는 것은 역행적이지만, 그럼에도 불구하고 그들은 이러한 판단을 내리는 데 도움이 되는 개념적 도구에 접근할 수 있어야 한다. 자연적·사회적 세계에 대해 접근이 불완전하기는 하지만 그것에 접근할 수 있는 정의로운 힘을 가진 개념적 지식 등 학문적 교과를 학생들에게 제공하지 않으면 안 된다.

지식의 생산·획득 및 혁신을 위한 교육과정 정책의 전망과 과제

구지식사회학이 억압 시대의 저항처럼 교육과정의 목표를 현존하는 지식의 허위의식을 폭로하는 데만 두었다면, 새로운 인식론과 지식사회학은 이제 새로운 지식의 생산(연구)과 획득(가르침과 배움), 혁신적 실천(틈새적 혁신)을 통해 새로운 사회를 건설해야 한다. 비판적 지식의 획득과 저항적 실천은 권위주의 세력의 퇴출에 도움을 주는 의식화 기능을 하였으나, 그 세력을 교체한 이후의 대안적 지식의 창출이 없다면, 새로운 이상사회의 출현은 불가능할 것이다. 이상사회의 출현을 위해서는 과학적 지식이 일상적 지식을 지배해야 한다. 양식이 상식을 지배하여 우리의 삶의 양식으로 뿌리내리도록 해야 한다. 물론 민주화 이후의 이행기 과정에서 구세력이 사회 곳곳에 포진되어 있기에 비판적 지식의 획득은 여전히 중요하지만, 그것이 비판에만 머물면서 새로운 사회를 만들어 내는 가능성의 언어와 대안적 지식을 창출하지 못하면, 민民은 영원히 식민화 상태를 면치 못할 것이다.

학교에서 가르치는 '교과'는 실재를 반영하며, 교과를 가르칠 때 우리는 실재를 마주하게 된다. 뒤르켐은 교과가 사회적 실재를 반영한다고 주장한다. 교육과정은 과거로의 회귀와 동시에 미래의 가능성이라는 형태를 취해야 한다. 한편으로 과거를 나쁜 것과 동일시하고, 미래를 좋은 것과 동일시하는 진보주의자들의 수렁에 빠지지 않아야 한다. 이러한 사고는 보수주의자들의 입장과 다를 바 없다. 경제적·사회적 위기는 정치적·이념적 위기와 동시에 교육의 위기를 동반한다. 이 위기는 곧 학교교육의 방향에 대한 물음으로 나타난다. 이 물음은 곧 학교와 산업 및 노동시장과의 관계를 묻는 질문과 관련이 있다. 궁극적으로는 지식과 교육과정의 정체성과 위상을 묻는 질문이기도 하다. 인공지능 시대의 도래로 이 질문은 더 강하게 제기되고 있다. 이런 시대에는 어떤 지식, 어떤 기능이 필요한가?

우리나라는 국가 주도의 교육과정, 과도한 수업시수, 성장이 아닌 선발을 위한 교육과정을 유지하는 한, 학생들은 장시간 무의미한 수업노동에 시달려야 하며, 이를 학교에서 담보하고자 하는 한 감염병의 위험에 상시적으로 노출될 수밖에 없다. 그동안 오랫동안 지식의 독점권을 국가가 장악하고─관변학자, 어용학자라는 말이 회자되듯, 교사는 학문적/정치적 자유가 보장되지 않아(교수와 달리 교사들이 많은 경우 교육과정 위반을 했다고 해직되기도 했다) 지식을 전달하는 역할만 할 뿐 생산자 역할을 하지 못해 수동적 존재로 머물고 있다. 많은 교사들이 스스로 자기검열을 하며 위험하지 않은 지식만을 가르치려고 했다. 시험에 나올 것만 가르치는 입시 기술자가 되어 갔다. 입시교육은 사회를 변화시킬 수 있는 지식의 힘을 더욱 무력화시켰다. 클릭만 몇 번 하면 접할 수 있는 죽은 지식만을 외우도록 했다. 더 넓은 바깥세상으로 나아가도록 하는 것이 아니라, 모두가 학벌을 따기 위해 경쟁하며 무한 질주를 하도록 재촉했다. 그리하여 억압 시대의 지식교육은 침묵문화를 전달하는 나약한 지식인을 양산하고 말았다. 한마디로 지식의 주인/주체 역할을 하지 못한 채 도구적 지식의 소비자로 전락한 것이다. 전문적 자율성이 박탈된 단순사무노동자proletarianization가 된 것이다. 이러한 노동과정은 교사의 교육활동을 탈이념화하고 무기력하게 만들고 소진시켰다. 물론 권위주의 시대에도 재생산 기능을 하는 지식교육의 억압성을 폭로하는 비판적 역할을 한 민주교사들이 있었다. 철옹성 같은 공교육의 벽을 무너뜨리는 저항적 선비들이 있었다. 혁신학교 운동도 이러한 운동의 연장선에 있다.

1990년 중반 열린 교육 운동은 우리나라 학교에 반향을 일으키며 영향을 미쳤다. 지식을 스스로 구성할 수 있다는 것은 국가에 의해 만들어진 지식이 아니라 교사가 스스로 만들 수 있다는 자율적 교육활동을 자극했다. 이것은 문민정부의 등장과 함께 지식의 억압성에서 벗어나는 데 큰 기여를 했다. 하지만 내용의 구성이나 열림이 아니라 방법의 구성이나 열림에 지나지 않았기에 교사의 전문적 자율성이나 사회의 변화에 별다른 영향을 주지 못했다. 2015개정교육과정의 경우 타일러 모형 외에 의사결정 과정을 중시하는 '숙의deliberation' 모형을 일부 활용했지만, 교육과정 개발이나 학교현장에서는 타일러주의와 기술공학적인 이론이 여전히 바탕에 깔려 있다. 현재의 교육과정은 미래 역량(창의성, 소통, 비판적 사고, 협력, 인성, 시민성)을 기르는 데도 적합하지 않다. 그리고 교육과정 논의에서 정작 지식의 본질적 기능이나 역할 논의를 거의 찾아볼 수도 없다. 이것은 곧 학교교육의 존재 의의에 대해 근본적 의문을 갖게 한다. 지식이 왜 그토록 중요한가? 왜 이 순간 교육과정 논의가 필요한가? 사회 변화를 위해 지식과 교육과정은 어떠해야 하는가? 학교는 무엇을 가르쳐야 하는가? 우리 교육과정의 문제는 무엇인가? 이와 같은 비판적·사회적 사실주의 관점에서 새로운 사회를 준비하는 다음과 같은 지식 체계와 교육과정 정책을 마련할 필요가 있다.

1. 비판적·사회적 사실주의는 교육현상의 심리과학적 인과기제들 및 사회과학적 인과기제들의 이분화를 극복하는 데 크게 기여할 수 있다. 비판적·사회적 사실주의자들이 지식의 자동적 차원과 타동적 차원의 구분을 통해 자연적 실재와 사회적 실재를 동시적 발생으로 이해한 것은 지식이론의 정립에 크게 기여하고 있다. 따라서 비판적·사회적 사실주의는 지식의 비판성, 창발성, 실재성, 물질성을 회복해야 한다. 이 요소들의 회복은 곧 진리·진실로 나아가는 과정이다. 인문과학과 자연과학의 상이한 실재관을 이해하는 것은 물론이고, 교육과정을 실천하고 있는 교사들의 실재관에 대한 통합적 이해에도 크게 도움이 된다. 비판적·사회적 사실주의는 이분법을 넘어선 방법론, 방법으로서의 추상화, 분석과 종합의 방법론 이해에 많은 시사를 준다. 특히 우리의 경우는 교과의 추상과 생활의 구체가 너무나 분리되어 있기 때문이다. 최근 혁신학교를 비롯해 학교현장에서는 학교 구성원들이 협의하여 학교 비전을 만들고 교과교육과정, 학교문화에까지 공통의 철학을 반영하려는 움직임이 시작되어 숙의 모형이 자발적으로 확산되는 과정에 있다. 이렇게 볼 때 비판적·사회적 사실주의는 지식/학문 및 교육과정의 절연과 혼종의 공존을 모색해야 한다. 강한 문법(분류화 및 얼개화)과 연동된 가시적·전통적 교수법과 약한 문법(약한 분류화 및 얼개화)과 연동된 비가시적·진보적 교수법의 조화를 모색해야 한다. 교과 간의 경계, 학교 지식과 일상적 지식의 경계가 약화되기에 학교 교과의 통합이 필요하다. 구조화된 영역인 존재의 자동적 세계(존재론적 영역)와 관념적 영역인 앎의 타동적 영역(인식론적 영역)과 구분하면서도 통섭 체제를 구축할 필요가 있다.

2. 비판적·사회적 사실주의는 교육에 대한 유력한 대안적 접근들, 즉 저항 이론과 재생산론이 적절하게 결합될 수 있는 비판적 함의를 내포하

고 있다. 예컨대 재생산론이 주장하듯이 자본주의 사회의 제도적 교육 장치들이 일반적으로 재생산의 기능을 수행함에도 불구하고, 그것이 경향으로서의 법칙인 한, 그것을 상쇄시키는 요소들이 존재할 것이다. 그렇다면 저항 이론의 입장에서 수행된 상당수 연구들은 이 문제를 다루기 위한 종합의 과정, 즉 추상에서 구체로 상승하는 구체화의 국면에서 재생산론과 통합될 수 있을 것이다. 교육에 관한 비판적 연구에서 기존에 이분법적으로 인식되었던 두 입장이 적절하게 결합함으로써 교육현상에 대한 설명을 더 충실하고 풍부하게 할 수 있음을 보여 준다. 이처럼 교육과학에 대한 설명적 비판의 도입은 비판적 입장에서 진행되었던 기존의 연구들을 적절히 재배열하도록 함으로써 교육현상에 대해 보다 진전된 비판적 설명으로 나아갈 수 있을 것이다. 번스타인이 강조하는 지식의 재맥락화(지식이 교수 담론으로 선택되고, 재배열되고 해석·변환되는) 과정은 비판적 교육학의 존재론에 굳건한 기초를 제공하면서 저항 이론과 재생산론이 변증적으로 종합할 가능성을 열어 줄 수 있을 것이다.

3. 비판적·사회적 사실주의는 과도한 폭로주의 경향과 사회적 구성주의의 지나친 상대화 지식이론을 넘어 사회정의를 위한 지식이론으로 나아가도록 하고 있다. 지식에 대한 재생산적 비판은 자본과 국가의 계급화와 전체주의화에 대한 비판에 도움을 주었으나, 폭로 저널리즘 성향을 보임으로써 보편적 지식이나 진리에 도달하지 못하는 취약성을 보였다. 사회적 구성주의 지식이론은 지식을 구성하는 주체들의 자율성 성장에 도움을 주었지만, 과도한 상대주의적 사고 경향으로 인해 생산력 발전 및 사회변화를 가져오지는 못했다. 그러함에도 불구하고 오랜 억압을 겪었던 한국의 권위주의적, 관료적, 위계적 학교교육체제가 온존되고 있음을 감안한다면 사회적 구성주의의 문제의식을 부분적으로 살릴 필요가 있

다. 즉 사회적 구성주의는 비판적 실재론과 결부시켜 '약한 사회구성주의'로 발전시킬 필요가 있다. 지식은 학문과 교육과정 정책을 행사하는 권력자들의 독점에만 맡겨둘 수는 없다. 국가권력의 민주화는 교육의 민주화를 위해 매우 중요하기 때문이다. 하지만 국가권력의 민주화가 되어 있지 않은 한계상황이라도, 지식 자체를 완전히 구속할 수는 없다는 사실이다. 왜냐하면 지식 자체는 자유롭고 해방적 성격을 갖기 때문이다. 그리고 주체의 저항을 통해 집단적 결집을 할 수 있기 때문이다. 그래서 그람시가 역설한 대로 기존의 귀족들이 발견한 지식, 특히 이론적 지식을 민중이 획득한다면, 사회변화를 위한 해방적 지식으로 전환될 가능성이 있다. 더욱 정의로운 사회의 건설을 위해 보수적 학교교육 속에서 혁신적인 진지를 구축하는 유기적 지식인이 탄생되어야 하는 이유이다.

4. 우리 사회의 누적된 문제의 해결과 미래 사회 준비를 위한 지식의 생산을 위해 학문 체제를 재정립해야 한다. 지식의 생산을 다루는 학문 정책의 변화와 지식의 재생산 기제 역할을 하는 교육과정의 개편이 동시에 요구된다. 교육과정에서 전문적인 학문 교육과 실무적인 직업교육을 매개하는 새로운 관계를 설정해야 한다. 우리가 지향하는 사회와 학생들이 익혀야 할 지식, 시민성, 직업적 역량은 서로 밀접한 관련성을 지니고 있다. 인간의 존엄성이 존중되고 모두가 품위 있는 삶을 영위하기 위해서는 자라나는 미래 세대에게 지적인 능력, 시민적 역량과 직업적 탁월성을 동시에 길러 주어야 한다. 그럼에도 불구하고 아직 우리는 직업교육 분야에서 많은 변화가 요구되는 상황에 직면해 있다. 더욱이 노동시장의 변화와 급격한 기술의 진보(드론, 가상현실, 자율주행 자동차, 핀테크 등)는 직업교육의 새로운 방향을 요구하고 있다. 일시적인 기능 습득과 취업교육을 뛰어넘어 장기적 사회 변동과 변화에 탄력적으로 대응할 있는 효능감

과 직업적 탁월성을 길러 주기 위한 교육체제를 마련해야 한다. 그리고 모든 국민이 자유롭게 직업교육훈련을 받을 수 있도록 기회를 개방하고, 직업교육에 공적 기능을 더욱 강화하는 방향을 찾아야 한다. 또 이러한 방향에서는 당장의 취업률보다 직업교육을 통해 노동이 존중되고, 품위 있는 삶이 가능하도록 하는 노동인권교육이 중요할 수밖에 없다. 새로운 형태의 전문화, 지식의 전문화와 분업에 따른 전문화의 새로운 관계, 학문교육과 직업교육의 분리 체제의 대안으로서 이론적 이해와 활용의 새로운 단계, 학교교육과 비학교교육의 새로운 관계를 탐구하고 설정하는 방안을 마련해야 한다.

5. 교육과정이 더 포용적이고 적용 가능하도록 더 큰 평등과 참여의 목표 및 사회정의에 부합하는 교육과정을 개발해야 한다. 자유롭고 정의로운 민주사회를 위해 정의로운 힘을 가진 교육과정을 만들어 내야 한다. 사실/진리로서의 이론적 지식 및 교육과정과 실천/경험으로서의 일상적 지식 및 교육과정의 통합, 비판으로서의 교육과정과 미래로서의 교육과정의 절연 및 혼종이 적절하게 배치될 필요가 있다. 교육과정의 대안적 접근은 '실천'(발현 지향적, 외부 지향적, 문제 지향적)으로서의 교육과정과 '사실'(전달 지향적, 학문 지향적, 내부 지향적)로서의 교육과정이 균형을 이루어야 한다. 따라서 양자의 이분법을 넘어서야 한다. '사실'로서의 교육과정과 '실천'으로서의 교육과정은 이론적 지식과 일상적 지식이 연계된 문제이기 때문이다. 이론과 실천의 관계, 모든 교과의 상호관계, 교과와 학문의 새로운 관계, 그리고 학교 안의 교과지식(이론적 지식)과 학교 밖의 비교과지식(일상적/상식적 지식)의 통섭이 필요하다. 교육과정과 교수학습활동의 사회문화적, 정치적, 윤리적 의미의 복잡한 층위를 과학적으로 파악해야 한다. 따라서 교육과정의 외양적 현상 문제만 보고 교육

과정을 개편해서는 안 된다. 정의로운 힘을 가진 교육과정을 요청하는 비판적·사회적 사실주의 관점을 통해 우리의 지식 체계 및 교과 체제를 과학적으로 분석할 필요가 있다.

6. 민주화 이행기에 현재의 교육과정과 지식을 분석하면서 새로운 사회를 위한 대안적 지식과 교육과정을 모색해야 한다. 정의로운 지식 및 교육과정은 정의로운 학교 및 사회의 건설과 연동되어야 한다. 정의로운 학교 및 사회의 건설은 곧 미래 학교 및 미래 사회의 건설과 연동되어 있기 때문이다. 이 문제에 대해 교육과정학자뿐 아니라, 교육철학자 및 교육사회학자들과 공동의 논의가 필요할 것이다. 지식의 인식론적 관계와 사회학적 관계는 서로 배타적이어서는 안 되고 각각 다른 것의 정보를 필요로 한다. 자연세계와 사회세계에 대한 지식과 사물들의 실제 본질을 동시에 탐구할 수 있는 통합적 존재론과 인식론을 마련해야 한다. 교육과정학에서 철학(교육철학)과 사회학(교육사회학)은 때로는 중첩되고 또 때로는 대립되지만, 넓게 보아 양자는 지식과 그 지식이 관련된 대상과 우리가 접근할 수 있는 조건과 그 지식의 한계 사이의 인식적·사회적 관계를 동시에 탐구할 필요가 있다.

7. 지식의 분류와 통제의 조합에 의해 결정되는 코드화를 통해 새로운 지식을 획득하기 위한 조건으로서 학교의 이론적 지식 획득과 그 지식의 획득 과정에 수반되는 가르침과 배움의 활동인 교수활동 사이의 적절한 관계를 모색해야 한다. 약한 분류화와 얼개화가 비가시적 교수법과 연동되는 아동 중심적 진보적 교육을 지향한다고 하더라도, 강한 분류화와 얼개화 접근이 갖는 이론적 지식의 강점을 경시해서는 안 된다. 교육과정에 대한 구성주의적 접근은 번스타인의 측면에서 볼 때 '약한 분류화'로

볼 수 있다. 그 이유는 학습과 삶의 세계를 연계하고 있기 때문이다. 따라서 절연과 혼종의 원리가 독자성을 유지하면서 공통 지대를 마련해야 한다. 지식은 단순한 사회적 실천의 집합이 이루어지는 공시성을 가질 뿐만 아니라, 통시성도 가져야 한다. 지식의 분화 및 전문화와 이에 따른 교육 체제의 정비가 이루어져야 한다. 지식의 집적과 통합을 동시에 이루어 내는 강한 분류화 및 얼개화와 약한 분류화 및 얼개화의 동시적 접근을 통해 우리의 지식 체계와 교육과정 체제를 정밀하게 살펴보아야 한다. 우리의 학문 체계에 조응하는 교육 내용의 분석과 교육과정의 배치 구조를 재검토해야 한다. 지식을 생산하는 기능은 학자의 역할이고, 그것을 재생산하는 전달 기능을 교사의 역할이라고 이분화하는 것은 학문/교과 사이의 절연뿐 아니라, 생산과 재생산의 절연을 야기할 것이다. 교과의 중첩된 지식에서 지식의 수직성(강한 문법)과 수평성(약한 문법)의 공존을 모색해야 한다. 이론가와 실천가가 지나치게 분리되어서는 안 된다. 이론적 실천가(교사)와 실천적 이론가(교수)가 유기적으로 결속되어 학문과 실천이 현장에 뿌리내리는 교육문화를 형성해야 한다.

8. 경험으로부터 밀려나고 있는 지식을 소환하면서 경험과 지식의 유기적 관계를 정립해야 한다. 학문 및 교과 체제의 경계선/분과화가 지나치게 사라지면 세계에 대한 총체적 이해를 상실하게 할 가능성이 있다. 그렇다고 일상 속에서 체득된 경험적/상식적/이야기적 지식을 소홀히 할수도 없다. 지식과 경험은 차이와 공존의 지대가 있다. 지식은 경험으로 환원될 수 없고, 경험 또한 지식으로 환원되어서는 안 된다. 지식이론의 중심에 일상적 경험/상식적 지식과 구별되는 차이가 없다면, 교육과정의 구성은 불가능하다. 또 사람들이 살아가는 세상의 변화를 위해, 경험의 재구성을 위해 지식이 주장되지 않는다면, 사회의 발전이나 진보는 불가

능하다. 그렇다고 하더라도 학교 밖 지식을 지나치게 밀어내면 전통적인 과거 지향의 학문 중심 교육과정으로 돌아갈 위험이 있으므로 양자의 소통 체제가 구축되어야 한다. 아이들의 관심과 일상적 경험으로부터 지나치게 멀어지게 하는 이론적 지식은 생활/경험과 분리된 교육과정으로 발전할 수 있다. 반대로 아이들의 흥미와 경험을 중시하는 것은 유의미하지만, 아동의 흥미와 경험과 분리되는 지식교육은 또 다른 위험성(관념주의, 추상주의 등)을 낳을 수도 있다. 경험과 지식, 일상적 지식과 이론적 지식, 학교 지식과 학교 밖 지식의 연계는 교육과정을 구성할 때 어린이 발달과 분리되어 존재할 수 없다. 인간의 성장과 분화의 과정에서 발생하는 질적 차이에 따른 연령기, 그 연령기를 예비하는 위기적 국면, 그리고 학령기에서 의식적 파악과 숙달이 갖는 교수·학습적 함의는 교육과정 내용으로서의 지식과 연계될 수밖에 없다. 따라서 경계의 설정과 지식의 복원, 경험과 지식의 유기적 관계는 어린이 발달과의 유기적 관계 속에서 설정되어야 한다. 또한 흥미와 경험 중심의 아동 중심 교육과정이 갖는 장점을 견지하면서도 아동에 대한 발달적 이해와 세계에 대한 객관적 이해를 가능하게 하는 학문 및 교과 정책이 동시에 요구된다. 내용 중심의 학문/교과주의와 방법 중심의 아동발달주의는 분리되지 않고 통섭되어야 한다.

9. 영은 〈미래 교육과정 1〉(전통주의)과 〈미래 교육과정 2〉(진보주의, 시장주의)가 대치하고 있다고 보는데, 우리나라의 경우는 병렬되어 있는 듯하다. 〈미래 교육과정 1〉의 전통주의는 지나치게 보수화되어 미래 사회로 나아가지 못하고 있고, 〈미래 교육과정 2〉를 추구하는 시장주의와 진보주의는 〈미래 교육과정 3〉의 비판적·사회적 사실주의로 나아가지 못하고 있다. 시장주의는 비인간화를 초래할 수 있고, 진보주의 또한 사회변화

를 위한 힘 있는 지식을 창출하지 못하고 있다. 자연적·사회적 세계에 대한 객관적 인식과 함께 인식 주체의 실천이 동시에 필요하다. 그래야 인간과 사회의 동시적 변화가 가능하다. 그런데 2015개정교육과정을 보면 개정 초기에는 '역량 중심' 교육과정을 표방하다가 '역량 기반'으로 약화되는 듯싶더니, 이제는 '이해 중심' 교육과정을 제창하고 있다. 총론에서 제시한 6개의 핵심 역량과 각론에서 제시한 교과별 역량의 부조화는 이런 병렬적 상황을 보여 준다. 더구나 강한 분류화로 특징되는 교과별 교육과정이 전통주의적 특성을 보여 준다면, 교수학습 방법에 대한 지침은 총론이든 각론이든 '구성주의'를 견지하고 있다. 바로 이 지점에서 왜 지금 지식과 교육과정 논의가 필요한지 되물어보는 것은 의미 있는 작업이다. 경험과 역량에 경도된 교육과정을 넘어 지식의 비판적 기능을 회복하고 사회정의를 위한 교육이 가능하도록 '힘 있는 지식'을 호명하는 것은 영국이나 한국 사회와 교육의 특수성 및 고유성을 넘어 보편성을 지닌 담론으로 확장될 필요가 있다. 보수적이고 도구적인 지식을 생산하고 전달(전통주의)하는 것이 아니라, 신보수주의와 관련된 비역사적인 지식이론(사회적 구성주의)을 넘어 사회적 생산 결과로서의 지식, 객관적 실재로서의 지식, 지적 공동체의 검증 과정 속의 지식을 사회적 실재로 인정해야 한다. 동시에 방법적 차원의 단순한 사회적 구성물로서의 지식이 아닌 사회적 구분으로서 실재하는 지식의 형성에서 인간 주체의 집단적 역할을 강조하지 않을 수 없다.

10. 역량 개념을 학교마다 다른 방식으로 표현하고 있고, 역량 개념을 학교에 적용하는 방식도 다르게 나타나고 있다. 혁신학교에서는 지식 위주 교육의 문제를 벗어나기 위해 OECD의 역량 개념을 학교교육과정에 제시하여 '역량 중심 교육'―'역량', 또는 '학생들이 길러야 할 소양', '성장

할 수 있는 힘' 등—을 강조한다.[19] 그런데 지식과 역량의 관계는 지식과 경험의 관계처럼 분리되어서는 안 되고 공존되어야 한다. 특정 역량의 발휘는 그 역량과 관련된 기반 지식이 충분히 습득되어 있을 때만 가능하기 때문이다. 저학년 단계의 학생일수록 특히 그렇다. 역량 교육은 교육의 본질과 가치와 대치되어서는 안 되는데, 21세기 역량운동은 정반대 방향으로 전개되고 있다. 보다 최신의 지식, 현대적이고 최첨단 지식을 주문 외우듯 요구받았지만, 21세기 역량 주창자들을 침울하게 만드는 것은 그동안 비판받았던 지식이 최신 이론으로 보장되어 인정받기 시작했다는 점이다. 그러나 세상의 어떤 것도 최첨단에 해당되지 않는다. 따라서 역량 교육이 지식교육의 대안처럼 제시되는 것은 잘못이다. 그러니 아무리 현장에서 적용할 수 있는 역량을 많이 가지고 있다고 하더라도, 그 자체가 인식의 변화, 나아가 사회의 변화를 낳지는 못할 수 있음을 유의해야 한다. 역량이 사회정의와 무관한 기술적 역량에 한정되는 기능주의적, 신자유주의적 경향을 보일 가능성이 크기 때문이다. 그러기에 역량이 생산적 발전과 사회정의의 힘을 가지려면 이론적 지식이 뒷받침되어야 한다.

---

19. 20세기 초반 많은 교육자들은 전통적인 교과와 지식을 버리고 실생활에 유용한 20세기 역량을 찾고자 했다. 우리나라도 OECD의 DeSeCo 프로젝트 이후 세계 여러 나라들처럼 교육과정에 '역량'을 반영했다. 최근 관심을 끌고 있는 '역량 기반 교육과정(competency-based curriculum)'의 취지는 전통적인 교과 지식의 전달에서 벗어나 현대사회에 필요한 역량을 함양할 수 있도록 학교교육과정의 방향과 내용, 교수학습 방법이 개선되어야 한다는 것이다. 우리나라도 2000년대 중반부터 역량 연구를 시작했고, 성취기준 등에 반영하다가 2015개정교육과정에서 본격화되었다. 2015개정교육과정은 이러한 취지에 바탕을 두고 있다. 미래 사회가 요구하는 창의융합형 인재를 양성하기 위한 교육과정의 구성 중점 사항으로 '교과 특성에 맞는 다양한 학생 참여형 수업을 활성화하여 자기 주도적 학습능력을 기르고 학습의 즐거움을 경험하도록 한다'고 명시하고 있다. 일부 혁신학교에서 학교 자체 역량을 만들기도 하고, 경기도교육청을 시작으로 여러 지역에서 자체 역량을 제시하고 있다. 하지만 역량 도입 취지나 실제 결과에서는 우려와 기대가 교차하고 있다. 상위개념과 하위개념이 뒤섞여 있고, 핵심 역량과 교과 역량의 관계가 모호하다는 비판을 받고 있다.

11. 앎의 목적은 삶에 있으며, 삶의 목적은 곧 해방에 있다. 그러므로 인간과학의 목표는 실증주의적이고 도구주의적인 예측과 통제가 아니라, 비판적이고 사실주의적인 심층적 설명과 인간 해방에 있다고 할 수 있다. 사회과학은 중립적이지 않을 뿐 아니라, 해방의 이해관심에 복종하지 않으면 안 된다. 설명적 지식은 해방을 위한 필요조건이기는 하지만, 충분조건일 수 없다. 노예는 자신이 노예라는 점을 잘 안다고 하더라도 그것만으로는 여전히 노예로 존재할 수밖에 없다. 인간 해방과 사회 해방을 위해서는 자신의 필요와 이해관심을 알아야 하고, 그것들을 향해 행위를 할 수 있는 역량과 자원을 획득할 접근 기회를 가져야 하며, 그리고 실제로 그것들을 실행할 수 있는 용기와 결단이 필요하다. 해방이 그 이름에 걸맞은 말이 되려면, 늘 자기의식적인 자기 해방을 거쳐야 한다. 체제가 감옥의 문을 열어 주었다고 하더라도 갇힌 사람이 문밖으로 걸어 나올 수 없다면 진정한 해방은 불가능하다. 육체적 감옥으로부터는 해방되었지만 정신적으로 해방되지 못한다면 영원히 노예적 삶을 살게 될 것이다. 따라서 영원히 자유로운 존재가 되기 위해서는 해방적 실천이 필요하다. 또한 그러한 해방적 실천은 현실 속에서 구체적으로 유토피아적 계기를 만들어야 한다. 즉 행위 주체들을 구속하는 제약이나 결핍을 제거하려면, 세계가 어떻게 더 나은 곳이 될 것인지, 또는 될 수 있는지에 대한 주체들의 고차원적 사유 능력이 필요하다. 사회와 개인 사이에는 제약/사회화와 저항/혁신 간의 갈등과 모순이 발생하기 마련이다. 양자 간의 갈등과 모순 과정에 틈새가 생기기 마련이므로 그 계기를 포착하여 새로운 사회로 이동시키는 주체들의 지혜로운 판단과 힘겨운 실천과 투쟁이 요구된다. 이 과정을 통해 온전한 세상이 만들어질 것이다. 이런 의미에서 지식과 진리의 획득은 중차대한 의미를 갖고 있다. 교육과정은 항상 변하고 있지만, 여기에 마지막 실천을 하는 사람은 일선 현장의 교실에 있는 교

사들과 학생들에 의해 좌우될 것이다. 정의로운 사회 건설을 위한 존재론과 인식론을 내면화해야 교실과 학교, 나아가 사회는 진보할 수 있을 것이다. 진보주의 철학을 존중하는 우리나라의 '혁신학교'는 그동안 아이들을 변별과 통제의 대상으로 전락시킨 획일식, 일제식 교육을 탈피하고 자율적이고 참여적인 주체로 성장시키고자 노력해 왔다. 만약 우리가 이러한 단계에 머물러 있다면, 그것은 번스타인이 분류한 대로 교사의 개인적 노력에 의한 '약한 분류화'의 '약한 얼개화'에 속한다고 할 수 있다. 따라서 이제 혁신학교 역사 10년을 넘어서는 2단계 운동에서는 억압적 기능을 해 왔던 '강한 분류화'와 '강한 얼개화'의 약화와 함께 국가교육과정의 대강화와 지역(마을)교육과정의 확장, 교사의 교육과정 편성 운영의 자율성 확장, 교장제도의 개편, 교실 및 학교의 민주적 교육체제 구축, 교사의 정치적 자유 확대, 입시 위주의 교육과 학벌체제의 해소, 노동시장의 민주화와 복지체제의 구축 등이 수반되어야 한다. 특히 코로나 이후 도래할 사회, 경제, 생태, 지역, 문화, 그리고 교육의 준비를 위해 사회체제의 새로운 정비는 더욱 시급한 과제로 대두하고 있다. 1995년 5·31교육개혁이 신자유주의적 문명화 시도였다면, 지금은 지속가능한 포용적·공동체적·생태적 문명으로의 이동을 위한 사회 및 교육 체제의 거대한 전환을 필요로 한다. 한국 교육의 전면적 전환을 위한 총체적 교육사상의 정립과 다면적 실천이 그 어느 때보다 중요한 시점이다. 100여 년 전 기술적 근대화(개화파)와 토착적 근대화(동학파)가 분열되어 일제 식민지화를 초래했듯, 제2 식민지화의 도래를 막으려면 한국의 미래교육 100년을 준비해야 한다. 우리는 지금 대안적 세상을 여는 혁신적·변혁적 지식교육을 절실히 요구한다. 따라서 코로나 사태를 계기로 기술적 근대화를 넘어선 성찰적 근대화를 위한 지속가능발전교육이 새로운 인류 문명의 목표로 설정되어야 한다.

참고 문헌

곽덕주(2019). 상상력과 지식교육: 이건과 비고츠키의 지식관과 교육의 성격. 박철홍 외.『지식의 성격과 교육』. 교육과학사.

곽태진(2018). 비판적 실재론과 교육학: 교육학의 학문적 성격과 방법. 고려대학교 대학원 교육학과 박사학위 논문.

김덕영(2019).『에밀 뒤르켐: 사회적 실재론』. 길.

김승호(2019).『수업이란 무엇인가』. 학지사.

김영천(2018).『교육과정 Ⅰ』. 아카데미프레스.

민문홍(2012). 에밀 뒤르켐의 생애와 사상. Emil Durkheim. 민문홍 옮김.『사회분업론』. 아카넷.

박승배(2019).『교육과정학의 이해』. 학지사.

백승학(2000).『질서와 변동: 에밀 뒤르켐의 교육사회학 연구』. 원미사.

성열관(2012). 교수 실천의 유형학 탐색: Basil Bernstein의 교육과정사회학 관점.『교육과정연구』, 30(30), 71-96.

성열관(2013). 학교의 질서와 학생의 참여: Basil Bernstein의 방법론에 대한 이론적 고찰.『교육사회학연구』, 23(3), 83-109.

성열관(2019). 엥게스트롬의 문화역사적 활동이론과 교육. 이윤미 외.『비판적 실천을 위한 교육학』. 살림터.

신은희(2020).『혁신학교와 실천적 교육과정』. 살림터.

심성보.(2014).『민주시민을 위한 도덕교육』. 살림터.

심성보(2018). 서구 진보주의 교육이론의 동향과 한국 혁신교육의 전망. 한국교육연구네트워크 엮음.『진보주의 교육의 세계적 동향』. 살림터.

이기상(2008).『존재와 시간: 인간은 죽음을 향한 존재』. 살림.

이상오(2016).『지식의 탄생』. 서울: 한국문화사.

이윤미(2019). 번스타인의 교수기제와 교육에서의 거시-미시 구조. 이윤미 외.『비판적 실천을 위한 교육학』. 살림터.

이윤미(2019). 역사, 사회, 발달: 듀이와 비고츠키의 접점. 이윤미 외.『비판적 실천을 위한 교육학』. 살림터.

이홍우(2017).『신수 교육과정이론』. 교육과학사.

이형빈(2020).『교사를 위한 교육학 강의』. 살림터.

조영태(2019).『교육과정모형론(1)』. 교육과학사.

조항제(2019).『한국언론의 공정성』. 컬처룩.

정훈(2019). 학생 중심 교육은 어떻게 이해될 수 있는가: 비판에 대한 반론을 중심으로. 『교육사상연구』, 33(3).

최은순(2019). 토머스 아퀴나스의 지식론과 존재의 진리성. 박철홍 외. 『지식의 성격과 교육』. 교육과학사.

홍은숙(2017). 실천전통에의 입문으로서의 교육. 김정래 편. 『교육과 지식』. 학지사.

홍은숙(1999). 『지식과 교육』. 교육과학사.

황정아(2019). 불평등의 재현과 리얼리즘. 『창작과 비평』. 가을.

Apple, M.(2006). Afterword: Critical Education, Politics and the Real World. L. Weis, McCarthy & G. Dimitriadis(Eds.). *Ideology, Curriculum, and the New Sociology of Education: Revisiting the Work of Michael Apple*. Routledge.

Archer, M. 실재론과 형태형성. M. Archer, R. Bhaskar & A. Collier. 이기홍 옮김(2005). 『비판적 자연주의와 사회과학』. 한울아카데미.

Archer, M., Bhaskar, R. & Collier, A. 이기홍 옮김(2005). 『비판적 자연주의와 사회과학』. 한울아카데미.

Arendt, H. 서유경 옮김(2005). 『과거와 미래 사이』. 푸른숲.

Arnot, M.(2006). Retrieving the Ideological Past: Critical Sociology, Gender Theory and School Curriculum. L. Weis, McCarthy & G. Dimitriadis(Eds.). *Ideology, Curriculum, and the New Sociology of Education: Revisiting the Work of Michael Apple*. Routledge.

Baker, D.(2008). *Schooled Society: The Educational Transformation of Global Culture*. Stanford: Stanford University Press. 장덕호 외 옮김(2018). 『교육은 어떻게 사회를 지배하는가』. 박영story.

Bhaskar, R. 사회들. M. Archer, R. Bhaskar, & A. Collier. 이기홍 옮김(2005). 『비판적 자연주의와 사회과학』. 한울아카데미.

Bhaskar, R. 이기홍 옮김(2007). 『비판적 실재론과 해방의 사회과학』. 후마니타스.

Bhaskar, R.(2008). *A Realist Theory of Science*. Verso.

Berger, P. & Luckmann, T. 하홍규 옮김(2018). 『실재의 사회적 구성』. 문학과지성사.

Bernstein, B.(1973). *Class, Codes and Control, Vol 1: Theoretical Studies Towards a Sociology of Language*. St Albans: Paldain.

Bernstein, B.(1977). *Class, Codes and Control, Vol. III: Towards a Theory of Educational Transformation*. Routledge & Kegan Paul.

Bernstein, B.(2003). *Class, Codes and Control, Vol. IV: The Structuring of Pedagogic Discourse*. New York: Routledge.

Bernstein, B.(2000). *Pedagogy, Symbolic Control, and Identity. Theory, Research, Critique*. Oxford: Rowman and Littlefield.

Bernstein, B.(2001). From Pedagogies to Knowledge. A. Morais, I. Neves, B. Davies & H. Daniels(Eds.)(2001). *Towards a Sociology of Pedagogy: The Contribution of Basil Bernstein to Research.* New York: Peter Lang.

Biesta, G. & Priestley, M.(2014). *Reinventing the Curriculum: New Trends in Curriculum Policy and Practice.* London: Bloomsbury.

Booyse, C. & Plessis, E. D.(2018). *Curriculum Studies: Development, Interpretation, Plan and Practice*(3rd). Pretoria, Schaik Publishers.

Bourdieu, P. & Passeron, J. C.(1977). *Reproduction in Education, Society, and Culture.* Sage.

Bourdieu, P. 이상길 옮김(2015). 『성찰적 사회학으로의 초대』. 그린비.

Bruner, J. 강현석 옮김(2011). 『교육이론의 새로운 지평: 마음과 세계를 융합하기』. 교육과학사.

Buchanan, A. 이지헌 옮김(2020). 교육과 사회적·도덕적 인식론. H. Brighouse & M. McPherson 편. 『고등교육의 목적: 도덕과 정의의 문제』. 학지사.

Burke, P. 이상원 옮김(2017). 『지식은 어떻게 탄생하고 진화하는가』. 생각의 날개.

Cassirer, E. 박완규 옮김(2009). 『문화과학의 논리』. 길.

Cho, Seewha. 심성보 옮김(2014). 『비판적 페다고지는 세상을 변화시킬 수 있는 가?』. 살림터.

Collier, A. 이기홍·최대용 옮김(2010). 『비판적 실재론』. 후마니타스.

Collins, R.(1998). *The Sociology of Philosophy: A Global Theory of Intellectual Change.* Cambridge: The Bellknap Press of Harvard University Press.

Cristodoulou, D. 김승호, 옮김(2018). 『아무도 의심하지 않는 일곱 가지 교육 미신』. 페이퍼로드.

Cuypers, S. E. & Martin, C. 이병승 옮김(2017). 『피터스의 교육사상』. 서광사.

Danemark, B. 등. 이기홍 옮김(2005). 『새로운 사회과학방법론: 비판적 실재론의 접근』. 한울.

Daniels, H.(2006). Activity, Discourse and Pedagogical Change. R. Moore, M. Arnot, J. Beck and H. Daniels(Eds.). *Knowledge, Power and Educational Reform: Applying the Sociology of Basil Bernstein.* London & New York: Routlege.

Derry, J.(2013). *Vygotsky: Philosophy and Education.* Wiley/Blackwell.

Derry, J.(2018). *Knowledge in Education: Why Philosophy Matters.* UCL Institute of Education Press.

Dewey. J. 이홍우 옮김(1993). 『민주주의와 교육』. 교육과학사.

Diaz, M.(2010). Subject, Power, and Pedagogic Discourse. A. Morais, I. Neves,

B. Davies & H. Daniels(Eds.)(2001). *Towards a Sociology of Pedagogy: The Contribution of Basil Bernstein to Research*. New York: Peter Lang.

Durkeim, E.(1938/1977). *The Evolution of Educational Thought: Lectures on the Formation and Development of Secondary Education in France*. London: Routledge & Kegan Paul.

Durkheim, E. 노치준 외 옮김(1992). 『종교생활의 원초적 형태』. 민영사.

Durkheim, E. 이종각 옮김(2019). 『교육과 사회학』. 배영사.

Dunne, J. & Hogan, P.(2004). *Education and Practice: Upholding the Integrity of Teaching and Learning*. Oxford: Blackwell.

Eisner, E. W. 박승배 옮김(1994). 『인지와 교육과정』. 교육과학사.

Eisner, Elliot W. 한혜정 옮김(2011). 학교에서 과연 인문학을 가르쳐야 하는가?. M. Early & K. Rehage(Eds.). 『교육과정의 현대적 쟁점』. 교육과학사.

Elder-Vass, D.(2012). Towards a Realist Social Construction, Sociologia. *Problem E Practice*, 70, 9-24.

Ellis, A. 김복영 옮김(2012). 『교육과정이론과 실천 패러다임』. 아카데미하우스.

Ellis, V.(2009). *Subject Knowledge and Teacher Education*. New York: Continuum.

Entwhistle, H.(1979). *Antonio Gramsci: Conservative Schooling for Radical Politics*. London: Routledge.

Gibbons et al(2000). *The New Production of Knowledge*. London: Sage.

Gordon, I.(2001). *Hannah Arendt and Education*. Westview Press.

Gutek, G.(2014). *Philosophical, Ideological, and Theoretical Perspectives on Education*. Pearson.

Halsey, A. H. 외, 강순역 옮김(2011). 『우리 시대를 위한 교육사회학』. 한울아카데미.

Hargreaves, A. 곽덕주 외 옮김(2011). 『지식사회와 학교교육: 불안정한 시대의 교육』. 학지사.

Higgs, P.(2016). The African Renaissance and the Decolonization of the Curriculum. V. Msila & M. T. Gumbo(Eds.). *Africanising the Curriculum: Indigenous Perspectives and Theories*. Sun Press.

Hirsch, E. D.(1988). *Cultural Literacy: What Every American Needs to Know*. Vintage Books.

Hirsch, E. D.(1996). *The Schools We Need: Why We Don't Have Them*. New York: Doubleday.

Hirsch, E. D(2016). *Why Knowledge Matters: Rescuing Our Children from Failed Educational Theories*. Harvard Education Press.

Hirst, P.(1993). Education, Knowledge, and Practices. R. Barrow & P. White(Eds.). *Beyond Liberal: Essays in Honour of P. H. Hirst.* London: Routledge & Kegan Paul.

Honneth, A. 강병호 옮김(2015).『물화』. 나남.

Jarvis, P.(2011). Lifelong Learning: A Social Ambiguity. P. Jarvis(Ed.). *The Routledge International Handbook of Lifelong Learning.* London/New York: Routledge.

Jackson, M. W. 신재성 옮김(2018). 헤겔: 현실적인 것과 이성적인 것. J. Stewart 엮음.『헤겔의 신화와 전설』. 도서출판 b.

Joseph, P. B.(2011). Conceptualizing Curriculum. P. B. Joseph, *Cultures of Curriculum.* New York: Routledge.

Kitchen, W.(2014). *Authority and the Teacher.* Bloomsbury.

Labaree, D. F. 유성상 외 옮김(2020).『교사교육의 딜레마』. 박영story.

Lau, R. W.(2004). Critical Realism and News Production. *Media, Culture & Society,* 10(1), 6–23.

Lau, R. W.(2012). Re-theorizing News Construction of Reality: A Realist-discourse-theoretic Approach. *Journalism,* 13(7), 886–902.

Liessmann, K. P. 라영균 옮김(2018).『몰교양 이론: 지식사회의 오류들』. 한울.

Lingard, B., Nixon, J. & Ranson, S.(2011). Remaking Education for a Globalized World: Policy and Pedagogic Possibilities. B. Lingard, J. Nixon & S. Ranson (Eds.). *Transforming Learning in Schools and Communities: The Remaking of Education for a Cosmopolitan Society.* London: Continuum.

MacIntyre, A. 이진우 옮김(1997).『덕의 상실』. 문예출판사.

MacIntyre, A.(2002). Alasdair MacIntyre on Education: in Dialogue with Joseph Dunne. *Journal of Philosophy of Education,* 36(1), 1–19.

Manicas, P. 실재론적 사회과학. M. Archer, R. Bhaskar & A. Collier. 이기홍 옮김 (2005).『비판적 자연주의와 사회과학』. 한울아카데미.

Maton, K.(2014). *Knowledge and Knowers: Towards a Realist Sociology of Education.* Abingdon: Routledge.

Maton, K. & Moore, R.(2007). A Sociology for the Transmission of Knowledge. F. Christie & J. R. Martin(Eds.). *Language, Knowledge and Pedagogy.* Continuum.

Maton, K. & Moore, R.(2010). A Coalition of Minds. K. Maton & R. Moore(Eds.). *Social Realism, Knowledge and the Sociology of Education.* Continuum.

Moore, R.(2000). For Knowledge: Tradition, Progressivism and Progress in

Education: Reconstructing the Curriculum Debate. *Cambridge Journal of Education*, 30, 17-36.

Moore, R. & Muller, J.(1999). The Discourse of 'Voice' and the Problem of Knowledge and Identity in the Sociology of Education. *British Journal of Sociology of Education*, 20(2), 189-206.

Moore, R.(2004). *Education and Society*. London: Polity. 손준종 옮김(2010). 『교육과 사회』. 학지사.

Moore, R.(2007). *The Sociology of Knowledge and Education*. London: Continuum.

Moore, R.(2009). *Towards the Sociology of Truth*. London: Continuum.

Moore, R. & Young, M.(2001). Knowledge and the Curriculum in Sociology: Towards a Reconceptualisation. *British Journal of sociology of Education*, 22, 445-460.

Moore, R. & Young, M.(2010). Reconceptualizing Knowledge and the Curriculum in Sociology of Education. K. Malton & R. Moore(Eds.). *Social Realism, Knowledge and the Sociology of Education*. London: Continuum.

Moore, R., Arnot, M., Beck, J. & Daniels, H.(2006). *Knowledge, Power and Education Reform: Applying the Sociology of Basil Bernstein*. Routledge.

Moore, R. & Maton, K.(2000). Founding the Sociology of Knowledge: Basil Bernstein, Intellectual Fields, and the Epistemic Device. A. M. Morais, I. Neves, B. Davies & H. Daniels(Eds.). *Towards A Sociology Of Pedagogy: The Contribution of Basil Bernstein to Research*. New York: Peter Lang.

Muller, J.(2000/2016). *Reclaiming Knowledge: Social Theory, Curriculum and Education Policy*. London: Routledge-Falmer.

Muller, J.(2006). On the Shoulders of Giants: Verticality of Knowledge and the School Curriculum. R. Moore, M. Arnot, J. Beck, & H. Daniels(2006). Knowledge, *Power and Education Reform: Applying the Sociology of Basil Bernstein*. Routledge.

Noddings, N. 심성보 옮김(2016). 『21세기 교육과 민주주의』. 살림터.

Null, W. 강현석 외 옮김(2016). 『교육과정 이론에서 실천으로의 여행: 숙의적 교육과정의 부활』. 한국문화사.

Olson, D. R. 강현석·이지은 옮김(2018). 『교육은 왜 실패하는가』. 양서원.

Paterson, L.(2015). *Social Radicalism and Liberal Education*. Imprint Academic.

Peters, R. S. & Hirst, P. H.(1970). *The Logic of Education*. London: Routledge & Kegan Paul.

Peterson, A. & Warwick, P.(2015). *Global Learning and Education*. Routledge.

Pinar, W. P. 김영천 옮김(2005). 『교육과정이란 무엇인가』. 문음사.

Ravitch, D.(2011). 윤재원 옮김. 『미국의 공교육 개혁: 그 빛과 그림자』. 지식의 날개.

Ravitch, D.(2000). *Left Back: A Century of Failed School Reforms*. New York: Simon & Schuster.

Rogers, G.(2009). *Philosophy of Education: Critical Realism as an Approach Paradigm for a Philosophy of Education in Multicultural Contexts*. Simpson & Brook.

Rorty, R. 김동식 옮김(1996). 『실용주의의 결과』. 민음사.

Sadonik, A.(2006). Toward a Sociology of Educational Changes: An Application of Bernstein to the US 'No Child Left Behind' Act. R. Moore, M. Arnot, J. Beck and H. Daniels(Eds.), *Knowledge, Power and Educational Reform: Applying the Sociology of Basil Bernstein*. London & New York: Routlege.

Sayer, A. 이기홍 옮김(2005). 추상화: 실재론적 해석, 『비판적 실재론 II』. 한울.

Sarup, M. 이종태 옮김(1988). 『교육과 국가: 그 정치경제학적 해부』. 학민사.

Scott, D.(2010). *Education, Epistemology and Critical Realism*. Routledge.

Shipway, B.(2011). *A Critical Realist Perspective of Education*. Routledge.

Smith, M. K.(2018). 'curriculum theory and practice', The Encyclopedia of Pedagogy and Informal Education. www.infed.org/biblio/b-curri.htm.

Sörlin, S. & Vessuri, H.(2007). *Knowledge VS. Knowledge Economy. Knowledge, Power and Politics*. New York: Palgrave/Macmillan.

Toit, G. D.(2011). Curriculum Types and Models: A Theoretical Inquiry. E. Bitzers & N. Botha(Eds.), *Curriculum Inquiry in South African Higher Education*. Sun Press.

Vicker, M.(2007). Curriculum. R. Connell, et al.(Eds.), *Education, Change and Society*. Oxford University.

Vygotsky, L. S.(1987). *The Collected Writings of L. S. Vygotsky*(Vol 1). New York & London: Plenum Press.

Vygotsky, L. S. 배희철·김용호 옮김(2011). 『생각과 말』. 살림터.

Vygotsky, L. S. 비고츠키연구회 옮김(2014). 『어린이의 상상과 창조』. 살림터.

Walker, D. F. & Sotis, J. F. 허숙·박승배 옮김(2017). 『교육과정과 목적』. 교육과학사.

Walker, M. & Unterhalter, E.(Eds.)(2007). *Amartta Sen's Capability Approach and Social Justice in Education*. New York: Palgravemacmillan.

Wheelahan, L.(2010). *Why Knowledge Matters in the Curriculum: A Socialist*

Argument. London: Routledge.

White. J.(2010). Why General Education? Peters, Hirst and History. *Journal of Philosophy of Education,* 43(1).

White. J.(2012). Critical perspectives on The Framework for the National Curriculum (report by the Expert Panel for the National Curriculum Review) Part 1 https://www.newvisionsforeducation.org.uk/2012/04/05/an-unstable-framework/accessed 19/04/12).

Wheelahan, L.(2010). *Why Knowledge Matters in Curriculum: A Social Realist Argument.* London & New York: Routledge.

Willis, P.(1977). *Learning to Labour.* England: Saxon House.

Whitty, G.(2017). *Sociology and School Knowledge: Curriculum Theory, Research and Politics.* London & New York: Routledge.

Whitty, G. & Young, M.(1976). *Explorations in the Politics of School Knowledge.* Drifield/Yorks: Nafferon Books.

Wright, O. R. 권화연 옮김(2012). 『리얼 유토피아』. 들녘.

Young. M.(1971). *Knowledge and Control: New Directions for the Sociology of Education.* London: Collier Macmillan.

Young, M.(1998). *The Curriculum of the Future: From the 'New Sociology of Education' to a Critical Theory of Learning.* London: Falmer. 한진상·박비주 옮김(2013). 『교육과정의 미래』. 공동체.

Young, M.(2008a). *Bring Knowledge Back in: From Social Constructivism to Social Realism in the Sociology of Education.* Abingdon: Routledge.

Young, M.(2008b). From Constructivism to Realism in the Sociology of the Curriculum. *Review of Research in Education,* 32, 1-28.

Young, M.(2009). 'Curriculum Theory and the Problem of Knowledge: A Personal Journey and an Unfinished Project'. E. C. Short & L. J. Walks. *Leaders in Curriculum Studies: Intellectual Self-Portraits.* Sense Publishers.

Young, M. & Muller, J.(2010). Knowledge and Truth in Sociology of Education. K. Malton & R. Moore(Eds.). *Social Realism, Knowledge and the Sociology of Education.* London: Continuum.

Young, M.(2012). Education, Globalisation and the 'Voice of Knowledge'. M. Young, H. Lauder, H. Daniels, M. Balarin & J. Lowe(Eds.). *Educating for the Knowledge Economy?: Critical Perspectives.* Abingdon: Routledge.

Young, M.(2014). *Knowledge and the Future School: Curriculum and Social Justice.* London: Bloomsbury.

Young. M. 홍원표 옮김(2019b). 교육과정 이론과 지식의 문제: 개인적 여정과 미완의 프로젝트. E. C. Short & L. J. Waks 편저.『교육과정 연구의 선도자들: 지적 자화상』. 학지사.

Young, M., Lauder, H. Daniels, H. & Lowe, M.(2012). Introduction: Eduction for the Knowledge Economy? Critical Perspective. M. Young, H. Lauder, H. Daniels, M. Balarin & J. Lowe(Eds.). *Educating for the Knowledge Economy?: Critical Perspectives.* Abingdon: Routledge.

Young. M. & Muller, J.(Eds.)(2014). *Knowledge, Expertise and the Professions.* Abingdon: Routledge.

Young. M. & Muller, J.(2016). *Curriculum, and the Specialization of Knowledge: Studies in the Sociology of Education.* London & New York: Routledge.

Young. M. & Muller, J.(2010). Truth and Truthfulness in the Sociology of Educational Knowledge. K. Maton & R. Moore(Eds.). *Social Realism, Knowledge and the Sociology of Education.* Continuum.

삶의 행복을 꿈꾸는 교육은 어디에서 오는가?

● **교육혁명을 앞당기는 배움책 이야기** 혁신교육의 철학과 잉걸진 미래를 만나다!

한국교육연구네트워크 총서

01 핀란드 교육혁명
한국교육연구네트워크 엮음 | 320쪽 | 값 15,000원

02 일제고사를 넘어서
한국교육연구네트워크 엮음 | 284쪽 | 값 13,000원

03 새로운 사회를 여는 교육혁명
한국교육연구네트워크 엮음 | 380쪽 | 값 17,000원

04 교장제도 혁명
한국교육연구네트워크 엮음 | 268쪽 | 값 14,000원

05 새로운 사회를 여는 교육자치 혁명
한국교육연구네트워크 엮음 | 312쪽 | 값 15,000원

06 혁신학교에 대한 교육학적 성찰
한국교육연구네트워크 엮음 | 308쪽 | 값 15,000원

07 진보주의 교육의 세계적 동향
한국교육연구네트워크 엮음 | 324쪽 | 값 17,000원
2018 세종도서 학술부문

08 더 나은 세상을 위한 학교혁명
한국교육연구네트워크 엮음 | 404쪽 | 값 21,000원
2018 세종도서 교양부문

09 비판적 실천을 위한 교육학
이윤미 외 지음 | 448쪽 | 값 23,000원
2019 세종도서 학술부문

10 마을교육공동체운동:
세계적 동향과 전망
심성보 외 지음 | 376쪽 | 값 18,000원

한국교육연구네트워크 번역 총서

01 프레이리와 교육
존 엘리아스 지음 | 한국교육연구네트워크 옮김
276쪽 | 값 14,000원

02 교육은 사회를 바꿀 수 있을까?
마이클 애플 지음 | 강희룡·김선우·박원순·이형빈 옮김
356쪽 | 값 16,000원

03 비판적 페다고지는
세상을 변화시킬 수 있는가?
Seewha Cho 지음 | 심성보·조시화 옮김
280쪽 | 값 14,000원

04 마이클 애플의 민주학교
마이클 애플·제임스 빈 엮음 | 강희룡 옮김
276쪽 | 값 14,000원

05 21세기 교육과 민주주의
넬 나딩스 지음 | 심성보 옮김 | 392쪽 | 값 18,000원

06 세계교육개혁:
민영화 우선인가 공적 투자 강화인가?
린다 달링-해먼드 외 지음 | 심성보 외 옮김 | 408쪽 | 값 21,000원

07 콩도르세, 공교육에 관한 다섯 논문
니콜라 드 콩도르세 지음 | 이주환 옮김
300쪽 | 값 16,000원

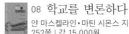
08 학교를 변론하다
얀 마스켈라인·마틴 시몬스 지음 | 윤선인 옮김
252쪽 | 값 15,000원

혁신학교
성열관·이순철 지음 | 224쪽 | 값 12,000원

행복한 혁신학교 만들기
초등교육과정연구모임 지음 | 264쪽 | 값 13,000원

서울형 혁신학교 이야기
이부영 지음 | 320쪽 | 값 15,000원

혁신교육, 철학을 만나다
브렌트 데이비스·데니스 수마라 지음
현인철·서용선 옮김 | 304쪽 | 값 15,000원

대한민국 교사, 어떻게 가르칠 것인가?
윤성관 지음 | 320쪽 | 값 15,000원

아이들을 어떻게 가르칠 것인가
사토 마나부 지음 | 박찬영 옮김 | 232쪽 | 값 13,000원

모두를 위한 국제이해교육
한국국제이해교육학회 지음 | 364쪽 | 값 16,000원

경쟁을 넘어 발달 교육으로
현광일 지음 | 288쪽 | 값 14,000원

● **비고츠키 선집 시리즈** 발달과 협력의 교육학 어떻게 읽을 것인가?

생각과 말
레프 세묘노비치 비고츠키 지음
배희철·김용호·D. 켈로그 옮김 | 690쪽 | 값 33,000원

도구와 기호
비고츠키·루리야 지음 | 비고츠키 연구회 옮김
336쪽 | 값 16,000원

어린이 자기행동숙달의 역사와 발달 Ⅰ
L.S. 비고츠키 지음 | 비고츠키 연구회 옮김
564쪽 | 값 28,000원

어린이 자기행동숙달의 역사와 발달 Ⅱ
L.S. 비고츠키 지음 | 비고츠키 연구회 옮김
552쪽 | 값 28,000원

어린이의 상상과 창조
L.S. 비고츠키 지음 | 비고츠키 연구회 옮김
280쪽 | 값 15,000원

비고츠키와 인지 발달의 비밀
A.R. 루리야 지음 | 배희철 옮김 | 280쪽 | 값 15,000원

수업과 수업 사이
비고츠키 연구회 지음 | 196쪽 | 값 12,000원

비고츠키의 발달교육이란 무엇인가?
비고츠키교육학실천연구모임 지음 | 412쪽 | 값 21,000원

비고츠키 철학으로 본 핀란드 교육과정
배희철 지음 | 456쪽 | 값 23,000원

성장과 분화
L.S. 비고츠키 지음 | 비고츠키 연구회 옮김
308쪽 | 값 15,000원

연령과 위기
L.S. 비고츠키 지음 | 비고츠키 연구회 옮김
336쪽 | 값 17,000원

의식과 숙달
L.S 비고츠키 | 비고츠키 연구회 옮김
348쪽 | 값 17,000원

분열과 사랑
L.S. 비고츠키 지음 | 비고츠키 연구회 옮김
260쪽 | 값 16,000원

성애와 갈등
L.S. 비고츠키 지음 | 비고츠키 연구회 옮김
268쪽 | 값 17,000원

관계의 교육학, 비고츠키
진보교육연구소 비고츠키교육학실천연구모임 지음
300쪽 | 값 15,000원

비고츠키 생각과 말 쉽게 읽기
진보교육연구소 비고츠키교육학실천연구모임 지음
316쪽 | 값 15,000원

교사와 부모를 위한 비고츠키 교육학
카르포프 지음 | 실천교사번역팀 옮김
308쪽 | 값 15,000원

혁신교육 존 듀이에게 묻다
서용선 지음 | 292쪽 | 값 14,000원

다시 읽는 조선 교육사
이만규 지음 | 750쪽 | 값 33,000원

대한민국 교육혁명
교육혁명공동행동 연구위원회 지음
224쪽 | 값 12,000원

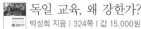
독일 교육, 왜 강한가?
박성희 지음 | 324쪽 | 값 15,000원

핀란드 교육의 기적
한넬레 니에미 외 엮음 | 장수명 외 옮김
456쪽 | 값 23,000원

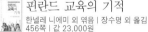
한국 교육의 현실과 전망
심성보 지음 | 724쪽 | 값 35,000원

4·16, 질문이 있는 교실 마주이야기 통합수업으로 혁신교육과정을 재구성하다!

통하는 공부
김태호·김형우·이경석·심우근·허진만 지음
324쪽 | 값 15,000원

내일 수업 어떻게 하지?
아이함께 지음 | 300쪽 | 값 15,000원
2015 세종도서 교양부문

인간 회복의 교육
성래운 지음 | 260쪽 | 값 13,000원

교과서 너머 교육과정 마주하기
이윤미 외 지음 | 368쪽 | 값 17,000원

수업 고수들
수업·교육과정·평가를 말하다
박현숙 외 지음 | 368쪽 | 값 17,000원

도덕 수업, 책으로 묻고 윤리로 답하다
울산도덕교사모임 지음 | 320쪽 | 값 15,000원

체육 교사, 수업을 말하다
전용진 지음 | 304쪽 | 값 15,000원

교실을 위한 프레이리
아이러 쇼어 엮음 | 사람대사람 옮김
412쪽 | 값 18,000원

마을교육공동체란 무엇인가?
서용선 외 지음 | 360쪽 | 값 17,000원

교사, 학교를 바꾸다
정진화 지음 | 372쪽 | 값 17,000원

함께 배움
학생 주도 배움 중심 수업 이렇게 한다
니시카와 준 지음 | 백경석 옮김 | 280쪽 | 값 15,000원

공교육은 왜?
홍섭근 지음 | 352쪽 | 값 16,000원

자기혁신과 공동의 성장을 위한
교사들의 필리버스터
윤양수·원종희·장군·조경삼 지음 | 280쪽 | 값 14,000원

함께 배움 이렇게 시작한다
니시카와 준 지음 | 백경석 옮김 | 196쪽 | 값 12,000원

함께 배움 교사의 말하기
니시카와 준 지음 | 백경석 옮김 | 188쪽 | 값 12,000원

교육과정 통합, 어떻게 할 것인가?
성열관 외 지음 | 192쪽 | 값 13,000원

미래교육의 열쇠, 창의적 문화교육
심광현·노명우·강정석 지음 | 368쪽 | 값 16,000원

주제통합수업,
아이들을 수업의 주인공으로!
이윤미 외 지음 | 392쪽 | 값 17,000원

수업과 교육의 지평을 확장하는 **수업 비평**
윤양수 지음 | 316쪽 | 값 15,000원
2014 문화체육관광부 우수교양도서

교사, 선생이 되다
김태은 외 지음 | 260쪽 | 값 13,000원

교사의 전문성, 어떻게 만들어지나
국제교원노조연맹 보고서 | 김석규 옮김
392쪽 | 값 17,000원

수업의 정치
윤양수·원종희·장군 지음 | 280쪽 | 값 14,000원

학교협동조합,
현장체험학습과 마을교육공동체를 잇다
주수원 외 지음 | 296쪽 | 값 15,000원

거꾸로 교실,
잠자는 아이들을 깨우는 수업의 비밀
이민경 지음 | 280쪽 | 값 14,000원

교사는 무엇으로 사는가
정은균 지음 | 292쪽 | 값 15,000원

마음의 힘을 기르는 감성수업
조선미 외 지음 | 300쪽 | 값 15,000원

작은 학교 아이들
지경준 엮음 | 376쪽 | 값 17,000원

아이들의 배움은 어떻게 깊어지는가
이시이 준지 지음 | 방지현·이창희 옮김
200쪽 | 값 11,000원

대한민국 입시혁명
참교육연구소 입시연구팀 지음 | 220쪽 | 값 12,000원

교사를 세우는 교육과정
박승열 지음 | 312쪽 | 값 15,000원

전국 17명 교육감들과 나눈 **교육 대담**
최창의 대담·기록 | 272쪽 | 값 15,000원

들뢰즈와 가타리를 통해 유아교육 읽기
리세롯 마리엣 올슨 지음 | 이연선 외 옮김
328쪽 | 값 17,000원

학교 혁신의 길, 아이들에게 묻다
남궁상운 외 지음 | 272쪽 | 값 15,000원

프레이리의 사상과 실천
사람대사람 지음 | 352쪽 | 값 18,000원
2018 세종도서 학술부문

혁신학교, 한국 교육의 미래를 열다
송순재 외 지음 | 608쪽 | 값 30,000원

페다고지를 위하여
프레네의 『페다고지 불변요소』 읽기
박찬영 지음 | 296쪽 | 값 15,000원

노자와 탈현대 문명
홍승표 지음 | 284쪽 | 값 15,000원

선생님, 민주시민교육이 뭐예요?
염경미 지음 | 244쪽 | 값 15,000원

어쩌다 혁신학교
유우석 외 지음 | 380쪽 | 값 17,000원

미래, 교육을 묻다
정광필 지음 | 232쪽 | 값 15,000원

대학, 협동조합으로 교육하라
박주희 외 지음 | 252쪽 | 값 15,000원

입시, 어떻게 바꿀 것인가?
노기원 지음 | 306쪽 | 값 15,000원

촛불시대, 혁신교육을 말하다
이용관 지음 | 240쪽 | 값 15,000원

라운드 스터디
이시이 데루마사 외 엮음 | 224쪽 | 값 15,000원

미래교육을 디자인하는 학교교육과정
박승열 외 지음 | 348쪽 | 값 18,000원

흥미진진한 아일랜드 전환학년 이야기
제리 제퍼스 지음 | 최상덕·김호원 옮김 | 508쪽 | 값 27,000원
2019 대한민국학술원우수학술도서

폭력 교실에 맞서는 용기
따돌림사회연구모임 학급운영팀 지음
272쪽 | 값 15,000원

그래도 혁신학교
박은혜 외 지음 | 248쪽 | 값 15,000원

학교는 어떤 공동체인가?
성열관 외 지음 | 228쪽 | 값 15,000원

학교 민주주의의 불한당들
정은균 지음 | 276쪽 | 값 14,000원

교육과정, 수업, 평가의 일체화
리사 카터 지음 | 박승열 외 옮김 | 196쪽 | 값 13,000원

학교를 개선하는 교장
지속가능한 학교 혁신을 위한 실천 전략
마이클 풀란 지음 | 서동연·정효준 옮김 | 216쪽 | 값 13,000원

공자뎐, 논어는 이것이다
유문상 지음 | 392쪽 | 값 18,000원

교사와 부모를 위한
발달교육이란 무엇인가?
현광일 지음 | 380쪽 | 값 18,000원

교사, 이오덕에게 길을 묻다
이무완 지음 | 328쪽 | 값 15,000원

낙오자 없는 스웨덴 교육
레이프 스트란드베리 지음 | 변광수 옮김
208쪽 | 값 13,000원

끝나지 않은 마지막 수업
장석웅 지음 | 328쪽 | 값 20,000원

경기꿈의학교
진흥섭 외 지음 | 360쪽 | 값 17,000원

학교를 말한다
이성우 지음 | 292쪽 | 값 15,000원

행복도시 세종,
혁신교육으로 디자인하다
곽순일 외 지음 | 392쪽 | 값 18,000원

나는 거꾸로 교실 거꾸로 교사
류광모·임정훈 지음 | 212쪽 | 값 13,000원

교실 속으로 간 이해중심 교육과정
온정덕 외 지음 | 224쪽 | 값 13,000원

교실, 평화를 말하다
따돌림사회연구모임 초등우정팀 지음
268쪽 | 값 15,000원

학교자율운영 2.0
김용 지음 | 240쪽 | 값 15,000원

학교자치를 부탁해
유우석 외 지음 | 252쪽 | 값 15,000원

국제이해교육 페다고지
강순원 외 지음 | 256쪽 | 값 15,000원

교사 전쟁
다나 골드스타인 지음 | 유성상 외 옮김
468쪽 | 값 23,000원

시민, 학교에 가다
최형규 지음 | 260쪽 | 값 15,000원

학교를 살리는 회복적 생활교육
김민자·이순영·정선영 지음 | 256쪽 | 값 15,000원

교사를 위한 교육학 강의
이형빈 지음 | 336쪽 | 값 17,000원

새로운학교 학생을 날게 하다
새로운학교네트워크 총서 02 | 408쪽 | 값 20,000원

세월호가 묻고 교육이 답하다
경기도교육연구원 지음 | 214쪽 | 값 13,000원

미래교육, 어떻게 만들어갈 것인가?
송기상·김성천 지음 | 300쪽 | 값 16,000원
2019 세종도서 교양부문

교육에 대한 오해
우문영 지음 | 224쪽 | 값 15,000원

혁신교육지구 현장을 가다
이용운 외 4인 지음 | 344쪽 | 값 18,000원

배움의 독립선언, 평생학습
정민승 지음 | 240쪽 | 값 15,000원

선생님, 페미니즘이 뭐예요?
염경미 지음 | 280쪽 | 값 15,000원

평화의 교육과정 섬김의 리더십
이준원·이형빈 지음 | 292쪽 | 값 16,000원

수포자의 시대
김성수·이형빈 지음 | 252쪽 | 값 15,000원

혁신학교와 실천적 교육과정
신은희 지음 | 236쪽 | 값 15,000원

삶의 시간을 잇는 문화예술교육
고영직 지음 | 292쪽 | 값 16,000원

혐오, 교실에 들어오다
이혜정 외 지음 | 232쪽 | 값 15,000원

혁신교육지구와 마을교육공동체는 어떻게 만들어지는가?
김태정 지음 | 376쪽 | 값 18,000원

선생님, 특성화고 자기소개서 어떻게 써요?
이지영 지음 | 322쪽 | 값 17,000원

학생과 교사, 수업을 묻다
전용진 지음 | 344쪽 | 값 18,000원

혁신학교의 꽃, 교육과정 다시 그리기
안재일 지음 | 344쪽 | 값 18,000원

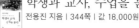

살림터 참교육 문예 시리즈 영혼이 있는 삶을 가르치는 온 선생님을 만나다!

꽃보다 귀한 우리 아이는
조재도 지음 | 244쪽 | 값 12,000원

성깔 있는 나무들
최은숙 지음 | 244쪽 | 값 12,000원

아이들에게 세상을 배웠네
명혜정 지음 | 240쪽 | 값 12,000원

밥상에서 세상으로
김흥숙 지음 | 280쪽 | 값 13,000원

우물쭈물하다 끝난 교사 이야기
유기창 지음 | 380쪽 | 값 17,000원

선생님이 먼저 때렸는데요
강병철 지음 | 248쪽 | 값 12,000원

서울 여자, 시골 선생님 되다
조경선 지음 | 252쪽 | 값 12,000원

행복한 창의 교육
최창의 지음 | 328쪽 | 값 15,000원

북유럽 교육 기행
정애경 외 14인 지음 | 288쪽 | 값 14,000원

시험 시간에 웃은 건 처음이에요
조규선 지음 | 252쪽 | 값 15,000원

교과서 밖에서 만나는 역사 교실 상식이 통하는 살아 있는 역사를 만나다

 전봉준과 동학농민혁명
조광환 지음 | 336쪽 | 값 15,000원

 남도의 기억을 걷다
노성태 지음 | 344쪽 | 값 14,000원

 응답하라 한국사 1·2
김은석 지음 | 356쪽·368쪽 | 각권 값 15,000원

 즐거운 국사수업 32강
김남선 지음 | 280쪽 | 값 11,000원

 즐거운 세계사 수업
김은석 지음 | 328쪽 | 값 13,000원

 강화도의 기억을 걷다
최보길 지음 | 276쪽 | 값 14,000원

 광주의 기억을 걷다
노성태 지음 | 348쪽 | 값 15,000원

 선생님도 궁금해하는
한국사의 비밀 20가지
김은석 지음 | 312쪽 | 값 15,000원

 걸림돌
키르스텐 세룹-빌펠트 지음 | 문봉애 옮김
248쪽 | 값 13,000원

 역사수업을 부탁해
열 사람의 한 걸음 지음 | 388쪽 | 값 18,000원

 진실과 거짓, 인물 한국사
하성환 지음 | 400쪽 | 값 18,000원

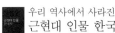 우리 역사에서 사라진
근현대 인물 한국사
하성환 지음 | 296쪽 | 값 18,000원

 꼬물꼬물 거꾸로 역사수업
역모자들 지음 | 436쪽 | 값 23,000원

 즐거운 동아시아사 수업
김은석 지음 | 240쪽 | 값 15,000원

 교과서 밖에서 배우는 역사 공부
정은교 지음 | 292쪽 | 값 14,000원

 팔만대장경도 모르면 빨래판이다
전병철 지음 | 360쪽 | 값 16,000원

  빨래판도 잘 보면 팔만대장경이다
전병철 지음 | 360쪽 | 값 16,000원

 영화는 역사다
강성률 지음 | 288쪽 | 값 13,000원

 친일 영화의 해부학
강성률 지음 | 264쪽 | 값 15,000원

 한국 고대사의 비밀
김은석 지음 | 304쪽 | 값 13,000원

 조선족 근현대 교육사
정미량 지음 | 320쪽 | 값 15,000원

 다시 읽는 조선근대 교육의 사상과 운동
윤건차 지음 | 이명실·심성보 옮김 | 516쪽 | 값 25,000원

 음악과 함께 떠나는 세계의 혁명 이야기
조광환 지음 | 292쪽 | 값 15,000원

 논쟁으로 보는 일본 근대 교육의 역사
이명실 지음 | 324쪽 | 값 17,000원

 다시, 독립의 기억을 걷다
노성태 지음 | 320쪽 | 값 16,000원

 한국사 리뷰
김은석 지음 | 244쪽 | 값 15,000원

 경남의 기억을 걷다
류형진 외 지음 | 564쪽 | 값 28,000원

 어제와 오늘이 만나는 교실
학생과 교사의 역사수업 에세이
정진경 외 지음 | 328쪽 | 값 17,000원

더불어 사는 정의로운 세상을 여는 인문사회과학 사람의 존엄과 평등의 가치를 배운다

 밥상혁명
강양구·강이현 지음 | 298쪽 | 값 13,800원

 도덕 교과서 무엇이 문제인가?
김대용 지음 | 272쪽 | 값 14,000원

 자율주의와 진보교육
조엘 스프링 지음 | 심성보 옮김 | 320쪽 | 값 15,000원

 민주화 이후의 공동체 교육
심성보 지음 | 392쪽 | 값 15,000원
2009 문화체육관광부 우수학술도서

 갈등을 넘어 협력 사회로
이창언·오수길·유문종·신윤관 지음
280쪽 | 값 15,000원

 동양사상과 마음교육
정재걸 외 지음 | 356쪽 | 값 16,000원
2015 세종도서 학술부문

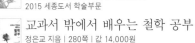 **교과서 밖에서 배우는 철학 공부**
정은교 지음 | 280쪽 | 값 14,000원

 **교과서 밖에서 배우는 사회 공부**
정은교 지음 | 304쪽 | 값 15,000원

교과서 밖에서 배우는 윤리 공부
정은교 지음 | 292쪽 | 값 15,000원

 한글 혁명
김슬옹 지음 | 388쪽 | 값 18,000원

 우리 안의 미래교육
정재걸 지음 | 484쪽 | 값 25,000원

 왜 그는 한국으로 돌아왔는가?
황선준 지음 | 364쪽 | 값 17,000원
2019 세종도서 교양부문

 공간, 문화, 정치의 생태학
현광일 지음 | 232쪽 | 값 15,000원

 인공지능 시대의 사회학적 상상력
홍승표 지음 | 260쪽 | 값 15,000원

 동양사상과 인간 그리고 사회
이현지 지음 | 418쪽 | 값 21,000원

 좌우지간 인권이다
안경환 지음 | 288쪽 | 값 13,000원

 민주시민교육
심성보 지음 | 544쪽 | 값 25,000원

민주시민을 위한 도덕교육
심성보 지음 | 500쪽 | 값 25,000원
2015 세종도서 학술부문

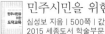 **교과서 밖에서 배우는 인문학 공부**
정은교 지음 | 280쪽 | 값 13,000원

 오래된 미래교육
정재걸 지음 | 392쪽 | 값 18,000원

 대한민국 의료혁명
전국보건의료산업노동조합 엮음 | 548쪽 | 값 25,000원

 교과서 밖에서 배우는 고전 공부
정은교 지음 | 288쪽 | 값 14,000원

  전체 안의 전체 사고 속의 사고
김우창의 인문학을 읽다
현광일 지음 | 320쪽 | 값 15,000원

 카스트로, 종교를 말하다
피델 카스트로·프레이 베토 대담 | 조세종 옮김
420쪽 | 값 21,000원

 일제강점기 한국철학
이태우 지음 | 448쪽 | 값 25,000원

 한국 교육 제4의 길을 찾다
이길상 지음 | 400쪽 | 값 21,000원
2019 세종도서 학술부문

 마을교육공동체 생태적 의미와 실천
김용련 지음 | 256쪽 | 값 15,000원

교육과정에서 왜 지식이 중요한가
심성보 지음 | 440쪽 | 값 23,000원

● 평화샘 프로젝트 매뉴얼 시리즈 학교폭력에 대한 근본적인 예방과 대책을 찾는다

 학교폭력 어떻게 만들어지는가
문재현 외 지음 | 300쪽 | 값 14,000원

 아이들을 살리는 동네
문재현·신동명·김수동 지음 | 204쪽 | 값 10,000원

 학교폭력, 멈춰!
문재현 외 지음 | 348쪽 | 값 15,000원

 평화! 행복한 학교의 시작
문재현 외 지음 | 252쪽 | 값 12,000원

 왕따, 이렇게 해결할 수 있다
문재현 외 지음 | 236쪽 | 값 12,000원

 마을에 배움의 길이 있다
문재현 지음 | 208쪽 | 값 10,000원

 젊은 부모를 위한 백만 년의 육아 슬기
문재현 지음 | 248쪽 | 값 13,000원

 별자리, 인류의 이야기 주머니
문재현·문한뫼 지음 | 444쪽 | 값 20,000원

 우리는 마을에 산다
유양우·신동명·김수동·문재현 지음
312쪽 | 값 15,000원

 동생아, 우리 뭐 하고 놀까?
문재현 외 지음 | 280쪽 | 값 15,000원

 누가, 학교폭력 해결을 가로막는가?
문재현 외 지음 | 312쪽 | 값 15,000원

● 남북이 하나 되는 두물머리 평화교육 분단 극복을 위한 치열한 배움과 실천을 만나다

 10년 후 통일
정동영·지승호 지음 | 328쪽 | 값 15,000원

 선생님, 통일이 뭐예요?
정경호 지음 | 252쪽 | 값 13,000원

 분단시대의 통일교육
성래운 지음 | 428쪽 | 값 18,000원

 김창환 교수의 DMZ 지리 이야기
김창환 지음 | 264쪽 | 값 15,000원

 한반도 평화교육 어떻게 할 것인가
이기범 외 지음 | 252쪽 | 값 15,000원

● 창의적인 협력 수업을 지향하는 삶이 있는 국어 교실 우리말 글을 배우며 세상을 배운다

 중학교 국어 수업
어떻게 할 것인가?
김미경 지음 | 340쪽 | 값 15,000원

 토론의 숲에서 나를 만나다
명혜정 엮음 | 312쪽 | 값 15,000원

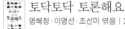 토닥토닥 토론해요
명혜정·이명선·조선미 엮음 | 288쪽 | 값 15,000원

 인문학의 숲을 거니는 토론 수업
순천국어교사모임 엮음 | 308쪽 | 값 15,000원

 어린이와 시
오인태 지음 | 192쪽 | 값 12,000원

 수업, 슬로리딩과 함께
박경숙 외 지음 | 268쪽 | 값 15,000원

 언어던
정은균 지음 | 268쪽 | 값 15,000원
2019 세종도서 교양부문

 민촌 이기영 평전
이성렬 지음 | 508쪽 | 값 20,000원

 감각의 갱신, 화장하는 인민
남북문학예술연구회 | 380쪽 | 값 19,000원

참된 삶과 교육에 관한
생각 줍기